论李维

〔意大利〕尼科洛·马基雅维利 著　冯克利 译

——

中央编译出版社
Central Compilation & Translation Press

图书在版编目（CIP）数据

论李维／（意）尼科洛·马基雅维利著；冯克利译. —2 版. —北京：中央编译出版社，2022.9（2024.1 重印）

ISBN 978-7-5117-4253-7

Ⅰ.①论… Ⅱ.①尼… ②冯… Ⅲ.①政治思想史 -意大利 - 中世纪 Ⅳ.①D095.463

中国版本图书馆 CIP 数据核字（2022）第 158999 号

论李维

责任编辑	郑永杰	
责任印制	李 颖	
网 址	www. cctpcm. com	
出版发行	中央编译出版社	
地 址	北京市海淀区北四环西路 69 号 （100080）	
电 话	（010）55627391（总编室）	（010）55627312（编辑室）
	（010）55627320（发行部）	（010）55627377（新技术部）
经 销	全国新华书店	
印 刷	佳兴达印刷（天津）有限公司	
开 本	880 毫米×1230 毫米 1/32	
字 数	392 千字	
印 张	18.125	
版 次	2022 年 9 月第 2 版	
印 次	2024 年 1 月第 2 次印刷	
定 价	68.00 元	

新浪微博：@中央编译出版社 **微 信**：中央编译出版社(ID: cctphome)
淘宝店铺：中央编译出版社直销店(http://shop108367160. taobao. com)
（010）55627331

本社常年法律顾问：北京市吴栾赵阎律师事务所律师 闫军 梁勤
凡有印装质量问题，本社负责调换，电话：（010）55627320

导　论

哈维·曼斯菲尔德

在这篇导言里，我们要对马基雅维利的《论李维》做个走马观花式的介绍。我们要给它打上一个魅力四星级的标记，让游人乐于一再光顾，难以忘怀。我们要把马基雅维利有关政治、道德、命运、必然性和宗教的重大观点，当然也少不了它们引起的种种辩难，呈现给读者。谈到马基雅维利，起码可以说，他所采取的言说方式，难免让人对他的言论发生歧见。我们知道，马基雅维利写过两本通论政治的不同著作，即《君主论》和《论李维》。我们要对后者在今日的学术地位做一简短的评价，它是古典共和主义的滥觞，是对古代自由的追忆，它召唤我们离开那片既安全又可靠、富足但自私的领地。我们要如实地介绍马基雅维利，他不是超然尘世的哲学家，而是一个按自己设想的方案采取行动的鼓动家，一个从事着个人事业的实干家，这事业就是建立"有益于每个人的共同福祉的新范式和新秩序"（第一卷前言，1）。我们要尽量做到稳健持平，令人信服，以不辱这篇导论的使命。

马基雅维利和文艺复兴

马基雅维利生活在文艺复兴时代，文艺复兴活在马基雅维利的著述中，人与时代相契相合，似乎完美无缺。十九世纪的史家雅各布·布克哈特（Jacob Burckhardt），塑造了我们对"文艺复兴"的看法，他不顾仍占据主导位置的新发现，把马基雅维利尊为那个时代之翘楚。他在自己的大作《意大利文艺复兴时期的文化》中，乐于让马基雅维利为其论政治的一节选定标题："作为技艺之产物的国家"。

文艺复兴是一次再生，是古代希腊罗马的古典时代的再生。可以说，这个时代的再生，是因为在十二世纪重新发现了亚里士多德，也是因为他在最初受到基督教会的排斥后，经由托马斯·阿奎那的巨大成就和出色的案头工作，复为教会所接纳。然而，人们通常不把经院学派的工作视为文艺复兴，因为对人类理性和上帝律法的区分——为把异教徒亚里士多德纳入基督教教义，势必做出这种区分——尚不足以把人类从教会的监护下解放出来。甚至像但丁和马西留斯（Marsilius of Padua）这类较为桀骜不驯之辈，在十四世纪初也没能迈出这一步：他们依然囿于经院学说的大范围，对亚里士多德笃信不移。在十四世纪后期的意大利，彼特拉克开启了一个更加脱离教会的新方向，而此时的教会似乎也需要进一步摆脱亚里士多德。彼特拉克（Petrarch）批评那些认为只要打着亚里士多德的名义，用三言两语（当然要用拉丁语）即可解决一切问题的人，他自称是西

塞罗的崇拜者。① 正如人们所言，西塞罗成了文艺复兴的楷模。不光是西塞罗的哲学，还有他的修辞学，逐渐受到饱学之士的青睐。所以，文艺复兴时代辞章之学之鹄的，就是培养西塞罗曾热情讲述过的那种罗马人的阳刚之气（manliness；virtus）。

在意大利，由彼特拉克统领，包括一些杰出人物如科鲁西奥·萨鲁塔蒂（Coluccio Salutati）、莱奥纳多·布鲁尼（Leonardo Bruni）、马尔西利奥·费奇诺（Marsilio Ficino）和皮科·德拉·米兰多拉（Pico della Mirandola）在内的这场运动，被称为"文艺复兴"。它的一部分内容也以"人本主义"闻名于世，因为它专注于人的研究或"人学"（humanities），而不是物理学、形而上学和神学，这是生于马基雅维利时代的人直接面对的思想遗产。但是，马基雅维利几乎全盘拒绝了这份遗产，逆时代潮流自行其是。在《论李维》中，他只提到三位当时的作家——但丁、洛伦佐·德·美第奇和弗拉维奥·比昂多，与此形成对照的是，提到的古人有十九人之多。虽然"再生"这个概念本身意味着不满足于当时的世态，马基雅维利却对眼前的文艺复兴深怀不满。在《论李维》一书中，他开篇即抱怨说，世人对古代的赞美，只满足于买些残缺不全的古代雕像摆在家里，装模作样地模仿它们，却不去效法早已荡然无存的"古人的［政治］② 德行"（第一卷前言）。他又说，他们为了治愈自己的政治疾患而求助于古代的法学家，却不求助于由古代君主、

① Francesco Petrarca, *Opere Latine*, 2 Vols. , ed. A. Bufano, Turin: UTET, 1975, II 1046, 1106 – 42.

② 方括号内的文字为马基雅维利原著所无，是英译者为使文意通畅而增补的。——中译者注

共和国和将帅树立的典范。

可见，马基雅维利同意，有必要回到古人那儿去，因为他们胜过现代人。然而，他对于自己那个时代、甚至他眼前的故乡佛罗伦萨市所创作的伟大著作，却不屑一顾。他呼吁人们师法古人的行为。他分享着新出现的对古罗马的敬意，然而他把这种崇敬变成了对罗马而不是希腊的偏爱，他把壮丽的罗马共和国而不是希腊城邦，引为自己的楷模。他在《论李维》中总共六次提到"古人的德行"，四次提到罗马人的德行，却没有一次提到希腊人的德行。古人的德行主要是从罗马人，尤其是罗马史学家提图斯·李维那儿找到的，他记述了共和国时代罗马人的行为。行为胜过言辞，故罗马优于希腊，史家强过哲人。马基雅维利对文艺复兴的厌烦，可以从他瞧不上西塞罗看出，在他看来此人算不上英雄。在他怀疑受到希腊人柔弱之风拖累的罗马，西塞罗以修辞学为哲学事业张目，后者是希腊人的一项发明。马基雅维利对修辞学和哲学一概予以谴责，称其试图以言驭行，他同情卡托想让罗马人摆脱败坏实干家德行的外来哲学（第三卷第一章，3；《佛罗伦萨史》第五卷第一章）的愿望。他也反对玄想者的柔弱或懒散（ozio），无论他们思考的是哲学还是神学，因为他们瞧不起实干家。

尽管"文艺复兴"（Renaissance）的字面意思是旧事物的"再生"（rebirth），但它更为人们熟知的含义，则是被后人称为现代性的某种新事物的起点。如果在马基雅维利看来它没有这层含义，那么它是否有这层含义，就是令人怀疑的。因为现代性不限于指新事物，而且还指一种新观念，它从原则上赞成创新，不断促进各种新思想和新制度，即能够接纳进一步变革的

变革。这就是马基雅维利在《论李维》中所说的"新范式和新秩序"（new modes and orders），以及他在《君主论》中所说的新君主。马基雅维利鼓励创新本身，并在他本人的原创性中达到了顶点，这在当时或以前的作家那儿是绝对找不到的。就算他们具有原创性，他们也会乔装打扮，谎称只想使过去的某种制度或思想恢复其未受到今日腐蚀以前的面目——譬如，马西留斯在批判教会时，便声称要恢复原始的基督教。

马基雅维利关于古代德行的主张，乍一看也有此特点，但也仅仅是乍一看如此而已。他赞扬古代的德行，是为了改进它。他要把它从一些作家为它设置的禁忌中解脱出来，他们不假思索地责怪汉尼拔残忍，其实这是他的无数优点之一（《君主论》第十八章；第三卷第二十一章，4；第四十章，1）。这就是他在《论李维》的第一篇序中谈到"历史知识"时所要表达的意思，他认为自己的时代所缺少的正是这种知识，现代人无法借鉴古人的楷模，亦要由此负责（第一卷前言，2）。反过来说，古代德行也需要马基雅维利的解释，以确保它得到准确的传达。甚至李维这个对古代德行谈不上特别热衷，但马基雅维利抱着敬意看待的人，有时至少也需要给予更正，甚至经常需要更正。至少李维没有正确估计到创新的必要：他没有看到，实际的罗马人的古代德行带来的机会，使新人得以着手新的事业、从事新的征服。经过这种评价，古代德行反而表现得不那么尊重古代事物。具备这些德行的人，一如马基雅维利本人，典型的行为方式就是"无所敬重"（sanza alcuno rispetto；这是他喜欢的一种说法）。

马基雅维利的解释把古代的德行变成了正确的德行、马基雅维利的德行。同时，它也把文艺复兴从再生转变为新事物、

xx

现代事物的黎明。马基雅维利在谈到"现代"时，总带有不屑的语气，认为它积弱难返。他没有像弗朗西斯·培根那样，公开声称现代人可以比古人更强大。但是他给现代的虚弱提供了药方，它将使现代人能够胜过古人。"现代性"是这样一种观点：现代强于或能够强于古代——现代人能够从对他们有利的、不可逆转的进步中获益。马基雅维利的贡献，是把文艺复兴变成了现代性。所以，就他和他的时代而论，人们大可断言，他有功于文艺复兴，不亚于文艺复兴给予他的恩惠。

《论李维》和《君主论》

在着手评价马基雅维利为救治现代积弱开出的药方时，我们会遇到一个人们讨论甚多的突出难题。马基雅维利在今日享有盛名，主要是因为他写了一本《君主论》。此书思路敏捷，引人入胜，有着令人得意的原创性；它言简意赅，易于诵读，但又恶毒而危险，向君主进言如何"抓住绝对权力"（《君主论》第九章），如何学会不要善待臣民和朋友——一言以蔽之，如何做个肆意妄为的专制者。但是，作为《论李维》的作者，马基雅维利又是共和制著名的虔诚信徒之一。与《君主论》相反，此书篇幅甚长，令人望而却步，怀古之情溢于言表，也不易索解，但它显然是一本有益的读物。它告诫共和国的公民、领袖、改革家和奠基人，如何自我治理，捍卫他们的自由，避免腐败。两本书的关系颇令人费解。同一个人，显然大体上也在同一时间，何以能写出这样两本书呢？

从《君主论》的前两章看，它似乎是对所有类型的君主国

所做的冷静分析；它未谈及共和国，仅仅是因为作者在《论李维》中，对共和国做了详尽的阐述。然而读者很快便发现，《君主论》的作者特别建议人们学习他所谓的"新君主"，即那些登上自己缔造的新国家王位的个人。他刻意突出最杰出最荣耀的奠基人——居鲁士、罗慕路斯、摩西和泰瑟乌斯——的事例，但他似乎没有特别把他们同一般的专制者——如希耶罗——区分开，甚至没有把他们同那些声名狼藉的专制者——如阿加索克勒斯——区分开。可见，他是在奉劝他们的模仿者运用暴力和诡计，去攫取权力并进行统治。

相反，《论李维》不仅阐述了共和国，且认为它们优于君主国。马基雅维利写下了题为"群体比君主更聪明、更有一贯性"的一章，他在这里宣布，人民比君主更稳健，有着更好的判断力，他们的统治更优秀，人民具有良善且看重荣誉的优点（第一卷第五十八章，3）。他还说，共和国比君主更加信守承诺，因而比君主更值得信赖（第一卷第五十九章）。他认为，唯有在共和国才能看到共同的利益（common good）；一般而言，有益于君主者，对城邦有害；有益于城邦者，对君主有害（第二卷第一章）。因此他断定，"与君主国相比，共和国有更强盛的活力，更长久的好运"（第三卷第九章，2）。《论李维》赞美共和国的缔造者及其人民，是因为他们的良善和德行，他们对自由、祖国和共同利益的挚爱（第一卷第九章，2；第五十八章，3—4；第十一章，2）。

在《君主论》大概最著名的一段话里，马基雅维利带着他率直表露的胆怯和一目了然的自豪感说，此书最紧要的新颖之处是，他打算只讲事实真相，不去理会空想中的国家。他抨击

那些"作家",他们狃于难以自圆其说的道德说教,只赞美伟大的业绩,却不颂扬虽然残忍但成就这种业绩不可或缺的行为。他把这些作家所说的共和国和君主国斥为空想,因为他们推崇导致毁灭的良善与德性,他们谴责维系生存必不可少的优点,如残忍、吝啬和无信。马基雅维利承认,"十分自然而正常的占有欲"有其"必然性",因而他也承认,欺凌遭受剥夺之人,也有其"自然而寻常的必然性"(《君主论》第三章)。所以他在《君主论》中摒弃了古典主义和圣经传统的道德说教,转而接受新的德行观,即为了获取和维护已到手的东西,采取无论什么行动的意志和能力。

与《君主论》中自觉的创新精神有所不同,《论李维》是对李维《罗马史》前十卷(另外 132 卷大部分已散佚,我们现在只能看到它们的梗概)的评注。马基雅维利一开始便说,他无非是写下了一些他认为读者要想做到更好的理解所必需的东西,他只想帮助人们阅读李维,他的书只能算是李维史著之补阙(第一卷前言,2)。马基雅维利貌似发思古之幽情,一开始似乎表现出对古代作家的崇敬,满足于尽量激励人们热爱和模仿"这些史乘向我们展示的古代王国和共和国曾经取得的丰功伟绩"(第一卷前言,2),让那些有可能读到他这本著作的年轻人,使自己的灵魂摆脱其时代,转而愿意师法古罗马时代(第二卷前言,3)。

《君主论》是一本富有创见但十分恶毒的暴君手册,《论李维》则是一本怀古的、品德高尚的共和派手册——这种通行的见解,既给我们留下深刻印象,又令我们困惑不解,马基雅维利为何要写下这样两本截然对立的著作呢?但是,两书相互对

立的看法，虽然有它们各自的特点作为凭据，却仅仅反映了马基雅维利的一部分意图，而非他的全部意图。它们并不像表面看上去那样南辕北辙。

《君主论》不是只谈论君主或专制者的，它没有像《论李维》推崇共和国优于君主国或专制政体那样，主张君主国或专制政体优于共和国。其实，像斯宾诺莎和卢梭这些共和派的政治哲学家，就把《君主论》理解为乔装打扮的共和派著作。①这种判断的依据何在？虽然马基雅维利在《君主论》的前面说，他不会论及共和国，但没过多久，他便提到了罗马共和国，后来又断言它是明君的楷模（《君主论》第二章—第五章）。他提到了罗慕路斯——罗马的缔造者和第一位君主，把他列为最杰出最荣耀的新君主之一（《君主论》第六章），然而，他虽然是位君主，他在《论李维》中受到赞扬，却是因为他创立了有益于自由而文明的生活范式的法律——因为他是共和国或共和国雏形的缔造者（第一卷第九章，2；第十八章，5；第四十九章，1；第二卷第二章，1；第三卷第一章，2）。此外，君主要想长久维持自己的国家和荣耀，甚至延及身后，他就会发现建立共和国是达到这一目标的最佳途径。他最初有可能打算建立世袭制的君主国，让其子嗣承袭王位。但是敌人有可能不但杀死他本人，为了根除其姓氏的威胁，也会灭其后代。共和国也做同样的事情，基于正确的考虑，它们把敌视共和国的世袭贵族斩尽杀绝。但是它们崇敬自己的奠基人。"共和国有更强盛

---

① Baruch Spinoza, *Political Treatise*, V 7; Jean-Jacques Rousseau, *Social Contract*, III 6.

的活力，更强烈的憎恨，更大的复仇欲；对古老自由的记忆，使它们不会也不可能高枕无忧"（《君主论》第五章）。《君主论》不含蓄地奉劝君主，为避免大祸临头，只有建立共和国，方可使其国家和荣耀永世长存。

较之它给人的第一印象，以及那些认为两书相互对立的俗见，《君主论》有着更多的共和主义因素；同样，与它给人的第一印象和相关的俗见相比，《论李维》也有着更多的君主制和专制政体的因素。

首先我们应当指出，《论李维》不是写给民众看的。它"主要是"（也就是说，不只是）写给其友人扎诺比·布昂德尔蒙蒂（Zanobi Buondelmonti）和科西莫·鲁塞莱（Cosimo Rucellai）看的；马基雅维利在《论李维》的献辞中，把这一阅读对象的选择与"另一些人的惯常做法"做了比较，"他们著书立说，习惯于献给某个君主"（这是《君主论》献辞中的第一句话），对他阿谀奉承。为了不犯下这种过失，马基雅维利选择了不把它献给"身为君主的人，而是献给极为优秀、值得受此馈赠的人"。马基雅维利在《论李维》的献辞中，似乎是在抨击《君主论》，至少是在抨击《君主论》中给洛伦佐的献辞，或至少是在抨击认为《君主论》只献给洛伦佐的观点。在谈到"那些智者"时，他似乎落入了古典政治哲学家的俗套，把智者看得高于统治者，认为只有智者配得上担当统治者。但是与这种古典主义范式不同，他不但把它献给有资格成为统治者的智者，还把它献给那些实际已经成为君主、取代了无能统治者——佩尔修斯，大概也包括洛伦佐——的智者，譬如希耶罗。我们当还记得，马基雅维利在《君主论》中，是把希耶罗与缔造者中

最伟大的楷模，即摩西、居鲁士、罗慕路斯和泰瑟乌斯相提并论的（《君主论》第六章）。

该书前面的一篇史论，标题是"若要建立新共和国，或撇开其古老制度对它进行彻底改造，只能大权独揽"（第一卷第九章）。马基雅维利所说的"大权独揽"，是指任何秩序的建立，只能依靠一个人的头脑。随后他申辩说，缔造者或改革者的非常措施，如罗慕路斯杀死自己的兄弟，是为了独揽大权而必须做的事情。因此马基雅维利坚信，创建共和国，必须诉诸暴力和大权独揽；如果有人把这称为专制，那就大错而特错了。他其实是在发出警告，创业者须倍加留心，不可让自己的权力成为另一个人的遗产，这对于他可能是开了很坏的先例。他的共和国"若是始终受到众人的关切，其存续若与众人休戚相关"（第一卷第九章，2），才能做到长治久安。因此，一个人即使只想自己的野心，为使他的国家和荣誉永世长存，也不可让子嗣继承权力，使其像他本人那样独揽大权，而是应当借助于共和制度，让众人来关心它：一人创建，众人维护。为使共和国有良好的制度，需要有个专制者来建立它；专制者需要建立共和制度，方可维护自己的国家和名声。

共和国为何需要类似于专制政体的东西，在第一卷的后面做了澄清。马基雅维利表明，他的具体关切所在，不是寻找新的人民，而是使腐败的人民获得解放、维护他们的自由。这一任务与他本人的历史处境有关，在这种处境中，必须有一个新型的君主去改造而不是建立一切。长治久安的共和国面临的问题之一是，那些得益于专制的人结为同党与它为敌，却不结为同党与它为友（第一卷第十六章，3）。原因有二：一是自由的

共和国给予建功立功立业者以荣誉和奖赏，可是得到当之无愧的奖赏者，对于给他们奖赏的人，感觉不到应当承担什么义务；二是自由生活带来的种种益处，不会培养出任何义务感。"谁也不会承认，他对没有冒犯自己的人应当感恩戴德。"无论是汲汲于奖赏者，还是喜欢独处的人，皆不会成为共和国的友。

概言之，共和国的麻烦在于它的公正。人们对于自己得到的公正待遇，认为是他们理应获得的东西，所以不会表示感激。对于共和国来说，这个问题的解决之道——确实有一个解决之道——就是少一点儿公正，多一点儿专制，如此，它所带来的好处和它所提供的安全，方能得到更多的感激、更好的捍卫。具体而言，甫获自由的民众，为维护其自由，必须"干掉布鲁图斯的儿子"——也就是说，要采取暴力行动，为自由的敌人树立前车之鉴。确保用暴力树立前车之鉴，要比合法地这样做更加重要。其实，非法的暴力才更具震撼力。马基雅维利在接下来的一段题外话中，向我们透露了这种办法的专制性质，他在这里给那些"成为自己祖国的专制者的国王们"（第一卷第十六章，5），提出了类似的忠告。

马基雅维利很清楚，和我们自己一样相信正义的读者，会觉得难以接受这种忠告。有时，他为了让我们接受通常难以接受的手段，便说可取的目标是不可能达到的，然后又说它是十分困难的，最后才说，这就是达到它的手段。他是这样说的："可以确定无疑地设想，受君主统治的腐败城邦，绝难变成自由的城邦，哪怕把君主及其血亲斩尽杀绝，也是枉然。"（第一卷第十七章，1）。但他立刻又说："除非某个具有德行的贤明之士使它保持自由。"显然是为了对这一建议有所保留，他又

警告说，这种自由只能与那人的生命共存亡。"一个人没有足够长的寿命，使他能够让一个长期习惯于恶劣风俗的城邦改邪归正。"但是马基雅维利再次为医治不平等造成的腐败保留了出路，即用"极不寻常的手段，几乎无人知道如何运用或愿意运用的手段"，建立平等。

最后，在随后的一章，马基雅维利解释了在腐败的城市维持自由之难，"几乎不可能为它提供一条通则"（第一卷第十八章，1）。甚至罗马最终也毁于腐败，因为罗马人在打垮敌人以后，他们便不再崇尚德行。要想维持罗马的自由，必须不仅变革其法律，还要变革其制度——它的基本体制和宪政。马基雅维利说，这种根本性的改造"几乎不可能"。唯有"某个精明的人"，能够在大家尚未看到问题之前，"循序渐进地"做起，在这种情况下，他根本没法让别人相信他所看到的问题。或者，当人们认识到问题却难以纠正的情况下，亦可"快刀斩乱麻"。马基雅维利说，用正常或合法的手段不足以竟其功，"既然正常手段已非良善……人必借反常手段，譬如暴力与军队，才能在城市里人人各行其是之前，按自己的方式加以整饬"（第一卷第十八章，4）。做到这一点很困难，或根本就不可能，马基雅维利以不同寻常的清醒，为我们道出了其中的缘由：

xxv

　　因为匡正城邦的政治生活，要以一个好人为前提；借暴力手段篡夺共和国的王位，却要以一个恶人为要件。然而鲜有好人愿意用卑鄙的手段登上王位，即使他有着良好的目的；也鲜有恶人在登上王位后打算行善，即使他动过运用自己以卑鄙手段篡夺的权力行善的念头。

这再好不过地表明了马基雅维利所想到的专制与共和之间的矛盾。但是他断言，若想在腐败的城邦创建或维持一个共和国，必须使它更多地转向君主制而不是民主制。

《论李维》中有关在腐败的城邦建立和维护自由的论述（第一卷第十六章—第十八章），清楚表明了共和主义的目标有赖于专制的手段。它也显示出，用卑劣手段达成的良好目标，是出自愿意利用卑劣手段的好人，还是愿意追求良好目标的恶人，马基雅维利对此显然并不在乎，仿佛它们之间没有真正的差别。这说明，不仅在创业之初，而且在维持、革新和重建时代，都需要这种手段和这种人。马基雅维利走得比这更远，他认为，在罗马每天都会涌现出新事物，故为维护自由计，必须创制新的典章制度（第一卷第四十九章，1；第三卷第四十九章，1）。

他在著名的一章中说，要想让共和国生存，就必须经常把它带回起点（第三卷第一章）。马基雅维利解释道，把它带回起点，意味着恢复人们对德行的敬重，这就需要利用某种可怕的外在威胁，利用某个公民的德行，他"极端而引人瞩目"的处决，让人们念念不忘惩罚与畏惧；或是利用一个采取非法行动者的"简朴的德行"。不仅创业时需要大权独揽，不妨想一想，马基雅维利在前面就说过，如果有人想"重新建立一个共和国，或摆脱旧制对它全盘改造"（第一卷第九章，2），他必须大权独揽。一个大权独揽的公民，必须先消除那些可能成为他绊脚石的人的嫉妒（第三卷第三十章）。为此，要么利用某种迫使人人自愿合作——即服从——的"严重而棘手的事变"，要么让嫉妒者命归黄泉。这个公民若是遇上嫉妒者自然死亡，他当然十分幸运，不然他就必须想出清除他们的办法。马基雅

维利补充说，凡是细心读过《圣经》的人，都会看到摩西做出
了后一种选择：他"不得不除掉无数仅仅出于嫉妒心而反对他
的人"（第三卷第三十章，1）。不断重建的需要，使共和国不
断依靠类似于君主和专制者的人、依靠君主制和专制的手段。

　　在《论李维》中，马基雅维利把共和制和专制结合在一
起，这动摇了那种得体的共和主义观点，即《论李维》是一本
同邪恶的、鼓吹专制的《君主论》相对立的、健康有益的共和
派著作。相反，马基雅维利对古典时代和基督教的道德与信仰
的批判，既见于《君主论》，也见于《论李维》；这种批判意味
着不但要让君主国的统治者，也要让共和国或其领袖，摆脱这
种道德和信仰，对于后者，马基雅维利也经常令人不解地称之
为君主。

　　即使马基雅维利在《论李维》中赞扬共和国胜过君主国，
也暴露出他的共和主义中包含着君主制和专制的成分。他宣称，
若是有两个杰出的君主相继掌权，他们足以征服天下，但是他
又说，共和国能做得更加出色，因为通过选举，相继出现的不
是两个，而是无数个优秀的君主（第一卷第二十章）。共和国
的优点，不在于它剥夺了君主的统治权，而恰恰在于选举提供
了"无数个最有德行的君主"。当马基雅维利说共和国比君主
国有更长的寿命、更持久的运气时，他宣称这是因为共和国能
够选出公民，把他作为君主看待，从而能够使自己做到与时俱
进（第二卷第九章）。当他说"人民比君主更精明、更稳健，
判断力更出色"时，他也把共和国说成是"由人民担任君主的
城邦"，并在最后又重复了他的格言：一人创建，众人维护
（第一卷第五十八章，3）。在解释人民对自由或共和制生活方

式的影响的一章里，他所援引的事实是，"从经验可知，缺少
自由的城邦，向来不可能扩张其地盘和财富"（第二卷第二章，
1）。"如果不是在共和国，这种共同利益是得不到尊重的"，这
种论证所依据的观点是，共同利益乃指众人的利益，它"也许
会伤害这人或那人"，"反对少数受害者的偏见"。马基雅维利
宣称，他所信奉的共和国的共同利益，并不是可以"有益于众
人的共同利益"（第一卷前言）。我们从这一章还了解到，民众
爱共和胜过爱君主的一个重要原因是，居住在共和国的人，都
能相信自己的子孙可以因其德行而成长为君主。

总之，《君主论》比表面看上去有着更多的共和主义倾向，
同样，《论李维》也有着更多的君主论倾向，它把专制与共和
制融为一体，对古典时代和基督教的道德观有着更多的批判，
所以，它的原创性，要多于它给人的表面印象。

共和主义：古代与现代

马基雅维利的共和主义中的专制统治，赋予了它独特的性
格和新的特点，这是每个读者都能看到的。拿古代哲学家的古
典共和主义做一比较，即可看出这种性格的变化，这里我们不
妨以亚里士多德为例。在马基雅维利那个时代，亚里士多德是
政治科学的至尊先师，无论前台还是背景，概无例外。马基雅
维利在佛罗伦萨国务秘书处的前任科卢西奥·萨鲁塔蒂和莱昂
纳多·布鲁尼的著作，为意大利文艺复兴确立了共和主义的典
范，他们的人本主义的共和主义，皆是以亚里士多德的思想为
后盾。不过，假如我们看一看亚里士多德本人，这种对比会更

明朗一些。

　　亚里士多德的共和国是"politeia"，这个字眼亦可译为"国体"（constitution）或"政体"（regime）。"政体"是指整个城邦由一部分人统治，这可以是一个人、几个人或很多人（尽管一个人的统治很难稳固）。因此，虽然存在着多种政体，但总在相互竞争的只有两种典型的政体：少数人的统治和很多人的统治。这些派别进行统治或要求统治，是以他们的主张，或他们为全体做出贡献的断言为根据——例如，与众人的散漫、集体的判断力相比，少数人有着更杰出的能力。身为政治科学家的亚里士多德，对这些主张加以判断，发现它们只是部分地正确，因此皆有偏颇。他设想让这些派别相互辩论（尤见《政治学》第三卷和第四卷），他的用意或希望得到的结果是，把两派的优点相结合的一种混合政体，它可以让两派认识到自己能从对手那儿获益。他的论说虽然也提到强权与私利，但究其本质，他相信政治人的行动能够有最出色的表现。因此，亚里士多德的混合政体是很不现实或不可能的：就算它存在，也只能部分地或不同程度地实现，它的作用只是为政治变革和进步的目标及其手段确立一个典范。既然真正无所偏私的政体并不存在，也不可能使它变成现实，那么一切现实的政体只能是党派体制，并保留着一定程度的专制统治。

　　在亚里士多德看来，共和国中的专制因素，是其完美性流失的表现。可是在马基雅维利看来，专制的作用恰好相反——它使共和国臻于完美。马基雅维利颂扬罗马共和国，是因为它属于这样的共和国之列：它们在创立之初，制度虽然不够完美，却有着一个相当不错的起点，这使它们能够随着某些事件的出

现而变得"完美"（第一卷第二章，1）。他把这些最终达到完美的共和国——数量相当多，罗马只是其中一例——同另一些共和国如斯巴达做了比较，后者的法律和秩序一成不变，是由一个人单独"一次性"完成的。他有点漫不经心地谈论完美，大概是为了表明，它不是像看上去那样易于获得的寻常事。他提到，罗马偶然具备的完美，是因为它比斯巴达的古典主义立法者利库尔戈斯一次性建立的完美更加灵活，这里他再次表明，在共和国的背景下，专制统治——"孤家寡人"的统治（the rule of uno solo）——效果不错，甚至表现最佳。

和亚里士多德一样，马基雅维利也是从少数人和多数人谈起，但他所持的态度非常不同。在他看来，少数和多数不是提出两种截然相反的统治主张（寡头制和民主制）的派别，而是表现出两种相反的"性情"或曰"欲望"，把它们称为主张或意见，不尽合理（第一卷第四章—第五章）。大人物或贵族"支配欲甚强"，平民百姓则只有不受人支配的欲望（第一卷第五章，2）。马基雅维利把民众的统治要求解释为不受人统治的欲望，由此为民主或共和制成为自由的制度铺平了道路。"别管我的事！"是他着力强调的民众感情的基调。我们从这些言论中看到，与亚里士多德相反，在马基雅维利看来，只有一方要求统治。双方似乎都有自己的必然性——统治或不受统治；一方不理解不关心统治的人，另一方不理解天性中有着统治欲的人。看重功名者，鄙夷追求安逸者；追求安逸者，畏惧和憎恨看重功名者。

他们的欲望南辕北辙，他们之间难免互不理解，所以两种性情之间的矛盾，无法用言辞加以调和。他们之间的冲突就是

"纷争"（tumult），马基雅维利在描述政治中不理性的嘈杂纷乱
的性质时，经常使用这个字眼（第一卷第四章—第六章）。马
基雅维利的政治科学的第一个新特点是，他否定了那种谴责罗
马贵族和平民之间纷争不已的传统成见（李维也属于这一传
统，尽管马基雅维利把他视为罗马史实的见证人）。指责这种
分裂状态的人所鄙薄的东西，恰恰是使罗马保持自由的第一要
素（第一卷第四章，1）。马基雅维利是第一位称赞党争有益的
政治哲学家，尽管党派之间的阴谋诡计往往不足为训。在这样
做时，他既认可"专制统治的"支配欲，也认可共和主义的不
受宰制的欲望，并且说明了它们如何才能做到相得益彰。

　　马基雅维利赞扬罗马法中"控罪"的规定，这是他的政治
科学的另一独到之处（第一卷第七章—第八章）。法律允许任
何公民指控别人的野心，也允许受指控者为自己辩护，指控和
辩护都要当众举行。这种法律或"制度"的长处是，它允许人
们把针对统治者和贵族阶级的积怨，发泄到个人身上，惩罚此
人既能满足民众，也可使其他人得到原谅。亚里士多德在为陶
片流放——当时把可能十分危险的杰出人物逐出城邦的民主做
法——所做的细致辩护中，曾担心这种做法有可能导致不公正，
马基雅维利则没有这种担心。马基雅维利很乐意看到为拯救他
人而牺牲觊觎王位者。他无意花费时间探讨最恶劣的民众政权
有着迫害个人的特点；他采用了冲账处理法。共和国的事务，
与其用正面的立法施惠于人民，不如用负面的控罪交易取悦于
人民。共和国在利用野心勃勃的君主时，必须保持谨慎，以缓
解人民对野心的畏惧和厌恶。

　　共和国利用君权的主要方式之一，是紧急状态下的独裁官

（第一卷第三十三章，1）。因此，马基雅维利赞成罗马人在既无法协商亦无退路的情况下授权一人采取行动的做法。他这种态度同古代作家表现出的忧虑形成鲜明对比，后者认为这是削弱罗马共和国的困境（李维）；把它比作君主制（西塞罗）；指责它是元老院用来对付穷人的骗局（狄奥尼修斯）；或干脆对它三缄其口（波里比乌斯）。可见，马基雅维利是赞成独裁制的开先河者，分享他这种观点的，有后来的近代哲学家让·博丹（Jean Bodin）、卡尔·马克思和共和主义者卢梭。和第二次世界大战中的民主话语不同，他没有把独裁与民主对立起来，而是认为它们可以互利互惠，假如独裁有其时限的话（第一卷第三十四章）。对于有益的共和主义制度来说，独裁官是其常规或"正常"因素之缺陷的克星。他的作用是提醒人们，既不要忘了"非常手段"的危险，也不要忘了它的必要性。如果出现了不曾预见的事变，共和国需要有一种采取非常措施的常规手段。独裁体制能够使共和国虽无君王，却能受益于这种"王权"。独裁官是专制者吗？马基雅维利竭力想保持对独裁官和专制者的区分，但他是否成功，或是否希望成功，我们不得而知（第一卷第三十四章）。

共和国对专制统治的需要，使马基雅维利提出了宪政的价值和可行性的问题。宪政赋予了政治以可见的秩序，对公共事务和私人事务做了清楚的界分。对于统治自己国家的君主来说，公与私是一回事；但是对共和国来说，公私之分至关重要。如果人民行使统治权，或至少控制政府，他们必须能够通过正式的制度，监督政府以他们的名义在做些什么。因此正如马基雅维利所言，建立共和国的关键，是为它"形成一种秩序"（第

一卷第二章、第九章）。不过他也强调说，仅有政治秩序，不足以使其长治久安。秩序须有政治活动的"范式"相配合，后者能够使其得到落实、解释和运作。具体说明制度（我们也可称为马基雅维利的"秩序"）如何得到运用的事例，在《论李维》中俯拾皆是，最精彩者莫过于帕库维乌斯如何操纵人民的故事（第一卷第四十七章，2）。该书远远算不上是一部研究共和国宪政结构的著作，因为这样的著作很容易具有规范的特点，从而使它类似于对空想中的共和国的研究（《君主论》第十五章）。马基雅维利答应提供给读者的，是各种"新范式和新秩序"（第一卷前言，1），而非"一种独一无二的新宪政"（a single new constitution）。虽然他也偶尔使用"constituzione"（宪政）一词，但他并不从广义上使用它；他在《论李维》中没有使用会让人联想到 politeia（共和国）的 regime（政体）一词，politeia 这个希腊单词表示"宪政"，亚里士多德对它做过详尽的定义。

　　在这里，马基雅维利再次表现出对亚里士多德共和主义的反感，他似乎也对自由主义的立宪政体、对我们今日生活于其中的、和古代德行相对立的现代自由政体，提出了挑战。他在其复杂的阐述中说，给共和国带来"正常行为范式"的正常秩序，不同于超出正常界限的"非常范式"，更不同于屈从于专制者的共和国。然而，诚如我们所知，由于难以预料的事件或世事的多变（第一卷第六章，4），共和国需要运用非常手段，尤其是刺激感官的措施，使其秩序重新焕发活力。对正常状态的界定，需要对照非常状态，并且取决于非常状态。对于马基雅维利而言，这等于重申了那个困境：共和国既要反对专制统

治，又要接受专制统治。为维护自由计，它必须依靠自己的法律和宪政；为生存计，它必须具备舍弃它们的意志。因此，正常与反常、公与私、共和与专制统治之间的区分，必须同时既要予以捍卫，也要加以摒弃。

如上所述，首要的非常手段，是能够刺激感官的执行行为。法纪之贯彻，一定要让人看得见，使他过目难忘。令人过目难忘的执行，未必是合法的执行。事实上，非法的执行更引人瞩目，践踏法律更能展示实施者的意志。马基雅维利特别说明，最好让人们看到执行者是一个人，这同亚里士多德偏爱一个造成责任无所归属的委员会相反。① 马基雅维利强调"执行"（execution）——它有着"贯彻"和"处死"双重含义，可以说，这使他成为现代执行权的创始人。在今天，强大的执行权是现代共和国的一个关键特征，这与古代共和国不同，那时人们认为这种权力有着太多的君主制因素。令人骄傲的现代民主制对一人统治的容忍，或许多多少少地应归功于马基雅维利在《论李维》中的论述，无论它和我们的论证相距多么遥远。

马基雅维利的政治科学中的另一个新因素，是他对欺诈和阴谋诡计的推崇。讨论阴谋诡计的一章（第三卷第六章），也是《论李维》中篇幅最长的一章，甚至是名副其实的书中之书，堪称有着四星级的魅力。在政治哲学的历史上，人们第一次看到，有人不去讨论阴谋诡计是否"正当"，而是讨论搞阴谋诡计的种种"手段和技巧"。马基雅维利无心争辩用阴谋对付专制者是否正义，而是致力于解说如何对共和国或专制政体

---

① Aristotle, *Politics*, VI 1321b4 – 22a2.

搞阴谋诡计；仿佛这还不够，他居然向统治者解释如何耍弄人
民。不言而喻，搞阴谋就要行骗，当马基雅维利称赞那些擅长
说谎的人、推崇他们是共和国和君主的楷模时（第二卷第十三
章；第三卷第四十一章），丝毫没有觉得难为情。我们可以看
到，欺诈的必要性，就包含在马基雅维利对一切国家的两种性
情的描述之中，一种是渴望支配的性情，另一种是渴望不受支
配的性情。既然统治就是支配，所以必须愚弄那些不想受到支
配的人接受支配——这就是欺诈。选举是一种重要手段：人民
在选择统治自己的人时，忘记了自己根本不想受人统治；人们
自愿选择的伤害，比别人强加于他们的伤害要轻一些（第一卷
第三十四章，4）。

　　在我们对马基雅维利的共和主义的概述中，值得注意的最
后一点，是贯穿于《论李维》全书的对腐败的讨论。他指出，
当公共精神荡然无存之时，共和国将陷入腐败并成为专制者的
牺牲品，这似乎是在赞美传统的共和主义德行。这种结论意味
着道德品质与政治成就之间的关联。他似乎是在说，共和国的
民众因其自我牺牲精神，可以得到他们的共和国繁荣昌盛的奖
赏（第一卷第五十五章），取得成功最有效的办法，就是培养
德行。然而，细加审视即可发现，马基雅维利对腐败的讨论，
其实是其政治科学的又一创举，它并不符合那些品德高尚者的
善良愿望，即道德为成功之母。

　　只要浏览一下马基雅维利对导致罗马共和国覆灭的专制者
尤利乌斯·恺撒所做的评论，即可证明这一点。不是只接受其
论说的一部分，或仅仅遵从他论说中的一种倾向，而是比较他
的全部陈述，才能解释马基雅维利措辞的变化，发现其观点的

必然性。我们第一次遇到恺撒，是在把值得称颂的共和国或王国的缔造者与可耻的专制统治创建者进行比较的一章（第一卷第十章）。他在做这种比较时说，要在"人的两种品性之间进行选择"：一个人是可憎的恺撒，他希望得到一个腐败的城邦，是为了掠夺它；另一个人是罗慕路斯，他要建立或改造一个城邦。然后马基雅维利断定，共和国早期的罗马，甚至塔尔昆统治下的罗马，尚未腐败，但在恺撒统治时，它已经变得十分腐败。然而，他在讨论共和国的忘恩负义时说，恺撒运用暴力，得到了忘恩负义者不让他得到的东西，这意味着应以专制权力去报答恺撒的努力，而腐败的罗马人却拒绝把它给予他（第一卷第二十九章，3）！他把恺撒称为"罗马的第一个专制者"（第一卷第三十七章，2），在论阴谋的一章里提到他时，把他称为阴谋反对祖国的人（第三卷第六章，18—19）。但是，在论述罗马因为延迟下达军事命令而使自己遭受奴役时，恺撒又被描绘成势所必至的奴役的受益者（第三卷第二十四章）。随着罗马的扩张，军队的作战地点越来越远，将领需要更长时间的授权，这使他们有机会把军队据为己有。这种机会迟早会被某个觊觎王位的人利用。马基雅维利告诉我们，罗马共和国除了扩张别无选择，因为人性的动机要求一个国家要么扩张，要么衰败（第一卷第六章，4）。每个成功的共和国的未来，都有一个恺撒在等着它。

腐败并非道德的失败，就人民而言，它是共和主义德行的必然结果；就君主而言，它是其本性的必然结果。马基雅维利一再申明，对政治和道德问题做出判断时，必须"审时度势"。他是今日所谓"情境伦理"（situational ethics）的创始人，较之

当初他的"腐败"妙论所允许的程度，这是一种更加权宜的道德判断模式。对恺撒的这一研究，即使不代表马基雅维利对腐败的全部观点，起码也是经常被人忽视的一部分内容，是一种与共和主义信徒相反的观点。这肯定不是马基雅维利对恺撒这个人——他既振兴了罗马，也终结了罗马——的全部看法。

马基雅维利对腐败的论述，只是他的新颖而怪诞的共和主义——称颂和推崇纷争、帝国主义、独裁、恐怖、欺诈和阴谋——中的只鳞片爪。他在讨论"腐败"时，更像是在为专制统治申辩，而不是对它发出谴责；更像是屈从于必然性的指示，而不是对其明确的指令发起道德反抗。马基雅维利并未放弃道德语言；他令人信服地谈论着"德行"和"腐败"。他没有摆脱政治活动家的套话：他不想站在科学的中立性和非道德的立场上，为我们讲授新名词——比如"权力""正当性"和"决策"。就此而言，他的言论同亚里士多德以及坚持古老德行的古代哲学家是一样的。但是，他用一种新的方式解释普通用语，以他自己那种令人困惑而又启发思考的方式，运用好多古老的词语。他试图证明，若想正确地理解政治局势，切不可轻信人们的言辞所传达的意思，而是要观察他们所面对的必然趋势。君主必须让自己的言辞配合自己的行动，不可反其道而行之。大多数人都不接受或无法接受一种必然性——他们注定失败的必然性。他们继续按自己的道德习惯行事，因为他们过于孱弱，不敢正视受必然性左右的世界。马基雅维利对"腐败"一词的用法，既反映着受到他摒弃的道德态度的顽固性，也反映着他克服这种态度的方式。

xxxiii

马基雅维利对基督教的批判

马基雅维利主张，专制政体和共和国可以互为补充，由此改变了共和主义的道德和共和主义的政治，促使他迈出这重要一步的因素是什么呢？答案存在于马基雅维利对自己时代的看法之中：现代虚弱，古代强健。马基雅维利对现代有此评语，是因为基督教塑造了它——这与我们的习惯看法相反，即现代性是指脱离基督教或至少是对它的世俗化改造。但是在现代性没有听从马基雅维利的教诲之前，他不打算赞扬现代性。他在《论李维》一书中，开篇即抨击"当今的宗教使世界羸弱不堪"，以及"贪婪的怠惰"给基督教国家带来的罪恶（第一卷，前言，2）。基督教的教会和信仰，也许阻碍着古代德行和古代共和主义的复兴之路，然而并不清楚的是，教会和信仰的存在为何促成了我们在《论李维》中看到全面创新，这同人本主义者简单重申古代的做法截然相反，后者才是真正的文艺复兴。基督教的罪恶到底何在，马基雅维利的救治之道又是什么呢？

《论李维》中有三个段落（第一卷第十二章；第二卷 第二章，2；第三卷第一章，4），对基督教做了令人诧异的大胆抨击，相信细心的游客不会错过这几个景点。但是，这些抨击似乎不是来自一种观点，并且尽管它们放言无忌，它们也像《论李维》中更为隐蔽的宝藏一样，不易索解。人们的第一印象是，马基雅维利只是在反对教会，因为它造成了意大利的衰弱和分裂（第一卷第十二章）。教会本身的力量不足以统一意大利，然而它的力量却足以阻止其他势力这样做（另参见《佛罗

伦萨史》第一卷第九章）。把这段话同马基雅维利有关将教皇和"全体红衣主教"干掉这个恶毒的建议结合起来看，他似乎是个致力于某种新教改革的反教权的斗士，甚至很可能是个原始基督教的信徒。他的抨击适用于意大利，却不适用于法国或西班牙，那儿尽管有教会，但仍然取得了统一。

当我们看到不只针对教会的腐败，而且针对基督教的直接抨击时，画面发生了变化。据说，"我们的宗教"较之外邦人的宗教，不太尊重现世的荣誉，它不崇尚实干家，而是崇尚卑恭好思之辈，这种态度使"纤弱"和"鄙薄武功"的风气，在人间大行其道（第二卷第二章）。在谈到变革的可能性时，马基雅维利断言，对于现在的宗教，需要根据德行而不是懒散加以解释。不过上面的讨论表明，马基雅维利所钟爱的世俗功业，与基督教是格格不入的，无论对它做何解释。

在讨论基督教的第三段话里，马基雅维利把它视为一个"宗派"（sect），一个由一群人组成的团体，他们需要像圣方济各和圣多明我所做的那样，周期性地返回自己的本源，以便使自身得到更新（第三卷第一章，4）。马基雅维利在这里显然认为，原始基督教才是真正的基督教，但是仍然发现它有缺陷，因为随着时间的流逝，它日趋腐败，需要不断进行更新。在别处，马基雅维利明确谈到过"基督教宗派"，说它存在的时间从1666年到3000年不等，并认为它起源于人而不是神；他采纳了与《圣经》相反的哲学家的意见，即认为世界是永恒的（第二卷第五章，1）。但是，把基督教理解为跟其他宗派一样的宗派，等于否认了所有这些宗派的神圣性，马基雅维利由此也就成了一个无神论者。如果再看看他讨论罗马宗教的言论，

马基雅维利表达了对异教的政治功能——即使不是它的真实性——的赞赏。他同意，对宗教奠基者给予的颂扬，应高于国家的缔造者（第一卷第九章，1；第十章，1；第十一章，2）；他说，在罗慕路斯缔造了罗马之后，上天授意努马·庞皮利乌斯赋予它神性。宗教使元老院能够操纵人民完成其事业，它这种功能意味着，利用宗教的贵族或君主并不信教，这不同于那些被利用的人（第一卷第十四章）。对于宗教的重要性，马基雅维利的看法并非一成不变。他称赞说，努马创立的宗教对于保持罗马的安宁和文明是"完全必要的"，但他很快又对努马和宗教皆予以贬低，说努马本人"性情平和而虔诚"，缺少勇武品质，依附于自己的前任罗慕路斯（第一卷第十九章，1）。

xxxv

　　无论怎样看待这一切，我们应当指出，马基雅维利对基督教的看法，并不像他的放肆攻击所暗示的那样，全然是消极的。貌似虚弱的现代，毕竟在精神上战胜了貌似强大的古代。虽然他表面上是个无神论者，但他确实说过"基督教指明了真理和真理之道"（第二卷第二章，2）。不过，基督教可以展示真理，它本身却不必就是那真理。基督教僧侣模仿基督的生活，从而获得了人民的信任，并且——马基雅维利的话令人过目不忘——"以罪恶的语言议论罪恶，也是罪恶"（第三卷第一章，4）。这样一来，僧侣作恶，却"不必害怕他们既看不到也不相信的惩罚"。在这种谴责中似乎暗含着赞赏。对于罗慕路斯为大权独揽而杀死兄弟的做法，马基雅维利毫不在意，所以他也不会把僧侣的统治斥为罪恶的统治。既然马基雅维利和僧侣一样不惧怕来世的惩罚，他对于操纵那些惧怕者或信徒的手法，肯定也会兴致盎然。用刺激感官的手段复兴共和国的模式（第

三卷第一章，3），与对"基督教宗派"进行集权控制，两者之间有着奇怪的相似之处，这并不是偶然的。

这大概还不是马基雅维利从僧侣和教会这些灵魂战的示范者那儿学到的唯一的政治手段。在《论李维》中，马基雅维利只有一次提到《圣经》（第一卷第二十六章），而且他还犯了一个明显的错误（参见第三卷第 48 章），把上帝做的一件事，误以为是大卫所为（这等于误以为《新约》中非常著名的一段话出自《旧约》）。"饥饿的得饱美食，叫富足的空手回去"（《新约·路加福音》1：53）。做这事的是上帝，而不是大卫，这是新君主为了使自己的国家万象更新而采取的措施。因此，上帝在这里充当了马基雅维利的新君主或他所说的"专制者"（第一卷第二十五章）的楷模，他可能还是个残暴的共和国的缔造者，或者是使这种共和国得以实现的新手段和新秩序的提供者。就在马基雅维利含蓄地把基督教的上帝称为一个专制者时，他也表明了自己对上帝怀有极大的敬意。他以亵渎神明的方式表达赞美，因为这等于说基督教造福于人类。

马基雅维利为何觉得必须改造古人的德行，为了回答这个问题，我们谈到了他对基督教的批判，他谴责它导致了"贪婪的懒散"（第一卷前言，2），谴责人们依照懒散而不是德行来解释基督教（第二卷第二章，2）。在马基雅维利看来，懒散或闲散（"ozio"也可译为"闲散"）是德行的反面。而在亚里士多德看来，闲散（schole）恰恰是技艺的前提。马基雅维利对懒散的猛烈抨击，不只针对僧侣，也针对绅士（第一卷第五十五章，4），根据古人的看法，他们是世俗荣誉的承载者。因此，假如荣誉依然只存在于清高的闲人之中，这不足以恢复与基督

xxxvi

教的谦卑相反的现世的荣誉。闲散的风气使共和国纤弱无力或四分五裂，或两者兼而有之（第一卷第六章，4；第二卷第二十章；第二十五章，1）。懒散闲适被列入人类的大敌（第一卷第十章，1）。马基雅维利把"必然性"而不是闲适作为立法者关心的对象（第一卷第一章，4—5）。他让人们追求现世的荣誉——更恰当地说是英名，这与面对"必然性"时的奋发努力相一致。在对待现世的荣誉上，古代的德行和基督教的德行不管有何分歧，在那些最清高的人中间，它们都拒绝来自必然性的动机，一般而言也都拒绝贪图名利的人生。它们至高无上的楷模是哲人或圣人，这种人把沉思的人生置于政治之上，所以不可能把他们描绘成马基雅维利尊为最高典范的"新君主"。

总之，马基雅维利感到，为克服基督教的虚弱，他必须改造古人的德行。他专注于"必然性"，这使他背弃了古典时代的贵族精神，因为其中包含着它的对立面——基督教的谦卑，甚至不可避免地会为其铺平道路。在把人类的成就提升到神的完美境界之后，对最杰出者的崇拜，也很容易变为在神的面前的自我贬低。他拒绝了贵族精神，所以他建议共和国，应当民主和操纵的策略双管齐下。他既反对贵族，也反对贵族的各种禁忌，所以他能深深领会平民对贵族的怨恨，并且能以欺诈的手段这样做。

马基雅维利是哲学家？

马基雅维利看上去不像是一个哲学家，有些学者也言之凿凿地向我们保证，他不是哲学家。他的著作只讨论"世俗之

事"——即人间事，其中不涉及哲学的话题，如果把"哲学"理解为关心超凡脱俗之事的话。在《论李维》中，马基雅维利只有三次明确提到哲学家（第一卷第五十六章；第二卷第五章，1；第三卷第十二章，1），提到柏拉图和亚里士多德分别只有一次（第三卷第六章，16；第二十六章，2）。他提到的哲学家也多系政治哲学家。在《论李维》中，他经常提到"作家"和"史学家"，除李维以外，他提到最多的是色诺芬。他在《论李维》一开头指责现代世界时，没有说它的哲学太糟糕，而是说它"缺少真正的历史见识"（第一卷前言，2）。

然而，用马基雅维利回到自己的话题时经常采用的说法，在他的作为政治表演舞台的著作背后，到处潜伏着哲学。马基雅维利也许看上去像个东拉西扯的散文家，但他吸引着自培根以降最伟大的现代哲学家的注意。他们承认，哲学家若是不考虑自己的思想环境——一般而言就是政治环境，那么他也无法思考最高主题。因此，哲学家关心自己时代的政治，乃至任何时代的政治，即政治的"本质"，并不是在做与哲学无关的事情。政治哲学是哲学家必要的而非偶然的研究主题。在国家危难之际，他甚至必须全神贯注于政治。在这种环境中，他必须缩小自己的关注范围，从人类以外的事务转向人类自身，在危难当头时，尤其会表现出对超人的关切。以这样的眼光看待马基雅维利的观点，则哲学也许有理由不再是哲学家的主题。在马基雅维利看来，当时的哲学——不管是消磨时光的中世纪亚里士多德主义，还是文艺复兴时期的柏拉图主义——多多少少都与基督教有着不解之缘，它对这个难缠的同伴做出了太多的妥协，所以它无法保持必要的距离，使自己免遭抨击或变革。

不过，即使哲学家全神贯注于政治，他们肯定也要关心政治以外的事情。对于马基雅维利这样的思想家，就更可以这样说，他期盼着自己提出的"救治之道"能带来伟大的成果。他在《论李维》的开头批评人们缺少真正的历史见识，同时他又说，人们断言不可能模仿古人，仿佛天地日月、各种元素和人类本身，已经变得与古代迥然不同（第一卷前言，2）。但是按《圣经》的说法，人类及其同天道的关系，是因上帝降临人间而改变的。自然界服从超自然的主宰和干预，这是马基雅维利时代的主流观点，他必须加以正视。基督教的权威地位阻碍着他复兴古代德行的政治方略。因此，就像所有的哲学家一样，但又是以他特有的方式和果敢精神，他认为必须重申自然的统一性，批驳那些提供权威意见供人民信奉以方便自己统治的人。马基雅维利在一段不起眼的插话中说，"推究天下万物之缘由，不亦乐乎哉"（第一卷第十八章，1）。然而，推究天下万物之缘由，乃哲人之标志也。

对于马基雅维利来说，既然肯定自然，就要捍卫现世，反对有关来世的主张。但他这种捍卫又要求他重新发现自然，重新表述古典时代的观点。尽管他专注于政治，他还是谈到了自然、命运和必然性这些主题，且以这些言论著称于世。这些非政治学的思考，是他的政治学所不可缺少的，因为它们关系到政治成就的界限，也关系到从表现或起源上看与人类无关的因素对于人事和政治的意义。马基雅维利不太关心自然本身，他关心的是"自然"在大多数人眼中的面貌。同样，他不在乎上帝，但他很在意宗教，即人们的上帝观。他这种政治化的态度，其来源不难理解。马基雅维利希望证明，人类能够主宰以往的

哲学家认为无法主宰、被宗教交由上帝处理的事物。

　　《论李维》第一章就提出了政治界限的问题，马基雅维利在这里所要申明的是，立法者有多大的选择范围，有多少事情是由必然性决定的。他的回答是，立法者能够通过选择他迟早会发现其必然性的因素，扩大自己的选择范围；他必须预见到必然性，其他的办法只能使他受到他无从知晓的命运的摆布。然后马基雅维利接着谈到了政体循环说，这不是现代政治科学的话题，而是一个古典时代的话题（第一卷第二章，2—4）。这是《论李维》中又一个不可错过的景点。按照古典时代的政体循环说，它们的发展并不呈现为进步（在我们的"政治发展"这个说法中，有此假设），而是呈现为一种良好政体取代恶劣政体、恶劣政体又取代良好政体的循环过程。这种循环意味着政治不可能取得永久的或不可逆转的成就；难免腐败的人性迟早会腐败，即使最优秀的政体亦不能使其幸免。

　　马基雅维利重复了罗马史家波里比乌斯的循环说，虽然没有提到他的名字，其观点也同他有着显著的差别。首先，被波里比乌斯归因于自然的政体更迭，马基雅维利把它归因于机遇。马基雅维利既不赞成也不否定古典时代的分析，但他最后轻率地认为，正在经历着这种变化的国家，在它有时间完成循环之前，可以被一个更强大的邻国所毁灭。古典时代的循环论不现实地假设，国家走完自己内部的变化过程，不会受到外来变化的干扰。马基雅维利对这一古典假说含蓄地提出了挑战，因为他接下来便赞扬实行扩张主义的罗马，这种政体能够从另一些致力于内部正义、尚未做好充分准备进行扩张的共和国那儿受

益。然后他再也不提政体循环论，因为它的前提与他本人的不同。他利用这个古典时代的概念，只是一时的权宜之计，显然是为了他的一个策略性目标：它使马基雅维利能够讨论罗马的起源而不必肯定任何神明的作用，无论它是异教的还是基督教的。他能够只把人类的必然因素，作为政治的原始动力，不必顾及人类的虔诚。当他确实谈到宗教时（第一卷第九章），它也仅仅是已经依靠必然性建立起来的政体的助手。

马基雅维利后来确实论述了各种文明的循环，它不同于政权的循环（第二卷第五章）。这种力量不但使某个地区的政权，而且使整个文明——或者用他的话说，"教派"——因为天意或人的因素而诞生或毁灭。在讨论来自上天的原因——瘟疫、饥荒和洪水——时，马基雅维利指出，在洪水中幸存下来、掌握着过去的教派知识的人，能够以自己的方式滥用这种知识，只把他喜欢的东西传给子孙后代。这是一种对荣耀的梦想，因为在马基雅维利的处境中，没有这样一个人展示出人类的控制力能够做到史无前例的可能性。哲学家思考教派的变迁是一回事，改变一个教派则是另一回事。马基雅维利展示了这种可能性，可是他没有借助于培根的"征服自然"这种现代观念；他仍然囿于简单的亚里士多德主义的信念：自然是一个活的机体，它以人类——或某个个人——能够加以利用的方式进行自我净化。

马基雅维利把"命运"（Fortune）描写成一种支配着人类的意志，他这种描述包含着政治化的亚里士多德主义。亚里士多德本人对自然和机遇、事物的秩序与规律和反常的、不可预见的事件做了区分。他指出，机遇的领域等同于人类选择的领

域，这是因为，由于机遇而发生的事情，是能够欲求的。① 总是着眼于政治的马基雅维利，则是以常人的标准来看待这个问题，他们担忧的是自己会碰上什么事情。他们虚构出一个主宰人类的、关怀他们的上帝。但是，马基雅维利虽然认可人类对神意的关切，但并不赞成那种神明关怀我们的信念，除了同意上帝影响着人类的必然命运，他不承认上帝的仁爱或完美性。善良的人也许相信，他们的善心为成功提供了保障，或至少是提供了保护；但"善意不足以成事"（第三卷第三十章，1）。他没有依靠神意，而是设想出一个称为"命运"的神祇。据说它盯着我们的行动，有时还干预我们的作为，但它有自己的计划（第二卷第二十九章）。或者，不是命运，而是冥冥之中有一个对人类怀着慈悲心肠的智者（第一卷第五十六章）。不管是哪种情况，马基雅维利从中得出的教训是，人类不可自暴自弃，或屈从于超人的力量。

命运固然不可征服，但是人类能够学会与它相处，通过吸取经验教训，使它的计划与自己的计划相一致，最终减轻它对人间事务的影响。人格化的命运处于两者中间，一方是虔诚的神意——它对于人类是神秘莫测的——观，另一方是只把命运视为机遇的科学的或无神论的观点。马基雅维利把命运人格化，使某些因素服从于人类的向往——人类的弱点，但他所采取的方式，却是为了激励人类的德行，摒弃无所作为的虔诚。即使马基雅维利能够战胜命运，他是否会这样做也是大可怀疑的，因为他关心的是德行，而德行要战胜风险，从而也有赖于风险；

---

① Aristotle, *Politics*, II 197a1 - 8, 197b33 - 37.

风险又需要机遇，以便不让我们知道会发生什么。马基雅维利一定希望，他所建议的预测命运，归根结底不会使人生变得可以预见。

马基雅维利开启征服自然的现代运动，它又由培根做了阐述和推动。对于自然和机遇，他没有做出比亚里士多德更清晰的区分。在一段和《君主论》相似的评说教皇尤利乌斯的文字中，马基雅维利说，他在担任教皇期间的冒险事业取得成功，是因他的鲁莽性格适合暴风骤雨的时代，而在太平时代他就失败了，因为他无法适应这种局面（第三卷第九章，3；《君主论》第二十五章）。何以如此呢？因为"我们无法对抗自然赋予我们的禀性"，因为成功之道成了你无法舍弃的习惯。不过马基雅维利表明了如何克服这两种困难，它们也可被归结为一种。他在前面说，自然"强迫你"，然后他说，它仅仅赋予我们一种禀性，接着他又暗示，它可能只是一种愚蠢的习惯。在《论李维》中唯一出现过"自然"这个字眼的一章里，它和习惯差不多是同义的（第三卷第四十三章）。马基雅维利明确地说，彼此相反的品质，如曼利乌斯的严厉和瓦勒里乌斯的宽厚（第三卷第二十二章），在不同的时刻各有用途。一般而言，德行的实践必须"审时度势"；共和国优于君主国，是因为它能适时发现有能力的恰当人选（第三卷第九章，2）。

马基雅维利对自然的态度是复杂的。一开始他坚信自然的稳定性，是为了抵制基督教的自然服从上帝的主张。如此他才可以根据万物不变的观点，断言没有什么事情能够阻止人们效法古人。但是，后来，单纯效法古人不够了——对古人的作为必须有所增益，于是马基雅维利的口气也为之一变，自然的稳

定性让位于人类德行的灵活性和人类主宰的需要。从政治角度说，他知道大多数君主都有不同的天性或习惯（这倒没什么），君主和人民也性情不同。这是无法改变的，然而可以对它们加以操纵，俾使国家不必仰赖自然赐予的好运。马基雅维利的共和国不同于柏拉图的理想国，它不是智慧和权力的结合，不依靠恰好是品质最好的统治者掌握着权力这种好运气。我们可以看到，马基雅维利这位向君主建言的君王，有着他们所不具备的某种不受自然约束的自由（《君主论》献辞）。但是他也有着为众人造福的"自然欲望"（第一卷前言，1）。

马基雅维利的千年共和国

马基雅维利虽然给我们生活中的完美形象或梦想泼冷水，不过我们也可以看到，他确实谈到"完美的共和国"。他喜爱罗马胜过斯巴达，前者是利用"各种事变"进行创新、最终臻于完美的共和国；后者一开始就被组织得完美无缺，尽管这似乎是它的优点，它却无力应付外部势力导致的必然变化（第一卷第二章，6—7；第六章，4）。马基雅维利观察了古典时代一个完美典型的实际表现后，否定了这种形态，赞成他本人那种最初未加筹划、带有偶然性的完美观。带有偶然性的完美，无法以哲学家的范式来表述，只能以实例说明，而马基雅维利的实例就是罗马。显然，他的罗马既非历史中的罗马，也不是李维的罗马。他虽然对李维推崇备至，但他也表明自己在重要的一点上有着旗帜鲜明的不同看法，他取代了自己的权威作家（第一卷第五十八章，1）。从某种意义上说，马基雅维利的罗

马从一开始就是出自筹划，但它也取决于另一些人、他所教诲的君主的难以预见的成功（第一卷前言，1）。他不断利用各种事例，这并不表示他缺少构建一个普遍命题或进行系统思考的哲学能力。他拒绝迎合人类的弱点，即渴望找出普遍定律和能够证实其预期成功的可靠保障。事实上，他提供了许多普遍命题，可是他又利用另一些普遍命题，尤其是一些实例，对它们做出限制或反驳。必须参照他的事例来解读和修正他的普遍命题。他也有自己的体系，但这体系中包含着他的事例。为使哲学更加尊重事物的本来面目，他要教会哲学用实例讲话，正像政治中的统治者要用实例而不仅仅是法律进行统治一样。

马基雅维利看似缺少体系，这是因为他有自己的政治意图，而且可以理解为是他有意为之。他比人文主义者更厌恶基督教，他想"根据德行"对它重新解释（第二卷第二章，2），或是用一种以理性和必然性为基础的教派取代它的权威。为此目的，他在《论李维》中把罗马描绘成不同于基督教会的"罗马"的另一种人类德行的范例。他的罗马，是从李维的史书中走到我们面前的，其权威性堪与教会的权威著作《圣经》媲美。留心观察即可发现，马基雅维利对待李维的态度，是从尊敬转向赞成，从赞成变为脱离，从脱离转向异议，又从异议改为否定——总之，他的态度其实是以他自己的目的为转移。事实上，《论李维》不是一本评注性的著作，而是一部原创性的著作，人们也确实一直这样看待它。但是它的原创性既一目了然，又隐藏在罗马的实例——他的权威——背后。马基雅维利既利用李维的罗马，也向我们暗示他在利用基督教的罗马，这两个罗马既相似又对立。一如我们所说，马基雅维利并不是简单地敌视基

督教；相反，他十分尊重它的政治敏锐性，尊重教会不依靠表象统治世界的能力。大概他的心机是，利用基督教的统治技巧，达到罗马异教徒世俗功名的目标。

马基雅维利许诺的完美共和国，大大超出了罗马异教徒的雄心和古代哲学家的严肃思考。他向我们晃动着一个"千年共和国"的耀眼观念，时而否定它的可能性，时而又说它切实可行（第三卷第十七章；第二十二章，3）。一个千年共和国将消除一切危险，代表着对命运的彻底征服，这种命运迟早会降临到所有人类制度的头上，但只有一个例外——教会。马基雅维利为这个经他篡改后的罗马，召唤着教会只能依靠神的旨意才能取得的成功。毋庸置疑，任何特定的共和国，譬如佛罗伦萨或意大利，都会经历不幸；就此而言，千年共和国是不可能的。但是整个文明或教派——由所有基督教国家组成的"基督之国"这个意义上的共和国——却能经受住具体地区的兴衰荣枯。让这一不可逆转的变化成为现实，大概就是马基雅维利的雄心所在吧。

《论李维》的创作及其布局

从马基雅维利那儿，我们得不到有关他创作《论李维》的第一手资料。想了解这一点的人，只好退而求助于一些推测。我们知道，1512 年，他在担任国务秘书时被美第奇流放。在1513 年 12 月 13 日的著名信函中，他以十分得体但并不可信的谦逊语气说，他已拟就一本讨论君主制的"小书"，一本"奇谈怪论"之作。我们从《君主论》中看到，他提到了一部篇幅

更大的"思考共和国"的著作(《君主论》第二章),它想必就是这本《论李维》了。可是,《论李维》不可能完成于1513年,因为我们在此书中发现,它提到了一些迟至1517年才发生的事件。马基雅维利把此书献给自己的两位年轻友人,其中的一位科西莫·鲁塞莱,显然是死于1519年。

所以我们大体上可以断定,此书的写作时间是1513年到1517年,或1513年到1519年,尽管他有可能在服官期间便已着手写作。研究这个问题的学者,也无法提供任何更准确的解释。《论李维》直到1531年才出版,此时距马基雅维利1527年6月21日去世已有四载。就我们所知,他在去世之前能够随意修改自己的手稿;倘若他没有这样做,十有八九是出于自愿。想把他的思想内容同写作时间联系起来的努力,都会为这样一个事实所困扰:直到他生命的最后一息,他似乎一直有机会按自己所要求的面貌,把他的思想留给后人,这是那些生前就发表著作的人做不到的。马基雅维利的思想在哪些方面了发生变化或有所进展呢?我们已经谈到过《论李维》和《君主论》之间的一致性问题,不管它们给人的第一印象是什么,我们看不到它们之间有任何显著的差异。我们发现,他在《论李维》中提到过《君主论》(第二卷第一章,3;第三卷第四十二章),这表明它们可以相互印证,因此可以蛮有把握地说,从写作时间上看,它们是姊妹篇,而不是有很多差别的——假如不是完全不同的话——两部著作。它们包含着马基雅维利所知道的一切,它们被分别提供给读者,是因为作者怀有不同的意图,而不是因为作者的思想发生了变化。

至于《论李维》的谋篇布局,从极为关心创作时间的马基

雅维利研究者那儿，我们也得不到多少帮助。从马基雅维利本人那儿，我们倒是可以得到不少线索，他向我们讲述了此书的写作计划。不过，他的说明既不准确，也不充分。先说他这本书的完整名称吧：《论提图斯·李维的前十卷书》（*Discourses in the First Decade of Titus Livy*）。我们发现，马基雅维利并没有把自己局限于讨论李维的前十卷，而是对更多的卷册有所评论。除了献辞之外，还有两篇前言：一篇是为第一卷而作，另一篇是为第二卷而作，而第三卷没有前言。两篇前言有着显著的不同，马基雅维利在第一篇前言中，敦促时人效法古人，这就像文艺复兴发出的呼吁一样，但是他要人们模仿一切，因而也包括政治，这是被文艺复兴运动所忽略的。可是他在第二篇前言中却说，人们经常毫无道理地赞美古代。他期待着读者的思想有所进步，从效法古人转向改进古人。他提出了更上一层楼的要求，是因为读者跟所有的人一样，对这种人抱有反感：发现"新范式和新秩序"的人，或自愿充当鼓吹新事业的首领的人（第一卷前言，1；第三卷第三十五章，1）。马基雅维利的两篇前言，实际上表明了写前言的理由，旨在提醒我们《论李维》的布局、论证的不同阶段和措辞的变化。马基雅维利不想故作高深，他只想说服读者（他们当然分为不同的类型，受其言论的吸引也有多有少）。

　　在第一章的结尾处，马基雅维利交代了《论李维》的内容安排。他对罗马通过官方谋略或私人谋略所做的事情，或在城邦之内和城邦之外所做的事情，进行了区分。在第一卷，他首先讲述了基于官方谋略而在城内发生的事情。正如我们已经指出的，这是为了让我们做好准备，以便理解他对罗马和斯巴达

政体加以比较的章节。从讨论创立国家的第九章开始，马基雅维利用数章的篇幅，论述了人类的两种"性情"，即君主的性情和人民的性情。欲了解君主的本性，可观察其如何统治；欲了解民众的本性，则要看看他们如何被统治，因为民众不可能没有首领而自己进行统治（第一卷第四十四章）。君主和民众都具有一般的性格，它们与特定的政体无关，也比后者更为重要。但是罗马胜过所有其他的共和国，因为它容得下君主和人民之间的不和，从而鼓励双方暴露各自的性格，不必营造一种虚假的祥和。在谈到君主时，马基雅维利讨论了创立国家和"大权独揽"（第一卷第九章—第十章）；腐败及其克服之道（第一卷第十六章—第十八章）；新型的君主（第一卷第二十五章—第二十七章）；独裁和非常手段（第一卷第三十三章—第四十五章）。在解释民众时，他讨论了宗教的作用（第一卷第十一章—第十五章）；克服软弱（第一卷第十九章—第二十四章）；对君主的感恩（第一卷第二十八章—第三十二章）；以及恐怖和荣耀之间的关系（第一卷第四十六章—第五十九章）。

马基雅维利告诉我们，第二卷讨论的是罗马如何变成了帝国（第二卷前言，3）——易言之，官方谋略中的对外政策。这一卷是对罗马军事的研究，以及对古代和现代战争的比较。在第二卷里，罗马受到了较之以前更多的批评：一开始他说，罗马拥有自己的帝国，要归功于它的德行，而不是它的运气，可是在这一卷快要结束时，他做出了截然相反的判断（第二卷第一章；第二十九章，1—2）。正是在称颂共和国内政的一章中，他说，罗马共和国的对外政策，给毗邻的共和国带来了奴役。

从这些差异中，可以看到"官方谋略"的不足，马基雅维利必须转向"私人谋略"以协调对内对外政策。所以第三卷讨论了这两个领域的个人行动，不再像前两卷那样分别讨论它们。第一卷证明，罗马共和国的官方谋略，其实是一个利用私人动机（首先是大权独揽的欲望）的隐蔽的私人政府。第二卷也是从这个角度讨论了罗马的"对外事务"。这里的舞台是为私人隐蔽的统治搭建的——创业者兼将领，或具备双重荣耀的将领，他能在统领军队之前培养军队（第三卷第十三章，3）。这种将领在欺诈行骗（第二卷第十三章；第四十一章）和阴谋暗杀方面本领高强（第三卷第六章）。他必须应付的问题是，如何克服古典时代善恶政体的循环，在这种循环中，好政权的德行在坏政权中肯定趋于腐败。他必须竭力把自己的影响扩大到他的时代之外，传给那些因他的德行而自满的后人。这是一个与马基雅维利本人很般配的问题。

阅读文献

Aron, Raymond, *Machiavel et les tyrannies modernes*, Paris: Fallois, 1993.

Ascoli, A. R. , and Victoria Kahn, *Machiavelli and the Discourses of Literature*, Ithaca: Cornell University Press, 1993.

Baron, Hans, *The Crisis of the Early Italian Renaissance*, Princeton: Princeton University Press, 1966.

— , "Machiavelli: The Republican Citizen and the Author of the Prince", *English Historical Review*, 1961 (76): 217 – 53.

Berlin, Isaiah, "The Originality of Machiavelli", in *Against the Current*, edited by Isaiah Berlin, 25 – 79, New York: Viking Press, 1980.

Bock, Gisela, Quentin Skinner, and Maurizio Viroli, *Machiavelli and Republicanism*, Cambridge: Cambridge University Press, 1990.

Buck, August, *Machiavelli*, Darmstadt: Wissenschaftliche Buchgesellschaft, 1985.

Burckhardt, Jacob, *The Civilization of the Renaissance in Italy*, New York: Penguin Books, 1990.

Chabod, Federico, *Machiavelli and the Renaissance*, London: Bowes and Bowes, 1958.

Chiappelli, Fredi, *Studi sul linguaggio del Machiavelli*, Florence: Le Monnier, 1952.

Colish, Marcia, "The Idea of Liberty in Machiavelli", *Journal of the History of Idea*, 1971 (32): 323 – 51.

DeGrazia, Sebastian, *Machiavelli in Hell*, Princeton: Princeton University Press, 1989.

Donaldson, Peter S. , *Machiavelli and Mystery of State*, Cambridge: Cambridge University Press, 1988.

Esposito, Roberto, *La politica e la storia : Machiavelli e Vico*, Naples: Liguori, 1980.

Fleisher, Martin, ed. , *Machiavelli and the Nature of Political Thought*, New York: Atheneum, 1972.

Garver, Eugene, *Machiavelli and the History of Prudence*, Mad-

ison: University of Wisconsin Press, 1987.

Gilbert, Felix, *History: Choice and Commitment*. Cambridge, MA: Harvard University Press, 1977.

—, *Machiavelli and Guicciardini : Politics and History in Sixteen-Century Florence*, Princeton: Princeton University Press, 1965.

Guicciardini, Francescok, *Considerazioni intorno ai Discorsi del Machiavelli*, in Niccolò Machiavelli, *Disorsi sopra la prima deca di Tito Livio*, edited by C. Vivanti, 519 – 84, Turin: Einaudi, 1983.

Hale, J. R. , *Machiavelli and Renaissance Italy*, London: English University Press, 1961.

Hulliung, Mark, *Citizen Machiavelli*, Princeton: Princeton University Press, 1983.

Kahn, Victoria, *Machiavellian Rhetoric : From the Counter-Reformation to Milton*, Princeton: Princeton University Press, 1994.

Larivaille, Paul, *La pensée politique de Machiavel : les Discours sur la première décade de Tite-Live*, Nancy: Presse Universitaries de Nacy, 1982.

Lefort, Claude, *Le Travail de l'oeuvre Machiavel*, Paris: Gallimard, 1972.

Machiavelli, Niccolò, *Discorsi sopra la prima deca di Tito Livio*, Edited by G. Inglese, Milan: Rizzoli, 1984.

—, *Discorse sopra la prima deca di Tito Livio*, edited by C. Vivanti, Turin: Einaudi, 1983.

—, *The Discourses of Niccolò Machiavelli*, 2 vols, edited by L. J. Walker, London: Routledge and Kegan Paul, 1950.

—, *Opere politiche*, edited by M. Puppo, Florence: Le Monnier, 1969.

—, *Il principe e discorsi*, edited by S. Bertelli, Milan: Feltrinelli, 1960.

—, *Tutte le opere*, edited by M. Martelli, Florence: Sansoni, 1971.

—, *Tutte le opere storiche e letterrarie di Niccolò Machiavelli*, edited by Guido Mazzoni and Mario Casella, Florence: Barbera, 1929.

Mansfield, Harvey. C. , Jr. , *Machiavelli's New Modes and Orders : A Study of the Discourses on Livy*, Ithaca: Cornell University Press, 1979.

—, *Machiavelli's Virtue*, Chicago: Chicago University Press, 1996.

Newell, W. R. , "How Original Is Machiavelli?", *Political Theory*, 1987 (15): 612 – 34.

O'Brien, Conor Cruise, "The Ferocious Wisdom of Machiavelli", in *The Suspecting Glance*, edited by Conor Cruise O'Barien, London: Faber and Faber, 1972.

Orwin, Clifford, "Machiavelli's Unchristian Charity", *American Political Science Review*, 1978 (72): 1217 – 28.

Parel, Anthony, *The Machiavelli Cosmos*, New Haven: Yale University Press, 1992.

—, *The Political Calculus : Essays on Machiavelli's Philosophy*, Toronto: University of Toronto Press, 1972.

Pincin, Carlo, "Osservazioni sul modo di procedere di Machiavelli nei Discorsi" in *Renaissance Studies in Honor of Hans Baron*, edited by Anthony Molho and John A. Tedeschi, 385 – 408, DeKalb, Il. : Northern Illinois University Press, 1971.

—, "Le prefazione la dedicatoria dei Discorsi di Machiavelli", Giornale storico della letteratura italiana, 1966 (143): 72 – 83.

Pitkin, Hanna, *Fortune Is a Woman : Gender and Politics in the Thought of Niccolò Machiavelli*, Berkeley and Los Angeles: University of California Press, 1984.

Pocock, J. G. A. , *The Machiavellian Moment : Florentine Political Thought and the Atlantic Republican Tradition*, Princeton: Princeton University Press, 1975.

Price, Russell, "The Theme of Gloria in Machiavelli", *Renaissance Quarterly* 30 (1977): 588 – 631.

Rebhorn, Wayne A. , *Foxes and Lions : Machiavelli's Confidence Men*, Ithaca: Cornell University Press, 1988.

Ridolfi, Roberto, *The Life of Niccolò Machiavelli*, translated by Cecil Grayson, Chicago: University of Chicago Press, 1963.

Sasso, Gennaro, *Machiavelli e gli antichi e altri saggi*, 3 Vols, Milano: R. Ricciardi, 1987.

—, *Niccolò Machiavelli : Storia del suo pensiero politico*, Bologna: Il Mulino, 1980.

Saxonhouse, Arlene, *Women in the History of Political Thought, Ancient Greece to Machiavelli*, New York: Praeger, 1985.

Skinner, Quentin, *The Foundation of Modern Political Thought*,

2 Vols, Cambridge: Cambridge University Press, 1978.

—, Machiavelli, New York: Hill and Wang, 1981.

Strauss, Leo, "Machiavelli and Classical Literature", *Review of National Literature*, 1970 (I): 7 – 25.

—, "Niccolò Machiavelli" in *History of Political Philosophy*, edited by Leo Strauss and Joseph Cropsey, 296 – 317, Chicago: Chicago University Press, 1987.

—, *Thoughts on Machiavelli*, Glencoe, Ill. : The Free Press, 1958.

Sullivan, Vickie B. , *Machiavelli's Three Romes : Religion, Human Liberty and Politics Refomed*, DeKalb, Ill. : Northern Illinois University Press, 1996.

Tarcov, Nathan, "Quentin Skinner's Method and Machiavelli's Prince", *Ethics*, 1982 (92): 692 – 709.

Whitfield, J. H. , *Discourses on Machiavelli*, Cambridge: Heffer, 1969.

—, *Machiavelli*, New York: Russell & Russell, 1966.

论李维

尼科洛·马基雅维利致扎诺比·布昂德尔蒙蒂和科西莫·鲁塞莱*的问候

  兹呈上敝人的一份礼物，较之我对两位的感激之情，它也许并不相称，但这无疑是尼科洛·马基雅维利所能呈上的最贵重的礼品了，因为他本人既有长期的实践，又孜孜于研判世事，从中学到的东西，在拙著中做了尽可能周详的陈述。无论你们还是别人，对我不能再有奢求。既如此，就请你们不要抱怨我没有给予你们更多的东西吧。倘若敝人的文字卑之无甚高论，你们可以为我的才疏学浅而遗憾；我若多有自欺之语，你们也可以说我判断有误。若是这样，则我不知我们之间谁亏欠于对方较少：或许我较少亏欠于你们，因为你们非要我写下我决不

  * 扎诺比·布昂德尔蒙蒂和科西莫·鲁塞莱是马基雅维利的朋友，也是在佛罗伦萨一所名为奥里塞拉里（Oricellari）的花园里举行的讨论会的参与者。马基雅维利在对话体著作《兵法》（*The Art of War*，1521 年出版）一书中，曾提到过一次有这两人参与的讨论会。在这篇对话的开头，马基雅维利说明了科西莫已于 1519 年去世。马基雅维利还把他的《卡斯特拉卡尼传》（*Life of Castruccio Castracani of Lucca*，写于 1520 年，1531 年出版）题献给扎诺比和他的另一个朋友卢齐·阿拉曼尼。

会为自己撰写的东西；也许你们较少亏欠于我，如果我写的东西未能令你们满意。所以，你们不妨沿袭接受朋友馈赠的礼俗，更看重送礼的情谊而不是礼物的品质，收下这份薄礼吧。请相信，唯一让我感到满意的是，我知道自己在许多场合或许多有自欺，在此事上我却未出差错，我决定把这些史论首先献给你们而不是别人，因为在我看来，此举可算是我因受益于你们而表达的感戴之情，或者说，我自忖已超然于著书立说者的俗套，他们惯于把自己的著述献给某位君王，他们因野心和贪婪而不辨是非，在本该谴责他的种种劣迹时，却称颂其品德完美。为避免这种过失起见，我决定不把它献给身为君王者，而是献给出类拔萃、登上君位当之无愧的人；不献给能赐我以官爵、荣誉和财货者，而是献给虽无此能力却有此愿望者。希望做出正确判断的人，必定敬重慷慨大度的胸怀，而非慷慨大度的能力；敬重有学识的人，而非虽无学识却统治王国的人。作家们称颂身为一介平民时的叙拉古人希耶罗①，却不为身居王位时的马瑟多尼安人佩尔修斯②歌功颂德，因为希耶罗所缺少的，只是一个由他御宇的国家，而佩尔修斯除了有个王国，国王的品质一概阙如。因此，品评你们意料之中的利弊得失吧，倘若你们还能容忍我这些观点中的缺失，我便不会放弃对这部史书其他部分的研读，一如我最初给你们的承诺。后会有期。

---

① 关于希耶罗，参见 P 13；Livy, XXII 37；XXIII 30；XXIX 4 – 5；XXV 24。关于这里所说的"作家们"，参见 Justin, XXIII 4；Polybius, VII 8。（中译者按：英译者注释中引述的文献，绝大部分没有列明版本事项。我尽自己力所能及，把凡是能找到的中译本和西文版本罗列于书末，以方便读者检索。）

② 关于佩尔修斯，参见 Plutarch, *Aemilius Paulus*, 8。

目　录

第一卷

第二卷

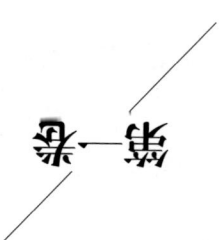

第一集

前　言

　　人有嫉贤妒能的天性，故发现新范式和新秩序的危险，历
来不亚于寻觅未知的水源和沃土，此乃人皆善于指摘而非褒扬他人的行为使然。但是，出于一种始终驱策着我的本能欲望，即或得不到任何尊重，我仍要探究我深信有益于每个人共同福祉的新范式和新秩序。职是之故，我毅然踏上了迄未有人涉足的道路，它或许会给我带来麻烦和困难，但是由于那些怀着善意看待我的劳作目的的人，它亦能给我带来奖赏。我这人才学窳陋，既缺少对当下事物的经验，古代知识亦称贫乏。所以，在我的努力中，不足之处在所难免，更遑论胜任愉快。但它至少能给别人指明道路，他们的才具、文采和判断力皆胜于我，必能完成我的夙愿。因此，我之所为，或不配受到称誉，亦不至遭人诟谤。①

①　这段开场白不见于《论李维》最初的两个版本，但在马基雅维利唯一存世的《论李维》残稿中，保留着经过润色的原文。对于它是不必要的草稿还是定稿，存在着分歧。参见 Carlo Pincin, "La prefazione alla prima parte dei Discorsi," *Atti dell' Accademica Scienze di Torino* 94 (1959 - 60)：II, 506 - 18；"Le prefazione la dedicatoria dei Discorsi di Machiavelli," *Giornale storica della letteratura*, *italiana* 143 (1966)：72 - 83；Harvey C. Mansfield, Jr., *Machiavelli's New Modes and Orders*, Ithaca：Cornell University Press, 1979, 25n。——英译者注（中译者按：以下凡不特别注明的注释，均为英译者所加。）

2　　　世人对古代仰慕有加；姑不论众多其他事例，时常有人不惜重金，买回一尊残缺不全的古代雕像，他们希望有此物为伴，他们要用它给自己的居室增光添彩，他们赞赏这种艺术，乐于师法于它；他们在自己的所有作品中，为表现这种艺术而殚精竭虑。然而，最杰出的史乘昭示于我们的，乃是古代的王国与共和国、君王与将帅、公民和立法者以及为自己的祖国而劳作者取得的丰功伟绩，它们虽受到赞美，却未见有人效仿。其实，世人不分大事小事，避之唯恐不及，故而古人的这种德行，在他们身上已踪迹全无。观此种种，我唯有感到诧异和悲哀。当我看到如下情形时，更复如是：公民对公共事务，或对人们染上的疾患，如果有了歧见，他们总是求助于古人的裁决，或是求助于古人的诊断和指定的方剂。民法无非是古代法学家提供的裁决，把它们简化为指令，可引导我们今天的法学家做出判断。医术也不过是古代医师的实践经验，今日医师可据以做出诊断。然而，在整饬共和国、护卫国家、统治王国、举兵征伐、控制战局、审判臣民和扩张帝国时，却不见有哪个君主或共和国①求助于古人的先例。我认为，造成此种状况的，主要不是当今的宗教②使世界羸弱不堪，或贪婪的惰怠给众多基督教地区或城市带来的罪孽，而是缺少真正的历史见识，在阅读史书时既无感悟，亦品不出其中的真谛。于是，众人捧读史书，以通历史变故而自娱，却从未想过效法古人，他们断定这种模仿非但困难，甚至根本不可能，仿佛天地日月、各种元素和人类

---

① 另一个版本是"或将领"。
② 另一个版本是"当今的教育"。

自身的运动、力量与规律，今日迥异于古时。为使世人摒弃此
种谬见，我才下定决心，对于没有因时代的厌恶而遭湮没的提
图斯·李维的全部史书①，根据我对古今事物的了解，记下我
认为必须给予更好理解的内容，使读过我这些陈述的人，更易
于让他们所欲掌握的史识发挥功效。此事固然不易，然而既有
鼓励我担此重任者的襄助，我以为或能多有所成，俾可给他人
达到既定目标提供一条捷径。

---

① 应当说，只有李维的前十卷没有"因时代的厌恶而遭湮没"。被湮没的是
第十卷以后的部分，其他各卷和残篇依然存世，并为马基雅维利所阅读和引用。

第一章 城邦的一般起源；
罗马的起源

1　　凡是读过罗马城的起源、立法者的作为和它如何得到治理
的人，皆不会感到诧异，该城为何数百年维持如此强盛刚健的
品格于不坠，以及后来共和国为何能够建立一个大帝国。我要
先谈谈它的诞生，我要说明，一切城邦，要么是由城邦所在地
的土著所建，要么是由外邦人所建。前一种情况的发生，是因
为分散居住的居民，觉得他们的生计不再安全，盖各部落的地理
位置和人数太少，使他们无力独自抵御外人的侵犯，一俟强敌当
前，他们来不及聚集起来奋起抵抗。或者，他们若是这样做，就
要离开他们各自的众多栖身之地，旋即成为敌人捕杀的对象。为
免于这种危局，他们不得不或是自行迁徙，或由他们中间一个较
有权威的人统领，择一既利于生计，又易于守备的地方聚居。

2　　雅典和威尼斯即是众多这类城邦中的两个。前者乃因有着
相似理由的分散居民，在泰瑟乌斯的统率下所建。① 后者则容

---

① 参见 P［译者按：马基雅维利《君主论》(*The Prince*) 的简称，下同］6，
26；Plutarch, *Thescus*, 24－25；Thucydides, II 15。

纳了来自亚得里亚海南端一些小岛上的居民，既然不存在可以向他们发号施令的任何特定的君主，所以在他们看来，生活在法律之下最适于自保，这使他们得以避免在罗马帝国衰败后，意大利因新蛮族的光顾而无日无之的战祸。他们的幸运之处，亦在于地理位置可使他们长期高枕无忧，因为那儿的海洋没有出口，况且那些侵扰意大利的人，也不拥有能够加害于他们的舟楫。可见，微不足道的起点，即可使他们成就自己的大业。①

第二种情况是由外人建立的城邦，他们或是自由民，或是依附于他人，即由共和国或君主派出的移民。他们有此举措，要么是为了调剂居民的田亩，要么是为了保护他们刚获得的土地，使其既能得到可靠的维护，又不必付出任何花销。罗马人在其整个帝国内建了许多这样的城市。其实，君主也建立过这种城市，但不是为了居住，而是为了自我炫耀，譬如亚历山大修建的亚历山大城。这些城市没有自由的起源，故而鲜有卓越的表现，也很难成为王国的首府。佛罗伦萨的建立即属此类，因为它是在罗马帝国的统治下建成的，无论它是由苏拉的士兵所建，还是由菲耶索莱的山民偶尔建立，他们相信屋大维治下的长期太平，才迁居阿尔诺河的平原。这个城市在创立之初，无论有何收获，端赖君主善意的恩赐。

民众或是受君主的统治，或是实行自治，如果因疾病、饥荒或战乱而背井离乡，为自己寻觅一片新的家园，则城市的创立者就是自由的。这些民众或是定居于他们在自己占领的土地

① 关于佛罗伦萨的起源，参见 *FH* ［译者按：马基雅维利《佛罗伦萨史》(*History of Florence*) 的简称，下同］ II 2。

上发现的城市，譬如摩西的情况就是如此；或是在这些土地上建立新城，例如埃涅阿斯之所为。在这种情况下，可以看到创业者的德行和创业时的运气，观其神奇经历的多寡，可知创业者德行的高下。观其德行，可循两种方式，一系城址的选择，二为法律的实施。人们的所作所为，或是出于必然，或是出于选择；其次，若是选择较少出于权力，则愈可彰显德行之杰出，故建城时应当考虑，最好选择贫瘠之地，因为穷乡僻壤的居民不得不辛苦劳作，不会流于惰怠，能够同舟共济，亦少内讧的理由，比如拉古萨①，以及在这类地方建立的许多城市，便是如此。如果只求自己的生计，不欲支配他人，则这种选择无疑较为明智而有益。然人无实力，不足以自保，故而只能避开贫瘠之地，择富庶之地而居之。［城市］能够扩张，是因为它地处膏腴之乡，也只有在这种地方，它才既可打击来犯之敌，亦能挫败任何对抗它成就大业的人。不过，这种地方易生惰怠之风，因而须以法律创造地理位置未提供的必要条件，以遏阻此风。居于风调雨顺的膏腴之地，人易生惰怠，难有刚勇之气，他们若能展现智慧，不为地利滋生的惰怠所侵蚀，使必须投身戎马者不懈于演练，成为比居于荒蛮贫瘠之地者更出色的士兵，他们便是可资效法的人。埃及人的王国即属此列，尽管田地风调雨顺，它的法律却发挥着巨大威力，造就出许多出类拔萃的人士。这些人的名字如果未因岁月久远而湮灭，他们应当得到的赞誉，本可超过亚历山大大帝和许多至今依然活在人们记忆

---

① 公元 7 世纪为躲避埃皮达鲁斯劫掠的罗马难民所建立的城市。今称杜布罗夫尼克。

中的人。只消看看苏丹王国，看看未被土耳其大帝谢里姆所灭之前马默卢克①及其军队的体制，即可知道，对于若无严刑峻法的阻止，地利之便易于在他们中间滋生的懒散，他们是多么的惧怕。

故而我要说，假如富庶受到法律的适当调理，则选择富庶之地居住更为明智。当年，亚历山大大帝欲建一城池以彰其伟名，营造师德诺克拉特跑来说，他能够建城于圣山②之巅，此地不但坚实，且适合于把城市建成人体形状，这种神奇罕见的样式，方配得上他的雄才大略。亚历山大问他，居民靠什么维持生计，他答曰尚未念及此事。亚历山大哑然失笑，他没有选择那座山峰，而是把亚历山大城建在了土地肥沃、有海洋和尼罗河之便、居民自愿定居的地方。③ 研究罗马建城史的人，若把埃涅阿斯作为其始祖，则他所说的便是由外邦人建造的城市；若把罗慕路斯④视为始祖，他便是在讨论当地人建造的城市。无论持何种观点，他都会看到罗马城有一个无恃于任何人的自由的起点。如下文所说，他还会看到，罗慕路斯、努马⑤等人实施的法律，赋予了它多少要素，以至物产之丰，海路之便，不绝如缕的凯旋，帝国的威名，数百年亦不能败坏其品质；令

5

---

① 马默卢克人是一个穆斯林军事阶层，从 1250 年到 1517 年统治埃及。

② 这个德诺克拉特和亚历山大的故事，见 *Vitruvius*, preface and II 1 – 4。它也被托马斯·阿奎那转述，见 Thomas Aquinas, *On Kingdom*, II 7；另见 Plutarch, *Alexander*, 26。

③ Livy, I 1 – 3.

④ Livy, I 4 – 6; Plutarch, *Romulus*, 4, 6 – 9.

⑤ Livy, I 18 – 21; Plutarch, *Noma*, 3, 5 – 8.

其他城市或共和国熠熠生辉的优点（德行），被他们悉数留给了罗马。

6　　提图斯·李维所称颂的罗马事迹，要么因官方的谋略而发生，要么因私人的谋略而发生；或发生于城邦之内，或发生于城邦之外。我打算先谈谈发生于城邦之内，因官方谋略而发生的事情。我以为，对于它们以及附属于它们的另一些事情，应给予更多的关注，此即本书卷一或第一部分的论说范围。

第二章　共和国的类型，罗马共和国的类属

　　我不拟讨论那些由外人建立的城邦，我要谈的是创建之初未遭任何外来奴役，完全受自身意志支配的城邦，它们或是共和国，或是君主国。它们的起源各异，故有不同的典章法度。有些城邦的法律，乃是在建城之初或稍后，由某个人一次性赋予的，譬如利库尔戈斯为斯巴达人建立的秩序①；还有一些城市的法律，则是由于各种机缘，在不同的时间，由各种变故赋予的，譬如罗马。可以说，遇到一个精明的人为其颁行法律的城市是幸运的，在这种法律的治理下，它不必改制即可享有安宁。我们看到，斯巴达遵行这种法律达八百年之久，既未败坏它们，亦未发生危险的内乱。② 比较而言，没有遇到一个精明的统治者，不得不一再改制的城市，则多少有些不幸。尤其不

---

① Plutarch, *Lycurges*, 5 - 6；*Polybius*, VI 10.

② 普鲁塔克说，利库尔戈斯的法律维持了五百年（Plutarch, *Lycurges*, 29），马基雅维利在这里又补上了斯巴达人被奥古斯都统治的罗马所灭之前的三百年。参见 *AW*［译者按：马基雅维利《兵法》（*The Art of War*）一书的简称，下同］I。另参见 Thycydides, I 18。

幸者，则是那些纲纪废弛的城市，它的秩序使它根本无法步入达到完美和正确目标的康庄大道。这种品质的城市，几乎不可能凭借任何变故来修复自身；而那些有着良好的起点，且能变得更好的城市，即或没有完美的秩序，亦可借各种变故的出现而臻于完美。诚然，它们在自我治理时并非没有危险，因为除非事物之必然迫使人们接受为城市展示了新秩序前景的法律，否则不会有足够多的人表示赞同。不遭祸患，难以识必然，所以共和国往往在完美秩序未成之前即遭毁灭。佛罗伦萨共和国即可印证此点，它先因 1502 年阿雷佐事变而得到整饬，后因 1512 年普拉托事变而陷入混乱。①

2   我要探究罗马城制度的真相，以及哪些变故导致了它的完美。② 故而我要说明，据一些论述共和国的人称，它们系三种"国家"（stato）之一③，他们称之为君主制、贵族制和民主制；城市的创建者，在权衡何种体制更符合自己的目的后，把它塑造为其中的一种。还有一些被众人视为更聪明者，则以为有六种统治类型，其中三种甚为糟糕，另外三种堪称良好的制度，

---

① 这里提到的两次事件，前者为马基雅维利担任官职之始，后者结束了他的官职。皮埃罗·索德里尼时任佛罗伦萨共和国的终身旌旗手。

② 马基雅维利下面对罗马政体的讨论，严格地仿效了波里比奥斯（Polybius，VI），但也有重要的差别。在大量的相关文献中，可参考 Gennaro Sasso, *Studi su Machiavelli* (Naples, 1967), chs. 4, 5; Mansfield, *Machiavelli's New Modes and Orders*, 34 – 40。

③ 马基雅维利所使用的"stato"一词和今天一样，兼有"国家"和"状态"（status）两义，但它们有着更密切的关联："国家"是指统治别人的一个人或一个团体所处的"状态"。

却因易于腐败而命途多舛。① 良好的制度已如上述；恶劣的制度则是与它们相伴而生的另外三种，每种都类似于相邻的另一种，易于由此转化为彼：君主制易于蜕变为僭主制，贵族制易于蜕变成寡头制，民主制变得肆无忌惮，亦非难事。因此，共和国的统治者若在城邦中推行这三种制度中的一种，他的统治不会长久，因为并无良策可以阻止它蜕变为自身的反面，此乃制度的利弊使然。

　　这些不同的统治类型，是因人的际遇而发生。初民之时，人烟稀少，生民一度如禽兽般散居各处；后来人丁日众，他们便合群而居，为了便于自保，他们开始在自己中间寻找强健而心胸阔大者，立他为自己当然的首领，听命于他。由此出现了忠奸善恶之辨。见到有人侵害自己的恩主，民众遂生爱憎之心，他们贬不义而颂知恩，又念及同样的侵害殃及自身，为避免类似的罪恶，遂退而求助于立法，对违抗者施以惩罚，司法知识于此生焉。此事并没有使他们寻找最严酷的人，而是在必须择一君主时，找一个更为明达正直的人。可是，当后来的君主以继承而非选举方式产生时，继位者很快便忤逆先祖，弃优秀品德于不顾，于是众人把君主视为不务正业、骄奢淫逸、肆意妄为无出其右。是故君主开始遭人憎恨；既遭憎恨，遂生畏惧；心存畏惧，未久即滋生侵扰，由侵扰而旋为专制矣。此乃败亡之始、密谋弑君之始也。谋事者断非胆怯孱弱之辈，而是慷慨大度、心胸豁达不同于一般的富人和贵族；他们无法忍受君主的不义。民众追随强势人物的权威，拿起武器反抗君主，弑君

---

① 参见 Plato, *Statesman*, 302a; Aristotle, *Politics*, 1279a25 – b10。

之后，又将其视为自己的解放者。他们憎恨一人独揽大权，便建立了自己的政府。起初，他们对过去的专制统治记忆犹新，遵循自己制定的法律，实行自我治理，置公益于私利之上。他们励精图治，尽心尽力料理公私事务。这种治理之道传至子辈，而他们对命运的多变懵懂无知，从未遇到邪恶，不肯维护公民的平等，心生贪婪与野心，夺人妻女，遂使贵族统治变为少数人的统治，不再尊重任何公民权利。未久，专制者的遭遇即在他们身上重演；民众对他们的统治深恶痛绝，便在自己中间择一能够不计手段率其谋反的首领。此时便会有人崛起，靠众人之助灭了统治者。他们对君主及其危害记忆犹新，既未建立寡头统治，也不欲建立君主国，便建立了民治国。他们的治国之道，使得一小撮权贵或君主皆难擅权。任何国家在创立之初，都享有相当的尊重，故这种民治国尚可苟安于一时，却绝不会长久，创业的一代消失后更复如是；因为他们立刻就会肆意妄为，无论私家官服，皆无所忧惧，人人各行其是，每日的侵犯无以计数。或是出于万不得已，或是采纳了贤达的高见，为避免这种乱局，他们恢复了君主制；于是他们又将日甚一日地陷入混乱，其方式和缘由一如上述。

4　　进行统治和实行自治的共和国，皆不免于这种循环。它们鲜有能够恢复原来的统治，因为没有哪个共和国能够生存如此长久，虽历尽沧桑，遭此种种变故，依然屹立不倒。也有可能出现的情况是，共和国虽经种种努力，依然缺少智慧和势力，不得不屈从于较它治理更佳的邻邦；倘若不是这样，则共和国可以永无止境地重复这些统治形态。

5　　因此我要说，上述类型皆有弊端，三种好的短命，三种坏

的恶劣。故精明的法律实施者，在认识到这些不足之后，便会避开这些类型，择一兼容并包的统治形式，认定其更为稳固而持久：在同一城邦内兼行君主制、贵族制和民主制，它们可以相互守卫。

因创立这种制度而最值得称颂者，是利库尔戈斯。他在斯巴达实施的法律，把不同的角色赋予国王、贵族和庶民，使国家存续了八百年，既为他本人赢得了至高的赞美，也维持了城邦的安宁。① 梭伦的遭遇与此相反，他在雅典实施法律时，只推行民主制，结果使雅典如此短命，他生前便目睹了皮西斯特拉图斯的专制统治降临此地。② 他的继承人在四十年后被放逐，雅典恢复了自由，但是出于它遵从梭伦之命又采行民主制，维持了不满百年。［雅典］为维护这种统治，制定了许多梭伦未曾想过的制度，用来压制大人物的傲慢和民众的放肆。但雅典未把它们与君主制和贵族制的力量结合在一起，故而较之斯巴达，它的寿命甚短。

不过，还是让我们来说说罗马吧。建城之初，它没有一个利库尔戈斯为它建立使它长期得享自由的秩序，但平民和元老院的不和却触发了种种事变，使得统治者未做之事，竟因机缘而产生。就算第一次好运未光顾罗马，却有第二次在等着它。它最初的体制虽然不尽如人意，却未偏离把他们引向完美的正道。罗慕路斯诸先王制定了不少良法，事后证明它们均有益于自由的生活方式。他们的目的是建立王国而非共和国，所以当

6

7

---

① Plutarch, *Lycurges*; Polybius, VI 10 – 11; Aristotle, *Politics*, 1273b33.

② Plutarch, *Solon*, 18 – 25, 32; Aristotle, *Politics*, 1273b34 – 74a21.

城市获得自由时，仍缺少自由秩序所必需的许多要素，因为先王未把这些要素赋予罗马。由于前面说过的原因，它的先王失去了帝国，但驱逐他们的人却仅黜其名而未废其权，他们立刻任命了两个执政官取代国王，这样共和国便有了执政官和元老院。它只综合了上述三种体制中的两种——君主制和贵族制——的品质，故仍需为民治留出一席之地。因此，当罗马贵族由于下面谈到的原因而变得傲慢自大时，平民起而反抗他们。这种反抗并未全盘推倒重来，仅限于给平民留出他们应得的地盘，执政官和元老院仍握有相当大的权力，在共和国里依然保持着自己的地位。护民官的创设即由此而来，由于三种统治形态各得其所，此后共和国的国体更形稳固。命运对它如此眷顾，虽然经历了从君主统治到贵族统治再到平民的统治，其过程和原因一如上述，但它在授权于贵族时，未全然放弃君主制的品质；在授权于平民时，亦未攫尽贵族的权力。在这一混合体制下，它创建了一个完美的共和国。此完美境界肇始于平民与元老院的不和，以下两章详述之。

第三章　护民官使共和国更趋完美，
导致此一创设的变故

　　探究文明生活之道的人皆已证实，史乘亦充满这类事例，　　1
即驾驭共和国并为其制定法律者，必把人人设想为恶棍，他们
会不失时机地利用自己灵魂中的邪念。当邪念隐而不彰时，此
一假设是从隐蔽的原因得出，因为人们既看不到相反的经验，
又难以识别这种原因。但是被他们称为真理导师的时间，迟早
会让真相大白于天下。

　　塔尔昆一家遭放逐后①，平民和贵族之间似乎十分和睦，　　2
贵族放弃了自己的傲慢，采纳一种平民精神，待人以宽容，无
论他多么卑贱。② 塔尔昆家族在世时，这种骗局一直未被识破，
亦无人窥明其缘由。贵族畏惧平民，且担心若不善待平民，他
们不会站在自己一边，故对他们恭俭礼让。然而塔尔昆一死，
贵族的担忧也随之消散，他们开始向平民射出腹中的毒液，肆

---

① Livy, I 58－60.

② Livy, II 5, 9.

无忌惮地予以侵害。[①] 此事证实了以上所言：不出于万不得已，人无行善之理，若能左右逢源，人必放浪形骸，世道遂倏然大乱。故有云，人因饥馑困顿而勤劳，因有法纪而良善。无法纪而事务井然的地方，无需法纪；然而无良好风俗之地，则法纪须臾不可离也。塔尔昆在世时，他犹可使贵族自我警悚，在他死之后，则宜设想新的体制，以收塔尔昆在世之功效。因此，在贵族和平民之间经历了种种的纷乱、争吵和内战的危险后，他们终于设立护民官以保障平民的安宁。[②] 他们赋予这些人显赫的地位和威望，使其今后充当平民和元老院的仲裁，阻止贵族的傲慢。

① Livy, II 21.

② Livy, II 33.

第四章　平民和罗马元老院之间的不和，促成了共和国的自由与强大

在讲述了塔尔昆之死导致罗马的内乱和护民官的创设之后①，我不得不对许多人的看法提出异议，他们认为罗马是个纷争不已的共和国，它如此混乱，若无好运和武力抵消其缺陷，它还不如其他任何共和国。② 我不能否认命运和军力乃罗马帝国的成因，然而我以为，他们没能认识到，武备强大之国必有良序，好运不降临此地也难。不过我们还是讲讲这座城市的另一些事情吧。我要说，诅咒贵族和平民纷争不已的人，他们所谴责的正是让罗马保持自由的元素。他们未看到这些嘈杂喧嚣的纷争收到的良好效果；他们没有顾及共和国皆有两种相反的气质③，即民众的气质和大人物的气质，凡是有利于自由的法律，皆来自他们之间的不和，这从发生在罗马的事情即可知晓。

₁

---

① Livy, II 23 – 24, 27 – 33.

② 关于谴责罗马混乱的"许多人"，参见 Sallust, *Bellum Catilinae*, 10 – 12；*Bellum Jugurthinum*, 5；*Histories*, I 55, 77, III 48。另参见 Cicero, *Republic*, II 33, and *In Catilinam*, II 13, III 10；St. Augustine, *City of God*, III 16 – 17。

③ 参见 *P* 9；*FH* II 12, III 1。

从塔尔昆到格拉古兄弟，凡三百年有余，罗马的纷争甚少导致流放，更鲜有流血发生。在如此漫长的岁月里，因内部分歧而被流放的公民，不过八人或十人，岂能断言这些纷争有害或分裂了共和国呢？共和国既有如此多的德行之楷模，断言它纲纪废弛，道理何在？优秀楷模生于良好的教养，良好的教养生于良法，而良法生于受到世人无端诬责之纷争也。凡细心检审其鹄的者皆可发现，它们并未造成有损于公益的流放与暴力，却导致了有益于公共自由的法律和秩序。有人说，那些办法太反常，甚或野蛮，民众嚣聚以对抗元老院，元老院亦与民众作对，喧嚷起于街市，店铺悉数关闭，百姓弃城而去，凡此种种，令读史者骇然。然而我要说，每个城邦都要有自己的一套办法，让民众一展其抱负，在重大事务上借助于平民的城邦，尤须如此。这些城邦中的罗马亦自有其法：民众希望获得一种法律时，他们要么有上述举动，要么拒绝以他们的名义开战。为了安抚他们，就需要在一定程度上满足他们。享有自由的民众，其欲望鲜有危害自由者，因为这种欲望或是生于受人欺凌，或是来自担心自己受到压迫。倘若他们持有谬见，仍有公民大会作为补救，那里会有贤达出面，雄辩地证明他们如何陷入了自欺；正如图利所言，民虽无知，若有值得信赖者告以实情，他们既有能力辨明真相，也易于服从。①

2　　是故诟病罗马统治的人，亦当持平论之，务必考虑到，若无极佳的事由，这个共和国怎会取得如此多的成果。如果纷争

———————

① Cicero, *De amicitia*, XXV 95.

是创设护民官的缘由，则应给予纷争至高的赞扬才是，因为它不只让民众享有治权，且为罗马的自由树起一道屏障。欲知此事详情，且看下章。

第五章　谁是自由更可靠的保障，民众还是权贵；谁是纷争的主因，侵夺者还是守成者

1　　精明的人创立共和国，必做的事情之一，就是为自由构筑一道屏障。自由生活方式存续之长短，端赖此一屏障之优劣。共和国皆有权贵和平民，于是存在着应把自由的屏障置于何人之手的困惑。古代之拉塞德芒人，今日之威尼斯人，把这权柄交予贵族，罗马人则把它交给了平民。

2　　故应审视这些共和国的选择何者较佳。若溯及根由，可以说它们各有道理；若以结果计，则论者会站在贵族一边，因为斯巴达和威尼斯的自由，有着较罗马更长久的寿命。考虑到各种缘由，站在罗马人一方，我要说的是，护卫某物之权力，当授予对此物无侵夺欲的人。揆之贵族的目的与平民的目的，可知前者支配欲甚强，而后者只有不受人支配的欲望，故较之权贵，他们也有更强烈的意愿过自由的生活，更不愿意伤害这种自由。所以，让平民担当自由的卫士，他们会为它付出更多的关切，既然他们无力侵夺它，他们也不会允许别人侵夺它。为斯巴达和威尼斯的体制辩护的人则说，把守护的职责交给权贵，

成全了两件好事，一是这更好地满足了他们的抱负，有此权柄在手，他们便有了更多心满意足的理由；二是他们消除了平民骚动不安精神中的强权性质，它既是共和国无休止的纠纷与攻讦之源，也易于让贵族陷入不时造成恶果的绝望。然而，在这同一个罗马城里，他们还提供了一个范例，护民官握有此种权力，因此一个平民执政官犹不能使他们满足，他们希望两个执政官都是平民。由此他们又希望得到监察官、军事执政官等该城邦的全部主宰权；他们仍不安于此，性情狂暴一如既往，后来居然开始羡慕他们认为可以打垮贵族的人，由此导致了马略的强权和罗马的覆灭。① 确实，擅长就事论事者仍然能够抱有疑虑，他应当选择何人来担当这种自由的守护者呢？因为他不清楚共和国里哪一种人的性情更有害，是那些只想维持已经到手的荣誉的人，还是那些希望获取尚未到手的东西者？

人们经过缜密的通盘考虑，终将得出如下结论：你要么是在思考一个希望成为帝国的共和国，如罗马；要么是在思考一个只想维持自身的共和国。对于前者，它务必如罗马一样行事；对于后者，则可效法威尼斯和斯巴达，其理由一如下章所述。 3

至于共和国里哪一种人更有害，是有攫取欲的人，还是担心失去已到手的东西的人，我要明示于读者，当马库斯·梅尼乌斯被立为独裁官，马库斯·福尔弗斯担任骑兵队队长时，他们都是平民；为了搞清楚卡普阿②针对罗马的阴谋，人民又授权他们去监视罗马内部那些出于野心，不择手段攫取罗马城的 4

---

① 参见 Plutarch, *Marius*, 7, 9。

② Livy, IX 26. 李维说的是弗利乌斯和梅尼乌斯。

执政官之职和另一些荣誉的人。在贵族看来，这种权力是为了对付他们而授予独裁官的，于是他们在城里四处宣扬，心存野心、打算不择手段获取权力的并不是贵族，而是那些平民，他们的血统和品德皆不可信，却想以不正当手段跻身上层；他们特别对那个独裁官提出了指控。这项控告相当有力，在召开了一次公民大会后，以及在贵族的谤言之下，梅尼乌斯拱手交出独裁权，听从人民对他可能做出的审判。但是他的案子传开之后，他即被宣告无罪。到底谁的野心更大，是愿意守成者，还是想要攫取者，此事争议颇多；一方或另一方的欲望，都可以成为严重纷争的诱因。然而经常造成纷争的，还是那些拥有者，因为他们患得患失，使他们产生了同那些希冀攫取者相同的愿望。除非一个人有新的获取，他对自己的所有似乎不会心满意足。此外，既然他们拥有甚多，他们也就有着改弦易辙的更大能力和动机。更有甚者，他们包藏野心的不当举止，在无产者心中激起了以褫夺来报复这些人的占有欲，或占有那些他们认为被别人滥用的财富和荣耀的愿望。

第六章　罗马能否建立一个消除平民和元老院相互敌视的国家

　　平民和元老院之争的成效，一如上述。这些纷争一直持续1到格拉古时代①，若谓它们是导致自由生活方式覆灭的原因，则有人也许以为，罗马所成就的伟业，是在没有这些内讧的情况下取得的。故而依我之见，欲了解能否在罗马建立一种可以铲除上述争端的秩序，有必要对一件事加以深思。欲考究此事者，必参酌那些既长期享有自由，又无此类内讧和骚乱的共和国，看看它们的国体为何，以及能否把它们采行于罗马。在这些事例中，如我在前面所述，古有斯巴达，今有威尼斯。② 斯巴达设立一个国王和一个小小的元老院来统治自身；威尼斯名义上没有分割治权，而是把能够行使治权的人纳入一个名号之下，把他们统称为士绅。赋予它这种模式的，与其说是为它立法者的深思熟虑，不如说是出于机缘。有众多居民迁徙至今天

　Plutarch, *Tiberius Gracchus*, 10－21；*Gaius Gracchus*, 4－6, 9－17.

　见卷1，5.1。指第一卷第五章第一节，下同。——编者注

城市的所在地，由于前述原因①，也由于他们人数日增，若是有心和睦共处，他们必须制定法律，于是他们建立了一个政府。② 他们时常聚会以决定城市事务，当他们觉得居民的数量对于一种政治生活形态已经足够时，他们便关闭了来到此地的新居民得以参政的入口。当众多居民置身于统治地位之外时，为使统治者享有尊位，他们便把这些人称为绅士，其余皆为平民。这种模式所以能够出现和存续而不生骚乱，端赖在它建立之初，凡居住于威尼斯的人皆可参与统治，所以无人抱怨。后来的居民看到这个国家稳固而又隔绝，所以既无理由也无机会滋事生非。我所以说"无理由"，乃因他们并未受到剥夺；"无机会"，乃因被治者皆受到约束，不使其染指于能够夺权的事务。此外，后来徙栖于威尼斯的人并不很多，其数量也没有使统治他们的人和被统治者不成比例：绅士的人数等于或多于他们。由于这些缘故，威尼斯得以使国家秩序井然，维护着自身的团结。

2　　　如我所说，斯巴达是由一个国王和人数有限的元老院统治。它能长治久安，因为他们能长期保持团结：斯巴达的居民甚少，他们断绝了可以来此地居住的通道，利库尔戈斯的各项法律受到尊重，它们既然得到服从，便消除了内乱的一切缘由。利库尔戈斯的法律使斯巴达的实质平等较多，官职的平等较少；这里有着同等的贫穷，平民的野心不大，因为城邦的官职仅容纳少数公民，平民可望而不可即。贵族亦未虐待平民，以至于使他们觊觎官职。斯巴达的历任国王，居元首之位，身处贵族之

---

① 见卷1，1.2。

② 参见 *FH* I 29。

中，他们维持其尊位的最佳手段，便是保护平民免受一切侵害，这使得平民既不惧怕统治，亦不图谋统治。平民既无权力，又无惧于权力，所以他们同贵族之间可能发生的争斗也无缘出现，骚乱的原因随之消逝，这使他们得以长期团结。不过，导致这种团结的原因有二，一是斯巴达居民甚少，这使他们能够接受少数人的统治；二是他们的共和国不接纳外人，所以他们既可免于腐败，亦不会变得人数众多，令少数统治者不堪重负。①

由这些事情可知，罗马的立法者若是有心让罗马如上述共和国那样太平，必于两件事中择一而为之：像威尼斯人那样，战时不征用平民，或如斯巴达人那样，不向外人开放入口。然而这两件事他们都做了，于是平民变得强大，骚乱的机缘有增无减。假如罗马变得较为安宁，则弊端亦将随之出现：它将变得更加软弱，因为它放弃了使它取得丰功伟绩的手段；罗马若想铲除骚乱的根源，它也会失去扩张的动因。对于人类的一切事务，审视者皆可从中看到，断难做到避免此一弊端而不引发另一弊端。可见，你若想做到人多势众，兵戈随身，足以创立伟大的帝国，那么你也会使他们获得一种品质，那是你无法按一己之方式加以治理的。如果你为了便于治理，使民众人数甚少或不事武备，那么当你获得统治权时，你也无法保住他们，或他们会变得不堪一击，使你沦为任何侵犯者的俎上之肉。可见，每当我们决断之时，都要考虑弊端较少的手段，以此作为上策，因为人们还从未见过黑白分明、全无疑义的事情。所以，

---

① Thucydides, I 144；Aristotle, *Politics*, II 9；Plutarch, *Lycurges*, 27；Livy, VI 48.

罗马可以仿照斯巴达，设立一位终身制的君主和一个不大的元老院，可是，如果它矢志于建立大帝国，它便不能如斯巴达那样拒绝增加公民的数量，而这又会使设立终身制君主和小型元老院的做法，很少对人民的团结有所裨益。

4　　因此，欲建新共和国者，务必拿定主意，是打算让它像罗马那样扩张领土和实力，还是局限于狭小的畛域。若是前者，就要建立如罗马一般的制度，尽量给骚乱和无处不在的纷争留出余地，因为若是缺少人口和精良的武装，共和国绝不会成长壮大，就算它能成长壮大，也难以长久生存。如果是后者，他可以为它建立斯巴达和威尼斯的制度。扩张乃这种共和国的毒鸩，故其统治者当竭尽所能，阻止它从事征伐，因为这种拿弱小的共和国做本钱的征伐，无异于自取灭亡。斯巴达和威尼斯都曾有此遭遇，前者曾使几乎全体希腊人俯首称臣，但一次微不足道的事变，即使其薄弱的根基暴露无遗。当派洛皮德动员底比斯反叛时，其他城邦纷纷效尤，那个共和国便彻底覆灭了。① 同样，威尼斯曾控制了意大利的大部，它取得这些地方，靠的不是战争，而是金钱和计谋。当它需要验证自己的实力时，一夜之间便失去了一切。② 所以我认为，创立一个可以长久生存的共和国，就要从内部赋予它斯巴达或威尼斯那样的制度，把它建立于稳固的地基之上，其力量没有人认为能够一下子将其摧毁。再者，它的实力也不可让邻国坐卧不安，如此方可国运长久。共和国遭遇战争，不外乎两个原因，一是要成为它的

---

① Plutarch, *Pelopidas*, 24.

② *P* 12；*FH* 29.

主宰，二是惧怕它的侵夺。上述方式几乎可以彻底消除这两种原因。按我的浅见，既然难以征服它，既然它的制度颇利于自我防御，人们也就很难或根本不可能图谋征服它。如果它安于自己的疆域，人们凭经验知道它没有包藏野心，也就鲜有人会由于畏惧而向它开战。如果它在根本大法和法律中明令禁止扩张，则更能收此成效。我确定无疑地相信，若能以这种方式在事务之间取得平衡，就会有最佳的政治生活，城邦得享真正的安宁。然而，人间事变动无常，总有兴衰荣枯①；许多事情纵使没有理性的引导，却有必然性促你完成。所以，即使共和国的制度能使它不事扩张，却有必然性促其扩张，这会逐渐毁坏它的基础，使它很快覆亡。所以，假如上苍有眼，没让它从事征伐，也会因此而生惰怠之风，使它变得羸弱或分裂。此两者，或其中的任何一种，适足成为其灭亡的肇端。职是之故，我以为，既然人们无法保持事务之间的平衡，也无法恰当地保持中庸之道，那么在为共和国创立制度时，就必须看重更加荣耀的方面，在设立制度时假定，必然之势肯定引导它进行扩张，如此方可保住它已经获取的东西。接着上面的话题，我认为，应当采行罗马的制度，而不是另一些共和国的制度，因为我不相信能在两种方式之间找到一条中庸之道；对于人民和元老院之间出现的不和，只能予以忍受，将其视为取得罗马的伟业所必要的弊端。除了前面论及的理由外，护民官的权力已经得到证明，它是维护自由必不可少的；赋予护民官指控权给共和国带来的益处，也不难做出评断，这便是下一章所要讨论的话题。

---

① *FH* V 1。

第七章　对于维护共和国的自由，指控权有多大的必要

1　　对于在城邦中担当自由守护者的人来说，最有用和最必要的权力，便是在公民犯下破坏自由状态的罪行时，向人民、长官或议事会指控此人的权力。这种制度对于共和国有两大益处。首先，公民因为害怕受到指控，不敢图谋破坏这种状态。他们一有这种企图，立刻就会受到无情的镇压。其次，对于城邦内以某种方式产生的、针对某个公民的反感，它提供了一个发泄的渠道。这些情绪倘若没有正常的发泄渠道，就会诉诸反常的手段，毁掉整个共和国。因此，使共和国坚实稳固的办法，莫过于以法律规定某种渠道，对那些扰乱共和国生活的变幻不定的情绪加以疏导。证明这一点的事例不胜枚举，尤其是提图斯·李维所记载的科里奥拉努斯的例子。① 据他说，在罗马贵族的眼里，由于平民创设保护自己的护民官，使他们的权力过大，贵族因此而对平民十分愤懑。适逢罗马的供应严重匮乏，元老院派人去西西里筹粮，平民派的敌人科里奥拉努斯进言道，

---

① Livy, II 34 – 40. *AW* VI.

正可乘机让平民挨饿，不分给他们口粮，以此惩罚平民，从他们那儿收回危害贵族的权力。当这个提议传到平民的耳朵里时，他们对科里奥拉努斯怒不可遏，若不是护民官把他召来为指控他的案子辩护，当他从元老院出来时，平民就会在骚乱中把他干掉。这个事件正可验证以上所言，共和国于法律中设置让民众对某个公民泄愤的渠道，是多么的有用而必要，这种正常渠道的阙如，会使众人诉诸反常的渠道，由此导致的后果，无疑要比前者糟得多。

如果一个公民受到正常的惩罚，即或是一场冤狱，共和国 2 的秩序也波澜不惊。因为施罚者不是私人和外邦人的暴力，那都是毁灭自由生活的渊薮；而是经由公共的暴力和命令，它们都有特定的限度，不会越界做出毁灭共和国的事情。我希望，古代众多先例中的这个科里奥拉努斯事例，足以使这个见解更为信实，人们由此可以设想，假如他在骚乱中被干掉，会给罗马共和国造成多么恶劣的后果。它将导致个人之间私下里无法无天的恶斗，这种无法无天又会引起恐惧，因恐惧而求自卫，为自卫而结党，由结党而亡国。如果主事者是握有正当权责的人，则行使私权的弊端即可被消除。

我们在自己的时代看到，当弗朗西斯科·瓦洛里俨然成为 3 城市的君主时，佛罗伦萨共和国的民众因为缺少向一个公民泄愤的正常渠道，于是出现了怪事。许多人断定他是野心家，一个厚颜无耻、胆大妄为的家伙，想把自己凌驾于公民制度之上。这个共和国没有抵制他的手段，除非采用非常手段，他便无所畏惧，只好借助于一个跟他作对的帮派，于是他也网罗党羽以求自保。此外，他的反对者没有用以压制他的任何正常手段，

便也想些歪门邪道，终而诉诸武力。倘若能以正常的方式压制他，那么消除他的权力只会损及他一人；既然只能以非常手段剪除他，这不但损及他一人，也使许多高贵的公民蒙受损害。

4　　为支持这一结论，还可以举出同样发生在佛罗伦萨的一次涉及皮埃罗·索德里尼的事件。① 它的发生，完全是因为这个共和国不存在对付公民强人之野心的控罪手段。只向八名裁判官指控一个公民强人是不够的②，裁判官多多益善；裁判官的人数少，就会以祖护少数人的方式行事。假如存在这种手段，公民便可以在他作恶时对他提出指控，他们不必引来西班牙的军队，也可循此发泄怨气；如果他没有行为不端，则他们惧怕自己反而受到指控，也就不敢同他作对。双方都不会再有那种自取其辱的癖好。

5　　由此可以断定，只要看到城邦内的一帮人召来外国军队，即可断定其制度恶劣，因为在它的城郭之内，除了反常手段，缺少让人发泄胸中恶气的制度。规定一种向众多裁判官提出指控的权利，并尊重他们的权威，即可充分提供这样的制度。在罗马，这种制度十分完善，平民和元老院之间发生过不少纠纷，但无论平民、元老院，还是任何公民，从未打算借用外国武力，因为国内就有救济的手段，他们不必舍近求远。前面写下的例子足以证明这一点，不过我想再举一个载于提图斯·李维《历史》中的事例。他提到当时位于托斯卡纳的一个极高贵的城邦

---

　　① 这里是指索德里尼于1512年被赶下台并遭放逐的事件；他也是马基雅维利的恩主。

　　② 指佛罗伦萨负责司法事务的八人委员会（Otto di Guardia）。

丘西，阿伦斯之妹受到卢库莫人的凌辱。欺凌者势力强大，阿伦斯无力亲自复仇，便去找当时正统治着今称伦巴第地方的法兰克人。他怂恿他们携兵器来到丘西，向他们表示，他们为他受到的凌辱报仇，对他们也有好处。① 假如他能利用城邦内的手段亲自报仇，他也就不必借助于蛮族的武力了。但是，这种指控权对共和国多么有益，谣言对它便多么无用且有害，这是我们下一章要讨论的事情。

① Livy, V 33. 李维著作中当事人不是阿伦斯的妹妹，而是他的妻子。

第八章　指控权对共和国多么有利，谣言就对它多么有害

1　　富里乌斯·卡米卢斯把罗马从法兰克人的压迫下解放出来以后，他的功德，使罗马公民对他俯首帖耳，好像一点儿也不在意失去自己名望或身份。① 可是，曼利乌斯·卡皮托利努斯对于给他这么高的尊位和这么多荣耀，却难以忍受。因为在曼利乌斯看来，他本人为罗马的安全贡献良多，他拯救了朱庇特神庙，他的应得不该少于卡米卢斯，在另一些武功上也与他旗鼓相当。他妒火中烧，对于别人的荣耀，他难以保持心平气静。他无法离间元老，便转向平民，在他们中间散布恶毒的流言。他的话中有这样的说法：那些收集起来要送给法兰克人的财宝，后来并没有送给他们，而是被一些公民私吞了；假如把它们收回，本可转为公益之用，免除平民的捐税或一部分私人债务。这些话对平民的作用非同小可，他们开始聚集成群，为了自己的目的而在城内多次制造骚乱。这让元老院大为不快，他们认为危难在即，便设立了一个独裁官，命令他追查此事，压制曼

---

① Livy, V 44–46, 49.

利乌斯的狂躁性情。独裁官立刻把他召来，两人面对面站在公众中间，独裁官与贵族站在一起，曼利乌斯则被平民所簇拥。有人要求曼利乌斯讲清楚，谁拿了他说的那些财宝，因为元老院和平民一样，亟欲知道详情。曼利乌斯语焉不详，闪烁其词，他说，他们本已知道的事情，何必再去告诉他们。于是独裁官把他关进了牢房。①

　　从这段文献可以看出，无论对于自由的城邦还是其他任何生活方式，谣言是多么可恶，凡是能达到压制它们之目的的制度，皆不可忽略。消除这种谣言的上策，就是广开指控的言路，因为指控权对共和国的益处之多，一如谣言对它的祸害之大。当事人双方有一差别，谣言既不需要证人，也不必出任何特定的人群坐实其真伪，人人皆可相互造谣中伤。然而并非人人都会受到指控，因指控需要确凿的证据和条件，以表明指控属实。控罪于人，要向长官、人民或议事会提出，散布谣言却是发生于集市和街廊。指控运用得愈少，城邦愈是缺少接受指控的制度，则谣言愈盛。故共和国的缔造者所建立的制度，当使每个公民都能提出指控，没有丝毫的惶怵和顾虑。建立这一制度并严格遵守，他应当严惩造谣者。他们受罚也不能有所抱怨，因为他们本可在公开场合聆听对他们散布谣言加以中伤者的指控。在这种制度不完善的地方，乱局亦将如影随形：因为谣言只会激怒公民，却不会使他们受到惩罚；发怒的人更想报复，对于伤害他们的流言蜚语，只有仇恨，并无惧怕。

　　如前所言，在罗马，这种制度十分完善，而在我们的佛罗

2

3

---

① Livy, V 47; VI 11, 14 – 20.

伦萨城，它历来极为糟糕；在罗马，这种制度增益良多，在佛罗伦萨，这种制度的缺失为祸甚烈。只要读一下这座城市的历史就会看到，无论何时，那些在城市事务中被委以重任的公民，受到的訾议何其之多。他们说，有人拿公款中饱私囊；有人因腐化堕落而输掉战役；有人野心勃勃而使流弊丛生。结果是各方都怒火冲天。于是他们陷入四分五裂，从四分五裂变为宗派林立，因宗派林立而终至覆亡。倘若佛罗伦萨有指控公民和惩治造谣者的制度，昔日不计其数的丑闻，本不会发生。那些公民，不论他们被判刑还是被无罪开释，都不会危及城市；况且与造谣相比，指控的数量要少得多，因为如上所说，指控某人，并不像散布他的谣言那样容易。姑不论其他，一个人仅靠这些谣言，就可成就自己的大业。他在对抗与自己的偏好相反的公民强人时，这些谣言对他大有益处。他站在人民一边，把他们对这些公民强人的成见，称为言之有据，即可使人民成为自己的朋友。这类事例不胜枚举，我只讲一例足矣。佛罗伦萨的军队在司法官梅塞尔·乔万尼·圭齐阿尔迪尼的统领下，布阵于卢卡的战场。他糟糕的指挥，或是时运不济，都使他不可能攻陷该城。然而无论实情如何，梅塞尔·乔万尼却受到指责，因为据说他收了卢卡人的贿赂。为了还自己清白，他要求把自己交给首领①处置。他的敌人从这谣言中受益，而梅塞尔·乔万尼却几乎身陷绝境。可是他绝难洗清自己，因为在这个共和国里，不存在让他做到这一点的手段。梅塞尔·乔万尼的朋友，即大人物中的多数，以及想在佛罗伦萨革故鼎新的人，为此怒

---

① 人民的首领（captain），佛罗伦萨的最高执政官。

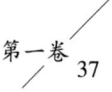

不可遏。① 由于诸如此类的原因，此事越闹越大，共和国随即覆灭。

可见，曼利乌斯·卡皮托利努斯是造谣者而不是指控者，罗马人在这件事上清楚地表明，应当如何惩处造谣者。应当让他们成为指控者，如果指控得到证实，就奖励他们，或是不惩罚他们；如果证明为不实之词，就像惩罚曼利乌斯一样处罚他们。

4

---

① *FW* IV 25.

第九章　若要建立新共和国，或撇开其古老制度对它进行彻底改造，只能大权独揽

1　　有人或许觉得，我在谈论罗马史时说了不少，却不提这个共和国的各种制度，或涉及宗教或军事的制度。对于希望了解这个方面的人，我不想让他们总是心存悬念，所以我要说，许多人也许会把如下事情判为恶例：像罗慕路斯这样一个文明政体的创建者，先是杀死自己的兄弟①，后又同意把他选定共享王权的赛宾人提图·塔提乌斯处死②。由此也许可以断定，该国公民若是掌握了他的君权，他们出于野心和统治欲，也会迫害那些同其权力作对的人。若是不考虑使他如此嗜杀的目的为何，这种判断容或不错。

2　　以下所言可视为一条通则：任何共和国或王国的创建，或抛开旧制的全盘改造，只能是一人所为，要不然它绝无可能秩序井然，即或有成，亦属凤毛麟角。确实，必须由单独一人赋

① 雷慕斯，见 Livy，I 7；另参见 St. Augustine，*City of God*，III 6；XV 5。

② Livy，I 14.

予它模式，制度的建立端赖他的智慧。因此，共和国的精明的缔造者，意欲增进共同福祉而非一己私利，不计个人存废而为大家的祖国着想，就应当尽量大权独揽。有人以非常手段建立王国或建构共和国，智者是不会给予责难的。行为使他蒙羞，结果将给予宽宥，此为当然之理。如罗慕路斯之所为，只要结果为善，行为总会得到宽宥。因为应受到责难的，不是严厉的改良者，而是强取豪夺者。他精明而高尚，当然不会把自己掌握的权力留给别人，盖人皆趋恶易而向善难，他善加运用的权力，他的继任却能用来满足自己的野心。再者，即便一人精于治理，假如事务的秩序总是由他一肩独担，它本身也不会长久，若是始终受到众人的关切，其存续与众人休戚相关，则可传之久远。众人虽然意见各异，不知制度之益，故而不善治理，然一俟他们辨明其善，也不会轻言放弃。罗慕路斯便属于这样的人，对于其弟和王权分享者的殒命，当予宽宥；他之所为，乃是出于公益，而非个人野心。有此为证：他马上组建元老院以襄国是，每有决断，便参酌他们的意见。① 细察罗慕路斯为自己保留的权力可知，那不过是临战之军权和元老院会议的召集权而已。观后事可明此理，当罗马驱逐了塔尔昆而获得自由时，罗马人并未对旧制大事更张，仅以两名任期一年的执政官②，取代了终身制的君王。这验证了该城最初的制度，与暴虐的体制相比，更适宜自由文明的生活。

以上所言，可以举出无数事例加以佐证，如摩西，如利库 3

---

① 参见 Livy, I 8, 15–16；Plutarch, *Romulus*, 27。

② Livy, I 58–60.

尔戈斯，如梭伦，以及诸多王国或共和国的创立者，他们为自己配置了这种权力，故而皆能制定有利于公益的法律。此为尽人皆知之事，姑且不论。

4　　不过我要谈谈其中的一个人，他虽然不那么出类拔萃，却是意欲制定良法者应予看重的，这人便是斯巴达王阿基斯。他想让斯巴达人回到利库尔戈斯的法律为他们规定的界线以内，他觉得，自己的城邦已经偏离正道，它的古老的德行，从而它的实力和疆域，丧失甚多。他刚一着手，便被斯巴达的长老会（ephors）所杀，他们认为他想施行专制。①克莱奥梅尼继位后，披阅阿基斯的文档和言述，了解到他的心思与意图，心中萌生了同样的愿望。然而他知道，除非大权独揽，他不可能为祖国行此善举。因为在他看来，只要有野心在，他便无法忤逆少数人的愿望，为多数人造福。他抓住一次机会，把全体监察官和可能跟他作对的人斩尽杀绝，然后彻底恢复了利库尔戈斯的法律。这一决断促成了斯巴达的复兴，也使克莱奥梅尼获得了与利库尔戈斯同等的尊荣，虽然它没有影响到马其顿的实力和希腊另一些共和国的颓败。在如此整饬之后，又遇马其顿人来犯，他孑然一身，实力不济，甚至找不到一个容他避难的人，只能败在别人手下。他的计划无论多么正确，多么值得推崇，但并未完成。②

5　　总括以上种种，我断定，创建共和国者必须大权独揽。对于雷慕斯和提图·塔提乌斯的死，罗慕路斯应当得到宽宥而非责难。

---

① Plutarch，*Agis*，7 - 20.

② Plutarch，*Cleomenes*，1 - 10，26 - 29.

第十章　共和国或王国的创建者值得赞美，一如施行专制者应当受到谴责

在受到赞美的人中间，享有赞美最多的首推宗教的首领和¹创立者，次为共和国或王国的创建者，再次为统率大军为王国或祖国拓疆扩土者。此外还可以加上文人学士，他们类属繁多，得到的表彰按地位之高下确定。至于无以计数的另一些人，他们得享一份荣耀，是因其技艺或职守。相反，毁坏宗教者，挖王国或共和国墙脚的人，同给人类带来便利与荣耀的美德、文学和各种技艺为敌的人，譬如不敬神明者、愚顽无知者、暴徒、懦夫、懒汉、下贱坯，都是可耻可憎之人。没有人疯癫或聪慧到无以复加，达于至善或至恶，当人类的两种品性摆在面前供他选择时，他竟然不去赞美理当赞美之事，羞辱理当羞辱之人。然而，人们惑于虚伪的善意，被不实的荣耀所欺，要么心甘情愿，要么出于无知，后来几乎一股脑变成了不配赞扬反应受到谴责的人；他们本可创建共和国或王国，让自己名垂青史，却陷入了专制统治。这让他们失去了多少名声和荣耀，多少安宁与太平，多少内心的祥和，让他们承受多少骂名和责难，多少

耻辱和危难，他们一概浑然不觉。

2　　在共和国讨私生活的人，或因运气或德行而成为君主的人，假如他们披阅史乘，对先人的行迹善加运用，那么他们在家乡度日时，若为一介平民，岂会乐意不像西庇阿家族那样，倒要以恺撒家族为楷模？若是身居君位，又焉能不羡阿格西劳斯、提莫莱昂和狄翁诸家族，反而师法纳比斯、法拉里斯和狄奥尼修斯？因为他们看到，后者承受着无以复加的骂名，前者却得到了有溢美之嫌的赞誉。他们还会看到，提莫莱昂等人较之狄奥尼修斯和法拉里斯，在国内享有的权力毫不逊色，享有的安宁却远胜于后者。

3　　人们听到作家们为恺撒歌功颂德，并不会被他的名望所骗；因为那些赞美他的作家，既被他的好运所毒化，又怯于帝国的长久；这个由他御宇的帝国，不容作家们秉笔直书。[①] 不过，作家若能秉笔直书，会对他有何评议，只消看看他们对喀提林说了些什么，即可一目了然。[②] 恺撒如此受人憎恨[③]，与其说是因为他的作恶当受谴责，不如说是因为他存心作恶。也可以看看他们对布鲁图斯的称颂[④]，他们怯于恺撒的强权，不敢羞辱他，便推崇他的敌人。

4　　在共和国登上君位者不可不察，罗马成为帝国后，遵守法

---

①　Tacitus, *Histories*, I 1.

②　关于喀提林的谴责，见 Cicero, *In Catilinam*；Sallust, *Bellum Catilinae*, 15（也指出了夸大不实之词，见 22）；Plutarch, *Cicero*, 10。

③　这里未采用印刷本中的"值得赞扬"，而是采用了大英博物馆的手稿（不是马基雅维利的手迹）。

④　Plutarch, *Marcus Brutus*, 1, 另参见 *Dion and Brutus*。

律的皇帝，与反其道而行之的皇帝相比，备受称赞，成了英明的君主。他们可以看到，提图斯、涅尔乌斯、图拉真、哈德良、安东尼乌斯和马库斯，都无需禁卫军，也不必由大军为其保驾，因为他们的作风、人民的仁慈和元老院的爱戴，适足保其平安。他们还会看到，卡里古拉、尼禄、维特利乌斯和许多暴虐的皇帝，东西两支大军也无法从敌人手里救出他们的性命，因为树敌者乃是他们自己的恶习，是他们的荒淫无道。细读他们的史迹，可资任何君主借鉴，为其昭示荣辱、太平与儆戒之道。从恺撒到马克西米努斯的二十六位皇帝①，有十六人死于非命，十人得享天年。在死于非命的人中间，纵有明君，譬如加尔巴和佩提纳克斯，其殒命也是因为军人被其前任所腐化。在得享天年者中间，纵有专制者，譬如塞弗儒斯，也是因为他有极佳的运气和德行，而兼得此两者眷顾的人，寥寥无几。读罗马史者也可以从中了解到，如何才能建立一个秩序井然的王国。因为除了提图斯以外，以继承方式得到帝国的人，统统是专制者；以推举方式得到帝位的人，皆为明君，譬如从涅尔瓦到马库斯的五位皇帝。帝国只要实行继承制，难免重蹈败亡的覆辙。

　　若是让君主对涅尔瓦和马库斯的时代与此前和后来的时代加以比较，然后由他选择，他愿意出生或置身于哪个时代。他将看到，在明君统治的时代，君主和公民融洽相处，世间充满和平与公正；他还会看到，元老院享有权威，执政官享有名望，富有的公民享受自己的财产，高贵与德行得以发扬光大。他会看到，安宁与美德无所不在，仇恨、特权、腐败和野心销声匿

① P 19. 马基雅维利好像把恺撒也算作皇帝了。

迹。他能够看到一个黄金时代，那里人人皆能遵从个人的愿望，坚持和捍卫自己的观点。总之，他能够看到一个太平盛世，君主享有充分的尊严和荣耀，人民充满爱心，安居乐业。另一方面，即使他只花片刻的时光，思考一下另一些皇帝的时代，他也会看到战乱引起的暴行，煽动造成的不和，无论平时还是战时的野蛮。众多君主丧命于刀斧之下，内外战事连绵不绝。意大利被无处不在的新厄运所困扰，各个城市颓败不堪，屡遭洗劫。他能够看到火光冲天的罗马；公民亲手摧毁了朱庇特神庙；古老的庙宇荒芜不堪，满城都是奸夫。他能够看到，漂泊异乡者遍布于海面，岸上血流成河。他还能看到，罗马的暴行无以计数，高贵、财富和古老的荣誉，尤其是德行，竟被视为首恶。他能够看到，告密者领到赏金，受贿的奴隶和主子作对，获得自由的人同自己的庇护者反目，未树敌者也受到朋友的欺压。① 此时他即可领悟，罗马、意大利和整个世界，应该对恺撒多么感恩戴德。

6　　毫无疑问，如果他还有与生俱来的人性，那么对于效法那些邪恶时代的做法，他将唯恐避之不及，他胸中将燃起无尽的欲火，要遵循明君的楷模。其实，君主若想追求现世的荣耀，他就应占有一个腐化的城邦，不是像恺撒那样彻底摧毁它，而是如罗慕路斯那样予以整饬。确实，假如众神不能给人提供更大的荣耀机会，人也就不能再去奢求更大的机会。假如有人打算整饬一个城邦，他必须消灭其掌权者，假如他没有赋予它好的法律，他还情有可原；假如他能够掌握治权，善加治理，他

① Tacitus, *Histories*, Ⅰ2.

却没有做到，那么他丝毫也不值得原谅。总之，众神给予机会的人，面前摆着两条道路，一条路可让他生前享有安宁，死后名垂青史；另一条路让他生前麻烦不断，死后遗臭万年。

第十一章 论罗马人的宗教

1 　　罗马幸亏有罗慕路斯担当其第一任统治者，而且必须承认，作为他的女儿，罗马的诞生与教养，都得自于他①，然而众神断定，罗慕路斯的法纪对于这个帝国尚有不足，他们在罗马元老的心中唤起选择努马·庞皮利乌斯担任罗慕路斯继位者的愿望，由他去建立受到罗慕路斯疏忽的制度。他看到人民极为凶残，希望把他们驯化为公民，服膺于和平的技艺，于是他转向宗教，把它视为维护文明生活不可或缺的东西，他牢固确立了宗教的地位，在这个共和国里，对神的无以复加的敬畏延续了数百年之久，使罗马元老院或大人物无论筹划什么功业，都更加方便易行。② 只要看看无论全体罗马人民还是许多罗马人的无数活动，即可以知道，公民害怕违背誓约，更甚于害怕法律，就像有人敬重神的力量更甚于人的力量一样，从西庇阿和曼利乌斯·托克图斯的例子，即可清楚地看到这一点。③ 汉尼拔在

---

① Livy，I 8.

② Livy，I 18 – 20.

③ Polybius，VI 56；*AW* IV.

坎尼打败了罗马人以后，许多公民聚在一起，他们害怕留在自己的祖国，于是同意放弃意大利，投奔西西里。西庇阿听到此事后，手提利刃来到他们中间，威逼其发誓不放弃家园。[①] 路西乌斯·曼利乌斯，提图·曼利乌斯之父，后又称托克图斯，在审判日到来之前，受到护民官马库斯·庞波尼乌斯的指控。提图前去面见马库斯，威胁他说，他若不发誓撤回对其父亲的指控，他就要杀死他。他强迫他发誓，马库斯心生胆怯，便发下誓言并撤回了指控。如此一来，那些对祖国及其法律不再保持敬重的人，因被逼无奈发下的誓言而继续待在那儿，护民官也把自己对提图之父的仇恨和儿子对他的伤害置于一旁，为了荣誉而恪守自己的誓言。[②] 这种事情的原委无他，不过是努马为这个城邦引入的信仰而已。

　　研习罗马史者皆可看到，信仰对于率军征战、动员平民、维持世人的良善和使恶人蒙羞，起到了多大的作用。所以，假如要去争辩更应当感激哪一个罗马君主，是罗慕路斯还是努马，窃以为要把努马放在第一位。有信仰的地方，不难征募军旅；有军旅而无信仰的地方，引入信仰又谈何容易。人们看到罗慕路斯建立了元老院以及另一些民事和军事制度，神明的尊严对他并无必要。[③] 然而对于努马来说，它却是不可缺少的，他谎称自己同一个仙女有私情，在需要征询人民的事情上，他便向

2

---

① Livy, XXII 53.

② Livy, VII 4 – 5.

③ Livy, I 8；另参见 7, 10, 12, 15 – 16。

她讨教。① 这完全是因为他要给城邦创制不合风俗的新制度，而对于自己的权威是否够用，他也心中没数。

3　　的确，我还从未见过，给人民创立不同寻常的法律的人不借助于神明，因为不借助神明，他们是不会接受这种法律的。精明的人知道，很多好事情，单凭它们自身明显的理由，尚不足以服人。所以，有心消除这种困难的聪明人，便会求助于神明。利库尔戈斯如此②，梭伦如此③，和他们目的相同的许多人，亦复如此。罗马人对他的仁慈和精明感到惊奇，才总是对他言听计从。当然，那时信仰盛行，他需要与之打交道的人十分淳朴，这使贯彻他的计划简单易行，因为他很容易随意塑造他们。而今，打算创建共和国的人将会发现，较之那些已经习惯于城市生活、文明已经烂熟的人，在没有文明的山民中间，他更易于取得成功；雕塑家要想制作一尊漂亮的雕像，与其采用另一个雕塑家打造出的蹩脚半成品，远不如采用全无雕饰的石材来得容易。

　　经过通盘考虑之后，我断定，努马引入的信仰，是罗马城
4　幸福的主因之一。因为它促成了良好的秩序，良好的秩序又带来好运，好运使他们的事业多有所成。敬奉神明是共和国成就大业的原因，亵渎神明则是它们覆亡的肇端。失去对神明的敬畏，王国要么覆灭，要么援之以对君主的敬畏，而这种敬畏，无异于取信仰之短。因为君主终有寿限，他的德行一消失，王

---

① Livy, I 19, 这里提到的仙女的名字是"埃格丽娅"。

② Plutarch, *Lycurges*, 5.

③ Plutarch, *Solon*, 14.

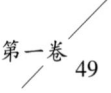

国旋即衰败。故王国若是系于一人之德行，绝难持久，盖德行
与人主共存亡，鲜有继位者能承存焉，这有但丁的诗句为证：

> 人之笃诚，血脉难传，
> 有志向者，始有此德，
> 觅其所踪，惟见彼身。①

　　可见，共和国或王国的安全，不系于生前治理精明的君主，而系于一人妥善谋划的制度，使其死后仍能存续。化外之民固然更易于服膺新的制度或见识，不过，那些自诩不属于化外之民的文明人，并非完全不可说服。佛罗伦萨人看上去既不蒙昧，亦非蛮人，教士吉罗拉莫·萨伏那罗拉却能让他们相信，他是代上帝立言。② 我不想深究此事的真伪，因为在谈到这位大人时，我们应当心存敬畏。不过我确实要说，虽然没有什么不同寻常的事情使人必须相信他，但相信他的人仍然无以计数。因为他的生平、他的学识、他布道的论题，足以让人们对他深信不疑。故而，世人不必因为未能做到别人成就的事而气馁，因为人从呱呱坠地起，到度过一生直至死亡，本来都遵循着相同的轨迹。

5

---

① Dante, Purgatorio，VII 121 –23. 但丁在这里说，人的笃诚很少是因血统而产生。

② P 6. 另见马基雅维利 1498 年 3 月 9 日致里恰尔多·贝基（Ricciardo Bechi）的信；1513 年 8 月 26 日致弗朗西斯科·维托利（Francesco Vettori）的信；1521 年 5 月 17 日致弗朗西斯科·圭恰迪尼（Francesco Guicciardini）的信。

第十二章　应当如何估量宗教的重要，意大利是如何因为罗马教会缺少信仰而颓败的

1　　欲保自身廉洁的君主或共和国，最要紧的事情就是维护宗教礼仪的纯正，对其须臾不失敬畏。国邦危亡的迹象，无过于蔑视祭神。只需看看本土宗教的立基之处，即可对此了然于心。每一种宗教，都自有某种基本体制作为生存的基础。异教的生存，是立基于回应神谕，以及一批术士和鸟卜师①。他们的另一些礼数、牺牲与典仪，统统取决于这些人。因为他们随时都会相信，能够预知你的命运吉凶的神明，也握有这种命运的予夺大权。寺庙之兴建缘此而生，牺牲之供奉缘此而生，供品之捐输以及一切敬神之祭礼，亦缘此而生。于是才有了提洛的神谕之地和朱庇特・阿蒙神庙，以及遍布于天下、受人顶礼膜拜的各种著名的神谕处所。后来，它们成了按权势人物的要求发出的口谕，其荒谬性被人民所识破，于是人们变得多疑，倾向

---

① 鸟卜师（augurs）：古罗马时代以观察飞鸟家禽的行动预言祸福者。——译者注

于破坏良好的秩序。因此，共和国或王国的君主，对于他所掌握的宗教基础，务必善加维护。他若是这样做了，他便不难维护共和国的虔敬，臣民的敦厚和精诚团结亦可相随而生。凡能增益于宗教的，即使他断定为谬说，也应予以发扬光大。他愈是谨慎精明，对自然事物所知愈多，就愈是应当如此行事。既然明智的人一直恪守这种风俗，所以信念从奇迹中诞生，即使基于错误的信仰，也要对它大加赞美。精明的人强化这种信仰，无论它有何起源，它的权威性使他们赢得了人们的信任。罗马有许多这样的奇迹，譬如罗马士兵在洗劫维爱人的城邦时，他们中间有些人进了朱诺的神庙，蹑行至她的神像前询问道："您要来罗马城吗？"① 有些人以为看到了她在点头，另一些人也听到她称"是"。他们都是笃信神明的人（李维证明了这一点，他们进入神庙时秩序井然，虔诚而肃穆），他们听到的对那个问题的回答，也许他们早已有了定见。这种成见和虔诚，被卡米卢斯和该城邦的另一些君主完全接受，并予以发扬光大。如果基督教共和国的君主像它的创建者那样，一直维护这种信仰，那么各个基督教国家和共和国就会比它们的现状更团结、更幸福。那些同罗马教会，即我们的宗教首领最亲近的民族，只要看看他们多么缺少信仰，便可再好不过地推断出他们的衰亡。只要考察一下它的基础，看看今日的风尚与它有多大差别，便可毫不迟疑地断定，它要么土崩瓦解，要么就要大祸临头。

很多人认为，意大利各城邦的福祉源于罗马教会，所以我要讨论一下我认为与此相反的某些原由。我要提出两条最有说

① 拉丁文引语，与原文稍有出入，见 Livy，V 22。

服力的理由，依我之见，它们无懈可击。一是由于那个教廷的恶劣行径，这个地区的虔敬信仰已丧失殆尽，故而弊端与骚乱丛生。敬拜神明的地方，人们事事都往好处想；同理，失去虔敬的地方，人们事事都往坏处想。所以，我们这些受惠于教会和僧侣最多的意大利人，变得既不敬神又邪恶；但我们还蒙受着更大的一份恩典，此乃我们覆亡的第二个原因。这便是教会无论过去还是现在，总让这个地域保持四分五裂的状态。确实，一个地方若不能如法国或西班牙那样，由一个共和国或一个君主来统辖，它的统一或幸福便无从谈起。意大利没有这样的境遇，缺少一个共和国或君主来统治它，教会是唯一的原因。它栖身于一个世俗帝国，并且控制着这个帝国，它的势力和德行却不足以降服意大利的专制统治，使自己成为它的君主。另一方面，它又没有软弱到这样的地步，在面对意大利出现的强人时，没有能力因担心失去对俗世利益的支配权而招纳强权自卫。征诸既往，此类经验可谓历历在目：它曾借查理曼大帝之手赶走了隆格巴德，后者当时已经几乎是整个意大利的君主①；在现时代，它先是依靠法国的援助消除了威尼斯人的势力②，后又借助瑞士赶跑了法国人。③ 可见，教会的势力虽不足以征服意大利，却不允许别人来征服它。意大利无法臣服于一个首脑，苦于诸侯林立，造成严重的分裂与积弱，受到无论蛮族还是什么势力的欺凌，此其故也。我们的另一些意大利人，过去就把

---

① *FH* I 9 – 11.

② 指缔结"康布雷联盟"并于 1509 年在阿格那德罗打败威尼斯的事件。

③ 1512 年神圣同盟在拉韦纳一役失败后的事件，但瑞士人并未参与战斗。

这归罪于教会而不是别人。凡是想从经验中了解真相的人，需要一种能力，把罗马教廷连同它在意大利的权力一起，送到瑞士的城市，唯有那儿的人民仍在宗教和军事方面恪守先祖之道。他会看到，用不了多久，这个教廷的恶习就会超过任何时候可能发生的任何其他事变，让那个地方陷入更大的混乱。

第十三章 罗马人如何利用宗教整饬城邦，建功立业，平息骚乱

1   在我看来，举出若干实例，看看罗马人如何利用宗教整饬城邦，建功立业，并不是文不对题的闲话。提图斯·李维的书里有很多这样的例子，不过以下数端即可令我满足。罗马人创设了掌握执政权的护民官，除一人之外，他们全都出身平民。那年发生了瘟疫和饥荒，并出现了某些不祥之兆。贵族利用下一次设立护民官的机会，声称众神已被激怒，因为罗马滥用了其帝国的威严，若不使护民官的选举恢复旧制，便无法让众神息怒。平民怯于这种信仰，悉数选举贵族担任护民官。[①] 从攻陷维爱人城市的事件中也可以看到，军队将领们如何利用信仰掌控一项事业。那一年，阿尔巴诺湖的水面奇怪地上升，罗马士兵也被长期围城搞得心烦意乱，他们想返回罗马。罗马人发现阿波罗和另一些神灵的回应是，阿尔巴诺湖水溢出之时，即维爱人城池失陷之日。这使士兵熬过了围城的烦恼，因破城有望而振作起来。他们坚守阵地，矢志不渝。已被立为独裁官的

———————

① Livy, V 14.

卡米卢斯，得以在围城十年后把它攻陷。① 由此可见，宗教利用得好，不仅有助于攻陷那座城市，也有助于使军团长官职位重新回到贵族手中。若是无此手段，这两件事做起来都会遇到麻烦。

为此我不想放弃另一个事例。当护民官特伦提卢斯打算提 2 出一部新法律时，他在罗马引起了许多骚乱，其原因我还会在下面适当的地方有所交代。② 贵族用来反对他的主要手段之一便是信仰，他们以两种方式加以利用。第一，他们让人查阅《西卜林预言书》，得到的答复是，这一年城市将因内乱而面临失去自由的危险。此事虽然被护民官戳穿，却让平民心中忐忑不安，他们在听从护民官时变得心灰意冷。③ 另一种方式是，有个叫亚毕·厄尔多尼乌斯的，纠集了约四千之众的亡命徒和奴隶，趁夜色占领了朱庇特神庙。这不免让人担心，假如罗马不共戴天的仇敌埃魁人和沃尔西人到了罗马，他们岂不是也能占领神庙吗?④ 护民官们并没有因此而不再坚持提交特伦提卢斯的法律。他们说，这种突袭是子虚乌有的编造。有个叫帕珀利乌斯·卢伯乌斯⑤的严肃而有权势的公民，来到元老院的外面，以软硬兼施的口吻，力陈城市遇到的危险以及他们的要求不合时宜。他迫使平民发下誓言，不可违拗执政官的旨意，平

---

① Livy, V 15 – 16.

② 见卷 1, 39.2。

③ Livy, III 9 – 10.

④ Livy, III 15 – 21.

⑤ 在李维的书中没有这样一个人。下面提到的瓦勒里乌斯见 Livy, III 17 – 18。

民们听从了他，用暴力收复了神庙。但是，由于执政官帕珀利乌斯·瓦勒里乌斯在攻占神庙时阵亡，提图·昆提乌斯立刻被任命为执政官。① 他为了不使平民有空闲去思考特伦提卢斯的法律，便命令他们开出罗马城去攻打沃尔西人。他说，他们已经发过不违拗执政官的誓言，所以必须听从他的调遣。护民官不买这种说法的账，他们说，誓言的对象是已故的执政官，而不是他。不过据提图斯·李维说，平民出于宗教敬畏，宁肯服从执政官，也不相信护民官；他以赞美古代宗教的口吻说："如今这个时代已经不拿神祇当回事儿了，但那时尚未如此，没有人为满足一己之意而曲解誓言和法律。"② 护民官对此有所畏惧，不然他们就将威信扫地，于是他们同执政官达成一致，他们将听命于他，一年之内不再议论特伦提卢斯的法律，执政官在一年之内也不让平民征战。信仰使元老院摆脱了困局，而若是没有信仰，他们断难办到。

---

① 在李维的书中是卢西乌斯·昆提乌斯·辛辛那图斯，他当时（公元前460年）首次被任命为执政官。

② 拉丁文引语，见 Livy, III 20。

第十四章　罗马人依照必然性解释征兆；在被迫违背信仰时，也精明地做出遵守信仰的表象；对亵渎信仰者皆予严惩

如上所述，卜兆不仅在很大程度上充当着古代异教信仰的基石，它也是罗马共和国兴旺繁荣的缘由。因此较之于其他制度，罗马人对它们更加在意，无论执政官会议、开创事业还是挥师征战，他们在一切重要的内政和军事活动中，一概加以利用；除非他们能说服士兵，众神将保佑其获胜，他们从不进行远征。除了鸟卜师外，他们的军队中还有一些称为"鸡人"（chicken-men）的占卜官，每当受命讨伐敌人，他们便请鸡人占卜以求福佑。鸡若进食，则他们在投入战斗时便享有吉兆；鸡若不进食，他们便避而不战。不过，当理性向他们表明他们应做某事时，则不管征兆好坏，他们都会千方百计地去做。然而他们也会以种种巧妙的方式上下其手，使人看起来他们并未亵渎神明。[1]

执政官帕庇利乌斯在同萨谟奈人的一场最重要的战役中，便采用了这种方式。此役过后，萨谟奈人元气大伤，事事都有[2]

麻烦。帕庇利乌斯在同萨谟奈人对垒的营帐中时，他认为胜券
在握，便要开战。他命令鸡人占卜求福，然而鸡并未进食，鸡
人的首领看到士兵们士气高昂，军官和全体士兵都认为自己能
够获胜。他为了不让军队失去表现军威的机会，便对执政官说
卜象吉祥。当帕庇利乌斯给骑兵阵下达命令时，几个鸡人却告
诉一些士兵说，鸡并没有进食。他们把这话传给了执政官的侄
子斯甫耳乌斯·帕庇利乌斯。当他把这事报告给执政官时，后
者立刻回答说，他要恪尽职守，对于他和军队来说，卜象吉祥；
如果鸡人说谎，他们将报复他的偏见。既然结局将与预兆相合，
他命令传令官把鸡人置于战阵的前列。在扑向敌军时，鸡人的
首领不巧被士兵投出的飞镖所杀。执政官听到这事后便说，一
切如常，众神的眷爱仍在，因为说谎者的毙命，既为军队洗刷
了一切过失，也使众神对军队的所有怒气烟消云散。他知道如
何让自己的计划同占卜相合，他贯彻了作战的策略，又没有让
军队觉得他是在轻忽占卜制度。①

3　　　第一次布匿战争期间，阿毕·普尔查②在西西里的做法与
此相反。当他打算讨伐迦太基军队时，也让鸡人为他占卜祈福。
他们告以鸡未进食，他说，"那就让我看看它是不是喝
水！"——那些鸡被扔到了海里。他在此役中战败，他为此而
在罗马受到指责，帕庇利乌斯则受到称颂，与其说这是因为一
人获胜而另一人败北，不如说是因为在不顾卜象而行事时，一

---

① Livy, X 40 – 41.
② 在李维的书中是帕珀利乌斯·克劳迪乌斯·普尔查。

人格外精明，另一人失之鲁莽。① 这种占卜的习俗不为别的目
的，只是为了使士兵满怀信心地去打仗；有此信心在，则凯旋
必至。不仅罗马人利用这种方式，外邦人也是如此，我以为应
在下面再举一个这方面的例子。

① Cicero, *De natura deorum*, II 3；Valerius Maximus, I 5. 3.

第十五章　萨谟人求助于宗教，作为对付困境的非常手段

1　　萨谟奈人屡屡败在罗马人手下，在托斯卡纳的最后一次战败，使他们遭受灭顶之灾，军队和将官尸横遍野。在他们的同伙托斯卡纳人、法兰克人和翁布里亚人被悉数征服以后，"他们再也无法仰仗自己或外部的势力维持下去。可是他们并不回避战争，他们对于自己未能成功捍卫的自由，远没有兴味索然；他们宁愿被征服，也不想舍弃取胜的努力"①。于是他们决定做最后的一搏。他们知道，要想取胜，他们必须让士兵抱定不屈不挠的精神，而为了做到这一点，最佳手段便是宗教。于是他们打算通过他们的巫师奥弗斯·帕西乌斯，恢复古老的牲祭。②他以如下方式安排仪式：庄严的牲祭过后，在阵亡烈士和燃起火焰的祭坛面前，要求全军将官起誓，绝不临阵脱逃；然后他们把士兵一个个召来，让他们在祭坛面前、在手持利刃的众多百人队队长中间，先发誓绝不外传看到或听到的事情。然后他

① 原文是拉丁文，见 Livy, X 31。

② Livy, X 38.

们用令人毛骨悚然的咒语和韵文，让士兵向众神起誓，司令官让他们开赴何地，他们就要马上前往；绝不临阵脱逃，并杀死他们看到的一切逃兵。有不从者，其家长和子女也将受到报应。有些人因为畏惧而不肯起誓，立刻遭到百人队队长的斩杀，其他人被这种残忍场面吓得心惊胆战，只好纷纷发誓。为了壮大声势，聚集的人有四万之众，他们半身着白衣，带着羽饰高耸的头盔。经过这样一番安排，他们布阵于阿奎罗尼亚附近。前来应战的帕庇利乌斯给自己的士兵打气说，"羽毛于人毫发无伤，罗马的飞镖将穿透那些华而不实的盾牌"①。为了减轻士兵对敌人的畏惧，他告诉他们说，萨谟奈人发下的誓言，正说明他们外强中干，因为他们同时惧怕公民、众神和敌人。萨谟奈人在交战时被打败了，他们利用宗教和起誓而形成的不屈不挠的精神，无法抵挡罗马人的德行和既往的失败引起的恐惧。②然而可以看到，他们似乎别无出路，也没其他什么办法让他们有望重振失去的德行。这充分验证了，对宗教善加利用可以振奋人心。这段故事也许应当作为有关外邦人的话题，然而它涉及罗马共和国最重要的制度之一，所以我认为在这里叙述并无不当，这既不会割裂故事，也不必再去重复它。

---

① 原文是拉丁文，见 Livy, X 39。

② Livy, X 38 – 39.

第十六章 习惯于受君主统治的人民，假如偶然获得了自由，也难以维持

1 从古史的记载中读到的无数例子皆可证明，习惯于受君主统治的人民，若是只因某种机遇而获得自由，譬如罗马人在放逐了塔尔昆后获得的自由，他们是很难长久维持自由的。这种困难自有其缘由：这些人与野兽无异，他们虽然生性残暴而凶猛，却一直被圈养于牢笼和奴役之中。若是把他们放归荒野，听凭命运的摆布，他们既不习惯于自食其力，也不知何处能够安然栖身，打算重新给他们套上枷锁的人一出现，他们就会成为他的阶下囚。

2 此事也会发生在这样的人中间：他们习惯于受别人的统治，不知如何筹划共同防御或进攻；他们既不知有君主，也不知自我治理。他们很快便会重新钻入缰轭，它往往比刚从脖颈上卸下的更加沉重。处境一旦恶化，他们就会发现自己陷入这种困境。正如下面就要讨论的，腐化之风无处不在的人民，不可能生活在自由之中，哪怕是片刻的自由。因此，我们所要思考的，是腐败的风气尚未盛行、良好的习俗仍然压倒腐败风气的人民。

3 除了以上所言，还有另一个困难，即变成自由的国家，使

朋党成为它的仇敌，而不会使朋党成为它的朋友。结党与它为敌的人，都是在专制者的国家中得势的朋党，靠君主的财富养活。剥夺让他们得势的权力，他们便没了生计。为了重新获得权势，他们每个人只好重新祈灵于专制。如我所言，自由的国家是无法让朋党成为朋友的，自由的生活方式提供荣耀与奖赏，自有某些可靠而确凿的理由，除此以外，它不会奖赏或尊重任何人。一个人若是认为，他享有荣誉和有益的物品是因为他的功德，那么他是不会承认应对奖赏者感恩戴德的。此外，从自由的生活方式中产生的共同利益，当人们拥有它时，对它习焉不察：他们能够自由地享受自己的物品，不必有任何猜疑，不必为妻儿的名誉担心，也不必为自己担惊受怕。谁也不会承认，他对没有冒犯自己的人应当感恩戴德。

从以上所言可知，一个甫获自由的国家，只有结为朋党的敌人，没有结为朋党的朋友。若想消除这些弊端和上述困难带来的种种混乱，最强大、最有实效、最可靠而必要的手段，便是杀死布鲁图斯的儿子。正如史册所示，他们和另一些年轻的罗马人串通一气，同祖国作对，仅仅是因为他们在执政官的统治下，无法像在国王统治下那样捞取额外的好处，所以在他们眼里，人民的自由无异于奴役。① 统御众民者，无论施以自由之道还是君王之道，若不能抵御同新秩序作对的人以自保，便会使国运短蹙。为保全国家而不得不采用非常之道的君主，窃以为他委实不幸。因为树敌少者，既能轻松自保，亦不会时时蒙羞；而以众人为敌者，则断难保全自身；他越是残酷无情，

---

① Livy, II 3 – 5.

他的统治就会变得越脆弱。所以说，他的上上策，乃是让人民
友好地对待他。

5　　虽然这一番话与主题不合，因为它一会儿说君主，一会儿
又说共和国，为了不必再回到这个话题，我打算做一个简短的
说明。君主，譬如那些已经成为其祖国的专制者的君主，如想
把与他为敌的人民争取过来，那么我要告诉他的是，他首先应
当明察人民有何欲望。他会发现，他们总是有两种欲望，一是
对带给他们奴役的人施以报复，二是恢复他们的自由。第一种
欲望君主可彻底予以满足，第二种欲望只能部分地满足。关于
第一种欲望，有个十分恰当的例子。当赫拉克利亚的专制者科
里尔库斯被流放后，赫拉克利亚的平民和贵族之间恰好发生了
一场纷争，贵族发现自己处于劣势，便转而支持科里尔库斯。
他们与他暗通款曲，并把他带回赫拉克利亚以对付平民；他们
剥夺了平民的自由。① 他发现，一方是傲慢的贵族，他根本无
法让他们满足或改邪归正；另一方是怒气冲冲的人民，他们无
法容忍失去自由，他被夹在他们中间。科里尔库斯断然决定，
不去理会那些大人物的愠怒，把平民争取到自己一边。他抓住
一次有利的机会，把贵族统统碎尸万段，使人民大喜过望。他
以这种方式满足了人民的一个愿望——即复仇的愿望。但是，
对于人民的另一个愿望，即恢复自由的愿望，君主既然无法满
足，他就应当察明人民向往自由的原因。他会发现，只有少数
人是为了支配权而有自由的欲望，其他众多的人要求自由，只
是为了活得安稳。因为在任何共和国里，无论它采取什么制度，

① Justin, XVI 4.

能跻身于支配者行列的公民，充其量也就是四五十人而已。这些人的数量有限，对付他们以求自保并非难事，可以清除他们，也可以让他们按照自己的地位分享许多虚名，他们大多数人定会心满意足。至于那些只想平安度日的人，只要运用自己的权力，建立起确保普遍安全的秩序与法律，即可让他们满意。只要君主做到了这些，并且人民看到他没有因偶发的事变而践踏法律，他很快便可以生活在安宁和满足之中。法兰西王国可作为一例，它享有升平之世，完全是因为国王受到无数法律条款的约束，这些法律维系着它的全体人民的安宁。建立这个国家的人，希望君主能以自己的方式运用军队和钱财，但是在所有其他事务上，除非有法律的规定，他们一概不能处置。所以说，最初立国时无法保障自身安全的君主或共和国，必须像罗马人那样抓住第一次机会。凡是错失良机的人，以后都会因未做应做之事而追悔莫及。

罗马人民在恢复自由时——布鲁图斯的儿子已被杀死，塔尔昆一家也被放逐——并未腐败，所以他们能够用我在别处说过的一切办法和制度来维护它。但是，假如人民已经腐败，那么无论在罗马还是别的地方，都无法找到维持它的办法，这便是下一章所要讲述的事情。

第十七章　腐败的人民在获得自由后，也极难维护这种自由

1　　我的判断是，必须在罗马消灭国王，不然它会很快一蹶不振，变得毫无价值。想想看吧，那些国王是多么腐败，假如再有两三个继位者步其后尘，他们的腐败开始传播给众人，而民众一旦变得腐败，便再无革故鼎新的可能。但是当他们失去头领时，他们的躯干依然坚实，所以不难把他们引向自由而秩序井然的生活。可以确定无疑地推断，受君主统治的腐败城邦，绝难变成自由的城邦，哪怕把君主及其血亲斩尽杀绝也是枉然。相反，只会是一个君主除掉另一个君主，因为若不另立新主，这种城邦绝不会太平；除非某个有德行的贤明之士使它保持自由，然而这样的自由只能与他的寿命共存亡。叙拉古的狄翁和提莫莱昂便属于这种情况，当他们在世时，他们的德行在不同的时代使城邦保持了自由；他们一死，专制统治便又卷土重来。不过，最好的例子仍然非罗马莫属。塔尔昆一家被放逐后，罗马立刻便能获得并维护它的自由，但是在恺撒死后，在卡里古拉死后，在尼禄死后，在恺撒整个家系灭绝之后，它不仅绝无可能维护它的自由，而且也绝无可能重新开创自由。在同一个

城市里，结果竟然如此不同，唯一的原因便是，在塔尔昆时代，罗马人尚未腐败，而在后来这些时代，它已腐败不堪。彼时要想坚定地维护自由，避免王权当道，只要让它发誓在罗马绝不允许一人掌权就够了。而在其他时代，即使有布鲁图斯①的权威与严厉，再加上整个东方军团，也不足以使他坚定志向，维护他——像第一位布鲁图斯②一样——为他们恢复的自由。这是因为马略派对人民的腐蚀；因为他们的首领恺撒使民众懵懂无知，居然看不到他们正套到自己脖颈上的缰轭。

2　虽然这个罗马的事例优于任何其他事例，我还是想谈谈我们这个时代所知道的另一些民族。我敢说，无论什么事变，无论它多么严酷和暴烈，都无法让米兰或那不勒斯恢复自由，因为它们的市民已经腐败。从菲利波·维斯康蒂死后的情况便可理解这一点，米兰虽然希望恢复自由，它却既无能力也不知道如何维护自由。③ 罗马的国王很快腐化堕落，实在是罗马的大幸，因为在他们的腐败尚未毒化城邦的内脏之前，他们便被清除。无以计数的扰攘非但没有蠹毒共和国，反而对它有所裨益，原因即在于它没有腐败——人们有着良好的目标。

3　可以断言，如果没有腐败，则骚乱与耻辱无伤大雅；只要有腐败，则再好的法律也无济于事，除非一个权力超常的人确保它们得到服从，使事物变得良善。我不知这种事是否发生过，或者是否能够发生。正如我刚才说过的，假如因腐败而衰落的

---

①　指马库斯·朱尼乌斯·布鲁图斯，行刺恺撒者。

②　指卢西乌斯·朱尼乌斯·布鲁图斯，罗马共和国的缔造者。

③　*FH*，VI 13，20－24。

城邦能够东山再起，那也是因为当时正好有个德行好的人在世，而不是因为维持着良好秩序的集体德行。此人一死，它便会重蹈覆辙。底比斯即属于这种情况，它因为伊巴米浓达的德行而能够维持共和国的形式及其帝国，但是随着他的死亡，底比斯又回到了最初的混乱状态。① 其原因在于，一个人没有足够长的寿命，使他能够让一个长期习惯于恶劣风俗的城邦改邪归正。即便有个寿命很长的人，或两个有德行的人相继掌权，也无法为它提供保障，如上所言，他们一死，它便会归于衰败，除非他敢于为它的新生铤而走险，不惜血流成河。因为这种腐败，这种对自由生活的蔑视，是源于该城邦的不平等。如果有人打算使它平等，他就必须采取极不寻常的手段，而知道如何运用或愿意采用这种手段的人寥寥无几，后面我还会更详细地谈到它。②

---

① Polybius, IV 32 – 33；VI 43.

② 见卷 1，55，3 – 5。

第十八章 在腐败的城邦里，假如有一个自由的国家，以何种方式来维护它？如果没有这样的国家，以何种方式来建立它？

在腐败的城邦里能否维护一个自由的国家；如果不存在这样的国家，能否在那儿创建这样一个国家，我认为就此两端加以说明，并未脱离以上主题，而是与它颇为相合。我以为，欲成就这两件事，难乎其难矣。几乎不可能为它提供一条通则，因为必须按其腐败程度相机行事。然而，推究天下万物之缘由，不亦乐乎哉，是故我不想对此略而不提。我要假设一个十分腐败的城邦，这将使事情变得更为困难，因为整治普遍腐败的法律或制度是找不到的。良好风俗之存续，需要法律；同理，法律之得到遵从，也需要良好的风俗。再者，秩序与法律是在共和国诞生之初制定的，彼时人们依然良善；后来人们变得邪恶，它们便不再适用了。如果法律随城邦的事件而变，其制度却不变或很少改变，这会使新的法律变得不足，因为依然如故的体制将败坏法律。

为了易于理解，我要说明，罗马是先有了统治的体制，或

确切地说，是先有国家的体制，而后才有了法律，它们同长官一起约束着公民。构成国家体制的是人民、元老院、护民官和执政官的权力；延揽和任命长官的规矩；制定法律的规矩。无论有何事变，这些制度都很难更易。公民渐趋腐败，约束公民的法律也随之而变，例如通奸之法①、奢侈之法②、防范野心之法③，等等。但是由于坚持国家体制的稳定，而它们在腐败的条件下已不再适用，所以法律虽经更新，仍不足以维持公民的良善。不过，倘若法律创新与制度变革一起进行，其实是有所助益的。

3　　只要从两个关键处加以观察，即官职的设置和法律的制定，一个腐败城邦的体制之不善，即可一目了然。罗马人民只把执政官的职位和另一些官职授予提出要求的人。这种体制最初不错，是因为只有那些自我判断能够胜任愉快的公民，才会要求这种官职，遭到拒绝无异于自取其辱。为了得到称职的评价，人人都会尽心竭力。后来，这种办法在那个腐败的城邦里变得极为恶劣，因为求官者不再是更有德行的人，而是更有权势的人；势单力薄的人，即便有德行，也因为惧怕而退出了谋官的行列。他们并非在一夜之间，而是经过日积月累，才形成了这种弊端，这就像其他一切弊端的发生一样；因为罗马人在征服

---

① *Lex Julia de adulteriis*，奥古斯都皇帝于公元前 18 年颁布。

② 最早涉及奢侈的法律是在公元前 215 年通过的（Livy，XXXIV 4），后又数次颁布这种法律，直至恺撒在公元前 46 年颁布的 *Lex Julia sumptuaria*。

③ "涉及野心"的法律不绝如缕，从公元前 358 年的 *Lex Poetelia*（Livy，VII 15）到公元前 81 年的 *Cornelia Baebia de ambita*，从公元前 67 年的 *Lex Calpurnia* 到公元前 18 年的 *Lex Julia*，都是为了扼制选举腐败。

了阿非利加和亚细亚以后，在使几乎整个希腊俯首称臣之后，他们的自由变得十分安全，他们再也看不到还有他们应予警惕的敌人。这种太平景象和敌人的软弱，使罗马人在任命执政官时，不再考虑德行，转而看重偏好。他们授予高位的，是那些知道如何讨人欢心的人，而不是那些通晓如何克敌制胜的人。后来，他们更是等而下之，不再把这一官职授予有偏好的人，而是授予有权势的人；这种体制的缺陷，遂使残存的美德也丧失殆尽。护民官或任何公民都能向人民提出制定法律的动议，在做出决定之前，每个公民无论赞成还是反对，都能对它发表意见。公民良善，此种制度亦可称良善，因为能够提出动议的每个人都是出于良好的公心，而且人人都能表达自己的看法；在听取各方的意见后，人民可以择善而从。然而，如果公民已经堕落，此种制度也会随之恶化，因为只有权贵能提出建议，他们不是为了共同的自由，而是为了自己的权势；出于对他们的畏惧，谁也不会提出同他们相左的意见。如此一来，人民要么受人愚弄，要么被迫做出自取灭亡的决定。

如果罗马打算在腐败中维护自身的自由，它就必须创制新的制度，一如它在其生命旅程中制定新的法律。人们应当创制不同的制度和生活模式，这要依对象的优劣而定。对于截然相反的事务，不能待之以完全相同的模式。若是发现制度不再优良，就必须快刀斩乱麻，全盘予以更新；若是尚未得到大家的认可，则应循序渐进地改良，但是依我之见，这两件事几乎不可能做到。如果打算循序渐进地予以更新，这需要一个精明的人，当弊端出现时，他能明察秋毫。城邦见不到这种人出现并不足怪；就算他能出现，他也无法让别人相信他自己理解的事

情。因为习惯于某种生活样式的人，是向来不愿改弦更张的；只要他们未看到昭然若揭的罪恶，而要以推测使他们领悟，他们就更不肯有所更易了。至于制度之不善已人尽皆知、可予以全盘更新的情况，我以为，弊端固然易明，匡正又谈何容易。既然正常手段已非良善，故而正常手段已不足以竟其功；人必借反常手段，譬如暴力与军队，才能在城里人人各行其是之前，按自己的方式加以整饬。因为匡正城邦的政治生活，要以一个好人为前提；借暴力手段篡夺共和国的王位，却要以一个恶人为要件。然而鲜有好人愿意运用卑鄙的手段登上王位，即使他有着良好的目的；也鲜有恶人在登上王位后打算行善，即使他有过运用自己以卑鄙手段篡夺的权力去行善的念头。

5 在腐败的城邦维护共和国或予以更新的困难或不可能，其缘由一如上述。假如确实要在这种地方创建或维持共和国，那就必须把它推向奉行王道的国家，而不是奉行民治的国家。这样一来，对于那些因其骄横而难以用法律驯化的人，可以用近乎王权的方式加以降服。打算以其他方式让他们改邪归正的做法，要么变成一项极残暴的事业，要么根本行不通，前述克莱奥梅尼的作为即可作为一例。① 他为了大权独揽而杀死长老会成员，罗慕路斯出于同样的原因，杀死他的兄弟和萨宾人提图·塔提乌斯，然后把他们的权力善加运用。然而需要留意，我们在这一章里讲到的腐败，尚未侵蚀他们的臣民，所以他们才能对自己的计划抱有希望，并使这种计划与希望相合。

---

① 见卷19.4。

第十九章　在杰出的君主死后，软弱无能的君主尚能自保；在软弱无能的君主死后，软弱无能的君主无法维护任何王国

罗慕路斯、努马和图鲁斯这三位罗马最初的君王，只消看看他们的德行和做事方式，便可知罗马真是撞上了大运，它的第一个君王骁勇善战，第二个君王性情平和而虔诚，第三位君王的勇武与罗慕路斯不相上下，热爱战争更甚于和平。罗马在初创之时，最需要的便是有一个公民生活模式的创立者。但是它仍需要另一些君主继承罗慕路斯的德行，不然的话，这个城邦就会变得衰弱，成为邻国的俎上之肉。所以我们能够看到，德行稍逊于开国之君的继任者，也能维护前者创立的国家，享用他的果实。然而，如果他恰好长寿，而他身后的人又没有继承开国之君的德行，这个王国便在劫难逃了。相反，如果相继出现的两人都有了不起的德行，则往往可以看到他们成就非凡的大业，成为名声极高的人。

大卫在军事、学问和判断力方面，无疑是个出类拔萃的人，他的德行也非同一般，在征服和打败了所有邻国之后，他给自

己的儿子所罗门留下了一个祥和的王国，使其能够用和平而非
战争的技艺加以维护，享受着父亲德行的庇荫。然而所罗门却
不能把它传给自己的儿子罗波安。罗波安经过百般努力，才继
承了王国的六分之一，因为他的德行不及祖父，运气又不及父
亲。① 土耳其苏丹巴热泽是个爱好和平更甚于战争的人，能够
坐享其父穆罕默德的成果，后者像大卫一样，打败了所有的邻
国，留给儿子一个稳定的王国，使他运用和平的技艺便可轻松
保有。如果他的儿子、现任君主塞利姆像他的父亲而非他的祖
父，那个王国也早就衰败了。然而我们看到，他的所作所为几
乎不逊于祖父的英名。根据这些事例，我可以说，在一个杰出
的君主身后，软弱的君主尚可自保；但在软弱的君主身后若是
又有一个软弱的君主，那么任何王国都无法保全，除非它像法
兰西王国那样，靠古老的制度来维系。不事征战的君主，必是
软弱的君主。

3　　　因此，我要用下面的话做结：罗慕路斯的德行如此出众，
这给努马·庞皮利乌斯提供了空间，使他能用和平的技艺统治
罗马多年。但是在他之后的继承者图鲁斯②，又以其骁勇刚健，
重新赢得了罗慕路斯的威名。在他之后是安库斯③，天生便有
一种技能，既可利用和平，又能承受战争。他先是决心坚持和
平之道，但他很快便发现，他的邻国以为他孱弱可欺，不把他

————————

① 《旧约·列王纪上》，12：17，另参见12：21；《旧约·历代纪下》，10：
17，这里说，罗波安只继承了大卫王国的十二分之一。

② Livy, I 22 – 31.

③ Livy, I 32 – 35.

放在眼里。于是他想，如果他要维护罗马，他必须转向战争，他要效仿的是罗慕路斯，而不是努马。

从所有这些掌握国家的君主身上，可以看到一个楷模。像 4 努马那样的人，是否能够拥有国家，全看他置身于什么时代，或好运是否降临到他的头上。但是像罗慕路斯那样的人，集精明和兵戈武备于一身，将以任何方式保住国家，除非有一股顽强而非凡的势力，把国家从他手中夺走。人们不难设想，假如罗马恰巧遇上一个人担任它的第三位君主，他不知如何运用武力维护罗马的威名，那么它后来根本不可能屹立不倒，即便能够做到，也是难乎其难；它也不可能取得那些伟业。由此可知，在君主统治下的国家，承担着覆灭的风险，其原因使是一个软弱或用心险恶的君主。

第二十章 两个有德行的君主相继主政，便可成就大业；组织良好的共和国可以使德行后续有人，其获取与扩张也能蔚为大观

1　　罗马放逐了国王以后①，如上所述②，它便消除了必须忍受软弱或恶劣君主上台后可能带来的风险。它把至上的权力授予执政官，这些人掌权既不靠继承或欺诈，也不靠野心，而是通过自由的投票，所以他们全是出类拔萃的人士。罗马坐享他们的德行和好运，故而能够像受到明君的多年统治那样，取得登峰造极的大业。两个明君相继主政，就足以征服天下，例如马其顿的菲利普和亚历山大大帝。共和国更是如此，因为它所采用选举方式，使得继位者不是两个，而是无数个最有德行的君主。在制度优良的共和国，总是存在着这种德行的传承。

---

① Livy，I 60.
② 见卷1，19。

第二十一章　君主和共和国缺少自己的军队，将蒙受奇耻大辱

　　没有自己的军队以备攻守的当世君主和现代共和国，应当 1
为此而羞愧。他应当想想图鲁斯的先例①，这种弊端的存在，
并非因为缺少能征善战者，而是来自他本人的过失，他不知如
何把自己的人转化成军旅。图鲁斯继承王国后，找不到一个
有过征战生涯的人，因为罗马享有和平已达四十年之久。但
是当他筹划征战时，并不想利用那些习惯于戎马生涯的萨谟
奈人、托斯卡纳人或其他什么人。他极为精明，他要利用自
己的人。他德行过人，旋即组建起一批受他统辖的极为出色
的将士。由此可见，如果没有自己的军队，那也是君主之
过，而不是因为缺少天时地利，天底下再没有比这更确凿的
真理了。

　　这里有个生动的事例。世人皆知，不久前英格兰国王进 2
犯法兰西王国；除了自己的人民，他找不到别的士兵。这个
王国没有从事征战，已三十年有余，他没有具备军事经验的

_____
① Livy, I 22 – 31.

将士。① 然而他却毫不迟疑地进犯一个在征战意大利时一直不懈于武备的王国。其缘由无他，国王乃精明之人，王国组织井然，太平岁月亦未弃战时体制也。

3　　底比斯人派洛皮德和伊巴米浓达解放了底比斯，使其摆脱斯巴达帝国的奴役后，他们发现，自己置身于一个奴性难改的城邦和软弱无力的人民之中，但是他们毫不迟疑地——这足见他们的德行之伟大——把人民武装起来，让他们与斯巴达军队对决于疆场并大败之。记述此事的人说②，这两人在短时间内表明，只要有人通晓如何率领众人征伐，就像图鲁斯懂得如何命令罗马人一样，那么拉塞德芒人也好，其他地方的人也罢，都可以成为天生的武士。维吉尔再好不过地表达了这种见解，也用再好不过的语言，表明了自己的偏向，他说：

　　　　图鲁斯将把懦夫变成勇士。③

---

　　① 英王亨利八世于 1513 年进犯法国，在 8 月 16 日的斯布尔一役中打败了法国人。不过英格兰在 1492 曾经为了维护布列塔尼的独立而出征，这只是 20 多年前的事。

　　② 显然是指普鲁塔克，见 Plutarch, *Pelopides*, 17。

　　③ 拉丁文引文，见 Virgil, *Aeneid*, VI 813 – 814。

第二十二章　罗马的贺拉提乌斯三兄弟和阿尔巴的库里阿提乌斯三兄弟事件，有何值得借鉴之处

罗马国王图鲁斯和阿尔巴国王梅蒂乌斯同意，被上述二人征服的人，应由人民充当其主子。阿尔巴的库里阿提乌斯三兄弟被悉数杀死，罗马的贺拉提乌斯三兄弟则有一人幸存，于是阿尔巴王梅蒂乌斯及其人民只好臣服于罗马人。当贺拉提乌斯凯旋罗马后，遇到了已同三个被杀死的库里阿提乌斯之一订婚的妹妹。她为已经和自己订了终身的男人而哭泣，他便把她杀了。贺拉提乌斯因这一罪行而受到审判，经过众多辩论之后他又被释放，这与其说是因为他本人的功劳，不如说是因为他父亲的哀求。① 此事有三点值得引为借鉴，其一，绝不可拿整个命运去冒险，却只用上一部分力量；其二，在治理良好的城邦，绝不容许将功补过；其三，假如有人对政策之得到遵从能够产生怀疑，它便不是明智的政策。遭受奴役对于城邦关系重大，所以我们切不可相信，君主或人民会像梅蒂乌斯所希望的那样，

---

① Livy, I 23 – 26，梅蒂乌斯在书中的身份是阿尔巴的独裁官，不是国王。

任由他们的三个公民把他们带入奴役。他在罗马人获胜后立刻认输，并承诺服从图鲁斯，但是当他们一起远征维爱人时，他却试图欺骗图鲁斯，因为他已意识到自己当初的决策太鲁莽。①关于这事已有不少评说，所以我在下面两章，只讨论另外两件事情。

---

① livy, I 27 – 30.

第二十三章　不可孤注一掷却不拼尽全力；固守关隘往往有害

在危难之际，不尽力而又孤注一掷，这种做法绝难称为明智。它有许多表现方式。一是像图鲁斯和梅蒂乌斯那样，把他们的祖国和他们率领的大军的荣辱，统统交给他们的三个公民的德行和运气，而这三人在他们各自的势力中只占很小的一部分。他们也没有意识到，他们的祖先艰苦卓绝创立了共和国，使其公民成为自由的捍卫者，得以长久享受自由的生活，将因这种政策而付之东流，盖寥寥数人之力，足可丧国。君主即使再昏聩，也莫过于此了。 1

还有一类人，也总会干下这样的蠢行。每遇敌人来犯，他们便想把持天险，固守关隘。这种伎俩素来有害无益，除非你能一直屯兵于险要之地。如果你能做到这一点，那就不妨采取这种策略。然而，倘若此地荒无人烟，无法长久屯集大军，它便是一种有害的策略。因此依我之见，群山乱岗环绕之中的国家，如遇强敌来袭，切不可决战于隘口和山峦，而应选择在山外与之交战。如果无心交战，也应在群山中的富庶之地等候，而不可藏于乱岗之中。其缘由一如上述：率大军固守山地殊难 2

办到，这或是因为此地无法让他们长久生存，或是因为山中的地形仄逼，屯兵有限，无法抵挡集中大军强攻的敌人。敌人不难调动大军，因为他们意在突破而非驻守。坐等敌军来犯的人，却难以做到这一点，因为他必须长期屯兵于此，也不知敌人打算何时通过这片狭小贫瘠之地。因此，你事先打算固守的军民皆予信赖的关隘，它一旦失守，恐怖便会在人民和你的另一些军队中蔓延，你将变成一个失败者，再也无缘检验他们的品德。你将把自己的机遇和实力输得精光。

3　　世人皆知，汉尼拔在翻越分开伦巴第和法兰西的山巅时①，是何等艰难；在通过把伦巴第和托斯卡纳隔开的峰峦时②，又是何其费力。但是罗马人先是在提契诺河等他③，后又在阿雷佐的平原等他④。他们宁肯让自己的军队在能够获胜的地方被敌人吃掉，也不愿引军入山，自绝于穷山恶水。

4　　头脑精明、饱读史书者都会发现，凡是品德过人的将领，很少愿意扼守险关，这既有以上所说的原因，也因为不可能把它们全部封死，山地和旷野一样，除了人们惯常涉足的道路，还有许多别的通道，虽然不为外人所知，农民却对它们了如指掌。靠他们的协助，不管你的对手有何如意算盘，你总能到达任何地方。不妨举一个发生在 1515 年的新鲜事例。当法国国王弗兰西斯为收复伦巴第而进犯意大利时，与他对抗的人，把全

---

① Livy, XXI 32 – 38.

② Livy, XXI 58.

③ Livy, XXI 45 – 46.

④ Livy, XXII 2 – 5.

部希望寄托在这样的事情上：瑞士人能够拒他于山口之外。但是正如后来的经验所示，这种希望彻底落空了。国王绕开了他们把守的两三个关口，沿着一条不为人知的道路开进意大利，以迅雷不及掩耳之势扑向他们，让他们大惊失色，纷纷逃往米兰；伦巴第人对于法国人能被阻挡于山外的说法，也大失所望，悉数倒向法国军队一边。①

---

① 法国国王弗兰西斯一世（在位时间为 1515—1547 年）于 1515 年进攻伦巴第时，沿着一条不为人知的道路，绕开了正在山里等着他的瑞士人。后来他又在米兰附近的马里尼亚诺战役中击败瑞士人。

第二十四章　健全的共和国制度赏罚分明，绝不会用它们相互抵消

1　　贺拉提乌斯以自己的德行战胜了库拉阿提乌斯，所以他的功劳十分了得。然而他也罪不容诛，因为他杀死了自己的妹妹。这个杀人犯令罗马人大为不快，他们把他押上法庭，要判他死罪，根本不考虑他刚刚立下的汗马功劳。在浅薄的观察者看来，这可以视为民众忘恩负义的一例。然而，若是细加观察，更审慎地加以探究，就会谴责那些不打算惩罚他、反而要赦免他的人民。其中的道理是：举凡治理良好的共和国，从不允许公民将功抵过；有功则赏，有过则罚；一人立下功劳，则犒赏之；日后犯下过失，则严惩之，全然不会顾及他的功劳。只要恪守这种制度，城邦将长期生活在自由之中，不然它便会迅速归于衰败。如果公民为城邦立下大功，为此而享有至高无上的名望，假如他不再担心受罚，便会有恃无恐地作恶。用不了多久，他就会变得骄矜无度，文明的生活也将随之瓦解。

2　　若想以惩罚遏制为非作歹，就应遵守有功必赏的原则，就像在罗马看到的那样。共和国财力不济，所赏无多，但它也切不可放弃这无多的奖赏。因为给予人们的小小的馈赠，只要是

对无论多大的功劳的酬谢，收受者也会视为巨大的荣誉，对它格外看重。贺拉提乌斯·科柯卢斯①和穆希乌斯·斯凯沃拉②的故事尽人皆知：一人孤身御敌于桥上，直到此桥垮塌；另一人在试图行刺托斯卡纳国王波桑那时犯下过失，便烧掉了自己的一只手。为表彰这两人的壮举，公众分别赐给他们两个"斯泰欧"单位的土地。③ 曼利乌斯·卡皮托利努斯的故事也很著名。他从屯兵于朱庇特神庙的法兰克人手中夺回了神庙，那些同他一起围攻神庙的人便送给他一些面粉。④ 按当时罗马的财富，这可是非同小可的奖赏。曼利乌斯后来出于嫉妒或邪恶的天性，开始在罗马煽动骚乱，为了个人的目的而争取人民，他便被人扔出了曾经由他拯救、为他带来荣耀的朱庇特神庙，丝毫没有顾及他过去的功劳。⑤

---

① Livy，II 10 – 11.

② Livy，II 12 – 13.

③ 参见 Livy，II 10.12，据这里说，是竖起了一尊赫拉提乌斯的雕像，并授予他一块面积可在一天之内耕耘一圈的土地。另参见 Livy，II 13.5，这里说，穆希乌斯得到了一块台伯河对岸的土地，后被称为"穆西安庄园"。马基雅维利所说的"斯泰欧"（staio）是托斯卡纳的计量单位，大概相当于罗马的"居格拉"（jugerum），即两头牛在一天之内可以耕耘完毕（不是耕耘一圈）的面积。

④ Livy，V 47. 马基雅维利省略了送给曼利乌斯的少量酒。

⑤ Livy，VI 20.

第二十五章　试图对自由城邦的过时状态进行革新的人，至少要保持其古老模式的表象

1　　如果有人打算对城邦的现状加以革新，希望它被人接受，能够让众人保持满意，那就必须至少维持其古老模式的表象，使人民觉得它的制度并无变化，即使事实上新的秩序已同旧制大异其趣。因为人的通病是，他对表象的需要不亚于实相。其实，能够打动他们的，经常是表象而非事实。基于这种理由，罗马人在他们的自由生活开始之初，便认识到了这种必要，他们设立两个执政官以取代国王，把侍从限制在十二人以内，这是为了不使其超过辅佐国王的人数。① 此外，罗马每年都要举行祭祀，除非国王亲临，这种祭祀便无法举行。罗马人不希望人民因国王的缺席而缅怀旧制，便设立了一个祭祀的首领。他们把他称为祭祀王，让他听命于大祭司。他们以这种方式，使人民渐渐对祭祀感到满意，再也没有因为缺少国君而想让其复

---

① Livy, I 8.

辟的理由。① 凡是希望在城邦中超越古代生活，使其转向新的自由生活的人，都应如此行事。既然新事物能够改变人的想法，你就应当想方设法使这种改变尽量保留古老的面貌。官员在人数、权力和任期诸方面皆不同于古代，但至少要沿袭旧称。如我所说，这是以共和国或王国的方式组织政治生活的人都应遵行的事情。至于那些打算掌握绝对权力，即被作家们②称为施行专制统治的人，则应使其万象更新，此乃下一章所要讨论的话题。

① Livy, II 2.

② 参见 Plato, *Republic*, 565e – 66a, *Satesman*, 276e；Aristotle, *Politics*, 1279b16, 1285b29 – 32；Polybius, V 11；Cicero, *Republic*, I 33；Thomas Aquinas, *On Kingdom*, I 1.11。

第二十六章　新君主对于他所攫取的城邦或领地，务必使其万象更新

1　　若是有人成了一个城邦或国家的君主，他若想掌握至高无上的权力，最好的办法莫过于把该国的一切予以更新。假如他是新君主，根基既不牢固，又不想以王国或共和国的方式恢复文明生活，他就更应如此行事：把城邦的政府、名衔、权力和人员统统予以更新；让富人变穷，穷人变富，就像大卫成为国王时所做的那样——"叫饥饿的得饱美食，叫富足的空手离去"①；此外，还要修筑新城，摧毁旧邦，让一地居民迁徙他处；总之，不要让领地上的一切保持原状。如此一来，任何等级、制度、身份和财富，凡是能得到它们的人，都不会不承认那是来源于你。亚历山大之父、马其顿的菲利普可以作为这样一个楷模。他靠了这些手段，从一个小邦的国王变成全希腊的君主。记述其行迹的人说，他把人们从一地迁往另一地，就像牧人驱赶自己的羊群。② 这些手段极为残忍，与任何生活方式

---

① 《新约·路加福音》1：53。说这话的不是大卫，而是上帝。

② Justin, VIII 5；另参见 Polybius, VIII 8 – 11。

相悖，不但忤逆基督教，而且有违人性，任何人都唯恐避之不及，宁肯做一介平民，也不愿做这种戕害世人的国君。但是，那些不想走良善之道的人，如果他想自保，就必须作恶。有些人，由于不知如何运用大善大恶，便想采取某些极有害的中庸之道，这便是下一章的事例所要揭示的道理。

第二十七章 知晓如何运用大善大恶者，寥若晨星

1 　　教皇尤利乌斯二世在 1505 年来到博洛尼亚，他要把统治该城已有百年之久的本蒂沃廖家族赶出这个国家，他还要清除佩鲁贾的专制者乔旺帕格罗·巴利奥尼，因为他曾发下誓言，反对一切把持着教会城市的专制者。他带着这种路人皆知的意图和决定，来到了佩鲁贾附近。他没有等待护卫他的军队一起进城，而是赤手空拳到了城里，城里的乔旺帕格罗拥有为求自保而召集的大军。怒不可遏的教皇，带着唯一的一名卫兵，把自己交到了敌人手里。他后来把这人带走，在城里留下一名长官恢复教会的正义。教皇身边的聪明人①都看到了教皇的鲁莽和乔旺帕格罗的懦弱，他们无论如何也猜不透，享有不朽盛名的乔旺帕格罗，为何没有一举消灭他的仇敌，用战利品来充实自己的财富，因为同教皇在一起的全体红衣主教，个个珠光宝气。

---

　　① 　包括马基雅维利本人，他当时正履行一项公差，即劝说巴利奥尼"恢复他的良心和人性"。见 1506 年 9 月 13 日的信，载 *Legazioni e commisari*, ed. Sergio Bertelli（Milan, 1964）, II 1980。

人们也无法相信，他是因仁慈或良知而裹足不前：一个骨子里的恶棍，霸占自己的妹妹，为专权而屠戮自己的甥侄，岂会有良心发现？然而可以断定，这是因为人们既不知如何光彩地作恶，也不知如何达于至善：恶行自有其伟大之处，亦可显示慷慨大度，他们却昧于如何做到。

　　根本不拿乱伦和弑亲当回事儿的乔旺帕格罗，却不知道如何——或更确切地说，是在他有恰当的时机时却没有胆量——成就这样一项事业，它能让众人赞美他的勇气，让自己名垂青史；对于那些教士，对于他们那种做派和执政方式，他能够成为证明他们多么为人所不齿的第一人。然而他未能成就这样一项其伟大胜过它所带来的恶名和危险的成就。

第二十八章　罗马人为何不像雅典人那样感激自己的公民

1　　凡是阅读共和国事迹者，都可从中发现某些对其公民忘恩负义的表现，不过与雅典相比，甚至与任何共和国相比，罗马做这种忘恩负义的事情要少得多。① 探究此事的根由，就罗马和雅典来说，我认为这是因为罗马人与雅典人相比，较少有猜疑公民的理由。思考一下此事即可看到，从放逐国王直到苏拉和马略以前，它的任何公民从未废除罗马的自由，所以也不存在重大的理由，去猜疑他们或无端地迫害他们。雅典的情况与此相反，皮西斯特拉图斯在它最繁荣昌盛时取消了它的自由，所以它一旦获得自由，对自己遭受的伤害和过去的奴役耿耿于怀，便不但针对公民的错误，而且针对其错误的蛛丝马迹，迫不及待地予以报复。于是，众多贤俊或是遭到流放，或被处死；所以这个城邦不时以陶片放逐等残暴的制度对付贵族。讲述文明社会的作家们所言甚是：人民在恢复自由以后，与他们保持

① 参见马基雅维利的诗《忘恩负义》，第130—32 页。

自由的情况相比，会变本加厉地彼此相残。[1] 因此，凡是对以上所言细加思量的人，既不会责备雅典，也不会赞扬罗马，他只会哀叹这两个城邦的种种变故带来的无情命运。敏锐观察事务的人会明白，如果罗马像雅典那样被剥夺了自由，那么它对其公民也不会比雅典更加宽宏大量。只消看看放逐国王后科拉提努斯[2]和帕珀利乌斯·瓦勒里乌斯[3]的遭遇，即可对此做出可靠的推测。前者遭到流放，仅仅是因为他有塔尔昆的姓氏，虽然他曾解救过罗马。后者因在凯利山上盖了一栋房子而受到猜忌，也差点儿遭到流放。看看罗马对这两人是多么猜疑和严厉，即可明白，假如它像雅典一样，也曾被自己的公民所伤害，那么它的忘恩负义绝不会亚于雅典。为了不再提及这个忘恩负义的话题，我要在下一章讲讲对它需要做何理解。

---

① 参见 Cicero，*De officiis*，II 7. 24；另参见 *FH* II 37。

② Livy，II 2.

③ Livy，II 7.

第二十九章　更加忘恩负义者是谁，是人民还是君主？

1　　　对于上述问题，依我之见，应当讨论一下什么人更堪称忘恩负义的楷模，是人民？还是君主？为辩明此事，我要说，这种忘恩负义的恶行，要么源于贪婪，要么来自猜疑。[①] 人民或君主派遣一位将领从事重大的远征，如果他大获全胜，他将赢得极大的荣誉，人民或君主就要奖赏他。假如他们受到吝啬的驱使，因为贪婪而不想给他奖赏，反而羞辱或伤害他，他们便犯下了不可饶恕、遗臭万年的错误。然而我们却发现，许多君主都犯下过这种蠢行。科涅利乌斯·塔西佗曾以下面的句子道出其中的原委："人们更愿为伤害而支付补偿，而不愿因受益而给予报答，因为感恩乃是负担，报复则为收益也。"[②] 如果他们不给他奖赏，或更恰当地说，对他进行迫害，是出于猜忌而非贪婪，那么他们——人民和君主——尚可得到谅解。人们可以看到很多这类忘恩负义的举动，其原因如下：将领为自己的

----

① 参见马基雅维利的诗《论忘恩负义》，第25页。

② 拉丁文引文，见 Tacitus, *Histories*, IV 3。

君主征服了一个帝国，他战胜了敌人，为自己赢得了荣耀，他的士兵也衣锦还乡；无论士兵、敌人还是君主的臣民，都对他百般敬重。派遣他的君主看到这种胜利，心里一定不是滋味。由于人有野心和猜疑的天性，而且不知如何在命运面前加以限制，因此那个获胜后的将军的某些傲慢的言行，难免会使君主的猜疑更加严重。君主为求自保，只好思忖如何防范他：把他干掉，或是消除他在军队或人民中为自己赢得的名望，他要想方设法证明，那胜利并不是因为此人的德行，而是因为他运气好，或是因为敌人的懦弱，或是因为与他一起征战的另一些首领的精明。

韦斯巴芗在朱狄亚被他的军队拥戴为皇帝后，站在他这一边的安东尼·普瑞穆斯在伊利里来率领一支大军开赴意大利，与当时统治着罗马的维特利乌斯作战。他把维特利乌斯的两支军队打得一败涂地，并且占领了罗马。韦斯巴芗派去的穆西亚努斯看到，安东尼的德行使他所向披靡，克服了一切困难。然而，安东尼为此得到的奖赏却是，穆西尼努斯立刻剥夺了军队对他的服从，使他在罗马逐渐失去任何权威。于是安东尼去同当时仍在亚洲的韦斯巴芗会面，他在那儿得到的款待是，没过多久，他便军衔全无，在近乎绝望中去世。① 这样的例子，史书中比比皆是。在我们这个时代，仍然在世的人都知道，在军中服役的冈萨尔沃·费兰特为了阿拉贡国王菲迪南，费尽千辛万苦，同驻扎在那不勒斯王国的法兰西人作战，并且征服了那

2

---

① Tacitus, *Histories*, II 6, 8；III 2-3, 8, 15-26, 46-49, 52-53, 78；IV 39, 80.

个王国。他为自己的胜利而得到的奖赏却是，菲迪南离开阿拉
贡去了那不勒斯，先是剥夺了军队对他的服从，然后又剥夺了
他的城堡，最后让他同自己一起回到西班牙，没过多久，他便
在寂寂无名中死去。① 由此可见，君主的猜忌是再自然不过的
事情，他们无法克服这种性情。他们不可能感激那些因战功而
威名显赫的人。

3　　君主无法克服的事情，人民也难以克服，对此既不必大惊
小怪，也不值得留名于史册。享有自由生活的城邦有两个目标，
一是获取，二是维护自己的自由，它在这件事或那件事上犯下
过失，必定是因为它过分地热衷于这些目标。在获取方面犯下
的错误，我会适时谈到它们。② 至于在维护其自由方面的错误，
可以列举如下：应予奖赏的公民，反而受到迫害；应予信任的
公民，反而受到猜疑。这些做法是陷入腐败的共和国的重大罪
恶的成因，它们往往不久便滑向专制——恺撒治下的罗马③便
是如此，他为了得到因为忘恩负义而无法得到的东西，便滥用
武力。然而在一个尚未腐败的共和国里，它们却有极大的益处，
能使它享有自由的生活，因为对惩罚的惧怕，使人们更长久地
保持美德，收敛自己的野心。其实，由于前面说过的原因④，

----

① 圭齐阿尔迪尼纠正说，冈萨尔沃·费兰特去世时既富有，也不乏荣耀。见
Francesco Guicciardini, *Considerazioni interno a Discorsi del Machiavelli* in N. Machiavelli,
Discorsi sopra la prima deca di Tito Livy, ed. C. Vivanti (Turin, 1983), 557. 另参见马基
雅维利的诗《论忘恩负义》，第163—65页。

② 见卷1，30.2。

③ Plutarch, *Julius Caesar*, 29，46 – 47.

④ 见卷1，28。

在曾经拥有帝国的人民中间，罗马人算不上是最忘恩负义的。因为在谈到它的忘恩负义时，除了西庇阿以外①，再没有其他的例子，科里奥拉努斯②和卡米卢斯③被放逐，是因为他们对平民的伤害。前者得不到谅解，是因为他始终敌视人民，后者则不仅被人怀念，且终其一生享有君主般的爱戴。对西庇阿的忘恩负义，是源于公民对他的猜忌，对其他人则不存在这种猜忌。因为西庇阿征服了强大的敌人④，因为他在漫长而危险的征战中获胜而给自己带来的威望，他的朝气蓬勃、精明强干和另一些令人难忘的品德，为他赢得的爱戴。这些功绩如此出类拔萃，除了罗马的官员，没有人担心他的权威，而这种与罗马的习惯不相符合的事情，令明智的人不快。他的生命行程是如此不同寻常，德高望重的圣贤卡托·普里斯库斯便最先起来反对他。他说，如果城邦有一个受到官员惧怕的公民，它便不配称为自由的城邦。如果罗马人民在这件事上听从了卡托的意见，那就应当原谅他们，因为我在前面说过，对于因猜忌而忘恩负义的人民和君主，应当给予原谅。在结束这一讨论时，我要说，忘恩负义所造成的罪恶，是源于悭吝或猜忌，而人民从来不因悭吝而忘恩负义，也甚少像君主那样，因猜忌而忘恩负义，他们没有多少猜忌的理由。欲明其详，请看下文。

---

① Livy, XXXVIII 50 – 60.

② Livy, II 33 – 35.

③ Livy, V 32，46，49.

④ 指汉尼拔。

第三十章　君主或共和国应当以什么方式避免忘恩负义的祸害，将领或公民应当以何种方式避免被它摧毁？

君主为了避开生活于猜忌之中或忘恩负义的必然性，应当像最初的罗马皇帝或我们今天的土耳其人那样，像过去和现在有德行的人所做的那样，亲自从事远征。如果他们获胜了，荣耀和战利品全归他们个人。如果他们不亲征，荣耀便归别人所有；除非他们抹杀自己不知如何获取的他人的荣耀，不然他们不能享有收获。他们变得忘恩负义，不讲公正，他们的所失无疑多于所得。如果他们因为懈怠或是有失精明，在家里游手好闲，派将领出征，那么他们只能好自为之，我对他们也无可奉告。我对那位将领却有话可说，依我之见，既然他无法避开忘恩负义的利齿，他可以采取两种策略之一：获胜后立刻离开军队，把自己交到君主手里，切忌做出傲慢无礼或野心勃勃的举动，这样君主便失去了猜忌的理由，可以奖赏他，或者至少不去迫害他。他若是觉得这样做不当，也可以大胆地反其道而行之，采取一切手段，确保自己的所得属于他而不是他的君主，

确保士兵和臣民听从他的调遣。他可以与邻邦交好，用自己的人夺取要塞，收买自己军队的指挥官，保护自己不被他无法腐蚀的人所伤害；他可以用这些手段去惩罚主子对他的忘恩负义。除此之外，再无其他出路，但是如前所言，人们不知如何做到大恶大善①，他们总是不愿在胜利后立刻离开军队，他们也无法做到谨言慎行；他们不知道如何运用荣誉藏身其中的残暴手段，他们被自己的拖延和迟疑压得粉身碎骨。

　　对于希望避免这种忘恩负义的共和国，则不宜给它献上这种君主的策略，亦即不派遣别人，而是亲自出征，因为它只能派出自己的公民。对此，我认为适当的建议是，它应遵行罗马共和国的方式，如此方可做到不像其他地方那样忘恩负义。此乃罗马的统治方式使然。既然整个城邦，无论贵族平民，悉数参与征战，各个年龄的人中间涌现出众多俊贤，其荣耀来自不同的胜利，人民便没有理由害怕他们中间的任何一人，因为他们人数众多且相互扶持。他们保持着正直，不愿流露丝毫心怀野心的痕迹，人民也就没有理由因其野心而迫害他们，当一个人变成独裁官时，他放弃这一职务越快，他从履行这一职务中得到的荣誉也就越大。这种方式既不会产生猜忌，忘恩负义也就无缘产生。故而可以说，不想为忘恩负义制造理由的共和国，应像罗马那样治理自己；希望避免受其伤害的公民，也应恪守罗马公民所遵守的限度。

---

① 见卷1，27。

第三十一章 罗马将领从未因过失而受到过分的惩罚；共和国因他们的愚昧或政策失当而受到伤害时，他们也从未受到惩罚

1 　　如上所述，罗马人不像其他共和国那样忘恩负义，与其他地方相比，他们对军队将领也更加仁慈，更慎于处罚。[①] 如果他的错误出于恶意，他们便以通情达理的方式处罚他；若是出于无知，他们非但不予惩罚，反而奖赏和赞扬他。他们颇为看重这种行事方式，因为他们断定，对于统率军队的人，自由和献身精神，不受外界干扰的决策，至关重要，所以他们不想给危难之事再添危险；他们认为，倘若这般行事，无人能够表现优异。例如，他们发兵希腊，同马其顿的菲利普作战；发兵意大利，攻打汉尼拔或过去被他们征服的人民，这些任务事关重大，率军远征的将领要为此殚精竭虑。倘若除了这些忧虑以外，还有作战失利者被钉上十字架或处死的先例，那么将领们在重

---

① 参见卷1，24，28，29.3，30.2。

重忧虑之中，岂能果断决策？① 他们认为，失败的耻辱已是足够的惩罚，他们不想再用更大的处罚去恐吓他们。

至于不是因愚昧而犯下的过失，此有一例。塞尔吉乌斯和弗吉尼乌斯各率大军之一部，布阵于维爱。② 塞尔吉乌斯驻扎于托斯卡纳人必经之地，弗吉尼乌斯则驻扎在别处。当塞尔吉乌斯受到法利希人和另一些人的攻击时，他自甘失败，未等弗吉尼乌斯发兵援助便夺路而逃。另一方面，弗吉尼乌斯也乐见塞尔尼乌斯丢脸，他宁愿让自己的家乡受辱，军队覆灭，也不愿伸出援手。这种行为着实恶劣，不应等闲视之；如果他们两人未受处罚，则人们对罗马共和国也不会有好的联想。其他共和国肯定会以死刑来惩处他们，这个共和国的处罚却是赏金。这并非因为他们的罪行不应受到更严厉的处罚，而是因为罗马人希望维护自己古老的风俗。因无知而导致错误的最佳事例，非瓦罗的作为莫属。③ 由于他的轻举妄动，罗马人在坎尼被汉尼拔打败，使共和国有失去自由之虞。然而，由于那是出于无知和愚昧，而非恶意，他们不但没有惩罚他，反而授予他荣誉，当他回到罗马时，元老院全体成员列队前去迎接。他们不是因战功而感谢他；他们感谢他，是因为他回到了罗马，未使罗马的事业陷入绝境。帕皮里乌斯·柯尔索因为法比乌斯违反其命

---

① 把失职的将军钉上十字架不是罗马人的风俗。波里比乌斯曾指出迦太基人有这种惩罚手段（Polybius，I 11，24），但是罗马人从未采取过这种方式。李维提到过（Livy, *Summaries*, XVII）一个名叫汉尼拔的迦太基将军，在指挥一次海战失败后被士兵钉上了十字架。

② Livy, V 8 – 12.

③ Livy, XXII 61.

令与萨谟奈人交战，打算把他处死。面对这位刚愎自用的独裁官，法比乌斯的父亲列举了一大堆理由，其中一条是，罗马人民对待将领的失利，也没有像帕皮里乌斯对待将领的胜利那样。①

---

① Livy，VII 30 – 35.

第三十二章　当人民有迫切需要时，共和国或君主不可拖延造福于他们

　　在波桑那为塔尔昆家族的复辟而进犯罗马的危急关头，罗马人很幸运，他们成功地对人民运用了慷慨大方的举措。彼时，元老院担心罗马的平民宁愿接受国王，也不肯坚持抗战，他们为赢得平民的信任，免除了他们的盐税和一切捐输。他们说，穷人只要养育好子女，便是为公益做出了充分的贡献；人民为这种恩惠而甘愿忍受围困、饥馑和征战。① 然而这个例子让人确信，切不可等到危急关头再去争取人民，因为罗马人能够办到的事，别人根本不可能办到。民众会做出这样的判断，他们得到的好处，并不是来自你，而是来自你的冤家对头。他们有理由担心，一俟必要性消失，你便会收回你被迫给予他们的东西，所以他们不会为你承担任何责任。这种策略能给罗马人带来好处，原因在于它是个尚未定型的新兴国家；人民看到，以往的法律，例如上诉于平民的法律，皆是为他们的利益而设，所以他们能够相信，善举并非因为敌军来犯，而是元老院造福

① Livy, II 9.

于他们的举措。此外，君主曾让他们低声下气、备受磨难，这种记忆依然鲜活。既然类似的事由十分罕见，故而类似的策略也多半于事无补。由此可见，凡是掌控国家的人，无论它是共和国还是君主国，都应事先估计到对自己不利的情况，以及在逆境中他需要什么样的人；然后他就必要的生活方式做出判断，并按这种方式与他们相处，不管以后发生了什么。无论是君主还是共和国，如果不以此来管束自己，认为大难临头之际能以恩惠赢回民心，这无异于自欺欺人；他非但不能从他们那儿得到安全，反而会加速自己的灭亡。

第三十三章　如果国家内部产生弊端，或在外部遇到逆境，更为稳妥的办法是妥协而非对抗

罗马共和国的邻邦起初并未想到，这个新的共和国将给它 ¹们带来多大伤害。随着它逐渐威名大振，国力强盛，终而成为一个帝国，它们才认识到自己的错误。为了弥补当初犯下的过失，有多达四十个部族串通起来跟罗马作对，尽管为时已晚。为此，除了罗马人为自己制定的那些危急关头的寻常救济措施外，罗马人又设立独裁官一职——把权力授予一人，他不必与人磋商，即可做出决定；不必请示他人，即可实施自己的决定。① 这种办法不但在当时颇有成效，使他们克服了迫在眉睫的危险，而且对克服共和国创建帝国时遇到的一切险阻，也总是极为有用。

关于这件事，首先应予讨论的是，当共和国由于内部原因 ²而生出弊端，或出于外部原因而面对逆境，其严重程度让人惶怵不安，此时更为稳妥的策略，是与之妥协，而非予以消灭。

① Livy, II 18. 据说第一任独裁官是提图斯·拉古斯。

因为欲平息它的人，总是会让它更为强盛，使预计它将产生的危害有增无减。共和国之所以会出现这类变故，经常是内因胜过外因。因为允许一个公民掌握的权力，往往超出合理的限度；或者，他会逐渐败坏作为自由生活之命脉的法律；人们也会任由这种错误发展到如此地步，以至于较之放任不管，试图克服它的政策将更加有害。如果在那些素来喜欢新事物的人眼里，这些弊端的出现合乎自然，那就更难以辨别它们；看上去有些优点的事情，或是年轻人搞的名堂，皆能博得人们的喜爱。假如共和国出了一位品德出众的青年才俊，公民的眼光便会一起投向他，毫不吝惜地赞美他。借助于自然的宠爱和这种事情的合力，假如他心存一丝野心，将立刻把自己置于这样一种地位，公民在意识到自己的错误时，已经没有避免这种地位的补救之道了。他们费尽心机，也只能提升他的权力。

3　　此类事例不胜枚举，不过我只想举一个我们城市的例子。科西莫·德·美第奇是美第奇家族在我们这个城市的丰功伟业的开创者。借他的精明和另一些公民的愚昧之赐，他渐渐获得了让这个国家惊恐不安的名望。有些公民断定，冒犯他固然危险，对他放任不管则更加危险。当时有个叫尼科洛·达·乌扎诺的人，人们都认为他精通政务。他犯下的头号第一个错误，便是没有认识到科西莫的威望可能导致的危险。不过他生前人并没有亲自犯下第二个错误，即把科西莫干掉——因为他断定，这样做将导致他们的国家彻底毁灭，就像他去世后人们看到的情况一样。在他死后，公民没听有从他的劝告，他们武装起来与科西莫作对，把他赶出了佛罗伦萨。他的党羽对这种迫害愤愤不平，不久便把他召回，立他为共和国的君主。若是没有公

然的对抗，他根本爬不上那个位置。①

在罗马，同样的事情也发生在恺撒身上。庞培等人虽然赞 4
赏他的德行，然而这种赞赏很快便成了畏惧。这有西塞罗的话
为证：庞培对恺撒的担心为时已晚。② 他们因惧怕而设法补救，
而补救加速了共和国的覆灭。

当这些罪恶出现时，不易辨别它们；所以不易，乃因事物 5
之端倪往往障人耳目。所以我要说，既如此，更明智的办法就
是对它们做出让步，让它们自行消亡，或至少把罪恶的出现长
期拖延下去。君主如欲革除弊端，或是同它的势力作对，务必
睁大双眼，切不可使其不减反增；要确信抓住某物是为了推开
它，给杂草灌水是为了淹死它。对于弊端的力量，一定要有充
分的考虑，如果你认为自己足以对付它，那就毫不迟疑地下手；
否则就别去管它，别对它有任何图谋。因为正如前面所言，就
像罗马的邻国的遭遇那样，既然罗马已经变得如此强大，更为
稳妥的办法是安抚它，待之以睦邻政策，而不是让它在征伐的
方式上求变求新。他们的纵横捭阖毫无用处，只能使罗马人更
加万众一心，更加朝气蓬勃，想出新的招数，在更短的时间内
扩张自己的实力。这些新的招数之一，便是独裁官一职的创设，
他们不但用这种制度克服了危机，并且它也成了避免无此建制
就会产生的无数罪恶的原因。

---

① 参见 *FH* IV 26–33。

② Cicero, *Letters to His Friends*, XVI 11.

第三十四章　独裁官的权力对罗马共和国有益无害；公民不以自由投票授予别人权力，而是为自己攫取权力，则对公民生活极为有害

1　　为城市发明了任命独裁官制度的罗马人①，曾受到某位作家②的谴责，认为它一度是罗马专制政体的成因。他提到，这个城市的第一位专制统治者③，便是以独裁官的称号号令城市的。他说，假如不是这样，恺撒也不可能顶着任何官衔，堂堂正正地推行他的专制统治。持此见解者，未免失察于实情，所言毫无道理。使罗马受到奴役的，并非独裁官的名号或官位，而是因为公民长期擅权而获得的权力。即使罗马没有独裁官的称号，他们也会搞出另一种名堂。因为以实力获取称号轻而易举，以称号却不能轻易获取实力。人们看到，如果指定独裁官

---

① Livy, II 18.

② 不清楚这个或这些作家是指何人。

③ 可能是指苏拉。

是依据公众的命令，而不是他本人的权力，他便总能造福于城市。对共和国有害的，是那些以反常手段设立的官员和授予的权力，而不是以正常方式当权的人。所以人们看到，在很长一段时间里，罗马的独裁官对共和国有益无害。

这有显而易见的原因。首先，一个公民若想有能力侵害他人，为自己攫取超常的权力，他必须具备在一个健康的共和国里他不可能具备的许多品质。他必须家赀万贯，党羽喽啰如云，而在遵守法纪的地方，他不可能拥有这些东西。就算他有，像他这种人也令人畏惧，自由的选票轮不到他来享有。此外，独裁官只是临时之职，并非常设，仅仅是为了消除使他得到任命的事由而采用的手段。他的权力得到扩张，使他能够为兑服危机而独自做出决断，行事不必与人磋商，惩罚也不必请示他人。① 但是他不能做损害国家的事，例如剥夺元老院或人民的权力，对城市的制度废旧立新。他的独裁为时短暂，权力有限，加之罗马人民并未腐败，所以他不可能胡作非为伤害城市。从经验中可知，他总是有益于城市。

在罗马的各种制度中，这确实是一项应予重视的制度，值得算作这个大帝国丰功伟业的缘由。因为，若是没有这项制度，城市便难以避免那些非常的变故。共和国的常规制度动作迟缓（因为议事会或官员不能擅自做主，在许多事上需要相互合作，集思广益也需要时间），利用它们去对付那些刻不容缓的事，便成了风险极大的手段。故共和国在其制度中应当做出类似的安排，威尼斯共和国乃现代共和国之翘楚，它也是把权力留给

_____

① Livy, III 29；IX 34.

少数公民，使其能在危难时刻当机立断，不必与人进一步磋商。① 倘若共和国缺少这类安排，它要么会因墨守成规而覆灭，不然就必须为免于覆灭而打破成规。在共和国里，人们并不希望事事动用非常手段，因为非常手段彼时或许有益，开此先例却贻害无穷。一旦有人养成了为行善而打破成规的习惯，在这种风气之下，后人也可以为作恶而破坏成规。事事以法律规范之，每遇危机皆有确定的因应之道，待之以一定之规，非此共和国不足以称善也。故而我敢断言，共和国在危难之际，若不能托庇于独裁官或类似的权力之下以求自保，则必毁于严重的事端。

4   在这种新制度中，足智多谋的罗马人提供的选举方式值得称道。设立独裁官使执政官脸上无光，因为他们虽为一城之长，也只能像常人一样服从。他们估计这会使公民不把他们放在眼里，所以希望把选举权保留在执政官内部。他们认为，假如危机当前，罗马需要一种君王般的权力，他们也应自愿设置这种权力；既然这是他们亲手所为，那心中的创痛也会轻一些。世人遭受的伤害与不平，若不是出自别人，而是他本人心甘情愿的选择，则其伤害要轻得多。其实，后来罗马人习惯于把这种权力授予执政官而不是独裁官，并说，"让执政官照看共和国不受伤害吧。"② 还是让我言归正传吧，我的结论是：试图打垮罗马的邻邦，促使罗马人励精图治，不但足以自保，且能以更强的实力、更杰出的执政官和更大的权力，去攻击它们。

---

① 可能是指 1310 年为应付叛乱，作为非常措施成立的十人执政委员会，它于1355 年被制度化。

② 拉丁文引文，参见 Livy, III 4；VI 19。

第三十五章　十人执政团是由公众和自由投票所设，但是它的设立为何有损于共和国的自由

　　罗马人创设的选举十名公民为罗马立法的制度①，似乎违反了以上所论：以暴力夺取而非由选票授予的权力，对共和国有害。② 他们很快便沦为罗马的专制者，毫不迟疑地侵害它的自由。因此应当重视授权的方式与时限。长期——所谓长期，是指一年以上——授予不受约束的权力是危险的，其后果之良窳，端赖掌权者之优劣。看看十人团拥有的权力，再看看独裁官通常拥有的权力，便可以知道，较之后者，十人团的权力之大，简单不可以道理计。在设立独裁官时，护民官、执政官和元老院依然保留着各自的权力，独裁官不能予以篡夺。即便他剥夺了他们的权力，例如元老院的权力，他也不能废除元老院的命令或另立新法。元老院、执政官和护民官依然保有自己的权力，守卫于他的左右，使他不至偏离正道。然而十人团的创

---

① Livy, III 31 – 55.

② 卷 1, 34。

设却让事情彻底逆转。他们使执政官和护民官形同虚设；罗马人授予他们权力，使其不但能够制定法律，且能像罗马人民那样为所欲为。他们一权独大，身边既无执政官，也无护民官，不必向人民请示，所以无人能管束他们。这样一来，他们在第二年便会在阿皮乌斯的野心驱使下，变得飞扬跋扈。因此应当指出，所谓自由选举授予的权力对共和国无害，需要一个前提，即，除非具备适当的条件并有适当的时限，人民绝不授予这种权力。假如人民受到欺瞒，或被其他事情搞得不辨是非，草率地授予权力，就像罗马人民授权于十人团那样，则他们的命运也会像罗马一样。只消看看何者使独裁官恪守善道，何者使十人团为非作歹，或共和国如何自我治理，在授予权力后维持着长治久安，例如斯巴达人授权国王的方式，或威尼斯人授权于大公的方式，即可证明这一道理。从这两个例子中可以看到，他们设有使其无法滥用权力的卫士。在这种情况下，即或存在清正廉洁的局面也没有用处，因为绝对权力很快就会败坏事态，让人们结党营私。即使专权者身为穷人或没有支持者也无妨，因为财富和其他好处会立刻随之而来。欲闻其详，且看下述创立十人执政团的细节。

第三十六章　地位尊贵的公民，不可蔑视人微言轻的公民

罗马人任命马库斯·法比乌斯和 G. 曼尼利乌斯担任执政 官，在同维爱人和埃特鲁利亚人作战时，取得了极其辉煌的胜利；执政官之兄、一年前也曾担任执政官的昆图斯·法比乌斯，却在这场战役中阵亡。① 此事可资借鉴之处是，这个城市的制度多么适合于为它赢得英名，以及同这种制度相去甚远的另一些共和国，是如何自欺而不自知。罗马人虽然热衷于荣誉，但是他们对于服从一个过去听命于他们的人，或是服役于一支曾受他们主宰的军队，并不视为可耻。这种习俗与我们这个时代公民的意见与风尚适成对照。在威尼斯仍有一种陋习，位高者耻于接受较低的官职，该城也允许他回避。这种做法固然可以彰显私人的尊贵，对公共事务却毫无益处。共和国应当抱有更大的意愿，更加信任那些屈尊到下人中间行使治权的人，而不是那些爬到上等人中间行使治权的人。没有理由信任后者，除非他身边有一群处事严谨、德行过人之士，能够以其谋略和权

---

① Livy, II 43－47. 在一些版本中，这里不是曼尼利乌斯，而是曼利乌斯。

威弥补他的稚嫩。倘若罗马有威尼斯和另一些现代共和国或王国那样的习俗，一度担任执政官的人，再也不想以非执政官身份与军队为伍，则有碍自由生活的事情必定层出不穷，这既因为新手将会犯下错误，也因为他们不再惧怕身边的人看到自己的错误，于是更加放纵自己的野心。他们会变得更加放肆，这将对公共事务贻害无穷。

第三十七章　土地法给罗马造成了什么麻烦；在共和国制定追溯既往但与城市古老习俗相悖的法律，最为有害

古代作家早有格言，人惯于在逆境中忧虑，在顺境中厌倦，这两种感情可以产生相同的效果。①人若是不因迫不得已而争斗，便会因野心而争斗，盖那方寸之间，野心之盛，使他无论擢升于何等高位，它也不会放过他们。此乃上天造人之时，便令其欲壑难填，守成乏术。既然欲望总是胜过获取的能力，他对自己的所有便会不满意，对其缺少满足感。人之命运变幻多端，此其因也。有人贪多，有人患失，他们先是反目成仇，继而大打出手，国邦之此盛彼衰，概由此而生焉。我之有此论说，是因为罗马平民设护民官以保其不受贵族的侵害，犹不能使他们满足，他们有此欲望是出于必然。取得这一建制后，他们立

___

① 这话出自哪个古代作家，无可考。不过他们的"证言"表达着一种循环论的和悲观主义的观点，与现代的进步主义适成对照。参见 Plato, *Laws*, 687c；Aristotle, *Politics*, 1316a1 – b26；Polybius, VI 9。

刻在野心的驱使下投身于争斗，希望分享贵族的荣耀和私产，因为这才是人们最为看重的。由此导致的弊病，引发了土地法之争①，它最后成了共和国覆灭的原因。治理良好的共和国，必须保持公产充足，公民清贫，故这一法律在罗马城内必造成缺陷，这或是因为它并非最初就制定好的，从而不会成为以后需要日日应付的难题，或是因为追溯既往可能并不光彩②，于是他们在制定这一法律上拖延的时间太久；或者说，就算最初制定得十分健全，它后来也在运用中被败坏了。所以，不管采取何种方式，在罗马不议此法则已，一议则满城鼎沸。③

2   这一法律有两个重要条目。其一，它规定公民拥有的土地不得超过一个"居格拉"④；其二，从敌人手里夺取的土地，要在罗马人民中分配。⑤ 这使贵族受到两方面的侵害：拥有的财产超过法律规定的人（其中大多数是贵族）必然受到剥夺；在平民中分配敌人的财物，使他们失去了生财之道。既然这是对权贵的冒犯，而在他们看来，反对这一法律是在维护公益，于是正如以上所言，一提及此事，即令满城鼎沸。贵族以耐心和勤勉来缓和这一问题，他们或是率军出征，或是用一个护民官去反对提议这项法律的护民官，有时他们接受其中一部分内容，

① Livy, II 41. 第一部土地法是在同赫尔尼基人的战争之后，由执政官斯普利乌斯·卡西乌斯于公元前486年颁布。它把从敌人手里夺取的土地分给平民。

② 关于"追溯既往"的危险，参见 FH III 3。

③ Livy, II 41－43。

④ 关于"居格拉"，参见卷1，24 注3。

⑤ Livy 47；VI 16。

或是向有待分配的地区殖民。在安齐奥周围的乡村便发生过这样的事情：当有关该法律的纷争又起时，便把那片乡村分给了一批罗马人，让他们向那儿移民。提图斯·李维这里的一句话值得铭记，他说，在罗马找到愿意把自己名字同那片殖民地挂钩的人，何其难矣哉！① 平民极希望在罗马得到的东西，他们并不想在安齐奥拥有。② 对这部法律的怨气始终挥之不去，直到罗马人把他们的军力扩展到意大利最远处，甚至扩展到意大利以外，它才消失。这是因为罗马的敌人拥有的土地，超出了平民的目力所及，那些地方已不适宜养活他们，所以他们对其欲望较小。此外，罗马人对敌人的惩罚并不过于严厉，当他们劫掠敌人的村镇时，会向那儿派遣移民。所以，在格拉古兄弟出现之前，这一法律一直形同虚设；当他们使其复活时，它便彻底毁灭了罗马的自由。③ 因为它使对手的实力倍增，因为它在平民和贵族之间燃起仇恨的烈焰，使他们大动干戈，陷入血腥的杀戮，大大超出了任何文明和风俗的限度。既然公共官员对此无能为力，哪一派人都难以寄望于他们，他们便寻求私人解决，各派都想为自己立一个首领以求自保。在这种乱糟糟的局面中，平民先行一步，开始拥戴马略，四次推举他担任执政官。他连续担任执政官，中间稍有间歇，其时间之长，使他又能三次自封为执政官。贵族面对这种灾祸，别无他法，只好转而拥戴苏拉。在把他立为他们的首领后，双方便陷入了内战。

---

① Livy，III 1.

② Livy，II 65.

③ Plutarch，*Tiberius Gracchus*，8－19.

经过一番血腥的杀戮和命运的变幻，贵族终于占了上风。[①] 后来，这种风气在恺撒和庞培时代死灰复燃，恺撒使自己成为马略党的首领，庞培则成了苏拉党的首领，在此后的冲突中恺撒占了上风。他是罗马的第一个专制者，此后罗马城便再也没有恢复自由。[②]

3 　　这就是土地法的始末。我在前面说过，罗马元老院和平民之间的对抗，导致了有利于自由的法律，从而使它得以保持自由[③]；土地法的结局似乎与这一结论不合。然而我要说明，我并不想为此而放弃这一观点。因为大人物的野心太大，假如他们没有被这个城市的各种规章制度击败，他们很快就会让这个城市遭受灭顶之灾。土地法引起的争执历时三百载，才使罗马陷入奴役，假如平民不用这项法律和其他欲望去约束贵族，则奴役的降临大概要快得多。从这件事也可以看出，人们关注财产，远甚于看重荣誉。罗马贵族在荣誉上总是向平民做出让步，并未引起不寻常的麻烦。然而一涉及财产，他们便成了顽梗不化的守财奴，平民也只好借助于上述非常手段来发泄自己的欲望。[④] 这种混乱的动力来自格拉古兄弟，与他们的精明相比，他们的动机更值得赞扬。他们想铲除共和国里有增无减的混乱，为此而制定了复古的法律，此乃一项颇不周全的策略。正如前面详加申论过的[⑤]，你想对乱局引

---

① Plutarch, *Sulla*, 6; *Marius*, 10.

② Plutarch, *Caesar*, 6. Aquinas, *On Kingdom*, IV 1.

③ 卷1，4。

④ 参见卷1，4.1。

⑤ 卷1，33。

起的罪恶有所作为，却只会使其变本加厉，倒不如暂且苟安，这或能延缓罪恶的出现，或在其终结之日到来之前，便随着时间的推移而自行消亡。

第三十八章 软弱的共和国很难做到当机立断，也不知如何决断；它的政策不是出于选择，而是出于被迫无奈

1　　当瘟疫在罗马肆虐之时，沃尔西人和埃魁人以为灭掉罗马的时机已到，这两个部族便召集起浩浩荡荡的大军，进犯拉丁人和赫尔尼基人。① 在遭到洗劫之后，拉丁人和赫尔尼基人迫于无奈，便把这事告知罗马人，祈求得到他们的保护。罗马人既被瘟疫所困，便回复他们说：我们没办法保护你们，你们还是自己进行武装自卫吧。元老院的坦荡与精明，于此可见一斑，它总是不失时机地希望充当主宰者，左右其属民必须做出的决策。在势所必然的逼迫下，它一向不齿于做出与自己的生活方式相反的决断或另一些决断。

2　　我之所以提到这事，是因为这同一个元老院，过去也曾禁止上述部族武装自卫②；不够精明的元老院，会因为同意他们

---

①　Livy, III 6.

②　Livy, II 30.

自卫而觉得失了名分。然而，这个元老院对事务做出判断时，总是遵从应然之理，总是以弊端较少者为上策。① 鉴于上述原因，以及另一些不难理解的原因，无力保卫自己的属民，对它而言并不光彩，让他们脱离自己而自行武装，它心里也不是滋味。然而它认识到，大敌当前，属民必然想方设法武装自己；所以，对于他们肯定要做的事情，不妨准许他们去做，对它而言岂不是更加体面？这样的话，即使他们迫于必然而不服从，也不至于养成习惯忤逆主子的选择。这似乎是每个共和国都应采取的策略，但软弱无力、不善谋事的共和国，既不知如何采用，也不知如何利用必然之势赢得荣耀。瓦伦蒂诺大公抓住了法恩扎，使博洛尼亚屈从于他提出的条件。② 然后他希望取道托斯卡纳返回罗马，便派人去佛罗伦萨，请它允许他和他的军队取道此地。佛罗伦萨人商议如何对待此事，却无人建议答应他的请求。在这件事上，他们没有效法罗马的策略。大公装备精良，佛罗伦萨手无寸铁，他们无法阻止他通过。既如此，与其让他强行通过，不如让人觉得那是出于他们的自愿，这样一来他们不是更加体面么？虽然此事只会给他们带来耻辱，假如他们变通处理，不是可以让这耻辱轻一些吗？不过，在软弱无力的共和国的全部作为中，最糟糕的事情，莫过于优柔寡断，这使它们所采取的一切政策，都是出于迫不得已；即使它们有

---

① 参见 *P* 21。

② 1501 年，博尔吉亚成为罗马格纳的主宰者。关于这一事件，见 Machiavelli, *Parole da dirle sopra la provisione del danaio*, March 1503, in *Tutte le opere di Niccolò Machiavelli*, ed. Mario Martelli, Florence：Sansoni, 1971, 11–13。另参见 *P* 7。

良好表现，也是因为无可奈何，而非出自它们的精明。

3 我想再举两个这方面的例子，它们都发生在我们这个时代、我们这个城邦国家。1500 年，法国国王路易十二收复米兰后，又想攻下比萨把它交还佛罗伦萨，以便得到佛罗伦萨人答应收复此地后付给他的四万杜卡特（ducats）。他命博蒙亲王率军进攻比萨，博蒙虽是法国人，却得到佛罗伦萨人的极大信任。这支军队及其将领为了攻城，驻扎在卡西纳和比萨之间。为组织猛攻，他们在那儿待了数日。此时比萨的使臣来找博蒙，答应把城市交给法国军队，条件是他要以国王的信用做担保，在四个月之内不把它交给佛罗伦萨人。佛罗伦萨人彻底回绝了这一要求，结果是他们继续攻城，又不光彩地离开。他们拒绝这种安排并无别的理由，只是因为他们怀疑国王的信用，他们因为缺少谋略，只能让自己被国王耍弄。另一方面，由于他们不信任他，所以也没有搞清楚，国王在攻入比萨城后把它交给他们——假如他不交还，便暴露了自己的意图——要比他即使拿不下比萨也答应他们——反正他们不能不买他的账——更好。因此，不管博蒙许下什么诺言，他们都应当让他拿下这座城市，这对他们更为有利，这可由后来的经验加以证明。1502 年，当阿雷佐发动叛乱时，法国国王派伊鲍尔大人率军援助佛罗伦萨。① 他逼近阿雷佐时，阿雷佐人和比萨人一样，很快便希望在得到某种承诺的条件下交出城市，于是他开始同他们交涉达成一项协议。在得知佛罗伦萨人拒绝这种做法后，他便亲自同

---

  ① 关于这个事件，见 Machiavelli, *Del Modo di tratiare I popoli della Valdichiana ribellati*, in *Tutte le opere di Niccolò Machiavelli*, ed. Mario Martelli, 13 – 16。

阿雷佐人交涉，因为在他看来，佛罗伦萨人显然不谙此道。他按自己的方式达成了协议，并根据这一协议率领自己的军队开进了阿雷佐。他让佛罗伦萨人明白了他们的昏聩不堪、不谙世事：他们若想得到阿雷佐，他们就应当让国王理解这一点；他的军队驻扎在城里，要比在城外更容易把它交给他们。在佛罗伦萨城，他们不停地诋毁和责难伊鲍尔，直到他们认识到，假如博蒙和伊鲍尔一样，他们本来不但能够得到比萨，也能得到阿雷佐。

还是让我言归正传吧。优柔寡断的共和国，除非受到强迫，绝不会采取明智的政策。由于它们的软弱，它们在迟疑不决的情况下，绝对不会做出决断；只要没有强制性的力量驱散它们的怀疑，它们就会一直议而不决。 [4]

第三十九章　不同的民族常常遇到相同的事变

1　　通晓古今事务者不难明白，一切城邦和民族皆有相同的欲望和相同的气质，并且历来如此。因此，对于共和国的事务，审视既往以知未来，用古人之法匡谬纠偏，即使看不到这样的办法，亦可根据类似的事件找出新的办法，这都是不难办到的事情。但是，由于读史者的失察与不理解，或即使有所理解，却不为执掌枢纽者所知，故无论何时，总会出现相同的麻烦。

2　　佛罗伦萨城在1494年失去了一部分领地，例如比萨和另一些城镇，它迫于无奈才同占领者开战。① 由于占领者势力强大，佛罗伦萨人尽管投入巨资，仍然一无所获。开销既大，难免税赋过重；税赋既重，遂使民怨沸腾。主持战事者是十名公民组成的长官团，人称"战时十人团"。民众开始憎恨他们，视之为战事和开销的罪魁。他们暗自思忖，除掉那些官员，即可消除战争。于是在改选之际，他们没有另选新人取代这些人，而是把职权转交给了"执政团"[Signoria]。这是个极有害的决

---

①　指1494年法国国王查理八世对意大利的入侵。

定，它非但没有像民众设想的那样消除战事；反而因审慎主持战事的人被清除而导致失控，不但丢了比萨，阿雷佐等许多地盘也相继失守。民众对自己的错误有了更清醒的认识，并发觉病因是发烧而不是医生后，又恢复了战时十人团。罗马对执政官的头衔也有过同样的情绪。人民目睹烽火连绵，民不聊生，他们本应想到，那是邻国要灭掉他们的野心使然，他们却归咎于贵族的野心；后者无法处罚在罗马城内受到护民官权力庇护的平民，便想让他们在执政官统领下开到罗马城以外，在得不到援助的情况下被打垮。这使民众认为，也许有必要撤销执政官，或是管束他们的权力，使其无论在国内还是国外，都无法对他们行使职权。最先有心制定这项法律的人，是护民官特伦提卢斯，他提议指派五个人监督和限制执政官的权力。① 这让贵族勃然大怒，在他们看来，这将使帝国的威名荡然无存，共和国的贵族也将身份尽失。护民官却寸步不让，他们取消了执政官这个称号。② 经过一番调整之后，他们最终同意设立兼掌执政官权力的护民官，不再设立执政官——仇恨与其说针对他们的权力，不如说针对他们的头衔。③ 这种状况持续了很长一段时间，直到他们幡然悔悟，就像佛罗伦萨人恢复了十人团一样，他们也重新设立了执政官。

① Livy, III 9.
② Livy, IV 6.
③ Livy, VI 35.

第四十章　罗马十人团的设立及其应当引以为戒的地方；这件事既能拯救共和国，也能毁灭它，其要点何在

1　　对于罗马设立十人团所导致的种种事变，我要详加论述。因此，先讲述一下设立这一官职之后发生的一切，继而辨明他们行为的作用，在我看来并非多余。无论是对于希望维护一个自由共和国的人，还是打算征服它的人，这类意义重大的事情很多。从这一论述中可以看到，元老院和平民犯下了很多有损于自由的错误，十人团的首领阿皮乌斯也犯下了很多有损于他想在罗马加以巩固的专制政体的错误。

2　　人民和贵族之间进行了旷日持久的辩论后，为了制定能使国家的自由更加巩固的新法律，他们一致同意派斯普里乌斯·波斯图米乌斯和另外两名公民去雅典取经，考察梭伦为这个城邦制定的法律，以它作为罗马法律的基础。这些人回来以后，便指派一些人评估并批准上述法律。他们指定了十名公民担任此职，任期一年，其中便有阿皮乌斯·克劳狄乌斯，一个既贤明又勤奋的人。这使他们能够在立法时雷厉风行，他们取消了

罗马的一切官职，尤其是护民官和执政官，取消了上诉于人民的制度，于是这些官员俨然成了罗马的主宰。阿皮乌斯深受人民爱戴，他便把同僚的权力全部揽到自己手里。他证明自己能够奇迹般地脱胎换骨，成为一个新的天才，这使民众对他大为倾倒；因为在此之前，人们一直认为他是平民的残酷迫害者。①这个十个团的成员处事十分得体，随身扈役从不超过十二人，让他们走在一个被任命为首领的人前面。② 十人团虽然拥有绝对权力，在惩处犯有杀人罪的公民时，他们总是把他交给人民审判。他们把他们的法律刻成十块法表，在批准前公之于众，使人人都能阅读和评议，由此可以了解它是否仍有任何缺失，以便在批准之前加以修止。在办埋这件事情时，阿皮乌斯又在整个罗马城散布传言，假如给这十块法表再补充上两块，即可使其尽善尽美。这种意见使人民有机会再次任命为期一年的十人团，人民也心甘情愿地接受了这一机会，因为，既然如上所说，他们是罪案的判官，所以他们不必任命执政官；还因为他们觉得没有护民官他们也能做得不错。再次设立十人团的意见被采纳后，全体贵族对这一荣耀的职位趋之若鹜，首当其冲者便是阿皮乌斯。他为了得到它，极尽讨好平民之能事，这使他的同伙对他有了疑心，"因为他们无法相信，狂傲如彼者，竟

3

---

① Livy，III 31－33．按李维这里的叙述，同斯普里乌斯·波斯图米乌斯一起派去的另两位公民是奥鲁斯·曼利乌斯和苏尔皮提乌斯·卡梅利努斯。

② Livy，III 33．国王有十二名扈从，他们手执象征其权力的鞭子，在执行死刑时与斧头一并使用。执政官身边只有十二名扈从，是为了不增加人们对他们的畏惧（见 Livy，II 1）。

能无端表现出友情"。① 他们怯于同他公开作对，于是决定巧施计谋。虽然他在他们中间是最年少者，他们却授权他向人民提出未来十人团的人选，以为他会和别人一样，遵守不把自己列入其中的限制，因为这在罗马既不合常规，也是可耻的事情。"他却把这种作梗之举当成了机会"②，他先是把自己列为第一人，这让全体贵族既惊愕又恼怒；然后又按自己的意愿提出了另外九人的人选。这个为下一年新设立的十人团，开始向人民和贵族表现他们的荒谬。"阿皮乌斯立刻停止了假惺惺的表演"③，暴露出他骨子里的专横跋扈，而且没用几天工夫，他便让其同伙也染上了自己的恶习。为了恫吓人民和元老院，他们成立的侍卫队不是十二人，而是一百二十人。

4　　有一段时间，双方的畏惧不相上下。但是他们很快便开始讨好元老院，迫害平民。如果有人受到他们中间的一人迫害而向另一人告状，他会遇到比上一次告状更恶劣的对待。平民醒悟之后，他们便愤然转向贵族，"希望在这里重新呼吸到自由的空气，他们因为惧怕奴役，反而让共和国陷入了这种局面"。④ 贵族则对他们的愤怒求之不得，因为"他们自己也讨厌这种现状，希望设立执政官"。⑤ 临近年末时，另外两块法表也已刻好，但并未公之于众。十人团利用这一机会继续任职，他们开始以暴力维护国家，把被他们定罪者的财物送给贵族青年，

----

① 拉丁文引文，见 Livy, III 35。

② 拉丁文引文，稍有出入，见 Livy, III 35。

③ 不确切的拉丁文引文，见 Livy, III 36。

④ 拉丁文引文，见 Livy, III 37。

⑤ 不确切的拉丁文引文，见 Livy, III 37。

以此把他们网罗到自己身边。"这些年轻人被财物所腐化，更愿意自我放纵，不在乎人民的自由。"① 此时恰逢赛宾人和沃尔西人向罗马开战。② 十人团出于对战事的担心，开始思考自己国家的弱点。没有元老院，他们便无法征战；若是召集元老院，他们又担心有可能失去国家。完全是迫于无奈，他们才采取了后一种策略。当元老院开会时，许多元老，尤其是瓦勒里乌斯和贺拉提乌斯，抨击十人团的傲慢。元老院因为平民的妒忌而不愿展示自己的权威，他们以为，假如十人团自愿放弃官职，或许不会重新设立平民的护民官。如果不是这样想的话，他们本可以彻底消除这些人的权力。于是他们决定开战，并同两支大军一起出征，其中一部由上述十人团统率。阿皮乌斯留守城市，于是有了他对弗吉尼娅的恋情，他打算强行霸占她，其父弗吉尼乌斯为了解救她而把她杀死。由此在罗马城和军队中引起骚乱。他们和另一些罗马平民一起撤往圣山，在那儿一直待到十人团放弃官职。护民官和执政官得以恢复，罗马又恢复了它的古代自由的状态。③

从这段文献首先可以注意到，在罗马使这种专制统治得以建立的弊端，其起因与各城邦大多数专制政体产生的原因是一样的：它既来自人民的自由欲望过于强烈，也来自贵族的支配欲望过于强烈。当他们不同意制定有利于自由的法律，而要制定有利于党派的法律时，则专制统治立现。罗马的贵族和平民

① 不确切的拉丁文引文，见 Livy, III 37。

② 不是沃尔西人，而是埃魁人，见 Livy, III 38。

③ Livy, III 38 – 54.

同意设立十人团，同意赋予其巨大的权力，因为他们双方都有所图谋——一方想取消执政官的头衔，另一方想取消护民官。一旦设立了这些官员，平民看到阿皮乌斯受众人爱戴并打击贵族，他们便转而支持他。假如人民不辨是非，只因一个人打击他们憎恨的人，就去给他捧场，那么这人如果很有头脑，他必定会成为城市的专制者。他会耐心等待，依靠民众的支持消灭贵族；在消灭他们之前，他绝不会转而压迫人民。到了那时，当他们意识到自己受到奴役时，他们已经没有藏身之地了。在共和国建立专制统治的人，都应采取这种计策。阿皮乌斯如果遵循这个办法，其专制统治的寿命兴许会更长一些，不至于垮得这么快。但是他却反其道而行之，他没有能力让自己的行为更精明。在掌握了专制权力后，他竟让自己既同那些使他拥有并能维护他这种权力的人为敌①，又与那些既不同意授予他这种权力也没有能力维护他这种权力的人为敌。他失去了以他为友的人，却想让不可能以他为友的人成为他的朋友。贵族固然有实行专制统治的欲望，但是处于专制权力之外的贵族，永远是专制统治者的敌人；由于他们的勃勃野心与贪婪，他也不可能把他们全部争取到自己一边；他没有那么多财富和名衔，能让他们皆大欢喜。阿皮乌斯抛弃人民而与贵族为伍，其错误一目了然，这既是因为上述原因，也是因为，假如有人想以暴力

---

① 吉奥乔·因格莱塞（Giorgio Inglese）囿顾所有的手稿，把"敌"改为"友"，他说文义上需要这一订正。见 *Discorsi sopra la prima deca di Tito Livio*，Milan：Rizzoli，1984，260。但是果真如此吗？阿皮乌斯大概能够争取让贵族成为他的朋友，却没有成功，因为处于专制权力之外的一部分贵族（马基雅维利说）总是专制者的敌人。

保住某物，则强迫者需要比被强迫者更强大。

以民众为友而以大人物为敌的专制者更安全，因为较之那 6
些以民众为敌而与贵族为友的人，他们拥有更强大的势力来维
持自己的暴力。在前者的支持下，内部势力就足以保护一个人，
例如斯巴达的专制者纳比斯在受到希腊和罗马人民的攻击时，
就是如此。① 他为求自保而消灭了少数贵族后，使人民成为自
己的朋友，获得了他们的保护，假如他以人民为敌，这是不可
能的。在另一种情况下，假如一个人的内部朋友不多，内部势
力不足，他就必须从外部寻找。这些［外部势力］只有三类：
一是用异邦的仆从充当贴身侍卫；二是武装乡民，让他们承担
起本应由平民承担的职责；三是亲睦外强，让他们来保护你。
只要采取并严守这些办法，那么即使与人民为敌，也可在一定
程度上保护自己。但是阿皮乌斯却无法用这种［办法］把乡民
争取到自己一边，因为乡村和罗马是一体的。他也不知道如何
去做他本可以做到的事情，所以，他从一开始就注定了灭亡。

元老院和人民在设立十人团上铸成了大错。正如前面讨论 7
独裁官时所言②，自封的官员——不是由人民设立的官员——
对自由有害，然而人民在设立官员时，也应使他们犯罪时有所
顾忌。［人民］应当为自己设立守卫，确保［官员］规规矩矩
地做事。罗马人撤销了守卫，废除了其他所有官职，使［十人
团］成了罗马唯一的官员。此乃出于某种非分之想（如前所
述），即元老院肯定会取消护民官，而人民肯定会取消执政官。

---

① 关于纳比斯，见 *P* 9。

② 见卷 1，34。

这使他们不辨是非，终于导致了混乱。正如斐迪南国王所言，人之行为，常如小鸟，它们受天性的驱使，汲汲于自己的猎物，瞧不见头上还有一只大鸟正伺机捕杀它们。[①] 从以上所论，可以理解我开头所说，罗马人民在希望保住自己的自由时有何过失，以及阿皮乌斯在谋求专制权力时犯下了什么错误。

[①]　此说出处不详。吉奥乔·因格莱塞认为，这里的国王可能是指阿拉贡的斐迪南一世，他从 1458 年到 1494 年是那不勒斯的国王。不过大多数人认为这里指的是天主教的斐迪南（阿拉贡的斐迪南二世）。

第四十一章　不经适当的过渡，由谦卑突然变为傲慢，由仁慈突然变为残忍，既不明智，也无成效

在阿皮乌斯为维护自己的专制而采取的拙劣手段中，从一种品质迅速转变为另一种品质的做法，也不可小觑。他很善于运用自己的狡诈去欺骗平民，把自己装扮成人民的一员；在重新设立十人团时，他采用的手法也颇为高超；他置贵族的意见于不顾，自封为十人团的一员，把厚颜无耻发挥得淋漓尽致；他按自己的意愿提名同伙，干得也不错。然而正如我前面所说，他下面这些表现，委实太拙劣了：他突然改变了性情，从平民之友一变而为平民之敌，从仁慈一变而为傲慢，从和蔼可亲一变而为刚愎自用，其速度之快，使人们立刻识破了他内心的虚伪。[①] 人们先是在一段时间里装成善人，后来为个人目的而要作恶，也应循序渐进，择机而行。这样的话，当你的新面貌使你失去老友时，你还可以得到很多新的支持者，使你的权力不至于因此而减少。不然一旦原形毕露，你就会成为孤家寡人，只有死路一条了。

---

① Livy, III 56. 7.

第四十二章　人易腐败

1　　从十人团的事例中还可以看到，人们是多么易于腐化变质，使自身表现出相反的性情①，不管他们多么善良，或有多好的教养。看看那些被阿皮乌斯网罗到身边的年轻人吧，他们为了他送来的小恩小惠，多么容易成为专制统治的帮凶。再看看昆图斯·法比乌斯吧，他是第二任十人团的一员，一个大好人，却被小小的野心所蔽，听命于歹毒的阿皮乌斯，把他良好的习惯一改而为至恶，变成了和他一样的人。② 细察此端，可使共和国或王国的立法者更加用心于遏阻人的癖好，让他们断了作恶不受罚的念头。

---

① 参见 Aristotle，*Politics*，1308b14。

② Livy，III 41.

第四十三章　为个人荣誉而战的人，才是杰出而可靠的战士

　　从以上论述还可以明白，信心十足、为自身荣誉而战的军队，和仓促上阵、为别人的野心而战的军队，它们之间是多么不同。在执政官的统治下，罗马的军队节节胜利，而在十人团的统治下，它们每战必败。① 从这个例子中，可以部分地看到雇佣兵无用的原因，除了给他们一点儿犒赏，你没有法子让他们保持振作。这也不足以使他们变得可靠，成为甘愿为你赴死的朋友。② 为别人征战的军队，对这人却毫无感情，也就不可能成为他的同党，这种军队绝不会有任何德行，能够抵挡哪怕稍占优势的敌人。除非是你的臣民，不可能产生这种爱憎，所以，假如有人想保住国家，保住一个共和国或王国，就像那些大大获益于军队的人所做的那样，他就必须为了自己而武装他的臣民。十人团统治时期的罗马军队有着同样的品德，由于没有同样的感情，他们便不能取得往日的

----

① Livy, III 40.
② 参见 *P* 12；*AW* 1。

战绩。而在废除十人团以后，他们又作为自由人服役，那种精神便立刻在他们身上复活了，他们的战绩便和过去一样辉煌。①

---

① Livy, III 61 – 63, 69 – 70.

第四十四章 没有首领的民众是无用的；不可先威胁用权，然后再谋求权力

由于弗吉尼娅的事件，罗马平民一起去了圣山。[①] 元老院派使臣来问，他们是根据谁的授权，抛弃自己的将领撤到山里。元老院声威显赫，竟无人敢于回答，因为平民中没有头领。提图斯·李维说，他们不缺做出回答的事由，他们缺的是能做出回答的人。这件事恰好证明了没有首领的民众的无用。弗吉尼乌斯看到这种乱局，便下令设立二十名军队护民官担任首领，由他们去答复和会见元老院的人。他们请求派来瓦勒里乌斯和贺拉提乌斯，对其表达他们的愿望。然而这两个人不想去那儿，除非十人团先放弃他们的官职。他们来到平民驻守的山上后，平民要求他们设立平民的护民官；要求每个官员必须向人民请示；要求把十人团的成员全都交给他们，因为他们想把这些人活活烧死。

瓦勒里乌斯和贺拉提乌斯赞成他们的第一项要求，但谴责

---

① Livy, III 44–53.

他们的后一项要求过于恶毒。他们说，"你们诅咒残忍，你们却也要如此残忍。"① 他们规劝这些人，切莫再提十人团，应当耐心等待，直到恢复自己的权力和实力，那时他们便有满足自己的手段了。从这件事可以清楚地看到，在要求某物时预先就说：我要运用它来如此这般地作恶，是多么愚不可及。一个人不可暴露自己的意图，而应想方设法实现自己的欲求。你想得到一个人的武器时，不必事先告诉他："我想用它来干掉你"。一旦武器到手，你不就能遂愿了吗？

---

① 拉丁文引文，见 Livy, III 53。不过在李维的书中，瓦勒里乌斯和贺拉提乌斯是带着歉意说，平民因为憎恨残酷而变得残酷。

第四十五章　不遵守法律，尤其是立法者本人所为，便树立了恶劣的先例；在城市里日日都有新的侵害，于统治者最有害

达成协议后，罗马又恢复了原状。弗吉尼乌斯把阿皮乌斯押到人民的面前，让他为自己的行为申辩。后者在众多贵族簇拥下露面，弗吉尼乌斯便下令把他投入牢房。阿皮乌斯开始放声大哭，并向人民求救。弗吉尼乌斯说，他早就践踏了这种权利，所以也不配享有；他侵害过人民，所以不能让人民来保护他。阿皮乌斯回答说，他们既然怀着那么强烈的欲望设立上诉权，岂有出尔反尔之理。他被关进牢房，在审判日到来的前一天自杀了。[①] 阿皮乌斯一生作恶多端，罪不容赦，可是违反法律却难称文明的作为，若是出于立法者本人所为，那就更是如此。我以为，在共和国里，立了法律又不予遵守，乃是开了最恶劣的先例，若是立法者不遵守自己订立的法律，那就更不足为训。

---

① Livy, III 54–56.

2   1494 年以后，佛罗伦萨在教士萨伏那罗拉的帮助下，对国家制度进行变革。他的著述表明了他的学识、精明和德行。① 在保护公民的诸项制度中，他制定了一条法律，允许对八人委员会和执政团做出的国事裁决，向人民提出上诉。他长期大力鼓吹这一法律，为使它通过而费尽周折。在这一法律获得批准后不久，适逢五个人因叛国罪而被执政团判了死刑。他们希望上诉，却未获允许，那条法律也就没有得到遵守。② 教士为此事而失去的威信，超过了其他任何事情：如果上诉权有用，就应遵守；如果它无用，他便不该让它通过。此事是如此引人瞩目，因为在这条法律受到践踏后，他布道虽多，却既未谴责那些践踏它的人，也没有宽赦他们；既然这事对他有利，他便不去谴责他们，然而他也不能予以宽赦。此事暴露了他的偏私，使他威信大减，这给他带来了许多麻烦。

3   国家若像十人团以后罗马的情况那样，每天都有新的侵害发生，不是这人受难，就是那人遭殃，使公民终日思绪不宁，也是犯了大忌。先是十人团的成员被判刑，又不时有公民获罪，

---

① 1494 年美第奇家族被逐出佛罗伦萨，建立了以萨伏那罗拉为首的共和国。

② 1497 年，佛罗伦萨的五位显贵——伯纳多·尼禄（Bernardo del Nero）、尼科洛·里多尔菲（Niccolo Ridolfi）、洛伦佐·托尔纳博尼（Lorenzo Tornabuoni）、詹诺佐·普奇（Giannozzo Pucci）和乔瓦尼·坎比（Giovanni Cambi）——试图让皮埃罗·德·美第奇复辟的阴谋败露，在萨伏那罗拉派首领弗朗西斯科·瓦洛里（Francesco Valori）的唆使下，他们被立刻处决。正如马基雅维利所说，萨伏那罗拉本人没有为保障他本人制定的法律中所规定的他们的上诉权而进行干预。参见 Girolamo Savonarola, *Tratiato circa il reggimento e governo della citia di Firenze*, in *Prediche sopra Aggeo*, ed. Luigi Firpo, Rome, 1965, III 1 – 2。

这令全体贵族大为惊恐，因为据此判断，除非把贵族悉数消灭，诸如此类的判罪绝不会终止。假如护民官马库斯·杜利乌斯没有下决定杜绝这类做法，它必会给罗马城带来严重的流弊。他下了一道指令，一年之内不允许任何人召集大会或指控任何罗马公民，这才让全体贵族放下心来。① 由此可见，一个共和国或君主总是让臣民提心吊胆，被不断的处罚和犯罪搞得坐卧不安，是多么有害的事情。这无疑是最险恶的局面，因为人若是怀疑自己就要遭灾，必会千方百计地保护自己，他会为此而更加放肆、更少顾虑地变换自卫的花样。故而要么不去冒犯任何人，要么一次性施加所有伤害，这样才能使他们放心，有理由去安定自己的情绪。②

---

① Livy，III 59.
② 参见 *P* 8。

第四十六章　人的野心节节攀升，先是谋求不受他人侵害，继而便要侵害他人

1　　罗马人民恢复了自由，恢复了自己往昔的地位，他们制定的许多新法律，肯定了他们的权力，甚至使之享有更高的地位。因此似乎有理由认为，罗马将享有一段国泰民安的时光。① 可是证之以经验，情况恰恰相反，那儿的骚乱无日无之。提图斯·李维对于个中缘由有过十分精当的说明，故而我认为准确复述他的原话并无不妥。他说，别人变得谦恭之时，那儿的人民和贵族却总是变得傲慢。② 当平民安居于自己的地盘时，年轻的贵族便开始侵害他们，护民官不知所措，因为他们也受到侵害。在贵族看来，他们的青年过于残暴，然而他们却乐于看到，假如逾越地盘的事情必定发生，那么逾越者也应是他们而不是平民。由此可见，维护自由的欲望使双方都想占上风，他们便相互欺压。此事的道理在于，当人们自己不想担惊受怕时，

---

① Livy，III 54.

② Livy，III 65.

他们便要让别人担惊受怕。他们自己摆脱了侵害，便把它转嫁给别人；要么受害，要么害人，似乎成了必然之理。从中可以看到共和国覆灭的模式，也可以看到人们的野心为何节节攀升。萨卢斯特借恺撒之口所说的那句话，可谓千真万确："良好的开端，乃一切恶例之母"。① 如上所言，怀有野心的共和国公民，先是想做到不但不受私人侵害，而且不受官员侵害。他们为此而广交朋友；他们或是援之以金钱，或是辅之以实力，用诚实的外表获得了友情。这种德行昭昭的外表，使人们易于上当受骗，因此他们便不再设防。这样一来，一个不知阻碍为何物的人，便可获得一种为公民所惧怕、为官员所敬重的品质。一旦达到这个层次，便再也没有什么能够阻止他取得丰功伟绩了，这时他所处的地位，使得攻击他成了危险的事情，其原因一如前述②：如果一个城市积弊已深，攻击它便是自讨苦吃。倘若事情到了这种地步，那就只能或是冒着突然覆灭的危险去清除他，或是对他放任不管，从而陷入明显的奴役，除非他的死亡或某种事变使你摆脱这种处境。这是因为，如果出现了这种公民和官员都不敢冒犯他及其朋党的状况，他就能随心所欲地审判和迫害他们。所以说，共和国必须在其制度中设计一种督察的办法，使公民不能披着行善的外衣作恶，使他们的威望对自由有益无害。关于这一点，我还会适时加以说明。③

---

① 在拉丁文中，萨卢斯特的原话是："好事乃一切恶例之母"。
② 见卷1，33。
③ 见卷3，28。

第四十七章　人易于被大道理所骗，却不会在具体事务上出错

1　　如前所述①，当罗马人民厌恶执政官的头衔时，平民希望让自己的人担任执政官或减少他们的权力，贵族则不想以这两种方式损害执政官的权力，于是他们采取了中庸之道，同意设立四名拥有执政官权力的护民官，他们既可以是平民，也可以是贵族。② 平民觉得，这样既可以废除执政官一职，又能使自己跻身于最高的官职，便同意了这种办法。这提供了一个值得注意的事例：在设立这些护民官时，虽然可以全部推选平民担任，但罗马人民所任命的却是清一色的贵族。提图斯·李维评论道："这些选举的结果表明，在为自由和荣誉而争斗时，他们本着一种精神；当他们把争执放在一边，有着健全的判断力时，则又具有另一种精神。"③ 探究其中缘由，我认为这是因为人很容易被大道理所骗，却不易在具体事务上出错。罗马的平

---

① 见卷1，39。

② Livy，IV 6，李维这里说的是三名护民官。

③ 拉丁文引文，见 Livy，IV 6。

民普遍认为，他们应当得到执政官的职位，因为他们是城市的多数，他们在征战中承受更多的风险，他们用自己的血肉之躯维护着罗马的自由，使它威震四方。在平民看来，他们的欲望合情合理，所以他们可以用任何方式把这种权力搞到手。然而，他们要对自己人做出具体判断，这使他们便看到了那些人的弱点。于是他们断定，看上去他们完全应得的东西，其实他们中间无人能够胜任。他们为这些人而感到惭愧，把它让给了那些能够胜任的人。对此感到诧异的李维，说出了下面一席话："这种谦和、公正、高尚的精神，当初遍布于人民之中，如今你还能从哪个人身上看到？"①

为了证实这一点，还可以再举一个著名的事例，它发生在汉尼拔在坎尼大败罗马人之后的卡普阿。② 整个意大利因这次战败而群情激愤，卡普阿却仍然因人民和元老院之间的仇恨而骚乱不已。帕库维乌斯·卡拉努斯③当时正好担任那儿的最高长官，他意识到骚乱正在给这座城市带来危险，打算利用自己的职位让平民和贵族讲和。有此想法后，他把元老们召集到一起，向他们讲述了平民对他们的仇恨，他们面临着被平民杀死的危险，城市有可能落入汉尼拔之手，罗马的事业将遭受挫折。然后他说，如果他们答应让他来处理这件事，他会使他们重新团结在一起；不过他要把他们全都关到宫殿里，通过授权人民去惩罚他们，使他们获救。元老们同意了他的想法，于是他把

---

① 拉丁文引文，见 Livy，IV 6。
② Livy，XXIII 2–4.
③ 在李维的书中是帕库维乌斯·卡拉乌斯。

元老们关在宫殿里，召集人民开会。他说，煞煞贵族的威风、为他们受到的迫害报仇的时机已到，因为他已经把这些人全都关起来了。不过他相信，他们并不想让自己的城市处于无政府状态，如果他们想杀死过去的元老，他们必须另立新的元老。于是他把全体元老的名片放入一只口袋，他要当着他们的面，把那些名片一个一个取出来，只要他们找到了他的继位者，便把他杀死。当他取一个人的名片时，叫骂声立刻响成一片，有说他专横跋扈的，也有说他残暴的，还有人把他称为恶棍。但是当帕库维乌斯请求他们找个取代他的人时，全场变得鸦雀无声。过了片刻，有个平民得到提名，有人便对他吹口哨，有人嘲笑他，有人说他这不好，有人说他那不是。一个接着一个，所有被提名的人，他们都认为不配得到元老院的尊位。帕库维乌斯趁此机会对他们说："既然大家认为这座城市没有元老院不成，大家又不同意更换元老，我想你们还是彻底和解为好。元老们因此而受到的惊吓，已使他们变得谦卑，你们到别处寻找的仁慈，也可以在他们身上找到了。"① 众人同意了他的意见后，又出现了团结一致的局面，当他们不得不面对具体问题时，他们的自欺便被戳穿了。此外，人们对事物和自己的遭遇做出一般判断时容易出错，在了解到其中的细节后，他们便不会自欺欺人了。

3   1494 年后，佛罗伦萨市的君主被赶出了城市，却没有建立新的政府②，只有某种野心勃勃的承诺，公共事务日趋恶化。

---

① 这些话是马基雅维利的杜撰。

② 皮埃罗·德·美第奇在法国国王查理八世入侵意大利时，把桑扎那、皮埃特拉桑塔和利沃诺这三块佛罗伦萨的领地割让给了法王，被激怒的人民在 1494 年 11 月 9 日把他驱逐出佛罗伦萨城。

许多人眼见自己的城市败落，却找不到其中的原因，便指责某些强人的野心，说他们想把水搅浑，以便按自己的意图建立国家，剥夺人民的自由。有些人穿梭于厅廊楼榭之间，说了许多公民的坏话。他们威胁说，假如这些人成了执政［signors］，他们就要戳穿其骗局，对他们严惩不贷。经常发生的情况是，像这一类人物，如果他们爬上最高长官的位置，从那个位置细细端详事情的原委，他们就能识别混乱的起源、迫在眉睫的危险和克服它们的困难了。在认清了混乱之因是机遇而不是人之后，他们会突然换一副脑筋，变成另一种人，因为对细节的了解，使他们走出了那个把问题大而化之的自设的骗局。有些人先是听到他们以私人身份说过的话，后又看到他们在最高官职上不急不躁的样子，便以为那不是因为他们对事务长了见识，而是已被大人物收买腐化。很多时候，持这种想法的人甚多，于是在他们中间便有了一句格言：人在庙堂是一副头脑，身居街市则是另一副头脑。从以上论述可知，如果看到人民被大道理所骗，只要像帕库维乌斯在卡普阿或元老院在罗马所做的那样，让他们回到具体事务上来，很快即能让他们明辨是非。我也相信能够做出这样的断言：在事关地位和荣誉的分配时，聪明人绝不会忽略民众的判断，因为在这种事情上他们从不自欺；哪怕他们偶尔自欺，也不会比少数分配者欺骗他们来得频繁。所以，在下一章里讲讲元老院在分配中欺骗人民所惯用的手法，并非多余。

第四十八章 如果不想把官职授予卑鄙小人或恶棍，那就让更卑鄙更邪恶或更高尚更完美的人去谋求它

1   元老院害怕兼掌执政官权力的护民官将由平民担任，它便以两种手法来对付：让罗马最受敬重的人谋求这一职务；或是以适当的手法，腐蚀一些既卑鄙又极其下贱的平民，让他们与谋求这种职位的品质更好的平民混在一起。① 后一种手法使平民不好意思把官职授予这些人；前一种手法则使他们不好意思自己得到这种官职。这也符合上述论点，即人民即使会被大道理所骗，也不会在具体事务上自欺。

---

① Livy, IV 56 – 57.

第四十九章　像罗马这类有着自由开端的城市，也难以找到维护自由的法律；立刻身陷奴役的城市，则几乎不可能找到这种法律

在建立共和国时，制定维护自由的全部法律是何等困难，罗马共和国的经历为此提供了极好的证明。先由罗慕路斯，后由努马、图鲁斯·赫斯提利乌斯和塞尔维乌斯，最后由授命立法的十位公民制定了许多法律，然而总是会出现治理城市的新要求，必须建立新的制度，监察官（censors）的设立便是如此①，当罗马存在着自由时，它是维护自由的建制之一。他们成为罗马习俗的仲裁，是罗马人长期未被腐化的一个强有力的原因。其实，罗马人在设立这一官职之初犯了一个错误，他们规定它的任期为五年。但它很快便被精明的独裁官马默尔库斯所纠正，他颁布一条法律，将上述官职的任期减为十八个月。在职的监察官对此颇为厌恶，撤销了马默尔库斯的元老［资格］，平民和元老们都责备这种做法。李维的史书未记载马默

---

① Livy, IV 8.

尔库斯是否有能力保护自己①，故而只能假设，要么是这位史家有误，要么就是罗马的这一制度不尽完善，因为，一个公民颁布了符合自由生活的法律，就能为此而侵害他，他却没有救济的手段，这种共和国的制度难称完善。

2　　还是让我言归正传吧，这一新官职的设立可以使人想到，即使城市如罗马那样，有一个自由的开端，且能自我调整，找到良好的法律以维护它们的自由也颇为困难。至于那些一开始就生活在奴役中的城市，不必奇怪，它们要想建立能使自己过上文明安宁生活的制度，岂止是困难，简直就是不可能。看看佛罗伦萨的经历吧，它从一开始就臣服于罗马帝国，历来生活在别人的统治之下，它长期自惭形秽，不敢有自己的想法。后来，当喘息的机会来临时，它开始着手建立自己的制度，这种制度不可能称善，因为它同古代的恶劣制度难分难解。它就一直这样实行着自我治理，从两百年确凿的历史记载中，从未看到它有过一个能够真正称为共和国的国家。举凡起点相似的城市，都存在着它这种困难。有些时候，通过公众的自由投票，少数公民被授予广泛的权力，使他们能够实行变革，但他们在建立制度时，从来不是为了共同的利益，而是出于党派的目的，这并没有让城市秩序井然，反而引起了更大的混乱。

3　　为了举出若干具体的事例，我要说，在共和国的创建者需要思虑的事情中，他首先要考虑的，是把杀戮公民的权力交到谁的手里。罗马的制度就很不错，个人通常可以向人民上诉；如有重大事变发生，因上诉而拖延执行变得格外危险，他们还

① Livy, IV 23–24.

可以得到独裁官的庇护，他能立刻予以执行；但是，除非迫不得已，他们从来不用这种庇护作为补救的手段。佛罗伦萨，还有其他许多城市，有着生而为奴的身世，便把这种权力授予某位君主派来的外国人，由他来充任这一要职。后来它们获得了自由，却依然把这项权力保留给它们称为"首领"（captain）的外国人。① 由于他很容易被公民中的权贵所腐蚀，故这种做法极为险恶。但是，由于后来状况发生了变化，它们又进行改制，任命八位公民充任首领之职。② 这种制度使事情变得更糟，其原因我已在别处做过交代：这一小撮人，只能是少数最有权势者的附庸。威尼斯城为防范这种弊端，任命了公民十人委员会，他们能够不经上诉而惩罚任何公民。③ 可是，尽管他们有惩罚权贵的权力，却未必能够做到，于是又成立了四十人委员会；他们还想让"普利盖"（Pregai），即最大的委员会，能够惩罚这些人。这样一来，只要不缺少指控者，也就不会缺少法官让那些权贵们安分守己。在罗马，尽管它本身以及许多贤达之士制定了法律，但每天都有新的事由，它为了维护自由的生活方式，必须建立新的制度。那些开端更为混乱的城市，面对出现的重重困难，根本无法重整秩序，也就不足怪了。

---

① *FH* II 5.

② *FH* IV 29；V 4.

③ 威尼斯的十人委员会成立于 1310 年。

第五十章　不可使委员会或长官拥有中止城市行动的能力

1　　提图·辛辛那图斯和格纳乌斯·门图斯是罗马的执政官，他们因为彼此不和，便中止了共和国的一切活动。元老院见此情景，便督促他们设立一个独裁官，由他来处理他们因为彼此不和而无法处理的事情。这两位执政官虽然事事闹别扭，在不想设立独裁官这件事上，却不存在分歧。元老院别无他法，只好求助于护民官，他们在元老院的授权下逼迫执政官服从。① 从此事得到的教训是，第一，护民官制度不但可以用来遏制权贵对抗平民的野心，而且可以在他们内部加以利用。第二，城市切不可建立这样的制度，使少数人能够把维护共和国所必需的决定束之高阁。譬如说，你把权力授予一个委员会，由它分配荣誉和物品，或授权一名长官分管某事，你就得强迫他必须做到，或是命令另一个人在他不想做时替他完成。不然的话，这种制度就是有缺陷的和危险的，假如罗马虽有护民官，他们却无法对抗执政官的执拗，便会发生这种情况。在威尼斯共和

---

① Livy，IV 26.

国，"大委员会"（the Great Council）负责分配荣誉和利益。那儿往往发生这样的事情：这伙人出于愤怒，或是惑于不实之词，不任命城市官员和城外领地长官的继任者。这造成了严重的混乱，因为属地和城市立刻就会陷入没有合法法官的境地，除非这个委员会的全体人员得到满足或幡然醒悟，不然就什么事也做不成。这种弊端会使城市陷入恶劣的处境，除非有个精明的公民，抓住有利时机制定法律，规定无论城市内外的全体的官员，除非已经指定了替换的人选或继承人，他们绝不可撒手不管。由此也就消除了委员会能够阻止公共行动、置共和国于险境的机会。

第五十一章　共和国或君主在被迫行动时，也应装出自愿的样子

1   精明的人在处理事务时，总是为自己的所有行动赢得支持，尽管为形势所迫，他不可能事事如意。罗马元老院便擅长于运用这种智慧，它决定把公共资金发给服军役者，而他们一直习惯于以个人的财力从军。元老院心知肚明，这种做法打不了持久战，既无法围城，也不能引军远征。它认为这两件事是必须要做的，于是决定发放上述军饷。这是不得已而为之的事情，它却由此为自己赢得了支持。罗马平民欣然接受了这一馈赠，整个罗马为之欢天喜地，因为在他们看来，这就像天上掉下的大馅饼，他们从未有此愿望，也从未有此图谋。护民官竭力打消这种高兴情绪，向他们解释说，此事只会让平民的负担有增无减，因为筹措军饷只能依靠增加赋税。然而不管他们费多少口舌，还是无法让平民拒绝那份报偿。元老院也利用分配税额的方式进一步增加了税赋，因为他们把最重最多的税赋加在贵族头上，但支付给他们的也最多。①

---

①　Livy, IV 59 – 60.

第五十二章 对强大的共和国中得势的骄横之徒进行压制,最为稳妥可靠的办法,就是预先防范他用来得势的手段

从以上论述可知,贵族通过证明他们的军饷令和课税方式都符合平民利益,赢得了平民多大的信任。① 如果贵族一以贯之,不但能够消除城市的一切骚乱,护民官也会失去平民的信任,从而大权旁落。其实,在一个共和国尤其是腐败的共和国里,要想压制公民的野心,最好、最不易惹麻烦也是最容易的办法,便是事先防范他在取得他所图谋的官职时采取的手段。如果科西莫·德·美第奇的对手用这种办法来对付他,要比把他赶出城市好得多。同他角逐的公民,若是采取他那种讨好人民的办法,既不会引起骚乱,也不必动用暴力,就能从他手中夺走对他最有用的武器。②

皮埃罗·索德里尼在佛罗伦萨城为自己赢得声誉的办法只

① Livy, V 4, 12.
② *FH*, IV 27 – 33.

有一个：讨好民众。这使他在民众中博得了城市自由热爱者的美名。其实，对于那些嫉妒他的丰功伟业的公民，更加容易、更加堂堂正正、风险最少、对共和国害处最小的办法，就是预先防范他博取功名的手段，这要比直接同他对抗、让整个共和国跟着他一起遭殃强得多。既然他们能剥夺他用来加强自己实力的武装（他们不难做到这一点），那么他们也有能力在所有的委员会和公共决策中反对他，不必疑神疑鬼，瞻前顾后。或有人说，憎恨皮埃罗的公民固然犯了错误，没有预先防范他在人民中间博取名声的手段，但皮埃罗也有失策，他没有预先防范自己的对手让他恐惧的手段，这是应予原谅的，因为他难以做到这一点，或因为他们对他也不那么光明正大；然而，用来侵害他的手段，却对美第奇家族有利，他们正是借此把他打倒并最终除掉了他。由此可见，皮埃罗没有办法堂堂正正地做事，他被赋予自由卫士的角色，所以不能顶着好名声去破坏自由。既然这种支持无法暗中一下子完成，这对皮埃罗极为危险，因为，假如他暴露了自己是美第奇家族的朋友，就会引起人民的怀疑和仇恨。所以他的敌人比最初有更多的机会打败他。

3　　可见，对于所有的政策，都要考虑到其中的缺陷和危险，如果它弊多利少，就不可采用，即使断定它符合他们的决定。假如他们这般行事，他们也会有图利①那样的遭遇，他试图消除马克·安东尼为自己争取到的势力，反而使其势力大增。当马克·安东尼被判定为元老院的敌人时，他召集起一支大军，其中大多数人都是追随过恺撒党的士兵。图利为了让他失去那

————————

① 指马库斯·图利乌斯·西塞罗。

些士兵，便促请元老院为屋大维加官晋爵，派他和执政官希耳提乌斯与潘萨一起去攻打安东尼。他以为，追随安东尼的士兵一听到恺撒的侄子、并且也自称为恺撒的屋大维的名字，就会弃他而去，站到后者一边。安东尼没了左膀右臂，打败他便易如反掌。然而适得其反，马克·安东尼把屋大维争取到了自己一边，后者抛弃了图利和元老院，同他站在一起。贵族党为此而遭受灭顶之灾。这种结局并不难预见；不应相信图利自以为是的建议，而应切记那个人的名声，他威名显赫，消灭了自己的敌人，取得了罗马的君权；也不应相信，无论是他的继承人还是他的党羽，能够干出与自由之名相符的事情。①

---

① Cicero, *Philippics*, V 18；X 8.

第五十三章 人民时常被善良的假象所骗而自取灭亡；强烈的向往和宏愿能够导致这种结局

1   罗马人民夺取了维爱人的城市后，萌生出一种想法：让半数罗马人迁居维爱，这对罗马城有利。提出的理由是，该城的郊区十分富饶，遍布房舍，又距罗马不远，半数罗马人既能变得富裕，由于位置毗邻，也不至于影响公共行动。罗马的元老院和最精明的人则认为，这种事情非但无益，而且有害，所以他们直言相告，宁肯丢掉性命，他们也不会同意这种决策。这事引起了争执，平民对元老院怒气冲天，要不是元老院让一些有威望的年长公民来保护自己，平民一定会对他们大动干戈。平民慑于这些人的尊严，才没有再去计较元老院的顽固不化。①此事有两点值得留意，其一，人民往往因为受伪善的表象所欺而自取灭亡。假如没有一个受到信任的人把是非善恶讲清楚，共和国将遭受无穷无尽的灾难。如果命运没有让人民信任一个人，就像过去人们因为被某人某事所骗而时常发生的情况那样，

_____

① Livy, V 24 – 25.

则灾祸势所难免。故但丁在《论世界帝国》(De Monarchia) 中说：人们经常在活得不错时，大喊"死将至矣"，在死到临头之际，却山呼"万岁"。[1] 有时，正是由于这种缺乏自信的表现，使共和国没有采纳良策。前面提到的威尼斯便是如此[2]，他们已是四面楚歌，却未能在大难临头之前采取措施，拿别处搞到的东西（他们受到讨伐，以及各路君主结成同盟和他们作对，皆是缘此而生）送人情，为自己争取支持者。[3]

谈到说服人民之难易，可做如下区分：你打算让人民相信的事情，表面看上去是得还是失；你所采取的策略，在别人眼里，是出于勇敢还是懦弱。摆在人民面前的事情，如果看上去像是收益，即使背后隐藏着损失；所采取的政策，如果看上去大义凛然，即使共和国的覆灭潜藏于其中，那就不难让民众相信它。同理，策略若有懦弱或损失的外表，尽管背后潜藏着安全与收益，那也很难让人信服。我这些话，若证之以罗马和外邦，古代与当今，事例何止万千。正是由于这个原因，罗马人才对法比乌斯·马克西姆斯心生厌恶；他无法让罗马人相信，宜用缓兵之计，让汉尼拔维持攻势而又无法交战，对共和国有利。人民断定这种策略乃是出于懦弱，并未从中看到什么好处；再者，法比乌斯也没有充足的理由向他们证明这一点。罗马人

---

[1]　此语不是出自但丁的《论君权》，而是出自他的《盛宴》(Convivio, I 11)。

[2]　见卷1, 6，另参见卷3, 31。

[3]　为反对威尼斯人结成的"康布雷同盟"，加盟者有教皇尤利乌斯二世、马克西姆连皇帝、法国国王路易十二、西班牙国王斐迪南、奥地利的玛格丽特、萨伏依公爵的摄政、费拉拉的阿芳索·德斯特大公和曼图亚的弗朗西斯科·冈查加侯爵四世。

犯下了过失，尽管法比乌斯不想作战，他们仍授权他的骑兵首领开战，倘若没有精明的法比乌斯加以补救，这一授权会把罗马大军置于失败的边缘。① 然而，人们却被那种强大的意见搞得如此昏聩，这种经验尚不足以使他们猛醒，他们后来又授权执政官瓦罗，不是因为他有何优点，而是因为他无论在私宅和公共场合，都不断夸下海口，若是授权于他，他必能打败汉尼拔。② 由此才发生了坎尼一役的失败，以及罗马的濒临覆亡。③

3　　　我要为此再举一个罗马的例子。汉尼拔在意大利待了八到十年，使这片土地上的罗马人尸横遍野。马库斯·森特尼乌斯·佩努拉，一个极其卑贱的人（虽然他在军中有一定职位），来到了元老院说，假如他们授予他权力，让他在意大利的无论什么地方，随意征募志愿兵，那么用不了多久，他就能生擒或杀死汉尼拔，把他交给他们。在元老院看来，他这一要求未免轻狂，可是他们转念一想，如果拒绝了他，他的请求后来又被人民得知，说不定会引起骚乱和嫉妒，这对元老院的统治不利，于是就应允了他。他们明白，这种政策很易于被人民接受，而劝阻他们又是多么困难，所以他们宁愿让他的追随者陷入险境，也不想激起人民的愤怒。他带着一帮乌合之众与汉尼拔对阵，一交手便一败涂地，他和他的追随者全都命丧黄泉。④

4　　　在希腊的雅典城，尼西亚斯是个稳健而精明的人，但他从

---

① Livy, XXII 25 – 30.

② Livy, XXII 34 – 35, 38 – 39.

③ Livy, XXII 46 – 49.

④ Livy, XXV 19.

未说服人民，讨伐西西里也许并非好事。与他的愿望相反的决定一经做出，随之而来的便是雅典的彻底覆灭。① 西庇阿被任命为执政官后，对阿非利加地区有所图谋，他夸下彻底铲除迦太基的海口，元老院基于法比乌斯·马克西姆斯的判断，没有应允；他便威胁说要把这事交给人民裁断，因为他十分清楚，这种决定颇能取悦于人民。②

从我们的城市也能举出这类例子。佛罗伦萨军队的指挥官梅塞尔·厄尔科勒·本蒂沃廖偕同安东尼奥·贾柯米尼在圣文森佐打败了巴特罗梅奥·达尔维亚诺以后，把大军开到了比萨城外。此事是人民根据梅塞尔·厄尔科勒许下的宏愿而决定的，尽管许多清醒的公民对此有所责备。可是人民没有改正的手段，因为驱赶着他们的欲望，是建立在那位将领许下的宏愿上。③ 所以我要说，欲使共和国覆没，最为便捷的办法，就是让人民投身于大事业；凡是吹捧他们的人，他们总是笑纳不爽；即使有人反对也无济于事。如果说城市的毁灭源于此，受命完成大业的公民个人的毁灭，就更是源于此。人民有了必胜的成见，一旦失利，他们既不去怪罪命运，也不责备指挥官能力不济，而是骂他恶毒无知，不是把他处死，就是投入大牢或关他的禁闭，无数的迦太基将领，以及众多的雅典人，都有此遭遇。他们过去取得的任何胜利都于事无补，眼前的失败便把过去一笔

① Thucydides, VI 8 – 9; Plutarch, *Nicias*, 12.

② Livy, XXVII 40 – 45.

③ 佛罗伦萨人在文森佐取胜后，又根据八人委员会和大委员会的命令于1505年攻打比萨，并且得到旌旗手索德里尼的支持。马基雅维利受命携带攻城的指示去见本蒂沃廖和贾柯米尼，这次攻城战以失败告终。

勾销。看看我们那位安东尼奥·贾柯米尼的遭遇吧：他没有攻下比萨，但人民对胜利确信不移，他又有承诺在先，所以，尽管他以往功德无量，却仍然备受民众羞辱。他之得以苟活，与其说是某些原因使他能够在人民中间自保，不如说是出于那些掌权者的仁慈。

第五十四章　稳健的人如想控制群情激愤的民众，需要多少权力

在前一章讲述的史实中，还有一点值得引为殷鉴：控制情绪激昂的民众，最合适的人选，是那些同他们作对的、稳重的权威人士的威严。维吉尔所言不虚："众人若是恰好看到一位稳重的人士，虔诚而品行端正，他们就会闭上嘴巴，驻足倾听。"① 可见，不论受命统军，还是置身于喧嚷的城市，应尽量摆出庄重尊贵的仪表，佩带标明其地位的徽章以增威严。数年前，佛罗伦萨分裂为两派，分别称为"教士党"和"激愤党"。② 教士党在两派的火并中败北，其中有个叫帕格兰托尼奥·索德里尼的，是那时一位德高望重的公民。骚乱中的武装人群要去他家打劫，适逢其兄梅塞尔·弗兰西斯科，当时沃尔泰拉的主教，现任红衣主教，正好在他家中。他听到了人声鼎沸，又看到骚动不安的人群，便穿起自己最尊贵的衣服，披上

_____

① 拉丁文引文，见 Virgil, *Aeneid*, I 151 – 152。

② 教士党是 1494 年至 1498 年萨伏那罗拉（教士）的追随者，当时他是佛罗伦萨举足轻重的大人物。他们的对手称为"激愤党"。

大主教的白色法衣，只身面对武装的人群，他以自己的仪表和言辞阻止了他们。这一事迹传遍全城，好多天为人津津乐道。所以我敢断定，制止群情激愤的民众，最稳妥最必要的办法，就是有一个仪表威严的人物出场。我还是回到前面提到的史乘吧，人们看到，罗马的平民是多么顽梗不化，非要接受迁居维爱的政策，他们看不到其中潜伏的危害。由此引发了许多骚乱，倘若没有元老院里威严十足的人士打消他们的怒气，真不知会发生多少麻烦。①

第五十五章　民众没有腐败的城市易于管理；有平等的地方，难以建立君主国，没有平等的地方，难以建立共和国

腐败的城市有何令人担忧之处，以及对它能寄予怎样的希望，以上多有所论。① 不过，再来谈谈元老院的一个决定，我以为算不上离题。这个决定同卡米卢斯发下的一个誓言有关，他要从得自于维爱人的战利品中，拿出一成奉献给阿波罗。战利品都已分到罗马平民手里，他们也无法监督数量的清点。于是元老院下令，每个人把自己得到的战利品的一成交给共和国。这一决定并未落实，因为元老院后来又采取了别的办法，以其他方式取悦于阿波罗，以平息平民的不满。② 然而从这个决定可以看出，元老院是多么信任〔平民的〕美德，它断定没有人会违抗它的命令，不交出准确的数量。另一方面，平民也丝毫不想抗命，在交出物品时暗中留一手，他们以公开表达愤怒的

---

① 见卷 1，16 – 18。

② Livy, V 23 – 25.

方式，避免了这件事的发生。这个事例，以及前面提到的许多
事例，证明了人民的美德和虔诚，证明了能对它寄于多么美好
的希望。

2　　确实，在没有这种美德的地方，也不可能指望办成什么好
事，就像无法寄望于当今正在腐化堕落的地方一样，而其中尤
以意大利为最，虽然法国和西班牙也为这种腐败出了一臂之力。
意大利的混乱层出不穷，即使这些地方的混乱并非无日无之，
也不能归因于人民的良善，而是由于维持着他们团结的君王，
他不但运用自己的德行，而且利用王国尚未被败坏的制度。在
日耳曼地区，这种良善与虔诚在人民中间依然强盛，使那儿的
许多共和国生活在自由之中，它们严守自己的法律，所以无论
外敌内奸，都不敢篡权。① 古老的美德大体上仍是他们的主宰，
为证明这一点属实，不妨举一个与前述元老院和罗马平民相似
的例子。当那些共和国需要一部分钱财用于公共开支时，它们
一般指派负责此事的长官或委员会，从城市全体居民的财产中，
征收百分之一二的税。这种决定一经做出，人人都会遵照城市
的命令，来到税官面前尽自己的义务。他们先是发誓如数纳税，
然后按照要求，本着自己的良心，把他们认为应当支付的数量
扔到一只箱子里。除了付款人以外，无人为他的付款作证。由

---

① 参见 P 10。马基雅维利写过三份有关三个日耳曼城市的简报。1507 年，他
担负一项使命去见马克西米连皇帝，回来后于 1508 年写了一份报告（*Rapporto delle
cose della Magna*）。翌年他又写了一份报告（*Discorso sopra le cose della Magna e sopra
l'imperatore*）供佛罗伦萨大使参考。1509 年，马基雅维利第二次受命去马克西米连
皇帝在曼图亚的军营，在返回途中写了 *Ritratto delle cose della Magna*。关于这三篇文
章，见 *Tutte le opere*, ed. Martelli, 63 – 71.

此可以推断，当时那些人是多么的良善和虔诚。这里尤需留意的是，交税时人人诚实无欺；如果有人做假，则税额就要少于他们过去惯常征到的数量。如果他们没有得到这个数量，即可识破有人作假；一旦识破，就会变更制度。如今人们对这种美德大加称赞，是因为它已经成了凤毛麟角；确实，人们知道，只有那个地方还保留着这样的美德。

此种现象的原因有二。其一，与邻邦的交流不多。外邦人 3
不来他们这里，他们也不去外邦；他们满足于土产，拿当地的食物果腹，用当地的羊毛御寒。于是交易的理由和腐败的肇端皆被清除；法国人、西班牙人或意大利人，统统都是败坏世界的民族，但他们无缘染上这些民族的风俗。① 另一个原因是，这些维持着廉洁的政治生活的共和国，不能容忍他们的任何公民以绅士派头生活。他们在内部维持着平等，对于出现在当地的领主和绅士深恶痛绝。这些人一旦落到他们手里，是一定格杀勿论的，因为他们被视为腐化堕落的渊薮、一切麻烦的根源。

人称绅士者，何许人也？依我之见，所谓绅士，就是那些 4
靠着家产的丰厚回报，游手好闲之辈。他们的生活，既无所用心于垦殖，也没有抛不开的操劳。这号人，对任何共和国或任何地方，都是有百害而无一利，不过还有更有害的，即那些不但有上述家产，且在城堡里发号施令、有一帮臣僚供其调遣的人。在那不勒斯王国、罗马城、罗马格纳和伦巴第，这两种人甚多。这些地方从来没有出现过共和国或崇尚政治的生活，因

---

① 马基雅维利在 *Ritratto delle cose della Magnak* 这篇报告中，谈到过威尼斯人和日耳曼人之间的贸易，见 *Tutte le opere*，ed. Martelli, 70.

为这两种人极端敌视文明。在以类似方式塑造的地方，引入共和制是不可能的。有人若是成了它们的主宰，有意对其进行改造，最好的办法就是在那儿建立王国。理由是：腐败透顶的地方，法律也不足以让它守规矩，为整饬风纪计，就要辅之以更大的暴力——帝王般的铁腕，以绝对的、超常的权力，制止权贵的勃勃野心与腐败。托斯卡纳的例子即可证明这一说法，此地的三个共和国——佛罗伦萨、锡耶纳和卢卡——长久以来一直领土狭小；这个地方的另一些城市臣属于它们，但从这种臣属的方式可以看出，它们的精神气质和制度，使它们本来有可能或愿意维护自身的自由。其原因在于，这个地区不存在拥有城堡的领主，也没有绅士，或数量甚少；并且这里有着相当程度的平等，只要有个知晓古代自由、做事精明的人，不难给它们引入一种文明的生活。然而此地实在是倒霉得很，至今也没有落入一个有这种能力或见识的人手中。

5　　从上述讨论可以得出的结论是：有意在绅士众多的地方建立共和国的人，不可能成功，除非他把这些人赶尽杀绝；在平等盛行的地方，也不可能建立王国或君主国，除非在平等上做出让步，培养出一大批事实上而非名义上的绅士，给他们城堡和财产，给他们马弁扈从。[1] 然后置身于他们中间，利用他们来维护自己的权力；他们也利用他来维护自己的野心。另一些人则不得不忍受辔轭加身，并且除了用暴力让他们忍受之外，再无别的手段。这可使治人者与治于人者形成一定的比例，人

---

① 参见 Machiavelli, *Discursus Florentinarum rerum post mortern iunioris laurentii Medices* (1520), *Tutti le opere*, ed. Martelli, 24 – 31。

们身份固定，各守其业。在适合建立王国的地方建立共和国，或在适合建立共和国的地方建立共和国，很少有人具备成就这种事业的头脑和权威，故有意者虽多，而知其奥秘者寡矣。这样的丰功伟业让他们望而生畏，又困难重重，所以他们一起步，便注定了失败。

在威尼斯共和国，除了绅士，无人能得到官职。这种经验似乎推翻了敝人的见解：有绅士的地方无法建立共和国。对此可做如下答复：这个例子并未驳倒我的观点，因为在那个共和国里，绅士是有其名而无其实的。他们没有来自地产的丰厚收入，他们的万贯家财，是以贸易和动产为根基；此外，他们都没有城堡，也没有对别人的管辖权。他们的绅士头衔，只是一块表示尊贵和名望的招牌，在别的城市里能使人称为绅士的东西，不是它的依据。其他共和国划分人群的头衔名目繁多，威尼斯则只分为绅士和平民，他们希望前者拥有或有能力拥有一切荣誉，其他人一概排除在外。由于别处已经交代过的原因，这并没有造成混乱。① 所以，在大体平等或能够做到大体平等地方，就建立共和国；在有着严重不平等的地方，就建立君主国，不然它会失去平衡，难以长久。

---

① 卷1，6.1。

第五十六章　城市或地区有大事发生之前，都会有某种征兆，或有人能预见到它

1　　我虽然不明究竟，然而观览古今之事可知，某城某地每有大的事变发生，不会没有预兆，它或见之于占卜和神启，或来自奇迹和其他严重的征候。不必远离我的家乡，即可证实此点。大家都知道，在法国国王查理八世进犯意大利之前，教士吉罗拉莫·萨伏那罗拉便对此有过预言①；此外，据说在整个托斯卡纳，都能听到天空中有两军交战，在阿雷佐甚至还能亲眼看见。② 此外，无人不知，在老洛伦佐·德·美第奇去世以前，有一支飞镖从天而降，击中了大教堂的尖顶，使这座建筑严重受损。③ 人们也都知道，被佛罗伦萨人任命为终身旌旗手的皮

---

① 在萨伏那罗拉1492年以及此后的布道中，他预言山峦的另一侧会出现一位新的居鲁士，他将充当惩罚佛罗伦萨人的"上帝之剑"，无人能够与他对抗。法国的查理八世在1494年入侵时，没有遇到任何抵抗，于10月到达托斯卡纳。

② 关于查理八世入侵时的这些征兆，见 Francesco Guicciardini, *History of Italy*, I 9.

③ *FH*, VIII 36.

埃罗·索德里尼，在被驱逐并剥夺了官职以前，议事厅曾遭到
雷击。[①] 这类事情不胜枚举，我不想惹人生厌，不说也罢。还
是谈谈提图斯·李维讲述的法兰克人来到罗马以前的事情吧。
平民马库斯·塞狄希乌斯向元老院禀报，午夜时分他路过努瓦
街时，听到一种比人声还要响亮的声音，提示他向长官报告，
法兰克人就要光临罗马了。[②] 我知道，这种事情，只能交给那
些通晓自然和超自然事物的人去讨论探究，我在这方面一窍不
通。然而正如哲人所言[③]，空中弥漫着智慧的精灵，它们既有
预知未来的天赋，又对人怀着慈悲心肠，它们用这类征兆警告
世人，好让他们未雨绸缪。不过，无论实相如何，有一点是千
真万确的，在这些征兆之后，总会有不同寻常的新事物光临那
些地方。

---

① 执政官议事厅（Palazzo della Signoria）遭雷击发生于 1511 年，索德里尼于
1512 年被放逐。

② Livy, V 32，李维说的是比人声"更清晰"的声音。

③ Cicero, *De divinatione*, I 30.64；Pietro Pomponazzi, *Tractus de immortalitate animae*, 14.

第五十七章　平民合则强，分则弱

1　　罗马人的家园因为法兰克人的光顾而败落后，许多人罔顾元老院的规定和命令，迁至维爱居住。为整饬法纪，它发布政令，要求每个人在某个时刻之前回罗马定居，并要受到某种处罚。最初，这些政令所针对的人，只拿它们当儿戏；后来，服从的时限将至，却无人不从。故提图斯·李维说："群体固然桀骜不驯，一旦变得孤零零，便各自心怀恐惧，都成了顺民。"[①] 确实，这段话再好不过地证明了民众这方面的天性。民众对于君主的决定，经常敢于放言无忌；可是，当他们面临惩罚而又互不信任时，他们就会乖乖服从。由此可见，所谓人民的性情好与坏，也不必太拿它当回事儿；只要治理得当，你既可以维持他们的好性情，也能保证不被他们的坏脾气所伤。对于这种坏脾气，应当理解，不是指他们失去自由或失去受他们爱戴、依然在世的君主时，产生的坏脾气。这种原因所导致的坏脾气之可怕，是无以复加的，非要花大力气才能制服。如果［人民］没有首领的庇护，消除他们的另一些坏脾气便易如反

---

① 拉丁文引文，见 Livy, VI 4。

掌。既无首领又桀骜不驯的民众固然可怕，但他们也有着不堪一击的弱点：只要你驻守于要塞，能够躲过他们的第一次打击，那么即使他们兵戈在手，也可轻易让他们缴械。当人们的头脑有了片刻的冷静，每个人都意识到还得回家谋生时，他们就会怀疑自己，思量着如何保住性命，要么逃跑，要么俯首称臣。因此，群情激昂的民众，为避免这种危险，会立刻在自己中间拥立一名首领，为他们纠正错误，维持他们的团结，筹划自卫的计策，罗马平民在弗吉尼娅死后离开罗马时，就是这样做的，他们在自己人中间任命了二十名护民官。① 假如他们不这样做，便难逃上面提图斯·李维提到的结局：群体固然强大，但当人人思忖个人的安危时，他便成了软弱可欺的胆小鬼。

---

① Livy, III 50–51.

第五十八章　群体比君主更聪明、更有一贯性

群体的虚妄和前后不一可谓举世无双，我们的提图斯·李维像所有史家一样，也证明了这一点。① 谈及人们的行为，经常可以看到，群体先是判某人死刑，然后又对他痛哭流涕，说简直离不了他。罗马的平民就是这样对待曼利乌斯·卡皮托利努斯的，先是判他死刑，后又把他说成众望所归。作者的原话如下："当他不再构成危险时，人民很快便觉得离不开他。"② 此外，在讲述希耶罗的孙子希耶罗尼姆斯死后叙拉古发生的事情时③，他又说："要么低三下四，要么飞扬跋扈，此乃群体的天性。"④ 我不知道自己能否涉足于一片充满艰难险阻的领域，它也许会让我自讨没趣，或为坚持己见而备受非难，因为我要辩护的事情，受到作家众口一词的谴责。不过，我不认为，并

---

① Livy, VI 7.
② 拉丁文引文，见 Livy, VI 20，略去了"只记得他的德行"一句。
③ Livy, XXIV 4 – 7, 21.
④ 拉丁文引文，与原文稍有出入，见 Livy, XXIV 25。

且永远不会认为，在个人见解上据理力争，不借助于权力或暴力，这样做有什么不对。

依我之见，那些作家责之于群体的缺点，应当针对一切个人尤其是君主才对。不受法律管束的个人，能够犯下和肆意妄为的群体一样的错误。古往今来，君主之多不知凡几，仁慈而睿智者却凤毛麟角。我这里所说的君主，是指那些能够打破使其不离正道的约束的人，但不包括远古之时实行法治的埃及的君主①，也不包括斯巴达君主；当今法国的君主也不能算在内，较之我们所知道的当代的其他王国，这个王国更多地受到法律的节制。不应当把这种建立在宪政基础上的王国，列入那些个人，即需要审视其天性是否与群体类似的个人的行列。还应当比较一下那些受法律管束的群体，我们在那些王国看到的美德，也能从他们身上看到，他们既不专横跋扈，也不低三下四。罗马人民就是如此，在共和国仍然保持着廉洁的时代，他们就是既不专横跋扈也不低三下四的；他们借助于自己的官员和制度，一直保持着高贵的品质。必须惩治强人时，他们绝不手软，例如对付打算镇压人民的曼利乌斯和十人团等人；为了公共安全而必须服从独裁官和执政官时，他们也毫不含糊。在曼利乌斯·卡皮托利努斯死后，罗马人民又想让他回来，这并不奇怪，他们要的是他的德行；他们的怀念将感染每一个人，且能对君主产生同样的效果，因为所有的作家都曾确证，敌人也会赞赏和钦佩对手的德行。假如曼利乌斯因众人的强烈要求而复活，罗马人民对他做出的判断，仍会像他们把他从牢房拖出来不久

①　Diodorus Siculus，I 70 – 71.

就判他死刑一样。① 有些被称为明君的人，杀了某人，继而追悔不已，例如亚历山大对克利图斯②及其友人的态度，和希律对待马丽安妮的态度。③ 然而，我们的史家在谈到群体的本性时所指的群体，并不是像罗马人那样受法律管束的群体，而是像叙拉古人那样目无法纪的群体，是这种群体犯下了狂放不羁的个人犯下的错误，譬如以上事例中的亚历山大大帝和希律。所以说，群体的天性并不比君主更差，当人人都能无所忌惮地作恶时，他们也会犯同样的错误。除了以上所说，这类事例在罗马的专制皇帝和君主中间还有很多，从中看到的出尔反尔和多变的人生，丝毫也不亚于任何群体。

3　　　流行的看法是，当人民成为统治者时，他们出尔反尔，忘恩负义。与此相反，我的结论是，他们这种恶行，并不比哪个君主更多。有人对人民和君主皆予以谴责，这也许能够道出真理，假如他把君主排除在外，他便是自欺欺人了。当人民做主时，如果法纪健全，他们的持之以恒、精明和感恩，便不亚于君主，甚至胜过一个公认的明君。倘若君主不受法律的管束，他会比人民更加多变，更加轻率鲁莽，更加忘恩负义。他们这种处事方式的差别，并非因为他们天性多变——天性本是一个

---

① Livy，VI 14 –20．

② 参见 Plutarch，*Alexander*，16，50 –52．克利图斯在作战中救过亚历山大的命，他在一次酒宴上对亚历山大出言不逊，立刻被其所杀。后来亚历山大懊悔不已，试图自杀。参见 Diodorus Siculus，XVII 21，57。

③ 参见 Josephus，*The Jewish War*，I 1 –5；III 5 –9；VII 2 –7．马丽安妮是亚利斯托布鲁斯二世的孙女，于公元前 38 年嫁给希律大帝。希律出于猜忌把她杀了，后为此悲痛欲绝。参见 Josephus，*Jewish Antiquities*，XV 4 –7。

模子所铸；就算能够分出高下，也是人民占优——而是因为他们都对自己生活中的法律多少怀有一份敬重。凡是考察过罗马人民的人都能看到，四百年来，他们一直痛恨君王的称号，爱护自己祖国的荣誉和公益；他能从中看到无数事例，用来证明其一或其二。假如有人给我提到罗马人民对西庇阿的忘恩负义，我会回答说，对于此事，我在前面已用不少篇幅做过说明①，证明了他们并不比君主更加忘恩负义。说到做事的精明和持之以恒，我以为人民比君主更精明、更稳健，判断力更出色。人民的声音能被比作上帝的声音，是事出有因的。可以看到，普遍的意见有着神奇的预见力，那么它似乎也含有某种隐蔽的德行，能够预知善恶。人民对事情做出判断时，如果听到两个辩论家各执一词，他们的德行又不相上下，则人民鲜有不接受更好的意见、不相信他们听到的真理的时候。人民也许在大事上、或在有益的事情上出错，就像前面说过的那样②；但是，君主不是也经常因为自己的欲望而栽跟头，并且其次数大大多于人民吗？还可以看到，在推选官员上，他们的选择远胜过君主；人民也从来不会惑于言辞，把荣誉授予声名狼藉、腐化堕落之徒；而说动君主不但容易，手法又何止千万。人民一旦对某事有了憎恶，就会数百年保持不变；何曾见过君主有这般表现？在这两件事上，罗马人民的记录颇令我满足：在数百年里，他们选出的执政官和护民官不计其数，令他们后悔的却不超过四次。如我所言，他们对君王的头衔恨之入骨，凡是图谋这种头

---

① 见卷1，29。

② 见卷1，53。

衔的公民，没有任何权利可以使他逃脱应有的惩罚。此外还可以看到，在人民担任统治者的城邦，能在极短的时间内取得超乎寻常的扩张，比一直受君主统治的城邦大得多，例如驱逐了国王后的罗马，以及摆脱了皮西斯特拉图斯后的雅典。这是民治优于君主的统治使然，除此而外，再无其他原因。在前述文献中或别处评论过此事的史学家，我不希望他们反对我本人的见解。对人民的骚乱、君主的胡作非为、人民和君主的荣耀进行全面的考察，就会看到，人民在美德与荣耀方面是大大胜出的。如果说，君主在制定法律、构建文明生活、颁布新的法规政令方面优于人民，人民则在维护事务之良序上优点突出，故制度创建者所取得的荣耀，无疑应归功于他们。

4　　　总之，在结束这一讨论时，我要说，既有长治久安的君主国，也有长治久安的共和国，它们都需要受到法律的管束。能够为所欲为的君主，无异于疯子；能够为所欲为的人民，必属不智。考之于俯就法律的君主、受法律管束的人民可知，见于人民的德行，总是多于君主；考之于两者都不受约束的情况可知，见于人民的过失，较君主为少——何止过失少，救济的办法亦多。肆意妄为的人民，若有贤达相劝，不难迷途知返，但何人能够劝服一个邪恶的君主？兵刃之外，还有何救济之策？据此，即可推知双方的病情之轻重了：疗救人民之病，谠言足堪胜任；疗救君主之病，却离不了屠刀；去沉疴须下猛药，此乃无人不晓的道理。人民桀骜不驯时，其疯狂并不可怕，时弊亦不足惧；可惧而又可怕者，是它的结局，即乱世中崛起的暴君。而邪恶的君主造成的局面，适与其反：人们惧怕时弊，憧憬于未来；他们会自我安慰，他邪恶的一生一终结，自由即可

重现。各位由此便能认清两者的差别了，亦即实然与未然的差别。群体残暴的矛头所向，是他们担心侵夺公共财物者；而君主的残暴所针对的，却是他害怕其侵夺他个人财物的人。反对人民的意见之所以出现，是因为人人都可随意诟病人民，即使他们当政，亦不必有所忌惮；而议论君主，却要千思万虑而后行。话说到这里，我以为在下一章辩明另一件事情，也算不上跑题，即，什么样的同盟更可靠，是与共和国结成的同盟，还是与君主结成的同盟？

第五十九章　与共和国或君主结成的同盟，哪一个更为可靠

1　　君主和共和国与外邦结盟或修好，或共和国同君主之间结盟和立约，这种事每天都在发生，所以在我看来，应当评估一下何者更为可靠、更值得尊重——是以共和国为盟友，还是以君主为盟友？窃以为，探天下事物之究竟，在多数情况下它们彼此相似，有时则不易得出定论。我认为，凡是强迫订立的条约，君主或共和国都不会信守；一旦国家危难将至，为了不至于失去国家，它们都会失信于你，都会忘恩负义。人称"破城高手"的德米特里，给雅典人带来的好处无以计数，可是当他被敌人打败，打算到雅典这个被他视为友好、欠着他人情的城邦避难时，他却被拒之门外，此事令他伤心欲绝，尤甚于他失去自己的军旅兵甲。① 庞培在色萨利被恺撒打败，便去埃及找托勒密避难，他过去曾使后者重登王位，却被这人所杀。② 这种事情有着相同的原因；而人民与君主相比，慷慨相助者多，

---

① Plutarch, *Demetrius*, 30.

② Plutarch, *Pompey*, 77–79. 庞培是被托勒密的儿子所杀。

落井下石者寡。事实上，只要危及自身，便会有同样的失信发生。如果有个共和国或君主国，在大难临头之际仍能守信，其原因也并无两样。假如有个实力强大的君主，将来有望协助某人重登王位，那么即使他眼下没有机会提供保护，这人也会与他亲善的；或者，假如这人已经是他的党羽，那么他不会认为能够从其敌人那儿找到诚信或言行一致。那不勒斯的领地上那些素来尾随法兰西党的君主，便是这种命运。[1] 至于共和国，位于西班牙的萨贡托，因追随罗马党而面临灭顶之灾，其命运亦复如此[2]；还有 1512 年听命于法国党的佛罗伦萨。[3] 经过周全的考虑，我认为，在危难之际，共和国的守信要略好于君主。共和国的意图和愿望虽与君主如出一辙，可是它的意志力有所欠缺，使它无法像君主那样果断行事，故其失信也不如君主那样方便。弃盟毁约，意在功利，而在这方面，共和国之守约远胜过君主。蝇头小利即可让君主失信，不菲的好处也未使共和国爽约，各位不妨看看下面的事例。地米斯托克利为雅典人出谋划策；他在公民大会上说，他有个大大有益他们祖国的计策，然而为保密起见，他不能直言相告，因为一旦露了底细，实施这一计策的机会也就随之丧失。于是雅典人民选择了更容易与

---

① 在 1503—1504 年法国国王和西班牙国王争夺那不勒斯的战争中，法国一方的几个男爵被西班牙将领冈萨尔沃·达·科托纳俘获。在科托纳获胜后的停战期间，他们被弃之不顾。

② 萨贡托是罗马的盟友，于公元前 218 年被汉尼拔征服并遭到毁灭。见 Livy, XXI 5 – 16。

③ 法国的盟友佛罗伦萨，在拉韦纳战役后受到西班牙军队的攻击，后者在 1512 年恢复了美第奇家族的统治。

民沟通的阿里斯提得斯。地米斯托克利又对他说，全希腊的舰队虽然仍是踌躇满志，其实是很容易俘获或打垮的，这可使雅典人成为整个地区的霸主。阿里斯提得斯告诉人民，地米斯托克利的计策虽好，但有悖于诚信，于是它被雅典人断然拒绝了。① 马其顿的菲利普是不会这样做的，另一些君主也不会，失信乃是他们追名逐利的上策。我这里所说的，并非那些毁约事出有因的现象，这还算正常；而是那些出于不合常情的理由而毁约的做法。我认为，就此而言，由于前述原因，人民的过失少于君主，所以也比君主更值得信赖。

---

① Plutarch, *Themistocles*, 20; Cicero, *De officiis*, III 11.

第六十章　在罗马任命执政官或其他任何官职，从不考虑年龄

从历史的行迹可知，在平民中间设立执政官一职后，当罗马共和国把它授予公民时，不讲年龄与身世；罗马甚至从未尊重过年龄；但它总是追求德行，无论其寄身于长幼。这可以拿瓦勒里乌斯·科维努斯为佐证，他23岁那年便被任命为执政官①；这位瓦勒里乌斯对他的士兵说：执政官一职是"对德行的奖赏，不是对血统的回报"。② 这一做法是否得到尊重，是颇可争议的。就血统而论，它得到承认，是势所必然；如前所述，这种势所必然，不但见于罗马，也见于打算取得罗马那种功业的所有城邦。③ 不行赏，无以让人冒险犯难；剥夺他们邀功请赏的愿望，不可能不带来危险。因此，最初宜让平民抱着担任执政官的希望，让他们抱有一点儿希望，但又得不到这一官职；后来，只让他们抱有希望不够了，则宜于把它落到实处。至于

---

① Livy，VII 26.
② 拉丁文引文，见 Livy，VII 32。马基雅维利利用"血统"代替了"出身"。
③ 见卷1，6。

不想让平民插手尊贵事业的城邦，如前所述①，它们也自有对付平民的办法。然而有意效仿罗马的城市，却不可以别树一帜。既如此，［不看重］年纪便是不必考虑的问题。既然民众必须推选年轻人担任一个需要长者智慧的官职，他们就要采取某种显而易见的措施，以便他能够称职。倘若有位德行非凡的年轻人，通过某种显赫的事业崭露头角，城邦却没有能力加以利用，这是极有害的事情；他的祖国为何在他英姿勃发、招之即来的年龄，对他不加以利用，非要等到这些优点全随他一起衰老呢？罗马不就是利用了瓦勒里乌斯·科维努斯、西庇阿②、庞培③以及众多很年轻时就建功立业的人吗？

---

① 见卷1，6。

② Livy, XXV 2.

③ Plutarch, *Pompey*, 13 – 14.

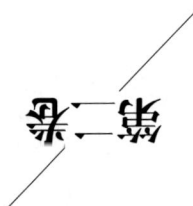

前　言

　　世人历来厚古薄今，虽然他们并非总有道理；他们偏爱旧¹事物的方式，使他们不但赞美作家的记载使他们得以知晓的时代，而且赞美步入暮年后回忆起的青春时光。他们这种看法在多数时候都是错误的，然而我相信，导致他们自欺的原因不一而足。在我看来，首要原因在于对古代事物的不理解。人们讳言有损于古代的事情，对于能给它增光添彩者，则极尽吹捧夸张之能事。大多数作家也都因循成王败寇的偏见，不但让有德行者的功业光照千秋，也使其对手的行为更加相形见绌。流弊所至，后人无论生于胜利者还是失败者之地，都对前人及其时代大为惊奇，不由自主地给予至高无上的赞美与崇敬。此外，人们的仇恨不是出于恐惧，就是出于嫉妒。可是对于过去的事物，他们既不能侵夺，也拿不出嫉妒的理由，仇恨的两大理由亦随之冰消。对于身边的事，亲眼所见之事，则恰好相反。这些事瞒不过你，它们虽有优点，其中也有许多事情惹你生厌，所以你不由自主地断定，即使现时应当得到更多的赞美，它也比古代的事物差得多。我这里的所言不关乎艺术，它们优劣自明，对于它们赢得的荣耀，时间不能有丝毫的损益。我之所言

只涉及人的生平与作风，关于它们，黑白分明的证据是见不到的。

2　　　　所以我要说，上述褒贬的习惯确实存在，但是如果说这种做法总是不对，那也未必属实。因为有时人们必须做出对错的判断，因为人间事是变幻无常、沉浮不定的。如果遇上出类拔萃的人，为某个城市或国家的政治生活建立秩序，并能维持一段时间，那么它总是会因创建者的德行而趋于完善。生于此时此地的人，如果还去推崇古代优于现代，那便是在自欺欺人了，他这样做的原因一如上述。至于后来出生在这个城市或地方的人，适逢它正在衰败恶化，那就不能说他是在自欺欺人。我思考这些事的来龙去脉，得出的判断是，天下事历来遵循着同样的模式，其中善恶相当，只是善恶的多少因地而异。了解古代王国的人都知道，由于风俗的差异，它们的善恶有多有少，可世界还是那个世界。唯一的不同是：上天先是把德行放在亚述，又放在米底，然后放在波斯，最后是意大利和罗马。① 虽然在罗马帝国之后，再也没有出现一个把世界的德行集于一身的帝国，然而德行却被分散于众多的民族，让他们过着有德行的生活，譬如法兰西人的王国、土耳其人的王国、苏丹的王国、今天的日耳曼各族人民；还有更早的萨拉森人的部落，他们屡建功勋，在灭掉东罗马帝国以后，又占据了世界很多地方。罗马人衰败后，受到由衷赞美和渴望的德行，便来到了这些地方和这些部落之中，甚至今天仍然存在于其中的一些地方。倘若是生在这里的人还厚古薄今，也许就是他的不对了。但是出生在

---

① 参见 Plutarch, *Moralia de fortuna Romanorum*, 317f–18a。

意大利或希腊的人，如果他不是意大利的教皇至上派（ultra-montane）或希腊的土耳其人，他厚古薄今便有一定的道理，因为古代能让他们惊喜的事着实不少，而在今生今世，没有任何事情可以抵消那些极端的惨状和耻辱——既不信教，也不守法，军纪涣散，淫猥放荡，无奇不有。这些罪恶见于身为执政官、号令天下的人，他们居然还想受人爱戴，何其可悲而又可憎！

不过，还是回到我的思路上来吧。我要说，对于古代与今世，对于因年代久远而无法像今天的事情那样能够充分了解的事情，就算人们在这方面分辨善恶的判断力被败坏了，长者对于自己的青春和晚年时代的判断力也不该败坏，因为那都是他们耳闻目睹的事情。如果人的判断力和嗜好终生不变，这么说也许不错。可是，即使时代未变，它们也都在变；人到老年，便会有一些不同于年轻时的嗜好、兴致和考虑，所以在他们的眼里，时代也不可能有相同的面貌。人一上了年纪，就会缺少活力，而判断力和精明却见长，他青春年少时视为尚能接受的好事，老了以后就会认为既难以容忍，更不足称善；他本应责备自己的判断力，他却怪罪于时代。此外，人的嗜好并不稳定；从天性上说，人即使有能力获得一切，也有这样的欲望，可是命运却让他们所得无多。这会使人的头脑中不断产生不满，对已有的东西产生厌恶。这样一来，他们就会责怪现代、赞美古代、憧憬未来，即使这样做并没有合乎情理的原因。所以，我也搞不清楚，自己是否应算作自欺之人，因为我在自己这些文字中，也对古罗马时代大加赞美，谴责我们的时代。其实，如果昔日盛行的德行和今天的邪恶，不似日月昭昭般醒目，我在开口之前，也会思量再三的，我也害怕落入我所谴责的自欺啊。

只因事情一目了然，世人皆知，我才敢于直抒胸臆，讲讲我所理解的这前后两个时代，使读到这些文章的年轻人，在命运给予他们时机时，能够摆脱后者，立志于效法前者。所谓做善事者，无非就是把因为时运不济而做不到的事情，传授于人，以待众人具备能力时，由他们中间最受上天垂爱的人着手完成。前一卷讲述的是罗马人就城市内部事务做出的决策。在这一卷里，我要谈谈罗马人民那些扩张帝国的决策。

第一章　罗马人建立帝国的原因，是德行还是运气

许多人，包括普鲁塔克这位稳健的作家，都持有一种看法：罗马人在建立帝国时，更多地受惠于运气而非德行。他为此列举了种种理由，并且说，罗马人民的自白表明，他们承认自己的胜利统统来自命运，因为他们为命运之神修建的庙宇，多于任何其他神灵。① 李维似乎也与这种看法相去不远，他在谈及罗马人时，一说到美德，几乎也总是提到命运。我不想以任何方式接受这种观点，我甚至不相信它能持之有据。从来没有哪个共和国取得过罗马那样的成就，其原因在于，没有哪个共和国建立的制度，使它能有罗马那样的收获。正如下面的叙述所示，军队的德行使他们获得了帝国，而最早的立法者为他们制定的典章制度，维护着他们的所获。那些作者说，罗马人民从未同时从事两次大战，这是他们的运气而非德行。② 他们为了自卫而与萨谟奈人开战，但是在没有打垮萨谟奈人之前，他们

① Plutarch, *Moralia de fortuna Romanorum*, 318d–19b.

② Plutarch, *Moralia de fortuna Romanorum*, 321f.

不与拉丁人交战①；在没有征服拉丁人、用连连告捷拖垮萨谟奈人之前，他们不去讨伐托斯卡纳人。② 假如这两大势力联手于方兴未艾之时，则不难推断，这将导致罗马共和国的败亡。③然而，无论怎么说，他们从未同时发动两次大战，总是在对一方下手之前，先灭掉另一方，或在灭掉一方之后，再对另一方下手。从他们对战事的安排不难看出这一点，在法兰克人占领罗马之前，他们便置另一些战事于不顾；当他们同当时强大的埃魁人和沃尔西人交战时，未见另一些部族和他们作对。④征服了他们之后，罗马人才同萨谟奈人开战⑤，虽然拉丁人在战事结束前反叛罗马人，可是在叛乱出现时，萨谟奈人却与罗马人结成了同盟，罗马人利用他们的军队，打掉了拉丁人的傲气。⑥ 在征服这些人之后，同萨谟奈又生战端。⑦ 萨谟奈人连遭失败，军队也垮掉了，才又出现了同托斯卡纳的战争。战事平

---

① Livy, VII 32 – 37；VIII 1 – 6.

② 罗马人征服拉丁人（Livy, VIII 13 – 14）和打败萨谟奈人，是在同埃特鲁利亚人作战之前（Livy, IX 27 – 29，31 – 32），但是他们同埃特鲁利亚人作战时，也必须继续和萨谟奈人作战（IX 38 – 41，43 – 44）。他们同萨谟奈人讲和后，再次同埃特鲁利亚人交战（Livy, IX 45；X 3 – 5），但是后来又是同时与他们作战（Livy, X 12，14，19 – 21）。萨谟奈人当时并没有被彻底拖垮（Livy, X 31 – 45）。

③ 参见 Livy, X 27，45。

④ 罗马人在同埃特鲁利亚人、拉丁人和赫尔尼基人作战时，也一再向沃尔西人和埃魁人开战（Livy, VI 2，7 – 9，11 – 12，32；VII 19）。参见曼利乌斯·卡皮托利努斯对于同沃尔西人、拉丁人和赫尔尼基人的战争提供的解释（Livy, VI 15）。

⑤ Livy, VII 29 – 31.

⑥ Livy, VIII 6，10 – 11.

⑦ Livy, VIII 14，23.

息之后，当皮尔胡斯进入意大利时，萨谟奈人又卷土重来。①
把他逐回希腊后，他们才发动了对迦太基人的第一次战争。②
在这一战事结束之前，阿尔卑斯山两侧的法兰克人都没有图谋
反对罗马人，直到他们在波罗尼亚和比萨之间，即今天圣文森
佐城的所在地，以最血腥的杀戮取胜。③ 这场战争结束后④，有
二十年的光景，他们只有一些无足轻重的战事，只同利古里亚
人和伦巴第残留的法兰克人交过手。⑤ 他们休养生息，直到第
二次迦太基战争爆发，意大利为此而被占领了十六年。⑥ 在以
最辉煌的战绩结束了这场战争后，马其顿的战事又起；这一战
事结束后，继之而来的是安条克和亚细亚的战争。⑦ 获胜之后，
天底下便再也没有君主或共和国，不论是单独还是联合在一起，
能与罗马的军队对抗了。

　　然而，无论何人，只要看看最后的凯旋到来之前这些战事
的过程，以及他们的处置方式，就会明白，其中还有十分了不
起的德行和精明与运气混杂在一起。故而探究这种运气之由来
者，也不难发现它们。可以断定，只要一个君主或人民获得了
极高的威望，使另一些君主或人民不敢冒犯他们，对他们心存
畏惧，那么不到万不得已，这些人是绝不会攻击他们的。如此

① Polybius, I 6.

② Polybius, I 7 – 12.

③ Polybius, I 62；II 21 – 31.

④ 公元前 225 年。

⑤ Polybius, II 32 – 34.

⑥ 公元前 218 年至公元前 202 年（Livy, XXI – XXX）。

⑦ Livy, XXXI 1；XXXIII 24 – 25；XXXV – XXXVII.

一来，这个霸主想同哪个邻邦交战，想让哪个邻邦太平，便几乎完全操之于他的股掌。部分地出于对其霸权的敬畏，部分地被其招安手段所骗，这些邻邦是很容易安分守己的。另一些相距遥远的霸主，与它在利益上没有瓜葛，便采取隔岸观火的态度。它们苟安于一隅，直到大火烧至城下。此时它们若想歼灭来犯之敌，只能依靠自己的军队；然而他们的兵力不足以御敌，因为那霸主已经变得过于强大。萨谟奈人如何隔岸观火，眼看着埃魁人和沃尔西人被罗马人征服，这事不提也罢。不妨简要叙述一下迦太基人吧，当罗马人进犯萨谟奈人和托斯卡纳人时，他们可算是威震四方的强权。他们已经控制了整个阿非利加，他们又夺取了撒丁和西西里，他们还统治着西班牙的一部分地区。他们的实力，再加上他们的疆土与罗马人相距遥远，使他们从未想过进攻罗马人，或向萨谟奈人和托斯卡纳人伸出援手。相反，就像一切方兴未艾的势力一样，他们只顾一己之私利，与罗马人暗通款曲。在罗马人征服了居于他们之间的部族和迦太基人，在西西里和西班牙领土上同他们开战之前，他们对于自己的错误一直懵懂无知。法兰克人、迦太基人、马其顿国王菲利普①以及安条克，都是如此。当罗马人忙于同别人开战时，他们都以为罗马人会被打败，无论是战是和，时间都会给他们提供保护。所以我认为，君主若像罗马人那样行事，具备罗马人那样的德行，则他们的命运，必与罗马人相同。

3　　　对于罗马人进入外邦领土时采取的策略，假如我在《君主

---

①　指马其顿的菲利普五世。

论》中未及细说①，由于它与这里的主题十分契合，也应做一交代。但在《君主论》中我对这个问题有过深入的辨析，故在此只略加说明：在新的领土上，对于那些给他们的进入提供了跳板或通道的人，他们尽量友好相待。故而可以看到，他们借助于卡普阿人进入了萨谟奈②；借助于卡默林人进入了托斯卡尼③；借助于马麦丁人进入了西西里④；借助于萨贡托人进入了西班牙⑤；借助于马昔尼萨进入了阿非利加⑥；借助于埃托利亚人进入了希腊⑦；借助于欧迈尼斯和另一些君主进入了亚细亚⑧；借助于马西利亚人和埃杜维人进入了法兰克。⑨ 可见，无论攻城略地还是守护疆土，他们从不缺少这类使自己的事业更加容易的支持者。顺从于它的意志的部族，也不再像不顺从者那样需要运气。人人都可以从中看到，就帝国的获得而言，德行的作用远大于他们的运气。我们在下一章所要讨论的，便是同他们作战的那些部族的品质，他们是以怎样的执着精神，捍卫着自己的自由。

---

① *P* 3.
② Livy, VII 29 – 32.
③ Livy, IX 36.
④ Polybius, 17 – 21.
⑤ Livy, XXI 6.
⑥ Livy, XXVII 16.
⑦ Livy, XXVI 24.
⑧ Livy, XXXV 13.
⑨ Livy, *Summaries*, LX, LXI.

第二章 同罗马人作战的民族；
他们捍卫自由的执着精神

1   当时有许多热爱自由的部族，罗马人在征服周边和远方的部族时，他们给罗马人造成的麻烦最为严重。他们不屈不挠地捍卫自由，如果没有不同寻常的优势，根本无法让他们折骨称臣。由许多例子可以看到，他们为维护或恢复自由如何冒险犯难，他们对侵夺自由者进行怎样的报复；诵读史册者还可以看到，奴役给那些人民和城市造成了怎样的损害。当今之世，可以说只有一个地区还存在着自由城市①，而在古代，任何地方都有许多十分自由的部族。在意大利，在我们这里提到的时代，从隔开托斯卡纳和伦马第的山峦②，到意大利的边陲，到处都是自由的部族，例如托斯卡纳人、罗马人、萨谟奈人，以及居住在意大利另一些地方的许多人。除了统治着罗马的君主和托斯卡尼国王波桑那以外，没有史册记载其他地方也有国王。③

---

① 这大概是指日耳曼。参见卷1，55.2–3；卷2，19。

② 原文是"阿尔卑斯山"，但这里应是指亚平宁山脉。

③ Livy，II 9–14.

波桑那的世系是如何消失的，史乘并无交代。不过可以十分清楚地看到，当罗马人阵兵于维爱时，托斯卡尼人享有极大的自由，对君主的称号恨之入骨；为求自保而在维爱推举了一个国王的维爱人，请求托斯卡纳人帮助他们对抗罗马人，托斯卡纳人经过多方征求意见后决定，只要维爱人受国王的统治，就不向他们提供援助。他们断定，替臣服于别人的人保卫祖国不是什么好事。① 这种对自由生活方式的热爱不难理解，从经验可知，缺少自由的城邦，向来不可能扩张其地盘和财富。看看雅典人摆脱了皮西斯特拉图斯的专制统治后，在一百年里取得了怎样的丰功伟业，真是让人啧啧称奇。② 再看看罗马人在摆脱国王以后，取得了何等辉煌的成就，更令人叹为观止。③ 其原因不难理解，成就城邦之丰功伟业者，不是个人的利益，而是共同的利益。毫无疑问，如果不是在共和国，这种共同利益便得不到尊重，因为它完全是为公众而存在，它也许会伤害这人或那人，然而它的受益者如此众多，所以他们总是站在它这一边，反对少数受害者的偏见。在有君主的地方，情况恰恰相反，令他惬意者一般有损于城邦；适合于城邦者则有损于他。在自由的生活方式之后，一旦有专制者出现，这些城邦至少会出现这样的罪恶，它不仅停滞不前，实力和财富也不再增长，并且它一般——毋宁说总是——会倒退。倘若命运使那个专制者尚保留一些德行，他能以自己的勇气和军队的优势扩张权力，结

---

① Livy, V 1.

② Herodotus, V 78.

③ Sallust, *Bellum Catilinae*, 7.

果也只是对他本人有利，而不会有益于共和国。对于他用专制手段加以统治的德才兼备的公民，他不能予以奖掖，因为他不想将来不得不去猜忌他们。他也不能让他夺取的城邦成为自己的臣属，或对他作为专制者进行统治的城市有所给予，因为使其强大于他不利。让国家维持分裂状态，使每个城镇和地区唯其马首是瞻，才符合他的利益。可见，从他的获取中受益的，并不是他的祖国，而是只有他一个人。只要读一下色诺芬的《论僭政》（On Tyranny）①，即可为证实这一见解找到无数理由。故也难怪，古代人民对专制者如此痛恨，如此热爱自由的生活，如此推崇自由这个字眼。当叙拉古人希耶罗之孙希耶罗尼姆斯在叙拉古被杀时，他的军队正驻于距叙拉古不远的地方，死讯传来，军队哗然，他们拿起武器，要去惩罚刽子手。但是，当听到叙拉古传来的自由呼声时，他们却被这个字眼所打动而平静下来，对弑君者的怒气也随之消退，开始思考如何在该城建立自由的制度。② 对于剥夺其自由者，人民不择手段地予以报复，这有什么好奇怪的？这方面的例子不胜枚举，我只举一件伯罗奔尼撒战争期间发生在希腊城邦科西拉的事情。③ 这个地方分为两派，一派追随雅典人，另一派追随斯巴达人。其他许多城邦也分裂为两派，一派与斯巴达人交好，另一派与雅典人交好。当这个城邦的贵族取得优势时，他们剥夺了人民的自由，平民派在雅典人的帮助下重新聚集起力量，把贵族统统抓

---

① Xenophon, *Hiero or Tyrannicus*, II 12 – 17；IV 3 – 5；V 1 – 3；XI.

② Livy, XXIV 7, 21 – 22.

③ Thucydides, III 70 – 85；IV 46 – 48.

了起来，关进一个能够全部容纳下他们的牢房。平民党每次从监狱中拖出八九个人，谎称要把他们流放到各地，实则以许多许多酷刑将他们处死。幸存者意识到这一点后，决定不惜采取任何办法逃脱这种可耻的下场。他们用能够找到的任何东西把自己武装起来，把守住监狱入口，与打算进来的人展开搏斗。听到喧闹的声音后，人民聚集起来，掀翻了牢房的屋顶，把他们全都活埋在里面。这个地方还发生过很多类似的可怕而著名的事例。由此可见，剥夺人们的自由，较之于打算褫夺他们的自由，会受到更为残酷的报复。

古人为何比今人更热爱自由，我思之再三后认为，这与导致今人赢弱的原因是一样的，它是我们的教养不同于古人的教养所致，而这种不同的基础，是我们的信仰不同于古人。我们的信仰，指明了真理和真理之道①，使我们不看重现世的荣耀，而异教徒却对它极为推崇，把它视为至善，所以他们的行为也更加狂暴。从他们的许多制度便可推导出这一点。他们祭牲的仪式之壮观，与我们的祭祀之谦卑，适成鲜明对照。我们的场面盛大则盛大矣，却是精致有余而壮美不足，更无充满活力的狂野之举。他们的仪式不但兼有盛大与壮美，且辅之以血腥残忍的牲祭，屠杀成群的动物。这种可怕的场面，能够使人与它浑然一体。此外，除了现世荣耀等身者，例如军队的将帅和共和国的君主，古代的信仰从不美化其他人。我们的信仰所推崇的，却是卑恭好思之徒，而不是实干家，它把谦卑矜持、沉思冥想之人视为圣贤，古代信仰则极力推崇威猛的勇气与体魄，

---

① 《新约·约翰福音》8：32，14：6。

以及能够使人强大的一切。如果我们的信仰要求你从自身获取力量，它是想让你具备更大的能力忍辱负重，而不是要你去做什么大事。这种生活方式让世界变得羸弱不堪，使其成为恶棍的盘中餐；看到那些一心想要上天堂的民众，只想忍辱负重，从来不思报复，他可以放心地玩弄世界于股掌。这个世界被搞得看上去女人气十足，天堂也被解除了武装，但这种局面无疑是一些人的懦弱造成的，他们在解释我们的信仰时，只图安逸，不讲德行。假如他们认为，信仰允许我们壮大并捍卫自己的祖国，他们就会认识到，信仰希望我们热爱自己的祖国，为它增光添彩，为保护它而做好准备。这种教养，这些荒谬的解释，使我们今天再也看不到古代那样众多的共和国了，从而再也看不到人民中间有着像当时那样多的对自由的热爱了。此外我也相信，这是因为罗马以自己的武力和壮举，消灭了所有的共和国和所有的文明生活方式。尽管那个帝国已经解体，但是除了帝国的少数地区，各城邦的人民一直无法重新团结在一起，为自己重建文明生活的制度。不过，罗马人在世界的每一个角落，都曾发现共和国的密谋，它们武装精良，极其顽强地捍卫着自己的自由。这也说明，如果没有世所罕见、登峰造极的德行，罗马人是根本不可能征服他们的。

3 不妨举一个这方面的事例，我认为萨谟奈人的例子就足以说明问题。他们的实力如此强大，装备如此充足；他们的家园经历了那么多失败和杀戮，城镇纷纷失陷，使这个曾是城郭遍布、人口众多的地区，几乎变得荒无人烟，此时他们依然能够抵抗罗马人，直到第一位帕皮利乌斯之子帕皮利乌斯·柯尔索

担任执政官为止（延续了四十六年之久）①，这不啻是一个奇迹——提图斯·李维也承认这一点。他们当时的制度与军力之强大，若不是受到优秀的罗马人的攻击，他们根本不可能被征服。那种制度从何而来，今天的混乱又从何而生，都不难理解：它们来自当时各地的自由生活方式，和当今奴役的生活方式。各地生活在自由中的城市（正像前面所说）都获益匪浅。这些地方人丁兴旺，因为这里的婚嫁更为自由，人们也更愿意生养他们认为能够养育成人的子女。他们不必担心自己的祖业被侵夺，他们不仅知道自己生而为自由人而不是奴隶，并且能够因自己的德行而成为统治者。这些地方财富大增，它们既来自垦殖，也来自技艺。人人都乐意让物品丰盈，努力获取他们一旦获得就能享用的东西。于是人们竞相为公私利益献计献策，这两种利益的增长之快，令人瞠目结舌。

　　生活在奴役中的地方与此截然相反。他们的风俗与美德越是败坏，他们受到奴役也越严重，而在一切严重的奴役中，最严重的奴役是臣服于一个共和国。首先，它更为持久，所以你摆脱它的希望更小。其次，共和国的目的是去他人之精髓，壮自己之筋骨。而要求你臣服的君主，如果他不是个野蛮的君主，不像东方的君主那样，是人类一切文明的败坏者，那么他是不会这样做的。如果他有人性，通常情，那么他对臣属于他的城市，一般会平等相待；对于它们的技艺、它们的几乎所有古老的制度，也会放任不管。所以，这些地方即或不能像自由的地方一样成长壮大，也不会被奴役所毁灭（这里所谓的奴役，是

———————————

① Livy, X 31, 38–42.

指城市受外邦人的役使，因为我在前面已经谈过被自己的公民所役使的情况①）。凡是对以上所言有所思考的人，对于萨谟奈人享有自由时的实力，以及他们役使［别人］时陷入的衰弱，都不会感到奇怪。提图斯·李维对此提供过数次证言，尤其是在汉尼拔的战争中，当萨谟奈人在诺拉被一个罗马军团打垮时，他们向汉尼拔派出信使，祈求他施以援手。他们在信中说，一百年来他们一直派自己的将士和罗马人作战，他们多次抵挡了两名执政官及其大军，如今他们已经日渐精疲力竭，即使在诺拉面对一个小小的罗马军团，他们也难以自保了。②

---

① 见这一章的上文，或卷1，28－30。
② Livy, XXIII 41－42.

第三章　通过摧毁周边的城市，允许外邦人轻易分享它的荣耀，罗马变成了一座巨型城市

"这时罗马在阿尔巴的废墟上成长起来。"[1]

为城市筹划建立大帝国的人，应当倾其全力使人口众多；人口不众，不足以成就城市的大业。这有两种方式：其一为仁爱，其二为武力。所谓仁爱，就是为打算来此居住的外邦人，保持道路的安全畅通，使人人都能自愿来此定居。所谓武力，就是摧毁周围的城市，使其居民到你的城市来定居。这就是罗马严格遵循的方式，在第六代国王[2]的时代，就有八万适于从军的人定居于罗马。因为罗马人很愿意遵守出色的种植者的做法，他们为使植物强壮，结出更多的果实，把最先长出的枝条打掉，这样可使其更加茂盛，更加多产，因为植物基干的精华仍在。斯巴达和雅典的例子表明，这种扩张和建立帝国的方式，既必要又出色。它们是两个武备精良、法纪严整的共和国，可是它们并未取得罗马帝国那样的伟业；罗马似乎更加骚乱，不像它们那样

法制修明。这种情况之所以发生，除了前面提到的事情以外，再无别的原因，即以上述两种方式强壮城邦的躯干。罗马人能够把二十八万人武装起来①，而斯巴达和雅典从未超过两万。这不是因为罗马有着比它们更好的地利之便，仅仅是因为它采取了不同的举措。斯巴达的创立者利库尔戈斯认为，新居民的融入，最易于败坏他的法律，所以他想方设法不让外邦人进入。此外，他不允许通婚，不给予公民资格，不允许能让人们聚在一起的商业；他颁布命令，共和国里只用皮革币，由此把想来这里的人、想带来某种商品或技艺的人，统统拒之于门外，所以这个城邦从来无法用居民来强壮自身。② 人之行为，皆与自然之物相类，主干细而枝叶繁，既无可能，亦不自然。这样一个小小的共和国，不可能夺取比它更稳固更坚实的城邦或王国。就算它夺取了一个，也会像干细而枝繁的树一样，即使能够勉力支撑，微风一至，必遭其摧。曾经攻取希腊全部城邦的斯巴达，就发生过这种事情。底比斯一叛乱，其他城邦亦纷纷效尤，它便仅存主干而枝叶全无了。③ 罗马却不会有此遭遇，因为它的主干强壮，足以轻松支撑任何枝叶。这样的举措，再加上下面就谈到的另一些办法，使罗马能够威震四方。提图斯·李维以寥寥数语，为这事做了见证："这时罗马在阿尔巴的废墟上成长起来。"④

---

① 吉奥乔·因格莱塞修改为八万人，见 Machiavelli, *Discorsi sopra la prima deca di Tito Livio.* Edited by G. Inglese. Milan: Rizzoli, 1984。

② Seneca, *De Beneficiis*, V 14; Xenophon, *Lacedaemonian Constitution*, VII 5 - 6; Plutarch, *Lycurges*, 9, 27; Polybius, VI 49.

③ Plutarch, *Pelopidas*, 24; Polybius, VI 50.

④ 同注 1。

第四章　共和国有三种扩张的方式

披览古史可知，共和国采取三种扩张方式。一是古代托斯卡纳人的方式，即与若干共和国结为同盟，它们的权力和地位不分高下。在夺取另一些城市后，他们便使其成为盟友，这就像今天的瑞士人所为，或古时的亚该亚人和埃托利亚人在希腊所做的那样。因为罗马人常与托斯卡纳人交战，所以我要详细讲述这段史实的细节，以便更好地揭示这前一种方式的优劣。在罗马帝国以前，托斯卡纳人无论在海上和陆地都极为强大。①他们的事迹，虽无专门的史籍可考，然而存在着一些有关其丰功伟业的零星记载和迹象。人们知道，他们曾把他们称为"亚德里亚人"的殖民者派往北方海域，这些人极为高贵，以自己的名称命名了这个海域，所以拉丁人仍把它称为亚德里亚海。我们还知道，从台伯河到环抱着意大利一大片地区的山麓②，都臣服于他们的军队。不过，在罗马人变得极为强大的二百年

---

① Livy, V 33-35. 在这里以及下面的很多地方，马基雅利也把埃特鲁利亚人和高卢人分别称为托斯卡纳人和法兰克人。

② 指阿尔卑斯山。

前，托斯卡纳已经失去了今人称为伦巴第的领土。这个地区被法兰克人夺走，他们或是出于势所必然，或是受到甘甜果蔬尤其是美酒佳酿的吸引，在首领贝洛维苏斯的统率下进占意大利。他们打败了当地的居民，并把他们赶走，然后在那儿定居下来，建了许多城郭。他们以自己的名称，把这个地区称为高卢，在被罗马人征服之前一直支配着它。当时的托斯卡纳人生活在平等之中，以上述第一种方式进行扩张。此地共有十二座城市——如丘西、维爱、阿雷佐、菲耶索莱、沃尔泰拉等等，以结盟的方式统治着它们的帝国。[①] 它们无法扩张到意大利以外，由于下面讲到的原因，甚至［意大利的］大多数地区也仍未受到侵扰。另一种方式是结为盟友，但不再让你拥有发号施令的身份、帝国的地位和名号，罗马人采取的便是这种方式。第三种方式是不结为盟友，而是直接征服，一如斯巴达人和雅典人所做的那样。在这三种方式中，最后一种完全无效，正如上述两个共和国的遭遇所示，它们覆灭的原因无他，完全是因为它们获取了自己无法维持的领土。以暴力统治城市，尤其是习惯于自由生活的城市，是件劳神费力的事情。如果不是武备精良，兵源充足，则发号施令和统治一概无从谈起。为做到这一点，你必须找到辅佐的助手，必须使你的城市人口众多。那两个城邦既无前者也无后者，故其治世之道无效。罗马则为第二种方式的楷模，它两者兼备，遂成霸业。唯有罗马采取了这种生活方式，所以唯有它能称霸天下。它在整个意大利广揽盟友，在众多事务上，他们和罗马遵守着平等的法律。此外，如前所述，

---

① Livy, IV 23；V 1.

它始终掌握着帝国的枢纽之地和发号施令的头衔。故它的盟友在不知不觉之间，不辞辛劳与鲜血，心甘情愿地臣服于它。他们把自己的军队派往意大利以外的地方，把王国变为行省，把甘心为臣的人变为它的臣属，因为这些人已习惯于国王的统治；他们视罗马为统治者，因为他们是被打着罗马旗号的军队所征服，所以除了罗马以外，他们不承认别的主宰。如此一来，意大利的那些罗马的盟友，突然之间便发现自己被罗马的臣民所包围，受到罗马这座巨大城市的压迫。当他们意识自己上了圈套，再想加以补救时，已经为时太晚了。罗马已从各地行省获取了如此多的权力，在其心脏地带掌握着如此强大的武力，因为它城池恢宏，装备精良。它的盟友也曾密谋造反，为了自己的损失而予以报复，然而他们不久便成了战败者，而且处境更加恶劣，因为他们从盟友也变成了臣属。如我所言，唯有罗马人始终恪守这一方式；有扩张欲的共和国也不可能采取别的方式，因为这是经验昭示于我们的最确凿、最可靠的道理。

上述结盟方式（托斯卡纳人、亚该亚人和埃托利亚人以及今天的瑞士人所采用的方式）是仅次于罗马人的最好方式。虽然不足以大事扩张，它却能带来两个好处：一是不易背后受敌，二是不难保住自己的家业。它的扩张能力不足，是因为这些共和国并不统一，它们散居于各地，协商与决策颇为不便。这也使它们没有多少统治欲，因为在有许多共同体参与统治的情况下，它们不会像有望独自享用的共和国那样，格外看重这种获取。此外，它们受到一个议事会的统治，与居住在一个城市内的人相比，其决策必然较为迟缓。从经验可知，这种处事方式还有一些综合性的局限，所有的事例都表明这是不可忽略的。

它可以达到十二或十四个共同体，然后便止步不前了。在达到似乎能够自卫的水平后，它们便不再追求更多的领地，这既是因为必要性不再迫使它们获取更大的权力，也是因为它们看不到继续获取还有何用处，对此我在前面已经有所交代。它们必须在以下两者之间做出选择：继续寻找盟友，但成员过多会引起混乱；或是使其变为臣属，可是它们知道此事不易办到，对它们也没有多少益处，所以它们也就不在乎了。因此，当它们达到一定数量，能够过上十分安定的生活时，它们便转向另外两件事情：一是接受保护国并使它们处于保护之下，以这种方式从各地获取钱财，它们能够方便地在内部进行分配；二是为别人从军，从为其打仗的君主那儿获得报酬，就像今天的瑞士和前面提到的那些地方一样。这有提图斯·李维的记录为证，他说，马其顿国王菲利普曾去找提图斯·昆提乌斯·弗拉米尼乌斯，就一项协约进行协商，适逢埃托利亚人的一位军事执政官在场。这个军事执政官前来跟他争执，他便痛斥此人的贪婪和不讲信用，说埃托利亚人恬不知耻，先把人派往这一家军队，又把人派到对手的军队，所以经常能够看到对垒的双方都有埃托利亚人的旗徽。① 我们可以看到，这种结盟的方式彼此相似，并且结果也很相似。还可以看到，这种得到臣属的方式历来软弱无力，获益甚少；当它们超越这一模式后，它们很快就覆灭了。如果它对于武装的共和国没有用处，它对没有武装的共和国——例如当今意大利的那些共和国——就更没有用处。至于罗马采用的方式，在罗马之前没有先例，在罗马之后也无人效

---

① Livy, XXXII 32 – 34.

仿，所以它更令人啧啧称奇。结盟方式的效仿者只有瑞士和士瓦本同盟。罗马人采取的许多涉及内部和外部事务的制度，今天不但无人效仿，甚至不做任何解释，因为其中有些被断定为失实，有些被视为不可能，还有一些被称为不合时宜。结果是，由于我们的无知，我们便成了任何打算蹂躏这一地区的人的俎上之肉。效法罗马人似乎太难，但效法古代的托斯卡纳人，尤其是对于今天的托斯卡纳人来说，好像不是这样。他们由于上述原因，就算不能建立罗马那样的帝国，至少能在意大利获得他们的治世方式允许他们获得的权力。他们曾长期保有这种权力，其帝国和军队享有至高无上的荣耀，其风俗和信仰也备受赞扬。这种权力与荣耀先是毁于法兰克人，后被罗马人所灭；它们被消灭得如此彻底，尽管两千年前的托斯卡纳人有过丰功伟业，今天却几乎无人记得它们。这不禁令我深思，这些事迹被湮没无闻的原因何在呢？这便是下一章要讨论的话题。

第五章　宗派和语言的多样性，以及洪灾和瘟疫，湮没了历史的记载

1　　　对于那些认为世界永存的哲人①，我认为可以这样作答：既然古代悠远而真实，就可以合理地推测，它不应只有五千年的记载——时代的记忆因各种原因而被消灭了，一部分原因是人祸，一部分原因是天命。② 人的因素，是指繁杂的宗派和语言。新的宗派——也即新的信仰—— 一出现，它就会为了赢得名望而消灭旧的宗派。如果新宗派的创立者语言各异，他们通常也会把语言消灭。看看基督教宗派如何对付异教，即可对此事有所了解。它压制异教的一切体制和仪式，把它的古代神学清除得一干二净。诚然，他们在彻底清除其先贤事迹的记载上没有得逞，这是由于保留了拉丁语，他们是被迫这样做的，因为他们要用这种语言记录新的法律。如果他们采用一种新的语

① Aristotle, *Physics*, Ⅷ; *Metaphysics*, Ⅻ 6 – 7; *On the Heavens*, Ⅰ 9 279a12 – 28. 另参见 Cicero, *Tusculan Disputations*, Ⅰ 28。

② Lucretius, *De rerum natura*, Ⅴ 324 – 44.

言，那么考虑到他们过去受到的迫害，我们也就看不到任何往事的记录了。看看圣格里高利①和另一些基督教首领采用的手段，即可知道，在破坏古代记忆上，他们是多么不屈不挠，他们把诗人和史学家的著作付之一炬，捣毁圣像，污损一切带有某种古代标记的东西。如果他们除了这些暴行之外，再创出一种新的语言，那么过去的一切都会迅速被人忘却。因此可以说，基督教宗派打算用来对付异教的办法，异教也会用来对付它们之前的宗派。② 这些宗派在五六千年里发生了两三次变化，所以此前的记载也随之消失。即或它们的一些遗迹得以保存，也被视为难以置信的传说——就像西西里人狄奥多罗斯的故事一样，虽然它提供了四五万年的记录，它却被视为伪史，而且我也如此认为。

至于天命的原因，我是指人类遭受的灭顶之灾，使某个地方的居民所剩无几。这或是瘟疫，或是洪水。③ 最严重的是最后一次，这既因为它波及广大的地区，也因为幸存者都是山民和蛮族，他们不了解古代，也无从把这种知识传给后人。如果他们的幸存者中有人具备这种知识，他也会为了树立自己的名望而隐瞒和篡改它，所以他的后人之所见，也只能是他乐于记述的东西。我不认为可以对这些洪水、瘟疫和灾荒的发生表示

---

① John of Salisbury, *Policraticus*, VIII 19 (*The Statesman's Book of John Salisbury*, trans. John Dickinson [New York: Russell & Russell, 1963], 364).

② 根据李维的记述，罗马人对待埃特鲁利亚人的语言、著作和宗教，与这种做法相去甚远。见 Livy, I 35, 55; V 21 – 22; VII 3; IX 36。

③ Plato, *Timaeus*, 22a – 23c; *Law*, 676b – 78a; Aristotle, *Politics*, 1269a4 – 8; *Metaphysics*, XII 8 1074b1 – 14; Polybius, VI 5.

怀疑，因为它们遍布于史册，因为它们湮没史实的效果显而易见，还因为它们看起来合情合理。当简朴的躯体聚集了太多的多余之物时，自然就会经常自行进行清洗，此乃躯体健康的所在。人类这种复杂的躯体也是如此，当各地住满了居民，他们既不能待在那儿，又无处可去，因为到处都人满为患，此时人类的狡诈与邪恶会达到登峰造极的地步。世界必须以上述三种方式之一进行清洗，使人们变得数量稀少，又遭受过挫败，方可过上更好的生活，变得更加良善。我前面说过①，托斯卡纳曾经极为强大，信仰与德行十足，又有自己的风俗和古老语言，但这一切都被罗马的强权所灭。正如我们所说，依然存于世者，唯其名称耳。

---

① 卷2，4。

第六章　罗马人如何征战

在讲述了罗马人的扩张方式后，我们现在来谈谈他们如何 ¹
征战。从他们的每一次行动中都可以看到，他们总是极为明智
地避开在别人那儿通行的方式，使他们更易于取得至高无上的
伟业。凡是出于选择——其实是因为野心——而征战者，不是
为了获取财物，就是为了保护已获取的财物；是为了增加国邦
的财货，而不是为了使其贫穷。在这种获取或保护中，切不可
患得患失，而是应当为了公众的利益而竭尽全力。凡是打算做
这些事的人，都必须遵循罗马的风格和手段。首先，正如法兰
克人所说，要大举进攻、速战速决。他们把浩浩荡荡的大军开
进战场，同拉丁人、萨谟奈人和托斯卡纳人的战争，皆是在极
短的时间内见分晓。从罗马的诞生到围困维爱人，看看他们从
事的所有征战，无一不是速战速决，少则六天或十天，多则二
十天。① 他们的习惯是，一旦宣战，他们便立刻发兵与敌人对

---

① 围困维爱人用了十年（Livy, V 22）；这些速决战的例子，见 Livy, II 26 -
27；III 26 - 29；IV 31 - 34, 45 - 47；持久战的例子见 Livy, III 2, 23。李维没有特
别说明战事的时间长短，不过他的讲述经常给人时间很短的印象。

阵，迅速投入战斗。一旦获胜，只要敌人接受了他们的条件，乡村便不会受到太多的蹂躏。罗马人责令他们交出一部分土地，将其转赠私人，或交给一批殖民者，由他们在此地设立边界，成为罗马疆土的卫士；这既有益于拥有那片田地的殖民者，也有益于罗马的公众，他们不必为戍边者花钱。[1] 再没有比这更安全、更强大、更有益的办法了。如果敌人没有开进这片土地，有那些卫士也就足够了；如果他们大举进攻，打垮了殖民地，罗马人也会大举出动与他们作战。在战役胜利结束后，他们对敌人提出更苛刻的条件，然后班师回城。他们以这种方式逐渐获得了敌人的敬重，也增强了自身的军力。

2 　　他们先是一直采用这种办法，后来才改变了征战的方式。这发生在围困维爱人之后，为打持久战计，他们下令发给士兵军饷，过去他们是不付这笔钱的，盖战事短暂，无此必要也。[2] 虽然罗马人为了更长久地作战而开始发饷，虽然由于发兵于边远，他们必须更长久地待在战场上，他们却从未改变当初那种利用地势和时机速战速决的策略，也从未改变派出殖民者的做法。除了他们天生的习惯外，执政官的野心，也使他们保持着最初那种速决战的策略。执政官任期只有一年，一年之中又有半年屯兵不动，所以他们很想结束战争，赢得一次凯旋。派出殖民者的好处和巨大的收益，也使他们保持着这一做法。他们处置战利品的方式有所改变。他们不再像最初那样随意，这既因为士兵有了军饷，战利品不再像过去那样必要，也因为他们

---

① Livy, II 31；III 1；X 1. 另参见 P 3。

② Livy, IV 59－60.

设想，一旦有更多的战利品充实公共财政，他们可不必再为征战而在城内课税。这一制度很快便使他们仓廪充实。两种策略——处置战利品和派出殖民者——使罗马因战争而富裕，而另一些君主和共和国却因不智而被战争搞得穷困潦倒。由此而形成了这样一种局面：假如执政官的凯旋未给国库带来滚滚的金银财宝和战利品，则它似乎就不算是一次凯旋。罗马人以上述方式——能够用掠夺以及对自己有利的条约，把屡战屡败的敌人拖垮——和速决战而变得更加富裕、更加强大。

第七章　罗马人给每个殖民者多少土地

1　　　罗马人分给每个殖民者多少土地，我以为不是一件容易搞清楚的事情，因为他们给予的多少，是按派出殖民者的地方而定。不过可以推断，无论采取何种分配方式，也无论是哪一个地方，份额都不是很多，这首先是为了能够派出更多的人，因为他们被视为是戍边的卫士。其次，他们在国内生活窘迫，所以没有理由让他们在外边过于富裕。提图斯·李维说，他们占领维爱后，向那儿派出一批殖民者，分给每人三又十二分之七"居格拉"的土地（按我们的标准……）①，除了前面说过的情况，他们还认为，富足不在于土地的数量，而在于精耕细作。②另一件十分必要的事情是，全体殖民者应当拥有人人可以喂养牲畜的公地，以及人人可以砍柴的公用森林。没有这些东西，殖民地不可能建立秩序。

---

①　原文此处有缺文。拉丁语中的"居格拉"约等于2800平方英尺，或三分之二英亩。

②　Livy, V 30.

第八章　人们为何离开故土，侵入别人的家园

　　前面考察了罗马人的征战方式，以及托斯卡尼人如何受到法兰克人的进犯①，所以在此讨论一下两种类型的战争，在我看来算不上离题。一种类型的战争，肇始于图谋建立帝国的君主或共和国的野心，如亚历山大大帝和罗马从事的战争，以及强权之间每日都在发生的战争。这些战争固然危险，但它们不会彻底驱赶一个地方的居民，只要人民顺从，即可让胜利者满足，在大多数情况下，他会让他们保留自己的法律，也不会染指于他们的家园和物品。另一类战争，是全体人民受灾荒或战争所迫，举家迁出某地，寻找新的住所和地区，他们不是像上面那种人那样行使统治权，而是要绝对占有这个地方，把原住民赶尽杀绝。这种战争极为残酷可怖，萨卢斯特在《朱古达传》的结尾处曾谈到这种战争。他说，朱古达人被征服后，便立刻意识到进入意大利的法兰克人的动机。② 他又说，罗马人

---

① 卷2，4，6。

② Sallust, *Bellum Jugurthinum*, 114. 另参见 Polybius, II 21。

讨伐其他民族，只关系到谁是统治者；他们讨伐法兰克人，却关系到每个人的获救。君主或共和国进犯某地，只要消灭其统治者就够了；这些法兰克人却非要把人斩尽杀绝不可，因为他们要用别人的东西来养活自己。罗马人经历过三次这样的危险战争。第一次发生在罗马失陷时，如前所述①，法兰克人从托斯卡尼人手里夺取了伦巴第、使其成为自己的居住地之后，又攻陷了罗马，提图斯·李维为此举出两条原因。② 第一，如前所述③，意大利的甘甜果实和美酒佳酿让他们垂涎三尺，他们在法兰克没有这些东西。其次，法兰克王国的人口大增，他们在那儿已经无法养活自己，所以当地的一些君主认为，必须为自己找一块新的地盘。这个决定一经做出，他们便选出贝洛维苏斯和西格维苏斯，两个法兰克人的国王，担任那些必须离开者的将领。贝洛维苏斯开进意大利，西格维苏斯去了西班牙。贝洛维苏斯的到来导致了伦巴第的陷落，由此爆发法兰克人和罗马的第一次战争。然后是第一次迦太基战争之后罗马人的讨伐，他们在皮翁比诺和比萨之间，歼灭了二十万多万法兰克人。④ 第三次战争发生在日耳曼人和辛布里人进入意大利时。在打败了一部分罗马军队后，他们又败在马略的手下。⑤ 罗马人赢得了这三次极为险恶的战争，而要想赢得这些战争，罗马人的德行是不可或缺的。我们可以看到，当罗马人失去了德行，

---

① 卷2，4。

② Livy，V 33 – 34.

③ 卷2，4。

④ Polybius，II 21 – 31.

⑤ Livy，*Summaries*，LXIII，LXV，LXVI – LXVIII；Plutarch，*Marius*，16 – 27.

他们的军队失去了古代骁勇善战的品质时，这个帝国便被类似的民族哥特人和旺达尔人灭掉了，他们夺取了整个西罗马帝国。

如上所述，这些人被迫离开他们的故乡，或是因为灾荒，² 或是他们在自己的家乡遭受战乱和压迫，不得不去寻找新的土地。如果他们人数众多，就会强行进入别人的家园，杀戮居民，霸占财物，建立新王国，更改地名，就像摩西和占领罗马帝国的人所做的那样。在意大利等地，新地名只能是来自新占领者的命名：例如原来称为山南高卢的地方，现称伦巴第；法兰克原来叫跨山高卢，今天则采用了法兰克人的名字，因为占领此地的人就是这个称呼；斯洛文尼亚讨夫叫伊利里亚，匈牙利过去叫潘诺尼亚，英格兰过去则叫不列塔尼，还有许多地方也改换了名称，不一而足。摩西还把他夺取的叙利亚一部分称为朱狄亚。我在前面说过，这些人因战乱而背井离乡，不得不去寻找新的土地，这里不妨以古叙利亚的一个部族莫鲁西人为例。他们听到希伯来人就要到来，自忖无力抵抗，于是他们认为，最好还是保全自己，与其人室俱毁，不如离开家园。他们携家带口迁往阿非利加，在那儿定居下来，驱逐了当地的居民。由此可见，无力保卫自己家园的人，却能够夺取别人的家园。普罗科匹厄斯讲述过贝利萨留同占领阿非利加的旺达尔人的战争，他自称读过一些刻在圆柱上的文字，谈及莫鲁西人居住地的军队，信中说："我们是莫鲁西人，在看到努恩之子、盗匪约书亚时逃了出来。"① 这也许就是他们离开叙利亚的原因吧。这些

---

① 拉丁文引文，见 Procopius, *De bello Vandalico*, IV 10。"约书亚"（Joshua）在拉丁文中称为"伊稣"（Iesu），也用来指"耶稣"（Jesus）。

人是极可怖的，因为他们的出走是由于窘迫至极的原因，除非面对精良的武装，他们绝不会缩手缩脚。

3　　如果放弃故土的人数量不多，他们便不像上述那种人一样危险了。他们无法做到十分残暴，只能靠技艺获得一定的地盘；在获得之后，也只能靠交友结盟来保护自己。埃涅阿斯、狄多、马西利亚人等等，都是采用了这种做法，他们通过获得当地邻人的同意而保全自身。

4　　有大批的人，几乎是所有的人，离开了寒冷贫瘠之地西徐亚。那儿人口太多，地力不足以供养他们，他们只好背井离乡；让他们离开的理由有千条万条，而留下不走的理由却一条也没有。这些人在五百年里未使任何地方人满为患，其中的原因甚多。首先，帝国的衰败腾出了大片的土地，撤走的部落不止三十个。其次，作为这些人口来源的日耳曼和匈牙利，已对土地做了改进，他们在那儿能够舒适地生活，不必改变栖息地。此外，他们极为好战，成了抵挡与他们毗邻的西徐亚人的堡垒。鞑靼人经常大规模迁徙，但受到匈牙利人和波兰人的遏制，他们经常自豪地说，若不是他们的武装，意大利和教会就会经常感受到鞑靼军队的压力。关于上述部族的情况，我想就不必多说了吧。

第九章　列强之间开战的一般原因

罗马人和萨谟奈人曾长期结盟，他们之间爆发战争的原因，<superscript-marker/>常见于一切强大的君主国之间。这或是因为偶然的事变，或是因为一方有了征伐的欲望。罗马人和萨谟奈人之间的战争，就是由偶然的事变引起的。萨谟奈人要讨伐西里西亚人和坎帕尼亚人，他们并不想和罗马人开启战端。① 坎帕尼亚人被打败后向罗马人求援，这有违于罗马人和萨谟奈的愿望。然而他们已经臣服于罗马人，迫于无奈，罗马人只好像捍卫自己的东西那样去保护他们，在罗马人看来，为了保住自己的名声，他们必须参战。对于罗马人来说，他们没有理由为了保护作为朋友的坎帕尼亚人而与盟友萨谟奈人开战；可是他们又认为，倘若他们不去保护作为臣民、究其实质是作为受庇护者的坎帕尼亚人，那也是极不光彩的事情。按他们的判断，假如他们不给予这样的保护，所有打算归顺其强权的人，都会溜之大吉。罗马的目标不是安宁，而是帝国和荣耀，所以它不能拒绝这一事业。讨伐迦太基人的第一次战争，也是出于这种原因，当时罗马人由

1

---

① Livy，VII 29 – 32.

于偶然的事变，必须保护西西里的墨西拿人。① 然而，罗马同迦太基的第二次战争，就不是缘于不测了。迦太基大将汉尼拔要攻打罗马人在西班牙的盟友萨贡托人，但他没有进犯他们，而是先拿罗马军队开刀，他寻衅与后者作战，把军队开进了意大利。② 这种挑起战端的方式，在比较看重信用并相互尊重的列强之间，是司空见惯的。如果我想同一个君主交战，而我们之间长期遵守一项可靠的条约，那么我去攻击他的盟友而不是他本人，既较为正当，也较为隐蔽。我可以搞清楚，假如我攻击他的朋友，他要么反击，这样我与他开战的意图即可得逞；他要么不反击，但又不想保护自己的受庇护人，这就会暴露他的弱点或缺乏自信。这两种表现都会让他声望扫地，使我的设想更易于得逞。因此，对于上述坎帕尼亚人的归顺，可资借鉴之处在于挑起战端的方式，此外，一个无力自保但又希望不惜一切手段免受攻击的城市，应当采取什么手段。这就是，像卡普阿人委身于罗马人③和佛罗伦萨人委身于那不勒斯国王罗伯特那样，毫不犹豫地委身于能够保护你的一方。罗伯特并不想保护作为朋友的佛罗伦萨人，但是当他们作为他的臣民，面对卢卡的卡斯特卢齐奥的军队来犯时，他却要给予保护。④

---

① Livy, *Summaries*, XVI；Polybius, I 8 – 12

② Livy, XXI 5 – 19.

③ Livy, IV 37 – 40.

④ *FH* II 24 – 31。

第十章　金钱并非如俗见所言，
是战争的筋骨

人人都可随意发动战争，却做不到随意结束战争，故君主于征战之前，务必权衡自己的实力，并据此支配自己的行动。他一定要审慎，切不可在自己的实力上自欺。此外，如果缺少武装，他以金钱、地利或人们的爱戴去衡量自己的实力，那他必定就是在自欺了。这些东西可以增强实力，却不能直接带来实力。没有可靠的军队，它们本身毫无价值，对你无所助益；没有可靠的军队，再多的金钱也对你没用，家乡的富足也帮不了你。人们的信任和爱戴不会持久，因为既然你不能保护他们，他们也就无法信任你。凡是缺少强大保护者的地方，无论山川、湖泊和关隘，都会成为一马平川。金钱非但不能保护你，还会使你更快地成为牺牲品。所谓金钱乃战争之筋骨，俗见之荒谬者，莫过于此。[1] 说这话的人是昆图斯·库尔提乌斯，他在马其顿人安提帕特同斯巴达国王交战时，记述了斯巴达国王迫于无钱打仗而战败。假如他能把战事延后数日，亚历山大的死讯

----

[1]　Plutarch, *Agis and Cleomenes*, 27.

一传到希腊，他自可不战而捷。① 然而他囊中羞涩，担心自己
的军队弃他而去，不得不孤注一掷投入战斗。昆图斯·库尔提
乌斯由此断言，金钱乃战争之筋骨。此话被人天天挂在嘴边，
不够慎明的君主亦将其奉为圭臬。他们以此为据，认为只要库
府充盈，余不足论，他们却不想想，如果钱财足以用来征服，
为何大流士征服不了亚历山大？为何希腊人打不垮罗马人？我
们当代的查理大公为何拿不下瑞士人？就在数日前的乌尔比诺
战争中②，教皇和佛罗伦萨人携手击败教皇尤里乌斯二世之侄
弗朗西斯科·马里亚，又有何困难？上面提到的这些人，都败
在了另一些人手里，他们不是把钱财，而是把精兵良将，视为
战争的筋骨。在吕底亚国王克罗伊斯向雅典人梭伦炫耀的东西
中，有一样便是他无以计数的钱财。他问梭伦对他的权力有何
想法，梭伦回答说，他不以为这能使他更强大，征战需用铁器
而非黄金，铁器多于他的人，取其黄金有何难哉。③ 此外，当
大批法兰克人在亚历山大大帝死后进入希腊，继而进入亚洲时，
他们向马其顿国王派出信使，与他交涉和约事。国王向他们亮

---

① 昆图斯·库尔提乌斯在记述安提帕特和斯巴达国王阿基斯三世之间的战争
时，并没有说过这句话；这一战事的发生比亚历山大大帝的去世早八年。他也没有
说阿斯基斯是因为缺钱而被迫作战。

② 1516 年 8 月，美第奇家族的教皇利奥十世剥夺了其前任教皇尤利乌斯二世
的侄子弗朗西斯科·马里亚·德拉·洛维埃的乌尔迪诺大公头衔，理由是他同教会
的敌人暗中密谋杀害帕维亚的主教。利奥把大公的头衔给了自己的侄子洛伦佐·德·
美第奇（《君主论》就是题献给他的）。不过弗朗西斯科于 1517 年 2 月又把乌尔比
诺从教皇和佛罗伦萨人手中夺了回来，直到 1517 年 9 月前一直占据该城。

③ Lucian, *Charon*, 12.

出金银财宝，借以显示自己的实力来吓唬他们。法兰克人本以为和平已成定局，这时却置和约于不顾，对那些黄金垂涎三尺；国王为了自卫而积累起来的东西，成了他被劫掠的渊薮。① 几年前，威尼斯人仍然国库充实，但他们无法用它来自卫，结果丢掉了整个国家。②

职是之故，窃以为，战争之筋骨，非如俗见所言为金钱，而是精兵良将。有金钱不足以得精兵；若有精兵，则得金钱易如反掌。罗马人若用黄金而非铁器征战，以其战役之宏大、艰困卓绝而论，则普天下的财富也不敷其用。然而罗马人是用铁器征战，他们从无缺钱之虞，因为惧怕者会给他们送来，甚至直接送进他们的营帐。如果说，斯巴达国王不得不在战役中碰运气是因为缺钱，那么他因为金钱而遭遇的事情，也常常因另一些原因而发生。如果军队的供给阙如，或饥馁而死，或战斗而亡，这时它总是选择战斗，这不仅更为荣耀，命运也会以某种形式对它有所眷顾。此外也常可以看到，当将领发现敌军就要得到援助时，他们的上策是立刻作战，在战斗中碰运气，而不是坐待敌军壮大，给他的战事造成百般不利。还可以看到，在面对要么逃跑要么战斗，舍此无他的情况时（哈斯德鲁巴在马尔什河受到克劳狄乌斯·尼禄和另一位罗马执政官的攻击时，就面对这种局面）③，将领总是选择战斗，这种策略虽不牢靠，但对他而言还有获胜的机会，而别的办法只会使他失败。将领

① Justin，XXV 1 – 2. 这个马其顿国王是安提柯。
② P 12.
③ Livy，XXVII 48. 另一个执政官是马库斯·利维乌斯。

违背自己的意愿投入战斗，造成这种被迫无奈情况的原因很多，有时缺钱也是其中之一，然而还是不可因此而把金钱视为战争的筋骨，而对另一些迫不得已的因素置之不顾。所以，我要再说一遍，战争之筋骨，不是金钱，而是精兵。

3　　从第二位的意义上说，金钱是必要的，但精兵强将本身就能赢得这种必要之物。金钱可以成为精兵强将之后盾，金钱本身却找不来精兵强将。史乘如烟，记载无数，在在证明了这个道理的正确。伯里克利曾劝说雅典人同整个伯罗奔尼撒半岛开战，他向他们表明，以雅典人的勤奋和财力，他们能够打赢这场战争。[①] 虽然他们在战争中也曾风光一时，但终究还是输掉了；斯巴达的谋士和士兵比雅典的金钱更有价值。但就这方面的见识而言，提图斯·李维的证言比另一些人更正确，在谈及亚历山大大帝如果开进意大利，能否征服罗马人时，他列出了战争的三个必要条件：精锐的大军、精明的将领和运气。在评价这些方面更占优势的是罗马人还是亚历山大时，他的结论中始终没有提到金钱。[②] 当卡普阿人应西里西亚人的请求，为他们拿起武器与萨谟奈人作战时，他们只能以金钱而不是士兵来衡量自己的实力；他们既然采取了援助西里西亚人的策略，那么在两度战败以后，他们为自救计，也只能把自己变成罗马人的贡品。[③]

---

① Thucydides, I 141 – 43.

② Livy, IX 17 – 19.

③ Livy, VII 29 – 31.

第十一章　和名声虽好但实力不济的君主交好，实为不智之举

　　提图斯·李维希望表明，西里西亚人相信坎帕尼亚人，是犯了过失，坎帕尼亚人自信能够保护他们，也是个错误。他以下面这句话，做出了再生动不过的说明："坎帕尼亚人给予西里西亚人的援助，是徒有保护之名而无其实的。"① 这里尤须注意的是，有些君主，由于地处边远，无法给你提供援助，或是由于自己治理无方和另一些原因，不具备援助的实力，同他结成的同盟，得到的只有虚名而不是援助。今天的佛罗伦萨人就有过这样的遭遇，1479 年，教皇和那不勒斯国王来攻打他们，他们是法国国王的朋友，然而从这种友谊②中却只得到了"名分而不是保护"。③ 相信马克西米连皇帝的君主也是如此④，因为这种友谊只会给人带来"名分而不是保护"，就像这里所说

---

① 拉丁文引文，与原文有出入，见 Livy，VII 29。

② *FH*，VIII 10 – 18.

③ 拉丁文引文，见 Livy，VII 29。

④ 参见 *P 23*。

的卡普阿人送给西里西亚人的东西一样。

2　　卡普阿人便犯下了这样的错误，因为他们高估了自己的实力。一些人常常失之于谨慎，他们既不知道如何自保，也没有能力自保，却承担起保护别人的任务。塔兰托人也是如此，当罗马军队进攻萨谟奈人时，他们派特使去罗马执政官那儿，想让他理解，他们希望两地的部族和睦相处，他们将向任何破坏和平者开战。执政官对这种建议一笑了之，他当着特使的面，下令吹响战斗的号角，命令军队投入战斗。他不是用言辞，而是以行动向塔兰托人表明，他们只配得到那样的回答。① 我在这一章讨论了君主保护别人的错误政策，在下一章里，我要谈谈他们自卫时采取的政策。

---

① Livy，IX 14，执政官帕皮利乌斯·柯尔索并没有一笑了之，而是说鸡人已经宣布卜象有利，祭牲的过程也很顺利，这说明神灵的权威在支持罗马人行动。

第十二章　担心受到进犯时，是主动出击，还是坐等战争

　　我不时听到一些精通军事的人争论，两位君主的实力大体
旗鼓相当，如果较强的一方对另一方宣战，后者怎样应对才是
上策？是在境内坐等敌人，还是开到其境内攻击他？我听到双
方各有自己的理由。为主动出击辩护的人，提到了克罗伊斯给
居鲁士的建议，当后者抵达马萨盖提人的边境，就要向他们开
战时，马萨盖提的女王塔米丽丝送来口信说，他应在他所需要
的两种策略中做出选择：进入她的王国，她在那儿等着他，或
让她出来迎击他。这事引起了争执，克罗伊斯力排众议，认为
居鲁士应当进攻她。他陈述的理由是，如果居鲁士在她王国的
境外战胜她，他无法占领其王国，这将给她喘息的时间；如果
他在境内战胜她，便可乘胜追击，不给她喘息的机会，从而能
够占领她的国家。① 他还提到了国王安条克打算向罗马人开战
时，汉尼拔给他的忠告。他阐明了除非在意大利境内，不可能
征服罗马人，因为那儿的另一些人能够利用自己的武器、财富

---

　　① Herodotus，I 205 – 15.

和朋友；如果在意大利之外与他们作战，让意大利依然保持自由，他们在需要时就不会缺少人力资源。他断定，与夺取帝国相比，能够从罗马人手中更快地夺取罗马；与夺取另一些行省相比，能够更快地夺取意大利。① 他还提到了阿加索克勒斯，后者虽然无力在境内御敌，却向同他开战的迦太基人发动进攻，迫使其求和。② 他也提到了西庇阿，后者通过进攻阿非利加，平息了意大利的战事。③

2　　　意见相反的人则说，凡是想让敌人遭受厄运的人，应当使其离开家园。他为此提到了雅典人，他们在境内作战时总占优势，但是当他们离开雅典，发兵西西里时，他们便失去了自由。④ 他又引用充满诗意的传奇，其中讲述了利比亚国王安泰俄斯在受到埃及人海格利斯攻击时，只要他在王国境内坐等敌人前来，他就是不可战胜的。可是狡诈的海格利斯使他走出自己的王国，结果丢掉了国家和自己的性命。安泰俄斯的神话便是由此而来，他立足于大地，从其母亲大地女神那儿恢复自己的力量，海格利斯得知这一底细后，便把他抬起来，让他离开了大地。⑤ 那人还提到那不勒斯国王斐迪南，此人当时被视为一个极精明的君主，听到法国国王查理八世打算进犯他的谣言时（在他去世前两年），他做了大量准备，然后病倒。垂危之

① Livy，XXXIV 60.

② Justin，XXII 4 – 7；Livy，XXVIII 43.

③ Livy，XXVIII 43 – 44.

④ Thucydides，VI – VII.

⑤ 参见 Pindar，*Isthmian Ode*，4；Lucian，*Pharsalia*，IV 609 – 53；Ovid，*Metamorphoses*，IX 183 – 84；Dante，*Convivio*，III 3. 7；*Monarchia*，II 7. 10。

际，他留给其子阿方索不少手谕，其中一条是，他应在自己的王国等待敌人的到来，万万不可把军队派往国外，而应在境内以逸待劳。阿方索没有听从这一忠告，他把军队派往罗马格纳，未经一战便失去了军队和国家。

除了以上所述，双方还举出一些理由：进攻者的勇气大于等待者，这能鼓舞军队的士气；此外，他使敌人丧失了许多可以利用的优势，譬如无法利用他俘获的臣民。若是在敌人的境内作战，君主在攫取臣民钱财、动用劳役时不能过于放肆，就像汉尼拔说的，他将耗尽战争的资源。此外，他们置身于别人的家园，士兵不得不投入战斗，就像我们经常说的那样，这必能增加优势。另一方面，主张等待的人认为，等待大有好处，你没有任何麻烦，却能在供给和一切军需物资方面给敌人造成很多麻烦。你更容易挫败他的计划，因为你比他更了解地形。你可以有更多的军力同他对抗，因为你很容易把他们聚集起来，而这是你离开家园时根本不做到的。哪怕战败，你也不难东山再起，因为你的军队可以就近避难以保存实力，或是因为提供增援的距离不远。你有可能使自己的整个军队遭遇风险，却不会失去全部运气；如果离开家园，你固然不会使自己的全部军力遭遇风险，却可能失去全部运气。有些人为了削弱敌人，就让他们在自己的家园待上数日，占领许多城镇，留下守备的军力，从而削弱了敌人，就可以使打败他们变得更加容易。

不过，根据我的理解，我认为必须做出以下区分：我的国家是像罗马人或瑞士人那样武器精良，还是像迦太基人或法兰克国王和意大利人那样没有武装。在后一种情况下，就应当在境外同敌人作战，因为你的优势在于金钱而不在于人，只要你

3

4

搞钱的路子一断,你将一筹莫展;而最容易阻绝这条路的,就是在境内作战。这方面的例子是迦太基人,他们的祖国未受到侵犯时,他们能够以自己的财力向罗马人开战,而在受到阿加索克勒斯的进犯时,他们却无力抵抗。当卢卡的大公卡斯特卢齐奥攻入佛罗伦萨人的境内时,后者一败涂地,为求保护只好自愿臣服于那不勒斯国王罗伯特。① 但是在卡斯特卢齐奥死后,还是这些佛罗伦萨人,却有了在米兰境内进攻大公、夺取其王国的勇气。② 他们在远征中表现得那么优秀,而在家乡附近却表现得如此懦弱。如果一个王国像罗马和瑞士那样武装精良,你越是接近他们,就越难以征服他们,因为与攻击别人相比,他们能聚集起更大的军力抵抗进犯。在这一点上,哪怕是汉尼拔这样的权威,也无法使我改变看法,他对安条克说的那番话,乃是出于欲望和他的利益。假如罗马人像在意大利被汉尼拔打败那样,在相同的时间内,也在法兰克经历三次失败③,那么他们无疑也会被消灭的。他们无法像在意大利那样利用军队的残部,他们既无重整旗鼓的机会,也不能和他们能够加以利用的军队一起抗敌。在征讨一个君主时,他们从未派出超过五万

---

① *FH*, II 29 – 30.

② 佛罗伦萨人于 1353 年发动战争,是"因为大主教［米兰的乔万尼·维斯孔蒂］的野心"。此时距卡斯特卢齐奥去世(1328 年)已经 25 年。参见 *FH*, II 42。佛罗伦萨人从 1390 年到 1402 年,在抵抗乔万尼·加莱佐·维斯孔蒂(号称"美德伯爵",他是最早获得大公头衔的人,曾试图成为意大利国王)夺取托斯卡纳的战斗中,表现得"十分勇敢,可歌可泣"。参见 *FH*, I 27, 33;III 25, 39。

③ 可能是指提契诺河、特拉苏门湖和坎尼的三场战役。参见 Livy, XXI 45 – 46;XXII 4 – 7, 43 – 50。

人的军队，但在第一次布匿战争后，当他们保卫自己的家园时，却能武装起一百八十万人对抗法兰克人。他们也无法像在托斯卡纳打败法兰克人那样，在伦巴第打败他们，因为面对如此数量的敌人，他们没有能力发兵远征，以优势兵力同其作战。辛布里人在日耳曼打败了一支罗马军队，罗马人在那儿一筹莫展。但是当辛布里人到了意大利时，他们却能集中全部军力，在境内歼灭辛布里人。① 在瑞士人的家乡以外，不难战胜瑞士人，他们能派出的军队不过三四万人；在国内战胜他们却是难上加难，因为他们能够聚集起十万大军。所以我要再次断言，君主若有武装精良的人民，不懈于备战，他就总是应在国内等待战争，不要主动出击；若是臣民没有武装，国民不惯于征战，那么他就应当尽量让战事远离家园。如此可使他们各展其长，方为最佳的自卫之道。

---

① Plutarch, *Marius*, 16 – 27.

第十三章　卑贱者飞黄腾达，更多地依靠欺诈而非武力

1　　我以为有一件事情是千真万确的：有些人登上权贵的地位，要么由于别人的馈赠，要么因继承而获得，但小人物不靠欺诈和武力而跻身于权贵，这种事却是极为罕见，或根本不可能发生。此外，我不信单凭武力足以竟其功，但仅靠欺诈却绰绰有余。马其顿人菲利普①、西西里人阿加索克勒斯②以及许多类似的人物，他们寂寂无名，出身卑贱，却能夺取一个王国或成就一番大事业，看看他们的生平，即可明白这一点。色诺芬在其《居鲁士上行记》③中表明了行骗的必要。他所描述的居鲁士，在对亚美尼亚国王的远征中充满了欺诈；他笔下的居鲁士，夺取王国靠的不是武力，而是行骗。他从这种行为中得出的唯一结论是，想成就大事业的君主，必须学会行骗。此外他还描述了居鲁士如何以种种手法，欺骗他的舅舅，米底人的国王基亚

①　马其顿的菲利普二世，见 Justin，VII – IX。

②　Justin，XXII – XXIII；P 8.

③　Xenophon，*The Education of Cyrus*，I 6；II 4；III 1；IV 1, 5；V 5.

克萨里斯；他表明，不靠欺诈，居鲁士不可能取得那些丰功伟业。我不相信能够找到哪个出身卑贱的人，仅凭赤裸裸的武力，坦坦荡荡的处事，就能够建立大帝国，但是仅以欺诈手段却能干得不错，譬如乔万·加莱佐骗取了其叔父莫塞尔·伯纳博在伦巴第的国家和帝国。①

君主在发迹之初必须做的事情，也是共和国必须做的，直到它们仅凭武力即可立足。罗马既出于天命，也基于抉择，事事采取成就大业所必需的手段，它在这方面自然也不甘人后。它最大的骗术，无过于最初采取拉拢人加盟的手法（我们在前面讨论过）②，它以盟友的名义，把他们变成了奴仆，这便是拉丁人和另一些不知所措的部族的遭遇。它先是借助于他们的武装征服周边的部族，为国家赢得威望；在他们就范以后，它的势力大增，可以打垮任何人。直到萨谟奈人两次战败、被迫接受了和约后，他们才意识到自己的奴仆身份。这一胜利大大增强了罗马人在边远地区的君主中的威望，他们只闻罗马的名声，却不知其军队，于是那些见过或听说过罗马军队的人，其中也包括拉丁人，便产生了嫉妒和猜疑。③ 这种嫉妒和惧怕颇为强烈，不仅拉丁人，而且他们在拉丁姆的殖民地，还有不久前受其保护的坎帕尼亚人，开始密谋打击罗马的名声。如前所述④，拉丁人所采取的方式是，大多数战事最初不是针对罗马人，而

---

① *FH*, I 27.

② 卷 2，4.1。

③ Livy, VII 38, 42；VIII 1 – 6.

④ 卷 2，2.9。

是去保护受到萨谟奈人攻击的西里西亚人，因为萨谟奈人的进
攻，是得到罗马人默许的。究其实质，拉丁人所以开战，是因
为他们识破了骗局，提图斯·李维借拉丁人的军事执政官安尼
乌斯·塞提努斯之口，证明了这一点，他在议事会中说："即
使现在，在平等盟友的表象下，我们也会遭受奴役。云云。"①
由此可见，在罗马人最初的壮大过程中不乏欺诈；对于想从微
不足道的开端登上巅峰的人，这也是必须运用的伎俩；正如罗
马人之所为，它越是隐蔽，就越不应当受到责备。

---

① 拉丁文引文，见 Livy, VIII 4。

第十四章　认为可以用谦卑战胜傲慢的人，往往是在自欺

经常可以看到，谦卑不但无益，反而有害；对于因妒忌或别的什么原因，对你怀恨在心的顽梗之人，以谦卑相待，就更复如此。我们的史家①以罗马人和拉丁人的战争起因，证明了此点。当萨谟奈人因拉丁人的进犯而向罗马人诉苦时，罗马人不想惹他们生气，故也不想制止这场针对拉丁人的战争。这不但没有让他们生气，反而使其更加勇敢地同拉丁人对抗，更快地暴露了他们作为敌人的嘴脸。② 前述拉丁人的军事执政官安尼乌斯在议事会上的演说，也证明了这一点。他说，"各位曾拒绝给他们援兵，考验了他们的耐心；谁怀疑过他们会被激怒？但他们忍受了这一痛苦。他们听说我们正在组织一支军队，要去讨伐他们的盟友萨谟奈人，他们却没有出城。要不是清楚我们的实力和他们的实力，他们怎会裹足不前呢？"③ 从这段文献

1

---

① 指李维。——译者注

② Livy, VIII 2.

③ 拉丁文引文，见 Livy, VIII 4，有两处重要的删节。

可以十分清楚地看到，罗马人的忍耐使拉丁人更加愤怒。一个君主除非能够——而且人们也相信他能够——把握局势，以不失体面的方式做出让步，否则切不可自愿掉价，切不可事事让步。如果事情到了这种地步，你无法以上述方式让它发生，那么让人用武力夺取，总是强于因惧怕武力而放弃。假如你因惧怕而放弃，你想以此避免战争，那么你十有八九避不开它。你对别人做出让步，从而暴露了自己的懦弱，那人肯定不会止步不前，他会对你得寸进尺，使你蒙受更多的耻辱，因为他已不把你放在眼里。此外，你还会发现，自己的保护者也更加冷漠，因为他们觉得你这人太孱弱，太胆小怕事。但是，假如对手一暴露他的心思，你就立刻备战，哪怕在军力上逊于他，他也会高看你一眼；那些邻近的君主，也会更加敬重你；因为你自暴自弃而不想帮忙的人，也会因你的武装而产生施以援手的愿望。当你只有一个敌人时，即可明白这一点；假若敌人不止一个，那就用自己的财物贿赂其中的一个，使其倒戈，即使它已经宣战。让它脱离你的敌人的同盟，总不失为一项精明的策略。

第十五章　弱国总是优柔寡断；
决断迟缓总是有害

关于这个问题，以及拉丁人和罗马人之间战事的起因，还有值得留意的一点：对于必须做出决定的事情上，提供建言时不要老是说些模棱两可的大道理，而要把握住细节。从拉丁人打算摆脱罗马人时得到的建议，即可清楚地看到这一点。对于这种恶劣的情绪在拉丁诸部族中的蔓延，罗马人早有预见。为求安顿局面，看看能否不必拿起武器就让他们回心转意，罗马人要求他们派八名公民来罗马，他们要征询这些人的意见。① 拉丁人得知这事后，自知做过不少忤逆罗马意愿的事情，便召开议事会，确定派谁去罗马，以及就应当说些什么做出指示。他们的军事执政官安尼乌斯参与了议事会的辩论。他说："以我的判断，你们需要考虑的当务之急，是做些什么，而不是说些什么。只要商议妥当，使措辞合于事理又有何难哉！"② 这无疑是真知灼见，每个君主和共和国都应细细品味。如果他们对

---

① Livy, VIII 3 – 4. 李维说，罗马人召集了十名拉丁人的领袖。

② 拉丁文引文，见 Livy, VIII 4. "你们需要考虑的"是马基雅维利所加。

于自己打算做什么还浑浑噩噩，拿不定主意，他们也不可能知道如何措辞；如果他们意志坚定，成竹在胸，则措辞之事，岂非易如反掌？我时常发现，模棱两可之论祸及公务，使我们的共和国蒙受伤害与羞辱，故而不由自主地对此颇为留意。可以断定，举棋不定时，最需决断的勇气；当软弱的人需要别人的建言才能做出决断时，总会出现模棱两可的言辞。延宕决策之害，不亚于模棱两可的决策，涉及援助盟友的决策更是如此；因为行动迟缓，他不但帮不了别人，还会害了自己。意志和实力的薄弱所导致的决策，或恶劣的决策者做出的决策，那些因为感情用事而想让国家毁灭或满足其另一些欲望的人，非但不会使这种决策得到落实，而且会对其百般阻挠。优秀的公民，即使看到民众的狂热有害，也绝不会杯葛决策，尤其是那些刻不容缓的决策。

2   叙拉古的暴君希耶罗尼姆斯死后，迦太基和罗马人之间爆发了大战，这在叙拉古人中间引起一场争论：他们是该忠实于罗马人的友谊，还是顺从迦太基人？① 双方情绪激昂，局势一直暧昧不明，也无法做出任何决策，直到阿波罗尼德斯，叙拉古的俊杰之一，在一次充满睿智的演说中申明，有人认为应当追随罗马人，对他不必给予谴责；有人认为应当赞成迦太基派，对此也无须怪罪；最可恶的是含糊其辞和迟疑不决。在他看来，共和国的覆灭与含糊其辞携手而行；只要做出决断，无论它是什么政策，总有某种善果可期。提图斯·李维的相关言论再好不过地揭示了悬而不决的危害。他用拉丁人的例子证明了这一

---

① Livy, XXIV 28.

点：当拉维尼人应他们的请求提供援助对抗罗马人时，拉维尼人延宕多时才做出决断，以至于他们的援军刚走出城门，就传来了拉丁人战败的消息。他们的军事执政官米洛尼乌斯就此说道："这短暂的进军，将使我们为罗马人付出沉重的代价。"①无论是否援助拉丁人，倘若他们立刻做出决定，那么如果不援助，也不会激怒罗马人；若是给他们援助，那也将是及时的援助，他们能够联手获胜。正如他们的遭遇所示，迟疑不决让他们输得精光。如果佛罗伦萨人对这段文献有所留意，那么当法王路易十二开进意大利攻打米兰大公卢多维科时②，他们本不会让法国人给他们带来那么多伤害和麻烦。法国国王为入境事进行交涉，希望和佛罗伦萨人达成一项协议，佛罗伦萨的信使同国王就要达成协议，他们将保持中立，国王进入意大利后则要维护他们的国家，把他们置于他的保护之下。国王给了该城一个月的时间批准这项条约。有人却极为不智，居然支持卢多维科的事业，迟迟不批准这一协议，直到法国国王胜利在望，等到佛罗伦萨人想批准它时，国王已经不予接受了。因为他知道，佛罗伦萨人是被迫接受他的友情，而不是出于自愿。佛罗伦萨为此破费了大量钱财，甚至差点儿丢了自己的国家，就像后来因类似原因而发生的事情一样。这种政策应当受到更多的谴责，因为它甚至对卢多维科大公也没有好处，假如他获胜，他会比法国国王更加仇视佛罗伦萨人。共和国因为软弱而表现

---

① 拉丁文引文，见 Livy，VIII 11。
② 1499 年。

恶劣，我在别处已经做过讨论①，既然新的事例给了我重申的机会，我就不妨再说一遍，因为依我之见，这是我们这类共和国尤须重视的事情。

---

① 卷1，38.2 - 4。

第十六章　当今的军队极不符合古代体制

　　在罗马人同所有部族的所有战事中，最重大的战事，莫过于托克图斯和德希乌斯担任执政官时，他们同拉丁人的战争。[1]一切事实都表明，正像拉丁人因为失败而变成了奴隶一样，倘若罗马人没有获胜，他们也会变成奴隶。提图斯·李维便持有这种看法，在他的笔下，双方的军队无论体制、品质、顽强精神还是数量，概无差别，他指出的唯一差别，是罗马军队的首领比拉丁军队的首领更优秀。还可以指出这一战事中发生的两件事，它们既不见于往昔，后来也罕有类似的事例：这两个执政官为保持士兵的士气，服从命令果敢作战，他们一个自杀身亡，另一个杀死了自己的儿子。李维还提到双方军队的另一些相似之处：他们长期在军中服役，语言、建制和武器都很相似。他们作战时遵循着相同的模式，军阶和首领有着相同的名称。既然他们有着相同的实力与品质，必有某种不同寻常的因素出现，才会使一方意志坚定，比另一方更加顽强；正如我们前面

---

① Livy，VIII 6 – 11.

说过的①，胜利就存在于顽强之中，鏖战中的军人，只要胸中
具备这种精神，则军队绝不会后退。罗马人的顽强精神胜过拉
丁人，部分地因为执政官的命运，部分地因为他们的德行，使
得托克图斯必须杀死自己的儿子②，德希乌斯［必须自杀］身
亡。③ 提图斯·李维在揭示两军的相似之处时，对罗马人在军
队和战斗中坚持采用的制度做过全面的说明。他的解释颇为周
全，不劳我再重复。我只想讨论其中我认为值得借鉴的地方，
它们受到当今的所有将帅的忽略，从而导致了军队和战斗中的
许多混乱。故而我要指出，从李维的著述中可以看到，罗马军
队有三个在托斯卡纳语中称为"队列"（schiere）的主力师团，
他们把第一师团称为"阿斯塔蒂师"（astati），第二师团称为
"普林西比师"（principi），第三师团称为"特里亚利师"（tri-
ari），每个师团都有自己的骑兵。作战时，他们把"阿斯塔蒂"
置于最前列，让"普林西比师"紧随其后，把"特里亚利师"
安排在这一阵形的最后。他们把这些师团的全部骑兵布置在三
支军队的左右两侧。根据其形状和位置，这些骑兵队被称为
"翼"（alae），因为它们看起来就像一体之两翼。他们让处在一
线的军队，即"阿斯塔蒂师"，保持密集的队形，以利于攻击
或抵御敌军。二线军队，即"普林西比师"，不是先投入战斗，
而是用来解救遭到打击后回撤的军队，所以他们把它安排得不
十分密集，而是使队列较为疏松，不必打乱布阵，即可接纳在

---

① 卷 1，14 – 15。

② Livy，VIII 7.

③ Livy，VIII 9.

敌军压迫下不得不后撤的一线军队。三线军队的"特里亚利师"比二线军队的布阵更为疏松，使其能够接纳一二线军队，即"阿斯塔蒂师"和"普林西比师"。这三支军队就是这样联合作战的。假如"阿斯塔蒂师"被迫撤退或被打败，他们便撤入"普林西比师"队列的空隙，两支军队合为一体，共同投入战斗。如果他们又被迫后退，就撤入"特里亚利师"队列的空隙，三支军队合为一体，重新投入战斗。假如他们全被打败，由于他们再也无法恢复元气，他们便输掉了战事。只要最后一支军队"特里亚利师"投入战斗，整个大军便危在旦夕了，于是有了一句谚语："事情不妙，只能靠特里亚利了"[1]，它在托斯卡纳语中的意思是："我们已经孤注一掷。"

　　我们今天的将领，已放弃了所有其他制度，不再遵从古人的教诲，所以他们也抛弃了这种策略，此事非同小可。如果一个人在战斗中有三次重整旗鼓的机会，他便有运气让敌人遭受三次失败；想把他征服，也需要具备打败他三次的优势。如果有人只能经受第一次攻击，就像今天所有的基督教军队那样，那么他是很容易失败的，因为任何混乱、任何不起眼的优势，都能使他与胜利无缘。我们的军队失去了三次重整旗鼓的能力，是因为我们丢弃了用一个队列接纳另一个队列的战术。发生这种事情，是因为今天的战事采取了两种错误的政策，一是让士兵肩并肩组成队形，使布阵宽度有余而纵深不足，一线与后方之间没有距离；二是相反，为使军队更加强大，他们以罗马人的方式压缩队列。假如一线军队失败，因为没有安排用来接纳

---

　　① 拉丁文，引自 Livy, VIII 8。

一线的二线兵力，他们就会乱作一团，溃不成军。因为最前面的士兵溃退时，会给后面的士兵形成压力；后面的士兵打算冲上一线时，也会受到阻碍；一线士兵挤压二线士兵，二线士兵又挤压三线士兵，阵形随之大乱，最不起眼的变故也能使军队溃败。西班牙和法国的军队交战于拉韦纳（法军将领富瓦伯爵便是阵亡于此地），是我们这个时代最著名的一场战役，就是以上述方式组织的，双方军队都以肩并肩的方式布阵，也就是说，双方都只有一条战线，宽度有余而纵深不足。只要有拉韦纳那样的开阔地作为战场，他们便总是采取这种布阵方式。他们明白撤退时造成的混乱，为了避免这一弊端，只要有可能，他们就把军队排成一列，使战线十分广阔，就像我们前面所说的那样。如果地形对他们构成限制，他们便会陷入上述混乱，没有其他任何办法。他们就是以这种混乱的阵形开进敌人的领土，或是大事劫掠，或是为取得战争的另一些目的。法国国王查理进入意大利时，佛罗伦萨人因比萨的反叛而向这个城市开战，在其领地圣雷格罗被打败，无论在这里还是别的地方的失败，首要原因就是作为友军的骑兵。他们在前面被敌军击退后，把佛罗伦萨的步兵冲得七零八落，导致了整个军队的溃败。佛罗伦萨步兵的前任首领摩赛尔·西里亚科·德·博格，多次当着我的面断定，要不是他朋友的那些骑兵，他绝不会失败。瑞士人是现代战争的行家里手，当他们受雇于法国作战时，最留意的就是让自己处于侧翼，这是为了友军的骑兵被击退时，不至于冲入他们中间。虽然这事看起来既不难理解，也很容易做到，却不见哪个当代将领效法古人的策略，纠正现代的做法。他们或许也有自己的军队三分法，如先锋队、主战师、后备军

云云，但除了方便自己安营扎寨，他们并不把它用于其他目的。正如前面所言，他们把这些军队投入战斗时，几乎总是使其遭受同样的命运。

许多人为了替自己的无知开脱，便说炮兵的威力不允许把 3 古人的办法用于现代。我打算在下一章讨论这个问题，我要评价一下，炮兵是否构成一种障碍，使人们无法采用古人的垂范。

第十七章　当今的军队是否应当重视炮兵；对它的普遍看法是否正确

除了以上所论，当我思考罗马人在不同时间从事的无数野战（我们今天用一个法语词"journées"，也就是意大利人所说的"大战役"）时，脑海中浮现出一个许多人持有的普遍看法：假如当时也有炮兵，罗马人不可能——或不易于——得到那些行省，让百姓给他们输捐纳贡，他们无论如何也得不到那么多财富。这些人又说，由于这种火器，人们再也无法运用或展示古人的德行。他们还补充上第三条理由：今天的人参与战斗，要比古人更加困难，不可能在他们中间维持古人那种纪律，所以战争终将简化为炮战。讨论一下这些意见的对错，火炮是提高还是削弱了军力，它为将领提供了展示德行的机会还是剥夺了这种机会，我以为不算跑题。先来谈谈他们的前一种意见吧：假如当时就有火炮，古罗马人不会取得那样的功业。对此我要回答说，战争不是为了自卫，就是为了进攻，我们先来看看这两种战争的利弊。对于两者虽然都可以说出某些道理，不过我认为，自卫较之进攻更为有害，这是不必比较就可以明白的事情。我这样说的理由是，自卫者要么在城内，要么就是在栅栏

围起的军营内。如果是在城内，此城可能是一座小城，比如一
座要塞的大部，也可能是一座大城。如果是一座小城，以火炮
的威力，无论城墙多么坚固，也能在数日内攻破。城内的人若
没有用于后撤、筑有壕沟和工事的足够空间，那么他们必败无
疑。敌军若从城墙缺口攻入，他们无力抵挡。炮兵也帮不了他
们的忙，因为凡是在人能组成密集队形攻击的地方，火炮是挡
不住他们的，此乃公认的定理。因此，在守城战中，暴怒的教
皇至上派势不可当；意大利人的攻击易于抵挡，是因为他们投
入战斗时从不集结成群，而是分散成小股［他们很恰当地称为
"散兵作战"（scaramouches）］。对于以这种拙劣的队形攻入城
墙缺口的军队，火炮就成了对付他们的致命武器。但是，如果
他们以层层叠叠的密集队形冲向缺口，又没有战壕和工事的阻
拦，他们就会充塞于任何地方，火炮也挡不住他们。就算歼灭
其中一部分，火炮的数量也不足以阻挡他们获胜。看看教皇党
在意大利的许多攻城战，尤其是布雷西亚的攻城战，即可知确
知此点。这座城市反叛法国人，它的要塞却仍在法国国王的掌
握之中。威尼斯人为抵挡要塞可能对城市发动的进攻，把炮兵
布置于要塞通往城市的整条道路上，前线、两侧和所有合适的
地方。富瓦伯爵对此置之不理，率领他的部队徒步穿过炮兵阵
地，占领了城市，没听说他遭受任何损失。所以，正如前述，
守卫小城的人，如果没有用于撤退的战壕和工事，城墙又被轰
开缺口，只能靠炮兵抵抗，他立刻就会失败。

即使你守卫的是一座大城市，具备撤退的便利，那么不必
进行比较也可知道，火炮对于城外的人比对城内的人有用。首
先，为了用火炮打击城外的人，你必须把它抬到比城市更高的

地方。如果让火炮待在地面，敌军用简陋的工事和壕沟即可保障自己的安全，你无法打击他们。你必须把火炮拉到城墙的甬道上，或以无论什么方式把火炮抬高到地面以上，为此你将面对两个难题。第一，你无法把体积和威力与攻城者的火炮相同的火炮搬到那种地方，因为你无法在狭小的空间搬运大东西。其二，就算你把它们搬到了那儿，你也无法修筑保护这些火炮的坚固牢靠的工事，城外的人却可以做到这一点，因为他们是在地面，有着充裕的空间。如果城外的人拥有许多威力更大的火炮，那么谁也不可能通过把火炮置于高处守住城池。假如只能把火炮置于地面，那么正如上面所言，它的威力也就大打折扣。可见，守城者除了像古人那样赤膊上阵以外，只能利用轻型火炮。既然轻型火炮的作用不大，这种劣势也就把火炮的优势给抵消了。如果城墙为此而建得较低，并有沟壑环绕，一旦攻破城墙或填平了壕沟，城里的人就会处于更不利的条件。因此，如我前面所说，这些火器对攻城者用处大，对守城者用处小。

3　　第三个问题——退到栅栏围起的军营，缺少有利战机，就不作战。我的看法是，在这种情况下，除了古人的战法，你没有其他自卫的手段；考虑到火炮的存在，你往往处于更大的劣势。如果敌军来犯，在地形上又像经常发生的情况那样，比你稍占优势，或在他们到达时你来不及把工事加高，使自己得到很好的保护，他们就会立刻把你赶出来，对此你毫无办法，只好到要塞外边作战。西班牙人在拉韦纳一役中就有此遭遇，他们躲藏在龙科河和一道工事之间，由于法国人在地形上稍占优势，他们便被大炮赶出了要塞，不得不到外面厮杀。像经常遇

到的情况那样，假如你的营地比进攻者更有利，工事也坚固牢靠，因为这种地形以及你的另一些防范措施，敌人不敢对你发动进攻，这时发生的情况，就会和据守于无法进攻的地方的古人的遭遇一样：劫掠乡村，夺取或围困对你友好的城镇，切断你的供给，逼迫你出来作战，如前所述，这时火炮就派不上多大用场了。只要想想罗马人的作战类型，看到他们几乎总是采取进攻战而非防守战，就会明白，如果以上所言属实，如果当时有［火炮］，他们将具有更大的优势，更快地实现他们的获取。

至于第二种情况——由于火炮的存在，使人们无法像古人那样展示他们的德行，我要说明的是，如果他们只能小股行动，如果他们必须攀登城墙，或是发动类似的进攻，他们无法聚集成群，只能一个一个地出现，那么与过去相比，他们的处境确实更加危险。此外，军队的将领也确实比过去面对更多的死亡危险，因为不管他们待在什么地方，火炮都能打到他们；就算有后备军，有彪形大汉的保护，也没多少用处。但是，这两种危险都很难造成不同寻常的伤害，因为以软弱无力的攻击，难以攀越或攻克防备充分的城池，但是如果打算夺取城市，便又回到了攻城战，这与古代的情况没什么两样。甚至在被攻克的城市里，危险也不比古代更大。因为当时的守城者也不缺少攻击的武器，它们虽然不是那么可怕，也足以致人死命。至于将帅和雇佣兵首领的阵亡，在当代意大利持续了二十四年的战事中①，这方面的例子并不比古代十年战事中的例子更多。除了

---

① 可能是指 1494 年到 1517 年或 1518 年查理八世对意大利的入侵。

洛多维柯·德拉·米兰多拉伯爵——数年前威尼斯人攻打费拉拉时，他阵亡于此地——和内穆尔大公——他阵亡于西里格诺拉——以外，无一人死于火炮，例如富瓦伯爵在拉韦纳就是死于刀剑而非火器。假如人们没有表现出特殊的德行，这并不是出现了火炮的缘故，而是因为军队的涣散和软弱；如果整体缺少德行，则他们也无法使其展现于局部。

5　　　他们提到的第三件事情——人们将不再进行肉搏战，战争将完全变为炮战，我认为这是一派胡言。所以，凡是希望军队在作战时效法古代德行的人，都会支持肉搏战的观点。训练精兵者，要让士兵习惯于短兵相接的演练或实战，让他们手执刀剑，同自己面对面地搏杀。基于下面就要谈到的理由，他们应当更看重步兵而不是骑兵。如果他依靠步兵，遵循上述方式，炮兵将变得毫无用处。在逼近敌军时，步兵更易于躲开炮火，比古罗马的步兵躲开大象、巨镰战车和另一些古怪武器——他们总有办法对付这些东西——的攻击还要容易。他们能够轻易找出对付火炮的办法，因为火炮能够形成杀伤力的时间，比大象和战车还要短暂。后者能使你在战斗中陷入混乱，而前者只会在战斗之前对你构成阻碍——步兵在开火时很容易避开这种阻碍，或是靠自然地形的掩护，或是匍匐前进。从经验上看，尤其是抵御重型火炮，甚至不一定需要这样做，因为它们做不到准确的瞄准，如果打得太高，就打到了你的身后；如果打得太低，则够不到你。军队进入肉搏战时，无论是重型还是轻型火炮，都无法伤害你，这道理就像青天白日一样清楚。如果他们把火炮布置于前线，它会被你缴获；如果将其置于后方，它所杀伤的不会你，而是自己的朋友。即使把它放在侧翼，也无

法伤害你，除非所处的位置使你能缴获它们，在这种情况下，其效果与前面说的一样。对此也没有什么争议。不妨看看瑞士人的例子。1513 年，他们在诺瓦拉同要塞中装备了火炮的法国人交战，他们既无炮兵，也无骑兵，还是轻而易举地将其攻破。除了上面讲到的情况，其原因在于，要想让炮兵发挥作用，需要有城墙、战壕或工事的保护，缺少这些防卫手段，他们就会变成俘虏或毫无用处，这就是野战所发生的情况，单纯依靠人力保护的炮兵，只能落得这种下场。如果炮兵处于侧翼，他们也发挥不了作用，除非采取古人运用弩炮手的方式，即把他们置于军队的外边，使他们能够在队列之外投入战斗；只要他们被骑兵或其他兵力逼退，他们便躲到军团的后边。对此另有想法的人，不可能很好地理解这一点，他们是在相信一件很容易让自己上当的东西。虽然土耳其人用火炮打败了沙和苏丹①，但这不是因为火炮的优势，而是因为那种不同寻常的声响，使他们的战马受到了惊吓。

所以，我在这一讨论的最后得出的结论是，如果同古人的德行结合在一起，火炮是有益的，不然的话，它便没有多少用处。 6

---

① 1514 年，谢里姆一世在查尔德兰打败了波斯皇帝伊斯梅尔一世；1516 年在阿勒颇、1517 年在开罗附近又打败了埃及的马默卢克苏丹。沙是从 1500 年到 1736 年统治着波斯王朝的家族名称。

第十八章　鉴于罗马人的权威和古代战争的先例，应当更加重视步兵而不是骑兵

1　　有许多理由和实例可以清楚地证明，罗马人在其所有的作战行动中，都更加看重双脚构成的军力，而不是马匹构成的军力。他们的全部实力都是以这样的军队为基础，这有许多事例以可证明。譬如，他们在雷吉卢斯湖附近同拉丁人作战时，罗马的军队就要挺不住时，他们让马背上的人下来前去营救，他们以这种方式重新投入战斗，赢得了胜利。① 从这件事可以看出，罗马人显然更相信步兵，而不是马背上的士兵。他们在许多战斗中都采用这种极端方式，并且总能化险为夷。

2　　汉尼拔的看法也驳不倒这一点。在坎尼之役，他看到执政官命令骑兵下马，便嘲笑这种策略说："Quam mallem vinctos mihi traderent equites！"② ——这话的意思是："他们要是把骑兵捆起来送给我，那就更好了！"虽然这话是出自一个极为杰出

---

①　Livy，II 20.

②　引自 Livy，XXII 49。

的人物之口，但如果遵从权威的话，人们还是应当相信有着众多杰出将领的罗马共和国，而不是相信汉尼拔一人。就算没有可以遵从的权威，也有许多显而易见的理由相信这一点，徒步者能够到达骑兵到不了的许多地方；可以教会他们保持队形，队形乱了也可以使其恢复；让骑兵保持队形则很困难，一旦陷入混乱，不可能让它们恢复队形。此外，就像人一样，有些马匹勇气欠佳，有些马匹极欠缺勇气；经常出现这样的情况：一个懦夫骑着一匹勇敢的马，一匹懦弱的马上坐着一位勇士。这两种失衡的情况，都会导致无效和混乱。队形严整的步兵能够冲垮骑兵，虽然打败他们有一定困难。除了众多古今实例，这种观点也得到了一些为民兵制定规则的权威人士的肯定，他们表明，最早的战争是用骑兵进行的，因为当时还没有组织起步兵。但是一旦组建起步兵，人们立刻便知道了他们比骑兵有用得多。然而也不尽如此，在从事侦察、劫掠乡村、追击逃窜的敌人以及对抗敌方骑兵时，骑兵还是很有必要的。不过，军队的基础在于步兵，故应更加重视步兵。

　　使意大利遭受外国人奴役的那些意大利君主，他们犯下的最严重的罪行，就是对这种制度不屑一顾，只看重马背上的军人。这种恶劣的做法，既来自军事头领的歹毒心肠，也来自执掌国事者的无知。二十五年前，意大利的军事被交给这样一些人，他们不执掌国事，而是像军事冒险家一样。他们马上便琢磨着如何才能保住自己的声望，他们为此而武装自己，使君主没有武装。他们做不到长期供养大量的步兵，也没有可供他们役使的臣民，人数太少又不能给他们带来名望，他们便转向骑兵。供养两三百名骑兵，即可维持一个雇佣兵队长的声望，其 3

要价也不会让执掌国事者付不起。这使他们更易于维持自己的声望，于是他们变得对步兵无动于衷，毫不敬重，一心只想着骑兵。这种恶劣的制度变得如此严重，即使在最大的军队中，步兵人数也寥寥无几。这种习惯，再加上其他许多弊端，使意大利的军力羸弱不堪，所有的教皇至上派都可以轻松蹂躏这个地区。古罗马的另一个事例，使这种重骑兵而轻步兵的错误更形显著，罗马人驻扎在索拉城外时，一支骑兵从城里出来攻击兵营，罗马的骑兵队长率马队前去迎战，展开面对面的厮杀。巧的是，第一次交手，双方的首领便都阵亡，士兵们群龙无首，战斗却仍在继续。罗马人翻身下马，轻松地抵挡住敌人，迫使其为了自保也不得不下马应战。罗马人就这样获得了胜利。[①]这件事情再好不过地证明了步兵优于骑兵。如果说，在另一些战斗中，执政官让罗马骑兵下马是为了援救处境险恶、需要增援的步兵，然而在这个例子中，他们下马既不是为了救援步兵，也不是为了同步兵作战。他们在马背上同骑兵作战，但他们认为骑在马上无法取胜，下马作战反而更容易克敌。所以我要斗胆得出这样的结论：除非也使用步兵，要想打败组织精良的步兵是极为困难的。罗马人克拉苏斯和马克·安东尼率领极少的骑兵和大队步兵，多日穿行于安息人的领地，安息人则用大队骑兵对付他们。克拉苏和一部分士兵阵亡，安东尼却十分高明地逃脱出来。从罗马人遭受的这次磨难中可知，步兵大大优于骑兵，因为在山川河流稀少、远离海洋的旷野，没有任何优势可言，安东尼却能十分高明地逃脱，这是安息人自己也承认的。

---

① Livy, IX 22.

安息人的骑兵甚至不敢同他的军队一试身手。虽说克拉苏在那儿丢了性命，但是只要看看他的行为就会明白，与其说他是死于武力，不如说是死于受骗。即使在他指挥失当时，安息人也不敢对他发动攻击，他们一直环伺于他的周围，切断他的供给，许下诺言又不予兑现，才使他陷入了绝境。①

倘若没有大量的现代事例，充分证明了步兵优于骑兵，那么我估计自己得耗费更多的精力才能证明这一点。九千名瑞士人被派往我们前面提到的诺瓦拉，同一万名骑兵和数量相同的步兵作战并打垮了他们。骑兵无法对他们发动进攻，他们也不把步兵放在眼里，因为其中的大多数都是纪律涣散的加斯科涅军队。后来，两万名瑞士人被派往米兰同法国国王弗兰西斯作战，后者统领着两万骑兵、四万步兵和一百辆炮车。他们虽然没有像在诺瓦拉那样获胜，却打了两天漂亮仗，即使失败以后，也有半数人逃脱出来。② 马克·雷古鲁斯·安提利乌斯试图用他的步兵同骑兵和大象队作战。他的计划虽未得逞，但这并不是因为其步兵的品质不够优秀，使他无法相信他们能够克服困难。③ 因此我要再说一遍，要想打败组织精良的步兵，需要运用比他们更加优秀的步兵，不然只会失败。在米兰大公费里波·维斯孔蒂时代，一万六千名瑞士人进犯伦巴第，大公让卡米格诺拉挂帅，带领一千名骑兵和少

---

① Plutarch, *Antony*, 37-50；*Crassus*, 19-31. 据普鲁塔克说，克拉苏拥有骑兵四千，安东尼拥有骑兵一万六千。

② 指马里尼亚诺战役。

③ Polybius, I 33-34.

数步兵前去阻击。① 他不了解瑞士人的战术，率领自己的骑兵去迎击他们，以为能够立刻把他们打垮。但是当他发现敌人牢不可破、他的兵员损失惨重时，他便撤出了战斗。他是个颇能干的人，知道如何因时制宜，采用新的策略。他调来更多的军队，不顾他们的反对，让他们下马拿起武器，听从步兵首领的指挥，对瑞士人展开围攻。瑞士人对此一筹莫展，因为卡米格诺拉的步兵武器精良，能够轻易冲进瑞士人的队列而毫无损伤，冲进去以后又能轻易对他们发动攻击。结果是，虽然幸存者都保住了性命，但那［仅仅］是因为卡米格诺拉的仁慈。②

5 　　我认为，许多人都知道这两个军种存在着优劣之分。然而极为不幸的是，无论古代和现代的事例，还是人们对错误的悔悟，都不足以使现代的君主猛省。他们应当想一想，假如他们想在地区或国家的军事事务中赢得声望，他们必须复兴这种制度，尽可能予以效法，尊重它们，使它们获得新生。只有这样，他们才能不但保住性命，而且为自己赢得名望。他们偏离了这种模式，也就偏离了上述另一些模式。由此得到的不是国家的荣耀，而是损失，此乃我们下面就要讨论的话题。

---

　　① 　按 1531 年的版本，吉尔伯特又给了卡米格诺拉三千骑兵，因为"面对一万六千人的敌军，一千名骑兵似乎太少了"。

　　② 　此为 1422 年的阿尔贝多战役。

第十九章　进行扩张的共和国若是治理不善，不按罗马人的德行行事，只会走向覆灭，不会带来昌盛

　　这些与真理相悖的谬见，是建立在由于我们数百年的腐败而被认可的一些恶劣的先例上。这些谬见妨碍了人们回想起那些有益的方法。就在三十年前，谁能让意大利人相信，就像我们经常作为范例提到的诺瓦拉一役那样[①]，一万名步兵能在平原地带攻击一万名骑兵和同样数量的步兵，不但能够作战，并且能打败他们？史书中这类事例比比皆是，他们却仍不肯相信。就算他们肯相信，他们也会说，在今天这个时代，最好还是具备精良的武器，一队武装骑兵不仅足以对付步兵，并且能够无坚不摧。他们以这种虚假的托辞败坏了自己判断力。他们也不思考一下，卢库卢斯率领很少的步兵，就突破了提格兰的十五万骑兵，并且其中有些骑兵十分类似于我们今天的军人。[②] 既然这种谬见已被教皇至上派军队的事例戳穿，既然史书中有关

————————

①　卷2，17.5；18.4。

②　Plutarch, *Lucullus*, 24 – 28.

步兵的记载属实,所以他们也应当相信,古人的另一些做法既真实又有益。共和国和君主要是相信了这些事情,他们就会少犯一些错误,在对抗他们受到的攻击时也会更加强大,不至于让自己的愿望化为泡影。已经掌握了文明生活的人,将更加清楚如何以扩张的方式或维护的方式主宰这种生活。他们本应相信,增加城市的居民数量,广交盟友而不是让人称臣,向被占领的乡村派出殖民者,用战利品兴建城市,以劫掠和战斗而不是围困去征服敌人,维持公产的丰盈和人民的贫困,用极严格的手段训练军队,才是使共和国强大和建立帝国的不二法门。如果这种扩张方式不能称其心意,那么其他方式所能带来的收获,只能是共和国的覆灭;他们只能收敛自己的野心,用法律和习俗管理城内事务,禁止获取行为,只考虑如何自保、如何搞好战备,就像那些日耳曼共和国所做的一样,它们就是长期以这种方式生活的。然而,我在讨论扩张的制度和守成的制度之间的差别时说过①,共和国不可能长期维持安宁,苟活于它的自由而狭小的疆域。即使它不干涉别人,也会受到别人的干涉;而一旦受到干涉,扩张的愿望和必要性也会随之出现。即使它没有外敌,也会有内奸,大城市都有这种遭遇,概莫能外。日耳曼人的国家能够那样生活,而且能够维持一段时间,是因为它们拥有一些其他地方不具备的条件。如果缺少这些条件,它们是不可能维持那种生活方式的。

2　　我这里谈到的日耳曼地区,同法兰克和西班牙一样,也曾臣服于罗马帝国。当帝国逐渐衰落时,帝国的名声也在这一地

---

①　卷1,6。

区减弱，那些较为强大的城市，为了获得自由，开始每年用不多的贡品从帝国赎身，这要视皇帝的懦弱或强硬而定。这些直接由皇帝统治、不向任何君主称臣的城市，以类似的方式渐渐为自己赎了身。在他们为自己赎身时，一些臣服于奥地利大公的共同体也起而反叛大公，其中有弗里堡、瑞士人等等。他们一开始就取得了成功，逐渐变得强大起来，不仅不再接受奥地利的管辖，甚至变得令邻国生畏——他们就是今天所说的瑞士人。这个地区于是被瑞士人、一些共和国（他们称为自由市）、君主和皇帝所瓜分。这些不同的生活方式之间为何没有发生战争，或即使有战争，也未旷日持久，是因为有个皇帝的牌位在，他没有军队，却颇孚众望，成了他们的调解者；并且他也以中间人自居，使自己的权威摆脱了所有的麻烦。规模较大、时间较长的战争，都是发生在瑞士人和奥地利大公之间，虽然在许多年里，皇帝和奥地利大公是同一个人，但他从未能煞住瑞士人的嚣张气焰，除非采用暴力，从来不能让他们接受一纸条约。另一些日耳曼地区也没有给他提供多少帮助，因为那些共同体并不想伤害希望和他们一样生活在自由中的人，还因为那些君主无力提供帮助，这部分地是由于他们太穷，部分地是由于他们嫉妒他的权力。所以这些共同体能够满足于生活在自己狭小的地盘，多亏了有皇帝的权威在，他们没有理由产生更多的欲望。他们能够相濡以沫，共同生活在城墙之内，是因为附近就有他们的敌人，只要他们一陷入纷争，敌人就会乘虚而入。假如该地区没有这种条件，他们也会寻求扩张，打破宁静的生活。既然其他地方不存在这种条件，人们也就不可能采取这种生活方式，必须用结盟的办法进行扩张，或像罗马人那样进行扩张。

不这样行事的人，就不是在保全自己的生命，而是自寻死路，因为有无数条理由可以证明，他的扩张是有害的。他也许能获得一个帝国，却得不到实力，而没有实力的帝国最易于覆灭。因征战而劳民伤财的人，即使获胜，也会使自己变成穷光蛋，因为他是以入不敷出的方式作战，就像威尼斯人和佛罗伦萨人那样：过去前者偏安于海边一隅，后者满足于方圆数里的地盘，与那时相比，他们在拥有伦巴第和托斯卡纳之后变得更加虚弱。这都是因为他们只想获取，却不知获取之道。他们更应受到谴责而不是原谅，因为他们本可借鉴罗马人的方式，却没有能力将其作为自己的楷模。而罗马人并无任何先例，他们只靠自己的精明，就知道如何找出办法。此外，如果制度健全的共和国占领了一个奢靡的城市或地区，这种获取往往给它带来不小的伤害，它在同后者的交往中，会染上他们的恶习，先是罗马人，后来是汉尼拔占领卡普阿时，就发生过这种事情。① 假如卡普阿与罗马城相距遥远，士兵的错误无法及时得到纠正；或者，假如罗马的一部分人受到腐蚀，这种获取无疑会导致罗马共和国的灭亡。提图斯·李维为此提供了证言："卡普阿这个最不利于严肃军纪的享乐窝，让士兵们乐不思蜀。"确实，这种城市或地区既不用刀枪，也不必流血，便向侵略者报了仇。他们使其沾染上自己的恶习，使任何进犯者都能征服这些人。尤维纳利斯在《讽刺诗》（*Satires*）中，对此有绝妙的表述。他说，随着外邦的被占，外邦的习俗也进入罗马人心中，取代了节俭和另一些极出色的品德，"纸醉金迷之风盛行于他们的家

---

① Livy，VII 38–41；XXXIII 18.

乡，为被征服的世界报了仇"。当罗马人行事极精明、具备极好的德行时，获取尚且有害，对于那些与他们的制度相差甚远，只能运用金钱或雇佣军的人，姑不论前述他们犯下的那么多错误，会有怎样的结局呢？下一章将要讨论的许多弊端，经常因此而发生。

第二十章　君主或共和国利用雇佣军或援军有何危险

1　　对于雇佣军的无用和自己军队的益处，我在另一本书里没有详加阐述①，所以应在这里多费些笔墨。但我在本书的另一些已经谈得不少，在此还是以简明扼要为宜。不过我也不想对这事忽略不计，因为在提图斯·李维的书中，我看到一个有关雇佣兵的重要实例。所谓的雇佣兵，就是那些被君主或共和国派来援助你、受他们统领并从他们那儿领饷的人。我从李维的书中看到，当罗马人同自己的军队一起去解救卡普阿人时，他们在两个不同的地方，打败了萨谟奈人的两支军队，使卡普阿人摆脱了萨谟奈人的进攻。然后他们准备返回罗马，为了保护卡普阿人，罗马人在卡普阿的乡村留下两个军团，以防他们受到军队的掠夺，再次沦为萨谟奈人的俎上之肉。② 这两个军团无所事事，开始到城里寻欢作乐，居然忘了自己的祖国和对元老院的敬重。他们打算拿起武器，亲自充当他们以自己优秀的

① P 12 –13.
② Livy, VII 32 –33, 37.

德行给予保护的这个地方的领主。因为在他们看来，那些居民不配拥有自己不知如何维护的财富。罗马人预见到这一点后，打消了他们这种念头，使事情得以纠正①，我们讨论阴谋时，还会对此做更多的说明。② 因此我要说，在所有的军队中，雇佣兵是最有害的，因为请他们来帮忙的君主或共和国，对他们没有任何权威，只有派他们来的人说话算数。如前所述，雇佣兵是由一个君主给你派来的，由他指定的将领指挥，打着他的旗号，拿着他的犒赏，就像罗马人派到卡普阿的军队一样。这种军队一旦获胜，通常不但掠夺敌人，对受保护的人也照抢不误。他们这样做，要么是因为派遣他们的君主的恶意，要么就是出于他们自己的野心。罗马人并不打算破坏他们和卡普阿人订立的条约，可是对于那些士兵来说，践踏条约实在太容易，他们情不自禁地想要夺取卡普阿人的城市和国家。这方面的例子可以举出很多，不过我认为除此之外，再举一个雷吉尼人的例子也就够了，他们的性命和城市，都是葬送在罗马人作为守备军驻扎在那儿的军团手里。③ 所以，一个君主或共和国，不管采取什么政策，切不可让雇佣军进驻自己的国家，完全依靠他们来保护自己。他同敌人订立的任何条约协定，不论多么苛刻，其危害也要轻于这种政策。细读往事，再考察一下今天的事实，就会看到，一个人抱有良好的目的，无数的人都会被它所骗。一个君主，或一个有野心的共和国，夺取某个城市或地

---

① Livy, VII 38 – 41.

② 卷 3, 6.20。

③ Polybius, I 7; Livy, XXVIII 28, XXXI 31.

区的最佳机会，莫过于有人请他们派兵提供保护。因此，假如
有野心的人招来这样的援军，让他们不仅保护自己，还去进犯
别人，这等于是获取自己没有能力保有的东西；为他夺取的人，
也很容易从他手里再把它拿走。然而，人的野心实在太大，当
下的愿望，使他不去思考很快就会因此而发生的恶果。对于古
人的先例，就像前面提到的其他事情一样，他一概无动于衷。
假如他能被这些事所打动，他就会看到，对邻邦越是慷慨大度，
越是不想侵夺它们，它们就越会主动投入你的怀抱，下面所说
的卡普阿人的例子，即可证明这一点。

第二十一章　罗马人派出的第一个 军事执政官，是派往卡普阿； 这事发生在他们开始征战的 四百年以后

与扩张领土的今人相比，罗马人的获取方式有何不同，我 1
在上面已做了很多交代①；对于那些没有被他们摧毁的城市，
甚至那些不是作为盟友而是作为臣属听命于他们的城市，他们
允许其生活在自己的法律之下。他们没有给那儿留下任何罗马
帝国的标记，只要求他们遵守若干条件；只要他们遵守，就会
维护他们的现状和尊严。众所周知，罗马人始终遵循着这种方
式，直到他们走出意大利，开始把王国和国家变为行省。

这方面最明显的例子，是他们向卡普阿派出了第一位军事 2
执政官。他们有此举动，并不是出于自己的野心，而是应卡普
阿人的请求。卡普阿人发生内讧，他们认为城里必须有一位罗
马公民恢复秩序，使他们重新团结在一起。被这个先例所打动，
同时也受到相同的紧迫局势的驱使，安齐奥人也请求他们派来

---

① 卷2，4。

一名长官。① 关于这个事件、这种新的统治方式，提图斯·李维说："如今得势的不只是罗马的军队，还有它的法律。"② 人们可以看到，这种方式使罗马更加轻易地进行扩张。那些城市，尤其是习惯于自由生活的城市，或受自己人统治的城市，在他们不理解的统治下，仍然感到满足，虽然这种统治可能更严厉一些，但是与他们每天看到的统治、因为自己的奴役地位每天都可能受到责骂的情况相比，这样的生活更安宁。当地的君主还能立刻从中得到另一项好处，处理民事和刑事诉讼的司法和行政官员，不受其臣僚的掌控，从而也不会出现对君主不利或使其蒙羞的判决；诽谤和仇恨他的许多缘由，也因此而烟消云散。为理解这个道理，除了能够举出一些古代的例子，还有一个意大利的最新事例。人所共知，热那亚经常被法国人占领，除了最近的几次，法国国王总是派出一位法国长官，以他的名义统治这个地方。仅仅是在最近的一次占领中，并非出于国王的自愿，而是出于迫不得已，他允许这座城市实行自治，由一位热那亚人担任长官。③ 在这种两方式中，哪一种能够使国王对它的统治更安全、更能让民众感到满意呢？探究者无疑会赞成后者。再者，你越是不想俘获他们，他们就越愿意投入你的怀抱；你对他们越是慈祥和善，他们就越不会为了自己的自由而畏惧你。这种亲善与大度，使卡普阿人跑到罗马人那儿，请

---

① Livy, IX 20.

② 拉丁文引文，与原文稍有出入，见 Livy, IX 20。

③ 这个法国国王是弗兰西斯一世，热那亚的统治者是奥塔维亚诺·弗莱格索。

求他们派一位军事执政官。如果罗马人表示极不愿意这样做，他们会立刻产生猜忌，与罗马人保持距离。如果以卡普阿和罗马人的关系作为范例，我们该如何看待佛罗伦萨和托斯卡纳的关系呢？各位都知道，长期以来，皮斯托亚城一直自愿接受佛罗伦萨人的统治。各位也都知道，佛罗伦萨人和比萨人、卢卡人和锡耶纳人之间积怨甚深。这种情绪上的差别，并非因为皮斯托亚人不像别人那样看重自由，不像别人那样自尊自爱，而是因为佛罗伦萨人总是待他们如手足，却视另一些人如仇寇。这使皮斯托亚人甘愿接受他们的统治，另一些人则竭力不让自己落入他们的手掌。如果佛罗伦萨人借助于法律或援助去安抚邻邦，不使其变得蛮横乖张，他们无疑也会立刻成为托斯卡纳的主人。这并不是说我认为不必诉诸武力，而是要把它保留到最后的时刻，在万般无奈时，再加以利用。

第二十二章　人们在判断
大事时经常出错

1　　人们经常持有多么荒谬的看法，见识过其决策的人，历来
有所了解。那些决策，倘若不是由最杰出的人士做出，往往与
一切真理背道而驰。在已经腐化的共和国里，尤其是在太平时
期，杰出的人物被视为敌人，这要么是出于嫉妒，不然就是因
为另一些人的野心。他们只好躲到另一些人的背后，后者由于
普遍的无知而被人视为俊杰，或是被不关心集体福祉、只想讨
众人欢心的人推到前台。后来身陷逆境时，他们不得不向太平
时期几乎被人遗忘的人寻求保护，这种无知才大白于天下。我
会在适当的时候，充分讨论这个问题。① 也会出现这样一些事
件，不谙世事的人很容易被它们搞得昏了头，因为它们颇类似
于那种人们只要能说服自己，它就能让他信以为真的事情。这
种事情时有所闻，拉丁人被罗马人打败后，军事执政官努米西
乌斯就是这样说服了他们②；几年前，当法国国王弗兰西斯一

① 卷3，1.6。

② Livy，VIII 11.

世前来夺取被瑞士人打败的米兰时①，也有许多人相信这种事情。所以我要说明，在路易十二去世后，昂古莱姆的弗兰西斯继承了法国王位，他想为王国收复数年前被瑞士人在教皇尤里乌斯二世怂恿下占领的米兰大公国②，为使自己的图谋更易于实现，他也希望在意大利得到协助。除了已被路易争取过去的威尼斯人③，他还试探过佛罗伦萨人和教皇利奥十世，因为在他看来，如果把他们都争取过来，可以使他更易于落实自己的图谋，因为西班牙国王的军队就驻在伦巴第，而皇帝的另一些军队驻在维罗纳。教皇利奥没有满足他的愿望，他被自己的谋士说服（据传闻）而保持中立，因为他们向他表明，这一政策中包含着某种胜算。④ 在意大利有强权存在，无论它是法国国王还是瑞士人，对教会都不合适；但是，既然他想让教会恢复其古老的自由，他必须使其摆脱他们的奴役。既然教会无法战胜任何一方，无论是分别还是同时战胜他们，那就只能让他们相互残杀，然后教会可以与自己的盟友一起去攻击获胜者。再也找不到比目前更好的机会了，因为它们双方都在战场上，教皇掌握着自己的军队，能够在伦巴第边境靠近双方军队的地方，以打算捍卫自己的东西为借口，展示他的武力，直到他们双方投入战斗。这一计策颇为合理，因为他们的军队都很优秀，双方必定死伤惨重，获胜者将大伤元

---

① 发生于 1515 年。

② 发生于 1512 年。

③ 发生于 1513 年。

④ 马基雅维利在写给佛罗伦萨派往罗马的大使弗兰西斯科·维托利的两封信中，曾建议教皇与法国结盟。

气，教皇很容易对它发动攻击并将其打垮。他就会成为伦巴第的主人和整个意大利的主宰。从事情的结果能够看出，这种设想是多么的荒谬，经过一场漫长的战斗后①，瑞士人被打败，教皇和西班牙的军队并没有向胜利者发动进攻，而是准备溜之大吉。甚至这也救不了他们，幸亏有法国国王的仁慈或冷淡，他不想再赢得一场胜利，同教会订立一份和约，即可让他满足。

2 　　这种意见的某些理由，不细看似乎很正确，其实是彻头彻尾的谬论。胜利者很少发生损兵折将惨重的情况，因为胜利者只损失了一些战死的士兵，没有死于逃跑的士兵；在战事犹酣之际，因面对面的肉搏而倒下的士兵，毕竟数量寥寥，这尤其是因为这种战斗为时甚短。即使战斗拖延了很长时间，胜利的一方战死者甚多，这种胜利也会使其威名大振，它所带来的敬畏，远远超过因士兵阵亡而造成的损失。如果一支军队同意这种胜利者已脆弱不堪的想法，它将发现自己上当受骗，除非它在任何时候，无论在胜利之前是其后，都能对它发动进攻。在这种情况下的胜败，全靠运气和德行，但是已经战斗并取胜的一方，将对另一方占有优势。从拉丁人的经历中，从努米西乌斯的谬见中，从相信他的人所遭受的损害中，都可以确切地知道这一点。罗马人征服了拉丁人之后，他在拉丁姆地区到处呼吁，攻打罗马人的时机已到，他们已经被战事搞得疲惫不堪；罗马人的胜利徒有虚名，他们遭受的损失无异于他们已经被人征服；任何一支小小的部队，都

_____

① 马里尼亚诺战役。

能重新向他们发动进攻并歼灭他们。听信这话的人组织起一支新的军队，顷刻之间便被打败，它所遭受的损失，是任何一个有此想法的人都逃不掉的。①

① Livy, VIII 11.

第二十三章　罗马人对必须决断的事情做出判断时，一贯避免中庸之道

1　　　　"如今，拉丁姆的局势已经到了这样的地步，他们既不能承受战争，也不能承受和平。"①

2　　　　一切不幸中最大的不幸，是君主或共和国陷入绝境，既不能接受和平，也无法维持战争，被歌舞升平的状态侵蚀太久的人，就会陷入这种境地；假如他们想打仗，他们只能使自己要么任由援助者宰割，要么成为敌人的刀俎。如前所述②，因拙劣的谋士或政策而陷入这种绝境的人，都是因为没有好好评估自己的实力。凡是做过这种评估的共和国或君主，很难陷入拉丁人遇到的那种绝境。在不该和罗马人立约时，他们却立约；在不该向罗马人宣战时，他们却对其宣战，他们似乎很清楚，如何采取行动，才能让罗马人的敌意和友情都对他们有害。拉丁人后来被征服，先是曼利乌斯·托克图斯，后来是卡米卢斯，对他们极尽摧残之能事。在逼迫拉丁人屈服，委身于罗马人的

---

① 拉丁文引文，见 Livy, VIII 13。

② 卷 2, 10。

怀抱后，卡米卢斯在拉丁姆的所有城市都设下卫兵，扣押它们的人质。他回到罗马，向元老院禀报说，整个拉丁姆地区都已处在罗马人的掌握之下。① 这一断言颇为著名，也值得加以评说，以便那些面对类似机会的君主加以模仿，所以我要引用一下李维借曼利乌斯之口说出的话。它证实了罗马人采取的扩张方式，以及他们在判断事态时总是避免中庸之道，采用极端方式。因为，所谓统治，不过是指如何控制臣民，使其不能或不应冒犯你。为了做到这一点，一是对他们实行彻底的防范，使其失去一切能够伤害你的手段，或给他们施以恩惠，使其没有理由改变自己的命运。这就是卡米卢斯的建议，以及元老院后来对它做出的决断。他的建议如下："永恒的众神使你们如此强大，你们拥有决断的权力，拉丁人是死是活，全由你们定夺。就拉丁人而言，你们能够给自己提供永久的和平，不管是以狂怒还是宽恕的方式，皆无不可。你们打算对那些已经屈从、已被征服的人做出极残酷的决定吗？你们可以毁灭整个拉丁姆。你们是否打算效法祖先的垂范，把被征服者变为公民，以此扩大罗马共和国呢？以最荣耀的方式进行扩张的时机近在眼前。让人乐于服从的统治，才是真正最可靠的统治。因此，在他们因前途未卜而变得麻木不仁之际，你们能够把他们唤醒，既可施以惩罚，也可给予恩惠。"② 元老院的决定采纳了这一建议，其用语都和执政官的话一样。③ 一个城镇接着一城镇（它们都

---

① Livy, VIII 11 – 13.

② 拉丁文引文，有重要的删节，见 Livy, VIII 13。

③ Livy, VIII 14.

具有一定的重要性），他们或是施惠于它们，或是把它们摧毁。他们给予受惠者豁免权和特权，授予他们公民权，从各方面提供保障。他们摧毁了另一些城镇，向那儿派出移民，把当地人带回罗马，让他们分散居住，使其既不能用武力也不能用谋略去损害罗马。正像我说过的①，罗马人在大事上一向不走中间道路。

3   君主应当效法这种决断。当阿雷佐和整个瓦尔迪基亚纳在 1502 年反叛佛罗伦萨人时，他们也应当采取这种办法。② 假如他们这样做了，他们可以确保自己的统治，也能大大扩展佛罗伦萨城的领土，获得他们的生计所需要的土地。然而他们却走中间路线，这对于需要决断的人是极为有害的。他们驱逐了一部分阿雷佐人，对另一部分人进行罚款；他们取消了这个城市的所有荣衔和官职，但城市依然完好无损。假如有深谋远虑的公民献计说，应当把阿雷佐摧毁，那些自视高明的人便说，对于一个共和国而言，摧毁它是极不光彩的事情，这似乎表明佛罗伦萨缺少占有它的实力。这是一些不伦不类的理由，因为也能以同样的理由主张，不应处死犯有杀亲罪的人或另一些不法之徒，因为这表明君主缺少实力，连区区一个人都管不住。持这类观点的人没有看到，个人也好，整个城市也罢，有时会邪恶地反对国家，君主除了消灭他们以儆效尤，维护自己的安全，没有别的办法。他的荣耀在于能够惩罚这种行为，并且知道如何惩罚，而不是纵有千难万险也去控制它。不以这种方式惩罚

---

① 指本章的标题。

② 见 Machiavelli, *Del modo di tratare I popoli della Valdichiana ribellati*。

罪犯、使其不再重蹈覆辙的君主，会被人视为无知或懦弱。

　　罗马人的决断是多么必要，也可从他们对普里维内人的判　4
决得到证实。① 在李维的著作中有两点值得注意。其一，正如
前面所言，对臣民或是施予恩惠，或是加以消灭；其二，胸怀
大度，讲明真相的勇气，尤其是在明智的人面前说出真相，是
多么有好处。罗马元老院召集开会，对普里维内人进行审判。
这些人先是反叛，后又被迫重新归顺罗马。普里维内人派了许
多公民前来，恳求元老院宽恕他们。他们到场后，有个元老问
其中一人："你认为普里维内应当受到什么惩罚？"那个普里维
内人答道："应当受到自认为值得享有自由的人所应受到的惩
罚。"元老回答说，"如果对你们免于处罚，我们能期待同你们
保持什么样的和平？"那人说："如果你们给予的和平不错，它
就是可靠而永久的和平；如果你们给予的和平恶劣，它就朝夕
难保。"许多人被这话激怒，但元老院中更明智的人说："听
吧，这就是自由人的声音。任何人民，或任何个人，都无法忍
受超过必要限度的痛苦。自愿的和平才是可靠的和平；如果他
们希望受人奴役，我们也别指望会有可靠的和平。"他们听完
这话后决定，应当让普里维内人成为罗马公民，让他们享有公
民特权的荣誉。他们说，"只有一心渴望自由者，才有资格成
为罗马人。"②普里维内人胸怀坦荡的回答，大大打动了慷慨大
度的心灵，其他的答复只能是谎言和懦弱的表现。对于人们，
尤其是习惯于或自认为习惯于自由的人们，如果抱有别的想法，

---

　① Livy, VIII 19 – 21.

　② 拉丁文引文，见 Livy, VIII 21。

那无异于自欺；因这种自欺而采取的政策，不但对自己有害，也不会让别人满意。国家的内乱和覆灭经常由此发生。不过，还是回到我们的话题上来吧，我从这件事以及对拉丁人的判断中得出的结论是，如果必须对习惯于自由生活的强大城市做出决断，那就只能要么摧毁它，要么安抚它，其他决断一概徒劳无益。① 应当彻底避开中庸之道，因为它是有害的，这可证之以萨谟奈人在考迪纳盆口封住罗马人去路的做法。② 当时有位长者劝告他们说，要么让罗马人体面地通过，要么把他们斩尽杀绝，他们却不想听从这种劝告，而是选择了中间道路。他们缴了罗马人的械，让他们在轭下通过，使他们离去时心中充满耻辱和仇恨。没过多久，萨谟奈人便从自己遭受的伤害中认识到，长者的判断是有益的，他们的决定是有害的。关于这件事，我在适当的时候还会做出充分的说明。③

---

① 参见 *P* 3。
② Livy，IX 2 – 3.
③ 卷 3，41 – 42。

第二十四章　一般而言，要塞弊多利少

在当今的聪明人看来，罗马人的一种做法，大概是考虑不周的：当他们面对拉丁姆各部族和普里维内城的威胁，打算维护自身的安全时①，他们没有想过修建一些可以使他们保持信心的要塞。在佛罗伦萨，就有一种我们那些聪明人津津乐道的说法：比萨和其他类似的城市，应当利用要塞加以保卫。② 确实，假如罗马人和这些人一样，他们也会考虑建造一些要塞；然而他们有着不同的品德，具备不同的判断和实力，所以他们没有营造任何要塞。当罗马生活在自由之中，遵循着它的各种命令和优秀的体制时，它从来没有为了保护城市和行省而修建任何要塞；但它确实保留了一些已经建好的要塞。看到罗马人和现代君主处理这件事的方式，我觉得有必要讨论一下修建要塞是否有好处，或它们对修建要塞者有益还是有害。应当指出，修建要塞是为了保护自己抵御敌人，或是为了使自己不臣服于别人。就前一个目的而言，它们完全没有必要，对于第二个目

---

① Livy, VIII 20.

② P 20.

的来说，它们是有害的。先来说说在第二种情况下它们有害的理由吧，我认为，君主害怕臣服于别人，或共和国害怕叛乱，首先是因为臣民对其怀有仇恨，仇恨是来自恶劣的行为，而恶劣的行为来源有二，一是以为单凭武力就能控制他们，二是统治者欠缺精明的头脑。他们相信能够以武力对付臣民，其原因之一，就是他们在附近拥有要塞；引起仇恨的虐待之所以出现，在很大程度上是因为君主或共和国拥有要塞，若这一点属实，则其弊害远大于益处。首先，一如前述，它使你对自己的臣民更加肆无忌惮、更加残暴。如此一来，他们便再无安全可言，此时你就会相信，除非采用以下两种方式，不然的话用来控制他们的所有军队和暴力都是无效的：像罗马人那样，随时能把一支精良的军队投入战斗；或者把他们遣散、消灭他们、瓦解他们、让他们陷入不和，再也无法聚集起来伤害你。你若让他们变成穷光蛋，"被褫夺者仍有双臂"①；你若解除他们的武装，"愤怒出勇士"②；如果你杀死他们的首领，再去伤害另一些人，那么还会有新的首领崛起，就像妖怪海德拉的情况一样。如果你修筑要塞，它在太平时期还有些用处，它能让你对他们作恶时更加胆大妄为。但在战乱时它毫无用处，因为它会遭到敌人或臣民的攻击，它不可能抵挡住他们。就算它不是全无用处，考虑到我们这个时代的火炮，就像前面说过的③，一个没有退守工事的狭小地盘，也不可能挡住那些暴怒的人。

---

① 拉丁文引文，见 Juvenal, *Satires*, VIII 124。

② 拉丁文引文，见 Virgil, *Aeneid*, 1 150。

③ 卷 2，17.1。

　　我打算更详尽地谈谈这个问题。姑且假设你是一位君主，2
打算用这些要塞去控制你的市民；或者，假设你是君主或共和
国，打算用它们来控制在征战中夺取的城市。我打算先给君主
进言，我要告诉他，正像前面说过的，就控制公民而言，最没
有用处的就是这种要塞。它使你更加肆无忌惮地压迫他们。这
种压迫使他们恨不得你灭亡，让他们怒火中烧，以至于要
塞——它正是那奇耻大辱的原因啊——也救不了你。聪明仁慈
的君主，为使自己保持仁政，不种下使其子嗣变成暴君的祸根，
切不可修筑要塞。这样他们便不能依靠要塞，而要依靠人们的
爱戴。米兰大公弗兰西斯科·斯福尔扎伯爵，被人尊为聪明的
君主，却在米兰建了一座要塞。我要说，就此事而言，他配不
上聪明二字。后来的结果证明，这座要塞给他的子嗣带来的不
是安全，而是伤害。他们认为，有了要塞的保护，他们在侵害
其公民和臣民时仍可享有安全，于是他们再不也吝惜暴力。世
人对他们的仇恨无以复加，结果是一有来犯之敌，他们便丢掉
了自己的国家。① 那座要塞在战争中未能保护他们，对他们毫
无用处，而在和平时期，却对他们极为有害。倘若他们没有这
座要塞，倘若他们因为不够精明而残暴地对待自己的公民，他
们也许能更早地发现危险，及时收敛自己的行为。假如不是既
有要塞又有充满敌意的臣民，而是没有要塞却有爱戴他们的臣
民，他们后来也许更有勇气抵抗法国人的进攻。要塞不会给你
提供任何帮助，这或是因为守卫者的不忠，或是因为进攻者的
凶猛，或是因为饥馑。如果你想让它对你有所帮助，利用它来

---

　　① 法国人分别于1500年和1515年从斯福尔扎家族手里夺走了米兰。

收复失去的国家，你必须拥有一支能向那些把你赶出来的人发动进攻的军队；假如你有这样的军队，你可以在任何情况下收复国家，即使那儿没有要塞；如果你没有因为拥有要塞而趾高气扬地虐待人们，从而使他们更爱戴你，那你就更容易做到这一点了。从米兰要塞的经验即可明白这一点，无论对于斯福尔扎还是法国人，无论它被转移到谁手里，都没有发挥任何作用。相反，它带来了极大的伤害，使他们都以失败告终。这是因为，有了这座要塞，他们便不再思考维护国家更为可靠的方式。乌尔比诺大公、费德里克之子乔多巴尔多，是当时一位颇受敬重的将领，他被教皇亚历山大六世之子赛萨尔·博尔吉亚赶出自己的国家后，又因一次事变而回到那儿，他悉数捣毁了当地的要塞，因为他认为它们有害无益。他受到人民的爱戴，出于对他们的尊重，他不想保留［那些要塞］；他考虑到敌人的势力，认为自己无法守卫［要塞］，因为这需要一支野战部队去保护它们，于是他把它们全部摧毁了。教皇尤里乌斯把本蒂沃廖赶出博洛尼亚后，在那个城市建了一座要塞，然后他的总督①搞得那儿民不聊生。人民一起来反叛，他便立刻丢掉了要塞。可见，要塞非但没有帮助他，反而害了他。假如他换一种做法，也许对他更为有利。维特利②之父尼可洛·达·卡斯特罗回到把他流放的家乡后，立刻摧毁了教皇西克斯图斯四世在那儿建造的两座要塞，他认为不是要塞，而是人民的爱戴，才能使他一直待在那个国家。不过，在所有的例子中，最新且最著名的

---

① 弗朗西斯科·亚利多西，教皇派往博洛尼亚的使节。

② 保罗·维特利和维特罗佐·维特利。参见 *P* 8, 12。

一例是热那亚，它就发生在不久以前，可以证明［要塞这种］建筑的无用和摧毁它的好处。各位都知道，1507 年热那亚法反叛国国王路易十二，他亲自率领军队收复了此地。收复之后，他在那儿建了一座要塞，比目前任何地方的要塞更加坚固。它建在一个俯瞰大海的山顶，位置和地势都使它坚不可摧，热那亚人把它称为"考德法城堡"。在这个要塞里，他能向整个港口和热那亚城的大部分地方开枪放炮。当 1512 年法国军队被赶出意大利时，尽管有那座要塞，热那亚还是反叛了。奥塔维亚诺·弗莱格索占领了国家，他经过不懈的努力，在十六个月的时间内利用饥饿拿下了要塞。人人都认为他应当保留这座要塞，以备发生不测时可以藏身，也有许多人向他这样建议。然而他极为明智，深知君主能在国内立足，不在于要塞，而在于人民的意愿，于是他摧毁了这座要塞。他没有把要塞，而是以自己的品德和精明，作为立国的基础，所以他至今一直保有自己的国家。一千名步兵就足以改变热那亚国家的归属，而他的对手动用一万名士兵去攻打他，却没有伤害他分毫。由此可见，摧毁要塞并没有使奥塔维亚诺受损，建了它也没有保住法国国王。他既然能率兵进入意大利，那么他没有要塞也能收复热那亚；如果不能率兵进入意大利，那么他即使在热那亚有要塞，也无法保住这座城市。故而可以说，国王建起要塞破了钱财，丢了要塞蒙受羞辱。对于奥塔维亚诺则可以说，他收复失地荣耀加身，摧毁要塞受益多多。

我们再来看看那些不是在自己的家乡，而是在夺取的城市修建要塞的共和国。假如上述法国和热那亚的例子尚不足以证明那种谬论，我希望佛罗伦萨和比萨足以说明问题。佛罗伦萨

人为保护比萨而在那儿建了一些要塞。他们不明白，要想支配一个素来敌视佛罗伦萨的名号、生活在自由之中、为得到自由的庇护而不惜造反的城市，就必须仿效罗马的办法：要么让它成为盟友，要么就把它摧毁。从查理国王①的到来即可看到这些要塞有何好处，它们全都对他俯首称臣，这或是因为守卫者缺乏信心，或是因为担心更严重的恶果。假如根本不存在要塞，佛罗伦萨人也许就不会把他们支配比萨的能力建立在要塞上；法国国王也许就不会以那种方式从佛罗伦萨人手里夺走比萨；他们利用在此之前保有比萨的方式，也许能一直把它维持到现在，而且无疑能够证明，这不会比有要塞时更糟。所以我的结论是，对于守卫自己的祖国来说，要塞是有害的；对于守卫夺取的城镇来说，要塞毫无用处。依我之见，罗马人的权威就足以说明问题。他们拆了城墙，在他们打算用暴力支配的地方，他们也不建城墙。对此持有异议的人，向我提到古代的塔兰托②和现代的布雷西亚（这两个地方，都是依靠要塞，从反叛的臣民手中收复的），对此我要回答说，塔兰托的收复，是发生于法比乌斯·马克西姆斯在年底派出其全部军队之时，就算那儿没有要塞，这支军队也能收复它——即使法比乌斯没有这样做，即使那儿没有要塞，法比乌斯也会换一种能够达到同样目的的手段。如果一座城镇的收复，需要一支执政官的军队，需要法比乌斯·马克西姆斯这样的将领，那么我确实看不出，要塞还有什么用处。从卡普阿的例子可知，罗马人无论如何也

---

① 法国国王查理八世，他在 1494 年入侵意大利。

② Livy, XXV 7–11; XXVI 39; XXVII 15–16, 20, 25.

会收复它的；卡普阿没有要塞，他们收复此地靠的是优秀的军队。让我们再来看看布雷西亚吧。我认为，发生在那场叛乱中的事情是极为罕见的：当城里发生叛乱时，你不但要维持要塞的武装，附近还得有一支法国大军。国王的将领富瓦伯爵率领他的军队驻扎在博洛尼亚，他听到布雷西亚失守后迅即出兵，在三天之内便抵达布雷西亚，利用要塞收复了这座城市。因此，要想让要塞发挥作用，还需要一位能在三天内前来救援的富瓦伯爵和一支法国军队。可见这个例子不足以驳倒相反的事例，因为在我们这时代，要塞一再被攻占，就像乡村一再被占领一样，这不仅发生在伦巴第，也发生在罗马格纳和那不勒斯王国，发生在意大利的所有地方。

至于修筑要塞是为了抵御外敌，我认为，对于拥有精兵的 4
人民或王国，它是不必要的，对于那些没有精兵的人民和王国，则是毫无用处的。拥有精兵，没有要塞也可自卫；没有精兵，有要塞也无以自保。看看那些在治理和其他事务上素称优异的人，例如罗马人和斯巴达人，即可认清这一点。罗马人不建要塞，斯巴达人不仅不建要塞，甚至不允许他们的城市修筑城墙，因为他们希望以每个人的品德，而不是别的防务手段，来捍卫自身。有个雅典人曾问斯巴达人，是否觉得雅典的城墙很漂亮。这人回答说："如果城里住的全是女人，那倒是很漂亮。"① 所以说，拥有精兵良将的君主，若是在其国家边境的海岸上也有

---

① Plutarch, *Sayings of Spartans*（译按：此书收入 Plutarch, *Moralia*, Vol. 3，见本书书末所附"英译本注释征引文献一览"。），215DE（阿基斯对科林斯的议论），190A，212E（泰奥庞普斯和阿格西劳斯对不知其名的城市的议论）。

要塞，能够在他控制住局势之前抵抗数日，那么它们有时还算有些用处，但它们并不是必不可少的东西。如果君主没有精兵，就算他有遍布全国或边境的要塞，也是有害无益的。称其有害，是因为他很容易失去它们，而一旦失去，它们就能被用来向你开战。如果它们坚不可摧，敌人就会绕开它们，使它们形同虚设。对于优秀的军队来说，除非他们遇到极顽强的抵抗，他们总会进入敌人的国土，不会在乎他们能够绕开的城镇或要塞，这种事既见于古史，也见于弗朗西斯科·马里亚，他在不久前攻打乌尔比诺时，就毫不迟疑地绕开了敌人的十座城镇。因此拥有精兵的君主，即使不建要塞也能有所作为；君主如果没有精兵，那也不应当建要塞。他应当加固自己的城市，使其供应充足，市民严阵以待，能够抵挡敌人的进攻直到签订一份和约或有外援来解救他。其他任何计划，平时是破费钱财，战时则毫无用处。能够听我劝告的人都会明白，既然罗马人在其他事情上很有智慧，那么他们对拉丁人和普里维内人的裁判也很精明，他们没有想过什么要塞，而是以更出色更聪明的方式对付他们。

第二十五章 攻打一座陷入分裂的城市，利用其分裂去夺取它，是适得其反的策略

在罗马共和国内部，平民和贵族之间有许多纷争，维爱人，还有埃特鲁利亚人，以为他们可以利用这种纷争除掉罗马。他们组建了一支军队，向罗马境内大举进攻，元老院派盖乌斯·曼尼利乌斯和马库斯·法比乌斯前去迎敌。当他们率兵接近维爱人的军队时，维爱人既没有停止进攻，也没有停止谩骂，对罗马人极尽冒犯谴责之能事。他们的态度粗鲁傲慢至极，使本来不和的罗马人同仇敌忾投入战斗，打垮了敌人，获得了胜利。① 因此正如我们前面所说②，人们在采纳政策时很容易自欺，他们经常自以为能够获得他们失去的东西。维爱人以为，攻打陷入内讧的罗马人，就能征服他们。这种攻击却成了罗马人团结和他们失败的诱因。共和国纷争的原因，通常都是懒散

---

① Livy, II 44 – 47. 有些版本是格涅乌斯·曼利乌斯，不是盖乌斯·曼尼利乌斯。

② 卷2，22。

与和平；团结的原因则是忧患与战争。假如维爱人还够聪明，他们越是看到罗马人闹矛盾，就越不该和他们打仗，而是应当以和平的手段打垮他们。其方式就是争取得到陷入内讧的城市的信任，作为中间人周旋于各派之间，直到他们相互大打出手。当他们打起来时，慢慢地给予较弱的一方以支持，使他们打得更长久，让他们自我消耗；纵然你有千军万马，也别让他们担心你要来攻打他们，成为他们的统治者。只要这事处理得当，你总会达到自己的目的。正如我在谈到另一个话题时所说①，佛罗伦萨共和国降服皮斯托亚城，就是完全采用了这种手法。当她陷入纷争时，佛罗伦萨人一会儿支持这一方，一会儿又偏向另一方，他们做得得心应手，双方都没有表示不满，直到双方都厌倦了骚乱不已的生活，心甘情愿地投入佛罗伦萨的怀抱。锡耶纳城从未因为佛罗伦萨人的支持而改变自己的政府，除非这种支持既弱又少。因为当这种支持强大而充满活力时，反而使该城团结一致，共同捍卫自身的统治。我想给以上所言再补充一个例子：米兰大公菲利波·维孔康蒂经常向佛罗伦萨人开战，他以他们的不和为依据做出判断，然而他总是以失败告终，所以他不得不悲伤地说道，佛罗伦萨人行为古怪，让他白白丢掉了两百万金币。

2　　　因此，如前所述，维爱人和托斯卡纳人就是受到这种看法的蒙骗，终于在一次战役中被罗马人打垮的。那些相信用这种方式能够打垮一个民部族的人，将来还会被它所骗。

---

① 卷2，21.2。

第二十六章 谤言和虐待只会产生仇恨，没有任何益处

我认为，最明智的做法之一，是避免以言辞威胁或伤害别人。因为这两种做法不会削弱敌人的实力；这种威胁使他更加戒备，这种伤害使他更加恨你，更加处心积虑地加害于你。从前面提到的维爱人的经历中，即可明白这一点。他们不但向罗马人开战，还施以辱骂的言辞，凡是精明的将领，都应让士兵远离这种蠢事，它丝毫不能阻止敌人的进攻，反而会使其恼羞成怒，倾其全力对你进行报复。亚细亚发生过一个著名的事例。波斯将领贾巴德斯在阿米达城外的军营里待了一段时间，他对单调乏味的围城感到厌倦，于是决定撤走。当他拆除兵营时，城里的人立刻跑到城墙上，他们为胜利而洋洋得意，肆意羞辱和谩骂敌人的懦弱。这令贾巴德斯大怒，他改变了主意，又开始围城。这种伤害带来的愤怒如此强烈，没用几天工夫，他便攻下该城，把它洗劫一空。① 维爱人也有这样的遭遇，如前所述，他们不满足于讨伐罗马人，还谩骂罗马人。他们在军营的

---

① Procopius, *De bello Persico*, I 7.

栅栏前对罗马人恶语相向，用言辞而不是武装使罗马人怒不可
遏。本来不想打仗的士兵，也要求执政官开战，结果一如前述，
维爱人为自己的狂傲不羁受到了惩罚。① 军队的优秀首领和共
和国的优秀统治者，应当利用一切适当的手段，防止他的城市
或军队，不管在内部还是针对敌人，采取这种恶语伤人的做法。
用来对付敌人，就会造成上述弊端；用来对付自己人，假如没
有精明的人像一贯做的那样予以阻止，后果将更加糟糕。就像
我们下面还要谈到的那样②，留在卡普阿的罗马军团密谋反对
卡普阿人，在瓦勒里乌斯·科维努斯平息了这种密谋引起的暴
乱后，他们所制定的规章中便有这样一条：对于因这次暴乱而
谩骂士兵的人将给予严惩。③ 在同汉尼拔作战时，格拉古受命
统率一批因缺少人手而被武装起来的罗马奴隶。在他最初下达
的命令中有这样一条：因士兵的奴隶身份而辱骂他们的人，将
被处以极刑。④ 一如前述，罗马人极重视有害的事情，诽谤或
辱骂别人即属此列，因为让人怒火中烧或使其怒上加怒的，莫
过于这种做法，无论你是当真还是开玩笑。"尖刻的取笑，即
使非常符合事实，也会让人刻骨铭心。"⑤

---

① Livy, II 43–45.

② 卷3, 6.20。

③ Livy, VII 38–47.

④ Livy, XXIII 35；另见 XXII 57；XXIV 14–16。

⑤ 拉丁文，引自 Tacitus, *Annals*, XV 68。

第二十七章　精明的君主或共和国应满足于胜利；不满足最易导致失败

对敌人恶语相向的做法，常常是来自胜利，或胜利的错觉导致的傲慢。这种错觉不仅让人胡言乱语，而且使其举止失当。有了这种错觉，人们就会忘乎所以，得寸进尺，使肯定能够得到好处的机会也失之交臂。人们时常因为这种自欺而损害自己的国家，故有必要考虑一下它的限度。我认为，应当用一些古代和现代的具体事例加以证明，因为单凭推理不足以使其显而易见。汉尼拔在坎尼打败罗马人后，派了一名信使去迦太基报捷并要求补给。① 那儿的元老院为此事展开辩论，一位年长而精明的迦太基公民汉诺建议，应当明智地利用这一胜利同罗马人讲和，因为我们既已获胜，便可争取到更好的条件，不应等到下次失败后再去讲和。因为迦太基人的意图是向罗马人表明，他们有足够的能力同其作战，在战胜他们之后，不应当为了希冀更大的胜利而错失良机。这一看法未被采纳，当后来机会已失，迦太基元老院才对那种明智的意见恍然大悟。

---

① Livy, XXIII 11 – 13.

2   亚历山大大帝占领了整个东方，提尔共和国（当时它是个高贵而强大的城市，因为它像威尼斯一样，坐落于海上）看到亚历山大的赫赫战绩，便向他派出一名信使，告诉他说，他们愿望成为他的仆人，像他希望的那样服从于他，但他们不想让他本人或他的军队开进城市。① 整个世界都向他敞开了大门，这个城市居然要把他拒之门外，这让亚历山大勃然大怒。他拒绝了他们，没有答应他们的条件，并在城外扎营筑寨。这座城市位于海上，守城所必需的供应和军需十分充足。四个月后亚历山大认识到，他在获取别的东西时，从未像这座高傲的城市那样，让他付出如此多的时间，于是他决定尝试讲和，答应他们原来提出的要求。提尔人却居功自傲，不仅不想接受他的和约，还杀死了那些前来讲和的人。亚历山大为之大怒，他率领大军猛攻，终于把它拿下。他把这座城市夷为平地，城里的人不是被杀，就是变成了奴隶。

3   1512 年，一支西班牙军队进入佛罗伦萨的领地，把美第奇送回了佛罗伦萨，并要求这座城市支付赎金。他们这样做，是因为城内有些人对他们许诺说，一旦他们进入佛罗伦萨的领地，我们就会拿起武器来支持你们。但是当他们开进平原时，却见不到一个人，他们又缺少给养，于是试图讲和，佛罗伦萨人却变得趾高气扬，对此置之不理，结果是普拉托的失守和国家②的覆亡。

---

①   Quintus Curtius, IV 2 – 4.

②   指佛罗伦萨共和国，皮埃罗·索德里尼任终身旗旗手，马基雅维利是国务秘书。

　　由此可见，假如君主受到进犯，而攻击者又比他强大得多，他却拒绝讲和，尤其是拒绝进攻者向他提出的和约，他便是犯下了莫大的错误。因为它还不至于苛刻到对接受者一点儿好处也没有的地步，其中总是包含着他的一部分胜利。假如亚历山大接受了他所拒绝的提尔人的条件，提尔人当会感到满足，他们以自己手中的武器，让这位大人物屈尊满足他们的愿望，能有这样的胜利，他们也应当满足了。假如西班牙的军队对佛罗伦萨人的一部分愿望做出让步，不再想达到自己的全部目的，佛罗伦萨人也应为这样的胜利知足才是。因为那支军队的意图，是让这座城市改朝换代，使它不再效忠于法国，从它身上攫取钱财。如果它只做到了两条，把另一条留给佛罗伦萨人（即保留它的政府），双方都会感到既体面又满足。人们不必把前两件事看得太重，青山依旧，来日方长。即使他们预见到更大的、更有把握取得的胜利，他们也不应让自己听凭命运的摆布，把老本也拿出来赌博。除非万不得已，精明的人是不会这样干的。汉尼拔在意大利度过了辉煌的十六年，迦太基人为拯救自己的祖国而召他回国。在离开意大利后，他发现哈斯德鲁巴和西法克斯已被打败，努米底亚王国也已丢失，迦太基人困守于自己的城墙之内，除了他和他的军队外，再无其他避难的办法。[①] 他知道自己的祖国已是危在旦夕，可是他并不想不做任何尝试，就把它置于险境。他不以求和为耻，因为他知道，自己祖国的出路是和平而不是战争。遭到拒绝后，即使他有可能失败，他也不想回避战斗，因为他认为自己仍有获胜的能力；或者，哪

4

---

① Livy, XXX 9, 19 – 20, 29 – 31.

怕失败了，也要做到虽败犹荣。汉尼拔品德卓著，其军队也完好无损，可是当他知道一旦战败，自己的祖国将遭受奴役时，他在战斗之前也去求和，那些品德和经验都不如他的人，又当如何呢？不知道如何克制自己愿望的人所犯下的错误就是，他们不自量力地依照这种愿望行事，结果是自取灭亡。

第二十八章　对公众或私人受到的
损害不予报复，会给君主或
共和国带来危险

当法兰克人攻打托斯卡纳，具体说是攻打丘西时，罗马人
任命三位法比乌担任特使，把他们派到法兰克人那儿，看看此
事便不难知道，人在愤怒时能干出什么名堂。① 丘西人为了对
抗法兰克人，派人去罗马求援。罗马人便派特使去法兰克人那
儿，以罗马人民的名义通知他们，罗马人将回避对托斯卡纳人
的战争。那些信使到达时，正好赶上法兰克人和托斯卡纳人交
战，他们拙于言辞，却长于实干，立刻投入了对法兰克人的战
斗。[法兰克人] 认出他们以后，便把对托斯卡纳人的愤怒，
统统转而发泄到罗马人头上。让法兰克人更加愤怒的是，当他
们的特使为这事向罗马元老院申诉，要求把这三人交给他们，
以弥补他们受到的伤害时，元老院不但没有交出这些人，或对
他们给予任何惩罚，反而在召开选举会议时，把他们选为拥有
执政官权力的护民官。法兰克人看到本应受罚者却得到表彰，

---

① Livy，V 35 - 38.

把这视为奇耻大辱。他们勃然大怒，向罗马人发起讨伐并占领了罗马，只有神庙得以幸免。罗马人遭此劫难，完全是因为他们违背了正义，当他们的特使犯下"违反万民法（the law of nations）"① 之罪而应予惩罚时，反而给他们加官晋爵。由此可见，每一个共和国和君主，不但对群体，而且对个人进行这种伤害时，要慎之又慎。如果他生活在共和国里，他会为自己报仇，哪怕这会导致共和国的覆灭；如果他生活在君主的统治下，又多少有些血性，那么即使他从中看到自己的可悲下场，他也会为自己报仇，绝不会善罢甘休。

2   有一个最生动、最真实的例子可以证明此点。在亚历山大之父、马其顿国王菲利普的宫廷里，有一位高贵英俊的青年鲍萨尼亚斯。菲利普的贴身亲信之一阿塔卢斯喜欢上了他，经常试图让他委身于自己，看到他对此很反感，便想软硬兼施，让他别无选择。阿塔卢斯举办了一场节日庆宴，请鲍萨尼亚斯和另一些青年贵族前来赴宴。当人们都喝得酩酊大醉后，他把鲍萨尼亚斯捆了起来，不但用暴力满足了自己的色欲，还让好多人以类似的方式羞辱他。鲍萨尼亚斯经常为这次伤害向菲利普诉苦，他让这个年轻人抱着他会为其报仇的希望，然而他不但没有报复阿塔卢斯，反而任命他担任了一个希腊行省的总督。鲍萨尼亚斯看到自己的仇敌非但没有受罚，反而得到奖赏，他的愤怒便不再针对加害于自己的人，而是转向没有为他报仇的菲利普。在菲利普的女儿——他把她嫁给了伊庇鲁斯的亚历山大——举行婚礼的那天早晨，当菲利普由两位亚历山大——他

---

①   拉丁文引文，见 Livy, V 36。

的儿子和女婿——陪伴于左右，走进神庙参加庆典时，鲍萨尼亚斯将他刺杀。① 这个例子十分类似于罗马人的遭遇，值得每个统治者引以为鉴。他切不可小看每一个人，以为即使他造成的伤害登峰造极，受害者也不会不顾一切地予以报复。

---

① Justin, IX 6.

第二十九章 命运不想让人阻挠它的计划时，它就遮蔽人的心智

1   对于处理世事进行周全的考虑，常常可以明白，一些事情的发生，一些事件的出现，上苍是完全不想加以阻拦的。既然罗马（它有那么多德行，那么多虔诚，那么多好的制度）发生过我所谈到的那些事情，那么它们更多地出现在没有上述品质的另一些城邦，也就无足怪了。这是个很适合于表明上天对世事的力量的场合，故提图斯·李维不惜笔墨加以说明，所用的言辞也很令人信服。他说，上天为了某种目的，希望罗马人明白它的威力，它先是让他们派到法兰克人那儿的法比乌斯犯下错误，利用他们的举止激怒法兰克人，使其向罗马人开战。然后它又决定，不应发生任何跟罗马人的名声相配的事情来结束这场战事，于是安排卡米卢斯，这个唯一掌握着摆脱危境之诀窍的人，被流放到阿尔代亚。① 然后，当法兰克人逼近罗马时，为对付沃尔西人和另一些敌对近邻的进攻而经常设立独裁官的罗马人，在法兰克人到来时却没有这样做。此外，他们征募士

———————————

① Livy，V 32–33.

兵时心不在焉，组织起一支缺少斗志的军队。他们懈怠地拿起武器，勉强赶到距罗马仅十哩之遥的阿列河去迎击敌人。① 护民官在那儿安营扎寨，传统的勤奋精神不见踪影，没有事先勘察地形，军营周围不修壕沟和围栏，也不利用任何人间或神灵的手段。在指挥作战时，他们的队形松松垮垮，不管是士兵还是将领的所作所为，都与罗马人的纪律极不相称。他们在战斗中未流一滴血，因为还未遇到攻击，他们便作鸟兽散了。他们大部分人去了维爱，另一些人回到罗马。他们没有回家，而是跑进了神庙，这使得元老院也顾不上保卫罗马，甚至不去关闭城门。他们中间的一些人逃走，另一些人同别人一起也跑进神庙，在那儿尽量备足粮草，以便挨过围攻。不过他们在那儿建立起一定的秩序，避免了骚乱。大量的妇孺老弱逃往邻近的城镇，还有一些人留在罗马城里，听凭法兰克人宰割。看看这个民族的这些所作所为，再看看他们在此之前或以后的漫长岁月里的表现，谁也不敢相信这是同一个民族所做。提图斯·李维在讲述了上述混乱之后，感叹道："当命运之神不想让自己聚集起的力量受到钳制时，她会极力蒙蔽人们的心智。"② 这一断言是何等真确，所以，人们通常生活在严重的逆境或繁荣之中，对他们不应给予过多的谴责或赞扬。经常可以看到，是上苍提供的巨大优势，使他们遭受灾祸或取得丰功伟业，使他们得到或失去表现卓越的机会。

命运之神做这种事很出色，当她希望发生某种伟大的事件 2

---

① Livy，V 37–40. 下面六句讲述的事情，也见于这几节。

② 拉丁文引文，见 Livy，V 37。

时，她便选定一个具备这种精神和德行的人，能够识别她所提供的机会。同样，当她希望发生大灾时，她也会选择能够帮她实现这一灾难的人。假如有人能够抵制她，她就会杀死他，或让他彻底丧失表现卓越的能力。从上述文献可知，命运女神认为，为使罗马更加伟大，取得后来的丰功伟业，就必须打击它（在下一卷的开头部分，对此事还会做很多讨论）①，但她并不想彻底摧毁它。所以人们才看到，卡米卢斯遭到流放，但他并没有被杀死；罗马被人占领，但还保留着神庙；罗马人在保卫罗马时想不出任何良策，在守卫神庙时却不乏良好的秩序。既然罗马要被人占领，在阿列河战败的大部分士兵才都逃往维爱，使保卫罗马城失去了一切手段。在做出这样的安排时，她也为它的再生做好了一切准备：一支完好无损的军队去了维爱，卡米卢斯去了阿尔代亚，他们能够组成一支大军，统领它的人没有蒙受任何失败的耻辱，其声望一如既往，足以收复自己的祖国。

3   为证实以上所言，还可以举出一些现代的事例，不过这些事足以服人，故我认为也就无此必要，还是从简为宜吧。其实，我是想再次肯定遍览史册即可明白的一条千真万确的道理：人能辅弼命运之神，但不可与之对抗；人能使其跌宕起伏，却无法阻断其行程。当然，他们不应听天由命，因为他们并不知道行踪诡秘的命运的走向，所以他们总是抱着希望；既然抱有希望，他们便不会听天由命，无论他们可能发现自己有何种命运，要付出怎样的辛劳。

———————————

① 卷3，1.2。

第三十章　真正强大的共和国和君主获得友情，靠的不是金钱，而是德行和强盛的威名

罗马人被围困在神庙里，等着维爱的军队和卡米卢斯前来援救。但是他们饥饿难耐，便同法兰克人达成协议，用一定数量的黄金赎出自己。① 就在他们按照条约已经称出了一定重量的黄金时，卡米卢斯率军赶到。史家说，这是命运使然，"罗马人不必拿黄金赎买自己的性命了。"② 此事不仅在这里引人瞩目，而且贯穿于共和国的全部行动之中。可以看到，他们从不用金钱获取土地，从不用金钱缔造和平，他们只依靠优良的军队——我不认为有哪个共和国曾经做到过这一点。强国的势力有着种种标志，它同邻邦的关系便是其中之一。如果它的统治方式使它保持善意，邻邦成了它的贡国，这便是它国力强大的一个确切标志。假如邻邦虽然臣服于它，却从它那儿拿钱，这

---

① Livy, V 48.

② 很随意的拉丁文引文，见 Livy, V 49。这里提到的是众神和人，而不是命运。

就是它软弱的标志了。

2   浏览有关罗马的全部史册，各位可以看到，马西利亚人①、埃杜维人②、罗迪安人③，叙拉古的希耶罗④，以及欧迈尼斯⑤和马昔尼萨国王⑥，都是罗马帝国的邻邦。他们为了自己的需要而向罗马输捐纳贡，以便同它保持睦邻，除了希望得到保护外，不想再有任何回报。至于弱国，则可看到相反的情景。先说说我们的佛罗伦萨吧，过去它还享有较高的声望时，在罗马格纳找不到不从它那儿拿津贴的领主。此外，它还把钱送给佩鲁贾人、卡斯特罗人和所有的邻邦。假如这个城市武装精良、活力十足，事情就会完全颠倒过来：为了得到它的保护，许多人都要给它送钱；不是向它出售自己的友情，而是去购买它的善意。这样低三下四过日子的，也不只佛罗伦萨一家，还有威尼斯人和法国国王，后者虽有强大的国家，却要向瑞士和英格兰国王纳贡。这完全是他们解除了人民的武装，因为上述国王和另一些人只顾从掠夺自己的人民中得到眼前的好处，他们避开想象的而非真实的危险，在维护自身安全和国家的长久幸福上无所作为。即使这种错误的做法能让他们苟安于一时，最终也必然导致无法挽回的伤害和灾难。佛罗伦萨人和威尼斯人每遇战事，经常花钱买性命，罗马人只忍受过一次的屈辱，却成

---

① Livy, XXI 26.

② Livy, *Summaries*, LXI.

③ Livy, XXXVII 22–24；XXXVIII 39；XLIV 15.

④ Livy, *Summaries*, XVI.

⑤ Livy, XXXV 13.

⑥ Livy, XXVIII 16.

了他们的家常便饭，说到这些事，真是一言难尽。佛罗伦萨人和威尼斯人买了多少土地，而后又引起了多少麻烦；他们用金钱买来的东西，却不知如何用刀剑加以捍卫，这些事更是让人不堪回首。当罗马人享有自由的生活时，他们胸怀坦荡，一直遵循着这样的生活方式，后来他们受到皇帝的统治，而皇帝又变成了昏君，热衷于见不得人的勾当，再也没有坦荡的胸怀，这时他们便也开始赎买自己了，一会儿向安息人，一会儿向日耳曼人，一会儿又向周边的另一些民族。这个伟大帝国的覆灭，也就由此开始了。

这类弊端的缘由，完全是因为解除了人民的武装；由此又 3
产生了更严重的弊端：敌人离你越近，就越能看清你的弱点。以上述方式生活的人，在对待帝国内部的臣民上很糟，对待边境的臣民却很好，以便有装备精良的人拒敌于境外。为了和敌人保持距离，他给邻近的领主和人民送些赏钱。这样造就的国家，在边境尚有少许的抵抗力，可是敌人一旦越过边境，它们便束手无策了。它们没有认识到，这种对待邻邦的办法有百害而无一利。必须加强防备的，是机体的心脏和要害部位，而不是它的枝节，因为缺少后者，它尚能存活；没了前者，它必死无疑。这些国家让自己的心脏毫无防备，却把手脚武装起来。

这种恶劣的做法给佛罗伦萨造成的恶果，不论今昔，无日 4
无之。一有军队越过边境进入它的心脏地带，它便束手无策。也可以从威尼斯人几年前的遭遇中找到同样的证明。倘若不是有海水环绕于城市周围，它的结局也可想而知。法国这种遭遇不是很多，因为它是个幅员辽阔的王国，比它更强大的敌人寥寥无几。可是，当1513年英格兰进攻这个王国时，举国为之震

动，国王本人和每个人都认为，只要失败一次，他就会丢掉自己的王国和宝座。① 罗马人的情况与此相反，敌人越是接近罗马，就越会发现它有强大的抵抗力。汉尼拔进入意大利后，罗马人遭受了三次失败②，官兵死伤无数，但是他们不但能抵挡住敌人，还能最终获胜。这都是因为他们在心脏地带防守严密，不太在意枝节。它的立国之基是罗马人民、拉丁人、另一些结盟的意大利城市以及殖民地。他们从这些地方得到大量兵源，足以让他们打败并称霸全世界。罗马人在坎尼被打败后，迦太基人汉诺向汉尼拔的信使提过一个问题，由此可以了解他们的实情。③ 那些信使把汉尼拔的事迹夸耀了一番，汉诺问他们，可有罗马人前来求和？可有拉丁人的城市或殖民起来反叛罗马？他们对这两个问题都做了否定的回答，汉诺说道："这场战争还没开始呢。"④

5 　　从这些讲述以及我们多次提到的事情可知，在当今的共和国与古代共和国之间，处理事务的方式是多么的不同。于是，人们天天都能看到令人目瞪口呆的得失，因为只要人的德行不足，命运女神就会展示其巨大的威力；命运女神变幻无常，于是国家和共和国也总是变幻无常，直到有个崇尚古代的人出现，他能够把握命运，使她再也没有理由每天随着太阳的升起，去展示自己的力量。

---

① 英格兰国王是亨利八世，法国国王是路易十二世。

② 指坎尼、提契诺河和特拉苏门湖三场战役。

③ Livy, XXIII 11–13.

④ 拉丁文引文，见 Livy, XXIII 12。

第三十一章　信任被放逐的人有多么危险

　　谈一谈信任被祖国放逐的人是多么危险，在我看来不算是　　1
题外话，因为掌握着国家的人每天都干这种事情，尤其是因为
提图斯·李维在他的史籍中，讲过一个同他的旨趣不合，但令
人难忘的事例。① 当亚历山大大帝率军进入亚细亚时，他的妹
夫和舅夫、伊庇鲁斯的亚历山大，在遭到驱逐的卢卡人的请求
下，率军进入了意大利。因为这些人给了他这样的希望：在他
们的帮助下，他能夺取整个地区。他怀着这样的信任和希望开
进意大利，却被这些人杀死了，因为他们的同胞曾向他们许诺，
只要他们能够杀死他，即可重返家园。所以应当讨论一下，那
些被剥夺家园的人，他们的信用和承诺是多么靠不住。就信用
而言，只要他们不必依靠你的帮助也能重返家园，他们就会离
你而去，另附高枝，不管他们给你许下过什么诺言。至于空泛
的承诺和愿望，既然他们回家的愿望极为强烈，自然会相信一
些子虚乌有的事情，并且对其添油加醋地加以粉饰。在他们相

①　Livy，VIII 24.

信的事情和他们自称相信的事情之间，他们会用你去填充空白，他们希望你一旦处在这个位置，就会为他们白白花钱，或是承担起一项将会使你遭殃的事业。

2　　前面提到的亚历山大，以及下面就要谈到的雅典人地米斯托克利，这两个例子对我来说就足够了。地米斯托克利被定为叛逆之后，他逃到了亚细亚的大流士那儿。他向大流士夸下海口说，假如大流士攻打希腊，他本人会如何如何。大流士便采取了这一行动。地米斯托克利无法兑现自己的诺言，可能是因为羞愧，也可能是因为害怕拷打，便主动把自己关进了牢房。连地米斯托克利这样杰出的人物都会犯下这种错误，那些德行不够、被自己的愿望和情绪驱使的人，会犯下多大的错误，也就可想而知了。① 所以说，当君主根据那些被驱逐者的言论做事时，应三思而后行，因为他往往不是为此而蒙羞，就是遭受严重的伤害。利用城里人的智慧去偷袭城市，鲜有得手的时候，所以在我看来，在下一章谈谈罗马人以何种手段夺取城市，也不是题外话。

① Plutarch, *Themistoles*, 27 – 33；Thucydides, 1 137 – 38. 根据这些文献，这里的人物不是大流士，而是薛西斯。

第三十二章　罗马人攻占城市的种种手段

　　既然所有的罗马人都投入征战，他们便总要利用一切优势，¹不管是开支，还是他们在战争中追求的任何东西。他们曾以围困的方式夺取城市，以此保卫自己，他们认为这种方式的开支和弊端太大，远远超过了从中得到的好处。于是他们想出了除围城以外征服一个城市的许多更好、更有益的方式——所以在多次战争和漫长的岁月里，再也没有看到他们围城的事例。他们夺取城市的方式，不是猛攻，就是使其自愿放弃。所谓猛攻，是指运用武力和开放式的暴力，或武力与欺诈并用。所谓开放式的暴力，是指不摧垮城墙的进攻（他们称为"环状攻城法"。① 他们倾其全部军力，从四面八方发动进攻。就像西庇阿攻陷西班牙的新迦太基城那样，他们经常能够在一次进攻中就把一座大城市拿下）。② 假如这种进攻不能奏效，他们便用攻城的重锤等军械摧毁城墙，或挖洞进入城内（他们以这种方式攻

---

①　原文是拉丁文。

②　Livy, XXVI 42 – 46.

占了维爱人的城市）。① 或者，为了能够与守城的人势均力敌，他们就紧贴着城墙的外侧建造木塔或土台，直到其高度与城墙相同。面对这样的攻击，如果是在第一种情况下，即从四面八方发动的进攻，守城者遇到的是更紧迫的危险，也更加无计可施。他必须在每个地点都有众多守卫，他要么没有这么多人手，能够应付每个地方的战事或相互增援；或者，即便他们能够做到，他们也不具备进行抵抗的同样的勇气。故而正如我之所言，这种策略经常带来令人惬意的结局。但是，如果它一开始没有奏效，他们也不会过于执拗，因为对于军队来说，这是一种危险的战术。它使军力过于分散，到处都是薄弱环节，无法抵抗有可能来自城内的突袭；士兵也易于混乱和疲惫。因此，这种方式他们只会出其不意地采取一次。至于攻破城墙的办法，就像今天一样，对付的办法是筑堤。对付打洞的策略，则是挖对抗性地道，在里边用武器或其他装置阻挡敌军，例如把点燃羽毛的滚桶投进地道，用散发出的浓烟和恶臭阻止敌人进入。如果以木塔进行攻击，他们就设法用火去摧毁它。至于对付筑土台的办法，他们把筑起土台的城墙一处扒开，把外面填入的土掏空，外面填而里面掏，土台也就不会增高。这些猛攻的战术不能长期使用，应当或是撤出战场，或是以别的方式赢得战争（就像西庇阿那样，他在进入阿非利加攻打乌提卡时没有取得成功，便撤出了战场，转而去进攻迦太基军队）②，或者转入真正的围城（维爱、卡普阿、迦太基、耶路撒冷和另一些城市，

---

① Livy，V 19.

② Livy，XXIX 34 – 35.

他们就是以围困的方式夺取的）。以偷袭方式获取的城市有帕里波利斯，罗马人利用和城里人签订的一项条约夺取了它。[①]罗马人和其他人多次尝试过这种攻城方式，但成功者屈指可数。其原因在于，只要稍有阻碍，就会打乱计划，而这种阻碍又很容易发生。也许在行动之前，阴谋便已走漏风声——这样的败露并不困难，这部分地是因为知道底细的人缺少信心，部分地因为难以把它付诸实践，因为你必须同敌人会面，必须同那些你不加伪装就不敢与他交谈的人会面。即使阴谋在策划过程没有败露，在付诸行动后也会遇到无数困难。采取行动早于计划或晚了计划，都会把计划全盘打乱。假如偶尔传出什么动静，譬如神庙里的几声鹅叫，假如习惯的秩序被打乱——哪怕是最小的错误、最微不足道的过失，都会使事情毁于一旦。还有茫茫夜色，也会让参与这种危险行径的人更加心惊胆战。操办这种事的大多数人，对于当地的形貌和自己所处的位置都不熟悉，他们难免因为头脑混乱而懦弱，每一次微不足道的变故，都会让他们疑神疑鬼；每一个错觉，都能让他们打退堂鼓。在这种坑蒙拐骗、见不得天日的冒险事业中，再也找不到比西锡安的阿拉托斯更幸运的人了[②]，他在这方面的表现，丝毫不亚于他在光天化日下的战斗中表现出的怯懦。可以说，这是因为他具备某种诡秘的特长，而不是因为这种事情本身有着更多天然的优点。采用这种做法者众多，可是能加以检验者寥寥无几，成功的人更是微乎其微。

---

① Livy, VIII 25 – 26.

② Plutarch, *Aratus*, 7 – 10, 21 – 23.

2   至于使人放弃城市的做法，他们或是出于自愿，或是迫于无奈。自愿放弃，是因为某些外在的必然因素，使他们不得不接受你的庇护，例如卡普阿对罗马人做的那样；或是他们向往良好的统治，因为统治者对自愿俯首称臣的人给予良好的统治，使他们受到吸引，例如罗德人、马西利亚人和另一些类似的城市，便是自愿降服于罗马人。至于被迫舍弃的情况，这种被迫之举，或是像上面说的那样，出于长期的围困，或是来自不间断的出击、掠夺和各种骚扰，放弃城市是为了摆脱这一切。在以上列举的所有方式中，罗马人使用最多的便是这后一种方式。正如我们过去说过的①，在长达四百五十多年的时间里，他们始终不懈于用胜利和掠夺把邻邦搞得疲惫不堪，用立约的方式赢得他们的敬畏。他们总是立足于这种方式，虽然他们也尝试其他一切方式，但他们从中发现了一些危险或无益的因素。围困既耗时又费钱，强攻既无把握也很危险，要阴谋则变数太多。他们看到，只要打败一支敌军，他们朝夕之间即可夺取一个王国，夺取一座顽强的城市，却要耗费数年的功夫。

---

① 卷2，4，6。

第三十三章　罗马人给予他们的军队将领多大的权限

　　我认为，要想从阅读李维的史书中受益，那么对罗马人民和元老院采取的所有办法，都应予以重视。值得重视的事情之一，便是他们在派出执政官、独裁官和军队将领时，授予他们的权力。可以看到，这些人拥有极大的权力，元老院除了决定新的征伐和批准讲和以外，不保留任何权力。它把所有其他事情，都托付给执政官的判断力和能力。一旦人民和元老院决定开战，例如对拉丁人开战，他们便把其他一切交给执政官去判断，他可以打一场战役，也可以不打；他可以屯兵于这个城市或那个城市，一切都悉听尊便。[1] 这可由许多事例加以证实，尤其是对托斯卡纳人的征伐。[2] 执政官法比乌斯在苏特里附近打败他们以后，打算率军取道西敏森林进入托斯卡纳。虽然他必须在一个陌生而危险的地区征战，但他不但没有征求元老院的意见，甚至没有通报他们一声。这也可以用元老院就此做出

① Livy, I 49.

② Livy, IX 35 – 36.

的决定加以验证。元老院听到法比乌斯获胜的消息后，担心他会采取取道上述森林进入托斯卡纳的计策。他们认为，最好不要冒险到那儿作战，便派出两个特使去见法比乌斯，让他明白不应进入托斯卡纳。但是当他们抵达时，他已经进入那儿并已获胜。他们没有充当战事的阻止者，而是成了通报收获和战绩的信使。凡是思考这种限制的人都会看到，他们在运用它时极为谨慎。如果元老院希望执政官遵照指派给他的使命，按部就班地征战，这会使他更不用心，行动也更加迟缓。因为在他看来，将来获得的胜利并不完全归功于他，元老院也有一份功劳，因为他受到元老院意见的左右。此外，元老院也会认为自己有责任对它无法理解的事情提供意见，然而他们中间虽然不乏精通军事者，可是他们并不在现场，对无数的细节一无所知；而要提供明智的建议，这是必须知道的；这样一来，他们在提供建议时就会犯下很多错误。所以，他们愿意让执政官自行采取行动，一切荣耀也归他一人所有——他们认为，向往荣耀将构成一种制约、一条原则，使他做出良好的表现。我更乐意指出这一点，因为今天的共和国，比如威尼斯人和佛罗伦萨人，对此另有高见，假如他们的将领、指挥官和专员决定派出一队炮兵，他们便希望与闻此事并提供意见。他们的另一些做法应当得到多少赞扬，这种做法也应得到多少赞扬，而这些做法加在一起，便形成了他们今天的局限。

第三编

第一章 教派或共和国若想长久生存，经常需要回到自己的源头

尘世间的一切，皆有其寿限，这一点千真万确。不过一般而言，凡是上天使其得享天年的事物，都不会打乱它的机体的秩序，而是让它保持秩序不变，即便发生改变，也是为了它的安全，而非加害于它。我要讨论的是混合的机体，比如共和国和教派，所以我认为，为自身安全而做出的改变，是回到它们的源头。秩序井然、有着更长寿命的机体，或是具备经常进行自我更新的能力，或是通过一些秩序之外的事件进行上述更新。不进行自我更新的机体，也不可能持久，此乃再清楚不过的道理。

如前所述，新生之道是使其返回源头。一切教派、共和国和王国的初创时期，必定包含着某些优秀的东西，利用它们可以重新获得最初的名望和生长能力。随着时间的流逝，这些优秀的因素会受到败坏，除非有外力的介入，使其恢复原来的标准，不然的话它必然杀死机体。医师在谈到人体时说，"日日有所增补，有时需要治疗。"① 说到共和国，这种返回源头的现

---

① 拉丁文引文，出处不详。

象，或是因外部事件而发生，或是源于人心的精明。就前者而言，可以说，假如希望罗马死而复生，由此获得新的生命和新的德行，恢复人们对信仰和正义——它们正在受到败坏——的遵从，它就必须被法兰克人占领。借助于李维的史册，便可很好地理解这一点，按他的讲述，他们在派兵抵抗法兰克人、任命拥有执政官权力的护民官时，没有遵守任何宗教仪式。① 同样，他们不但没有惩罚三位"违反万民法"② 同法兰克人作战的法比乌斯，反而让这些人当了护民官。③ 不难推测，他们对罗慕路斯和另一些君主建立的其他良好的制度也开始不予尊重，已经超出了维护其自由生活的必要限度。于是发生了外部的打击，罗马城的全部秩序由此而得以恢复，同时也向它的人民表明，不仅要维护信仰和正义，还要尊重它的杰出公民，更加看重他们的德行，而不是那些他们以为虽经努力仍然缺少的优势。这一变化导致了真正的胜利：夺回罗马以后，他们立刻恢复了古代信仰的全部制度，他们惩罚了在战斗中"违反万民法"④的法比乌斯，他们对卡米卢斯的德行和仁慈给予极大的敬重，将妒忌心——元老院和另一些人的——抛在一边，把整个共和国都托付给他。⑤ 因此正如前面所说，共同生活于无论什么制度下的人，要通过外在事件或内在的主动，时时自我检省。就内在的主动而言，它或是来自对该群体中的人的言行进行督察

① Livy，V 38.
② 拉丁文引文，见 Livy，V 36。
③ Livy，V 37.
④ 拉丁文引文，见 Livy，V 36。
⑤ Livy，V 39－41，46.

的法律，或是来自在他们中间崛起的贤达，他树立典范，业绩骄人，发挥着和制度相同的作用。

可见，共和国表现出的完美，或是因为某个人的德行，或是因为制度的优越。就后者而言，使罗马共和国回到其源头的制度，是平民护民官、监察官以及防范人们的野心和傲慢的所有法律。这些制度需要一个杰出的公民为其注入活力，他面对那些违法乱纪者的势力，也能果敢地予以处决。这类著名的处决事例，在法兰克人占领罗马之前①，有布鲁图斯的儿子之死②、十名公民之死③和谷物商麦利乌斯之死④；在夺回罗马之后，有曼利乌斯·卡皮托利努斯之死⑤和曼利乌斯·托克图斯的儿子之死⑥、帕皮利乌斯·柯尔索因反对其主子骑兵队长法比乌斯而被处决⑦以及西庇阿家族受到控罪。⑧ 这些事情做得极端而引人瞩目，所以它们一发生，即让人再也不敢越雷池一步；当它们变得稀少时，又会给人的堕落留出更大的空间，使他们的举止更加危险，变得更加骚动不安。从一次处决到另一次处决，相隔的时间最长不应超过十年。因为在这段时间过后，人们的习惯就会发生变化，开始违反法律。除非发生了什么事情，

3

---

① Livy, 32 – 50.
② Livy, II 3 – 5.
③ Livy, III 56 – 58, 据李维说，两人自杀，另外八人被流放。
④ Livy, IV 13 – 16.
⑤ Livy, VI 11 – 30.
⑥ Livy, VIII 7 – 8.
⑦ Livy, VIII 3 – 36.
⑧ Livy, XXXVIII 50 – 60. 阿非利加的西庇阿和亚细亚的西庇阿。

让他们重新记住惩罚，恢复其内心的惧怕，不然的话，行为不端之事就会纷至沓来，而这时再进行惩罚，就会造成危险了。从1434年到1494年统治着佛罗伦萨的人经常说，必须每隔五年彻底整顿一次国家，不然就难以维持它。① 他们所说的彻底整顿，是指让人们产生他们在夺取国家时造成的恐惧和忧虑，那时他们对违反其生活方式的行为恶劣者严惩不贷。但是在这种打击的记忆消退后，人们又逐渐有了标新立异、放言无忌的胆量。故必须对此加以防范，把［国家］拖回它的起点。这种把共和国拉回起点的做法，也可以因某人纯洁的德行而发生，不必依靠促使你断然行事的任何法律。他享有极高的威望，树立起典范，使好人乐于效法，恶人羞于违抗。具体说来，在罗马提供这种表率的人，是赫拉提乌斯·科柯卢斯②、斯凯沃拉③、法伯里希乌斯④、两位德希乌斯⑤和雷古路斯·阿提利乌斯⑥等人，他们以自己非凡的表率，在罗马发挥着几乎和法律一样的作用。假如上述处决同这些特定的典范一起，至少每十年发生一次，那么这座城市是肯定不会堕落的。然而，由于这两者都会消失，腐败的现象也就有增无减。在马库斯·雷古路斯之后，那儿再也见不到类似的模范人物，虽然罗马出现了两个卡托，然而在雷古路斯和他们之间间隔的时间太长，在他们

----

① 参见 *FH*，V 1.4。这一时期美第奇家族统治着佛罗伦萨。

② Livy，II 10.

③ Livy，II 11 – 13.

④ Plutarch，*Pyrrhus*，20.

⑤ Livy，VIII 9 – 10，X 26 – 29.

⑥ Livy，*Summaries*，XVIII.

两人之间间隔的时间也太久，所以他们形单影只，虽然堪称典范，也无法取得良好的业绩。尤其是后来的那位卡托，他看到罗马城已经腐败了一大半，无法以自己的垂范让市民改邪归正。① 关于共和国，就先说到这里吧。

至于教派，可以看到，用我们宗教中的典范人物加以更新也是必要的，如果它不回到圣方济各和圣多明我的起点，它也会彻底消亡。他们以自己的清贫和基督人生的典范，把已在人们心灵中消失的东西，重新带回他们的心灵。高级教士和宗教首领的虚伪没有毁掉这种宗教，全赖他们这一套强大的新制度。他们生活清贫，通过忏悔和布道赢得了人民的信任，他们使人认识到，以罪恶的语言议论罪恶，也是罪恶；追随他们才是美好的生活；如果人们犯下过失，就把他们留给上帝去惩罚。有些人无恶不作，是因为他们不惧怕这种他们既看不到也不相信的惩罚。圣方济各和圣多明我的更新，使这种宗教一直维持到今天。②

王国也需要自我更新，把它的法律恢复到最初的样子。看看法兰西王国，便可知道这样做有多大好处。它的生活受到法律和制度的治理，超过了其他任何王国。各地的议会，尤其是巴黎的议会，维持着这些法律和制度。③ 每当巴黎的议会采取行动对抗王国的君主、在它的裁决中谴责国王时，它们就被更

4

5

---

① Plutarch, *Cato the Younger*, 4, 18, 21, 78.

② 关于圣芳济各教派和圣多明我教派的腐败，参见 Dante, *Paradiso*, XI - XII。

③ 参见 *P* 19。

新了一次。它通过顽强地对抗贵族，至今依然维持着自己的生存。但是，只要它对他们放任不管，他们就会得寸进尺。这无疑会导致这样的结果，或者加以纠正，这会引起巨大的混乱，或者整个王国分崩离析。

6　　故而可以断定，无论是一个教派、一个王国或共和国，对于它们共同的生活方式来说，最必要的事情就是返回它的起点，为了做到这一点，或是采用良好的制度，或是有一位能取得同样效果的贤达，而不是受外部因素的强迫。如罗马的经历所示，这种办法有时效果极佳，但它也颇为危险，并非在任何情况都是可取的。为了表明具体的个人如何使罗马伟大，给这座城市带来众多的良好的结果，我要讲述和讨论一下他们的事迹，以此给这三卷和李维前十卷书的最后一部分画上句号。国王们的举措可圈可点，但史家对此论列甚详，不劳我再多说。除非他们的所作所为涉及他们私人的优点，我不会再提到他们。我将从罗马的自由之父布鲁图斯讲起。①

---

①　卢克图斯·朱尼乌斯·布鲁图斯。

第二章 适时装疯，不失为明智之举

在朱尼乌斯·布鲁图斯的所有杰出表现中，最精明、最受人推崇的聪明表现，便是他的装疯卖傻。提图斯·李维只说出了使他佯疯的一个原因，即为了保全生命和维护自己的祖业。不过，深入思考一下他这种做法，可以认为，他之所以装疯卖傻，也是为了更加不受拘束，一俟机会来临更有可能打败那些君主，使自己的祖国获得解放。他这种想法可从两件事中看出，其一是他对阿波罗神谕的解释，他装模作样地俯身亲吻大地，认为这样做可以让众神赞成他的想法。① 后来，当卢克雷蒂娅去世时，他最先跑到她的父亲、丈夫和亲戚中间，从伤口中拔出匕首，让旁观者起誓，今后无论是谁统治罗马，他们绝不会容忍这种事情。所有对君主心怀不满的人，都应从他的示范中汲取教训。他们要先权衡自己的势力，如果他们势力强大，不怕暴露自己和君主为敌，能够公然向他发动进攻，他们就应当采取这种办法，这既没有太大的危险，也更为光明正大。如果他们的势力不足以公然对抗，那就应当尽量装作他的朋友，为

---

① Livy, I 56.

达到这一目的，他们应采取一切自己认为必要的手段，讨他的欢心，做一切他们认为能让他高兴的事。这种友情首先可以保证你的生命安全，既能不冒任何风险分享君主的好运，也能提供机会了却你的心愿。不错，有人说，不可与君主过于亲密，如果他被人干掉，你也在劫难逃；但也不可离他们太远，以免当他们被人干掉时，你来不及取而代之。如果能够依此行事，这种左右逢源的办法倒是十分可靠。然而我认为这是不可能的，所以只能退而求其次，采取上述两种办法——要么同他们保持距离，要么同他们捆在一起。如想另辟蹊径，假如他是个品质卓著的人，他就会始终生活在危境之中。这样的说法是没用的："我什么也不在乎，我既不想功名，也不要财物，我只想与人无争，过自己的太平日子!"人们听见这样的表白，不会买你的账。品质超群的人，就算真心实意地做这样的选择，不抱任何野心，他也无法选择回避，因为人们不相信这种事情。就算他希望回避，人们也不会同意他回避。这时，就只能像布鲁图斯那样装疯卖傻了，让自己疯疯癫癫，无论臧否人物、言谈神色，还是行为举止，完全违背自己的心愿，只求博得君主的欢心。我们已经谈到过这个人在恢复罗马的自由时表现出的精明，下面还是讲讲他维护这种自由的严厉作风吧。

第三章 若想维护新获得的自由，必须杀死布鲁图斯之子

布鲁图斯在维护他为罗马争取到的自由时采取的严厉措施， 不但有用，而且必不可少。一个父亲坐在审判席上，不但判了儿子的死刑，还亲自看着他被处死，这种事情在历史上实属罕见。读过古代史的人都知道，国体更张之后，无论是从共和国变为专制国，还是从专制国变为共和国，对于反对现状的敌人，必须用令人难忘的方式将其处死。实行专制而不杀死布鲁图斯的儿子，或缔造了一个自由的国家而不杀死布鲁图斯的儿子，都会让自己朝夕难保。① 这个话题我在前面谈得甚多②，这里不妨重复一件我已说过的事情：我只举一个发生在今天我们祖国的令人难忘的例子。皮埃罗·索德里尼认为，他以自己的耐心和善意，能够克服布鲁图斯的儿子们改朝换代的欲望，然而他错了。虽然他很精明，知道必须做些什么，他的运气和攻击者的野心，也使他有机会消灭他们，可是他从未动过这样做的念

① 参见 Savonarola, *Sermons on the Psalms*, 11 October 1495。
② 卷1，16.4 – 5。

头。他不但相信能够用自己的耐心和善意消除一切，通过奖赏打消一部分人对他的敌意，而且他认为（他经常向友人证实这一点），假如他大力攻击他的政敌，打垮他的对手，他就需要掌握超常的权力，破坏公民的平等和法律。即使他以后不会残暴地使用这种权力，它也会让民众心惊胆寒，在他去世之后，他们再也不会设立终身旌旗手一职——他认为这是一种很好的制度，应予坚持和发扬光大。① 虽然这种敬忭之心很明智、很仁慈，可是，如果面对正不压邪的局面，他绝不应当因为敬重正义而姑息养奸。他的劳作和用心必须根据目的加以评判，所以他本来应当相信，只要他保住自己的财产和生命，那么大家都会承认，他的所作所为是为了祖国的安宁，而不是为了他的个人野心。他能够把握局势，使他的继承人无法运用他行善的手段去作恶。然而他的成见欺骗了他，他不明白时间驯化不了邪恶，奖赏也无以安抚歹徒。对于如何像布鲁图斯那样行事，他一窍不通，所以他不但丢掉了自己的祖国，还失去了他的治权和威望。维护自由的国家固然困难，保全君权又谈何容易，这就是下一章讨论的话题。

---

① 1502 年 8 月，佛罗伦萨人把旌旗手（执政团首脑）一职的任期从两个月延长到终身制，并把它授予雇用了马基雅维利的索德里尼。

第四章　如果被剥夺者仍然在世，身居王位的君主也不得安宁

塔尔昆·普里斯库斯因为安库斯的儿子而遇害，以及塞尔维乌斯·图利乌斯被"高傲者"塔尔昆处死，都表明了夺取一个人的王国而留下其性命是多么危险，虽然可以通过恩惠把他争取过来。塔尔昆·普里斯库斯自欺欺人，他觉得自己是合法地拥有王国，因为那是人民授予他的，并且得到了元老院的承认。他没有想到安库斯的儿子们是多么愤怒，即使能让整个罗马满足的东西，也不会使他们安心。塞尔维乌斯·图利乌斯也自欺欺人，他以为能够通过新的补偿，把塔尔昆的儿子争取过来。就前者而言，每一个君主应当汲取的警示是，只要被剥夺了王国的人依然在世，他便不可能安享王位。就后者而言，他能够使每一个当政者记住，新的恩惠无法弥合旧的创痛；新的恩惠越少，弥合创痛的作用也就越弱。① 塔尔昆的儿子们认为自己应当是图利乌斯的君王，他却极为不智地认为，他们会甘心做他的女婿。这种复辟的欲望是如此强烈，不但觊觎王国的

---

① 参见 P7。

人这样想，而且无此念头的人也这样认为，例如小塔尔昆之妻、塞尔维乌斯的女儿。她在这种愤怒的驱使下，全然不顾孝道，怂恿丈夫跟自己的父亲作对，夺他的性命和王国——她更看重王后的头衔，而不是公主的名分。如果说，塔尔昆·普里斯库斯和塞尔维乌斯·图利乌斯丢掉王国，是因为他们不晓得如何对付那些被他们篡位的人，"高傲者"塔尔昆丢掉自己的王国，则是因为他没有遵从古代国王的体制，欲知详情，且看下章。①

---

① Livy, I 35, 40 – 42, 46 – 49.

第五章　什么原因使王位继承者失去王国

　　当"高傲者"塔尔昆杀死塞尔维乌斯·图利乌斯时，后者¹没有自己的继承人，所以他能放心地拥有自己的王国，不必担心那些让自己的前任遭殃的事情。这种夺取王国的方式固然违反常理，令人切齿，不过，只要他遵守其他君主的古老成制，人们就会容忍他，元老院和平民也不会愤然跟他作对，非要夺走他的国家不可。他之遭到驱逐，并非因为他的儿子塞克斯都强奸了卢克雷蒂娅^①，而是因为他践踏王国的法律，对其实行残暴的统治，譬如他把元老院的所有权力揽于一身。应在公共场合处理、以便让罗马元老院满意的事务，他却拿到自己的宫殿里处理，由此招致人们的反感和嫉妒。罗马在另一些国王的统治下得以维持的全部自由，没过多久，便被他践踏得精光。他让元老们成为自己的敌人，这还不够，他居然激怒平民，使得他们也起来跟他作对；他那些劳民伤财的事情，是他的前任从未让平民干过的。他的专横残暴充斥于罗马，使罗马人个个

---

　　① Livy, I 58.

义愤填膺，只要时机一到，他们就会揭竿而起。即使没有发生卢克雷蒂娅事件，只要再有什么变故，也会引起同样的后果。假如塔尔昆像别的君王那样生活，就算他的儿子塞克斯都犯下了罪过，布鲁图斯和科拉提努斯也会向他申诉，而不是向想要报复塞克斯都的罗马人民申诉。君主们由此可知，从他们开始践踏长期维系着人们生活的古代法律、制度和习俗的那一刻起，他们便踏上了丧国之路。在丢掉国家后，假如他们不失明智，看看那些接受忠言者多么容易保住君位，他们就会为自己的失败而更加懊悔，比别人更严厉地谴责自己。受到好人的爱戴比受坏人爱戴更容易，守法比试图支配法律更容易。如果他们想了解做到这一点的方式，也不必劳神费力，只消拿几位优秀君主的生平，例如科林斯的提莫莱昂①、西锡安的阿拉托斯②等人，来对照一下自己就可以了。从他们的传记中可以看到，无论统治者还是被统治者，都享有安宁和满足。他们自然会产生效仿这些人的心思，因为正如前面所言，那是他们很容易做到的。因为，倘若人们受到良好的统治，他们就不会再去追求或向往更多的自由，在上述两位君主统治下的人民就是如此；他们无奈之下担任了人民的君主，但他们时常希望回到自己的私生活中。在这一章和前面两章，我讨论了反对君主的情绪、布鲁图斯的儿子反对祖国的阴谋，以及那些针对塔尔昆·普里斯库斯和塞尔维乌斯的阴谋，所以我在下一章要全面讨论一下这些事情，因为它所包含的教训，无论是君主还是私人，都值得引以为鉴。

---

① Plutarch, *Timoleon*, 4 – 5, 36 – 39.

② Plutarch, *Aratus*, 53；Polybius, IV 8.

第六章　论阴谋

依我之见，对阴谋的讨论是不可省略的，因为它对君主和
私人都很危险，较之于公开的战争，为此而失去性命和国家的
君主更多。能够公然向君主开战的人，毕竟为数不多，能对他
搞阴谋的人却比比皆是。不过，这也是私人公民所从事的最为
险恶的事情，困难与危险无处不在。是故尝试者多而得逞者寡
矣。君主可以从中学会如何防范这些危险，私人公民也能明白，
参与这种事要慎之又慎——其实，他们能够学会满足于命运安
排给他们的统治。我将对双方做出全面的检讨，不忽略他们的
任何事例。科涅利乌斯·塔西陀的话堪称金玉良言，他说，人
们可以赞美既往，但必须接受现状；他们应当向往好的君主，
但必须待之以宽容，无论他如何上台。① 如果他们另有想法，
就会毁了自己和祖国。

让我言归正传，先谈谈阴谋的对象。我们可以看到，人们

---

① 马基雅维利把它译成了意大利文，文义有出入，见 Tacitus, *Histories*, IV 8。
（译按：可对照塔西陀著《历史》，王以铸、崔妙因译，商务印书馆 1981 年版，第
249 页。）

搞阴谋，不是针对自己的祖国，就是针对某个君主。出于某种原因而把城市出卖给围城者的阴谋，或类似的名堂，我在前面已经说过不少①，所以这里还是先来谈谈针对君主的阴谋吧。我们先来检讨一下它的起因。这方面的原因不少，但其中的一宗，比其他任何原因都重要，即民众的憎恨。可以合乎情理地说，假如君主搞得民怨沸腾，其中总会有些个人受其伤害尤深，他们要为自己报仇雪恨。看到君主受到普遍厌恶，他们这种欲望就会更加强烈。因此，君主应当避免这种私人的怨愤，至于避免的方式，我在别处已讨论过，这里就不多说了。② 他在对付这种私人的仇恨时，单纯的侵害不会给他带来多少麻烦。首先，对伤害看得极重，不惜冒极大的风险进行报复，这种人还是很罕见的。其次，就算他们既有胆量也有能力这样做，如果他们看到君主享有普遍的爱戴，也会因此而裹足不前。所谓的伤害，一定是对财产、肉体或名誉的侵害。其中对肉体的伤害比处死还危险③，其实要危险得多；处死没有多少危险。死人不能算计如何报仇雪恨，仍活着的人会把这种想法留给别人。不过，那些被逼上绝路、不采取行动就要遭灾的人，会成为对君主极为危险的人。我们在适当的地方，还会具体讨论这一点。除此之外，对财产和名誉这两样东西的侵害，要比其他任何侵害更为严重，君主对此要有所戒备，因为他不可能把人剥夺得一贫如洗，连一把复仇的匕首也剩不下；他也不可能把人羞辱

---

① 卷2，32.1。

② 卷2，24.1－2，28；*P* 19。

③ *P* 3.

得如此彻底，使他彻底丧失了复仇的勇气。在对人的羞辱中，又以事关女人的羞辱为最，其次为贬损人格。正是这个原因，使鲍萨尼亚斯拿起武器反抗马其顿的菲利普①，使许多人用武力反抗许多君主。在我们这个时代，朱利奥·贝兰蒂如果不是因为锡耶纳的专制者潘多尔佛先把女儿许配给他，后又把她叫走，他是不会谋害后者的。帕齐家族要谋害美第奇的最大原因是乔万尼·邦洛美的遗产，他一道命令便从他们手里夺走了。②人们谋害君主还有一个原因，也是个很重大的原因，即他们要让被他霸占的祖国获得自由。正是这个原因，使布鲁图斯和卡修斯反对恺撒③，使其他许多人反对法拉里斯④、狄奥尼修斯⑤和众多篡夺其祖国的人。暴君们无法防范这种情绪，除非他们放弃专制统治。不过还从未见到有人这样做过，所以他们几乎都没有好下场。于是才有了尤维纳利斯的诗句：

> 在刻瑞斯那儿做养子的君主，
> 有几个不是死于非命或伤痕累累？
> 去那儿的暴君，又有几个死得清白？⑥

---

① Justin, IX 6.

② 参见 *FH*, VIII 1–3。

③ 参见 Plutarch, *Brutus*, 8–10。

④ 参见 Cicero, *De officiis*, II 7。西塞罗说，法拉里斯是被阿格里真托的"一群人"杀害的。

⑤ 参见 Cicero, *De officiis*, II 7；Plutarch, *Dion*, 6；Aristotle, *Politics*, 1312a 4–6；事实上，有两个狄奥尼修斯，他们都是叙拉古的暴君。

⑥ Juvenal, *Satires*, X 112–13. 拉丁文引文。

如前所述，阴谋带来的危险可谓大矣，因为它随时有可能发生。无论预谋、实施还是完成之后，随时都会面对危险。搞阴谋的或是一人，或是多人，如果只有一人，则不宜称为阴谋，只能算是一种刺杀君主的坚定决心。它缺少阴谋招致的三种危险之一：在实施阴谋之前不存在危险，因为无人知晓他的秘密，他也不必担心自己的计划传到君主的耳朵里。任何人都可以做出这样的决定，无论大人物还是小人物、贵族还是贱民、君主的亲信还是外人，凡是有机会同他交谈的人，都能办到；凡是君主允许同自己交谈的人，都会使其勇气倍增。前面提到的鲍萨尼亚斯杀死马其顿的菲利普时，后者在儿子和女婿的陪伴下走进神庙，周围还有一千名士兵，然而他是贵族，也是君主的熟人。曾经有个贫贱的西班牙人向国王斐迪南的脖颈上刺了一刀，虽未置国王于死命，但从这事可以看到，他既有勇气也有机会干这种事情。① 一个托钵僧，即土耳其人的教士，曾用弯刀砍向当今土耳其苏丹之父巴热泽，虽然没有伤着他，却显示出当他打算做这件事时，他是既有勇气也有机会的。② 我相信，很多人只要有这样的愿望，便也具备这样的想法，因为这种愿望并不会招致惩罚或危险，不过做这种事的人还是寥寥无几。凡是做这种事的人，在行动中几乎没有不被杀死的，那么谁还愿做这种必死无疑的事情呢？不过，我们还是放下这些个人的愿望，谈谈众人的阴谋吧。

3　　窃以为，从史册中可知，搞阴谋者要么是大人物，要么就

---

① 此事发生在 1492 年 12 月 7 日，参见 P 21。
② 巴热泽二世，从 1481 年到 1512 年的苏丹。他是"现代土耳其人"之父。

是特别熟悉君主的人。① 至于另一些人，他们要么丧心病狂，要么没有搞阴谋的能力。势单力薄的人，或不认识君主的人，完全缺少实施阴谋的念头和机会。首先，势单力薄的人找不到能够对他抱有信心的同伙，如果没有使人甘愿铤而走险的成功机会，谁也不会同意参与这种事情。所以，他们一旦增至二三人，就会有告密者把他们毁掉。即使他们中间侥幸没有出现告密者，在实施时也会面对重重困难，他们没有接近君主的机会，很可能在实施阴谋之前便已遭受灭顶之灾。很容易接近君主的大人物，尚且被下面就要讲到的困难打垮，何况这些面对无数困难的人呢？人们总是顾虑自己的性命和财产，他们知道自己势单力薄，就会明哲保身；他们对君主厌恶至极时，也只会骂他几句，静待品质比他们更卓越的人进行报复。即使这种人打算搞点什么名堂，虽然他们的用意可嘉，其精明却不足挂齿。因此人们看到，搞阴谋的都是大人物或君主的熟人。至于他们搞阴谋的动机，贪图利益不亚于受到的伤害，例如佩林尼乌斯针对孔莫杜斯②、普劳蒂亚努斯针对塞弗儒斯③和塞扬努斯针对提比略④的阴谋。这些人的君王给他们高官厚禄，他们的势力臻于完美，除了国家之外，他们似乎什么都不缺。然而他们连国家也要搞到手，所以才想谋害君主。他们的阴谋的结局，也同他们的忘恩负义正相匹配。较晚近的雅各布·德·阿皮亚诺

---

① 参见 Aristotle, *Politics*, 1311a 8 - 21。

② Herodian, I 9. 此事发生于公元 185 年。

③ Herodian, III 11 - 12.

④ Tacitus, *Annals*, V 6 - 8; Suetonus, *Tibberius*, 65. 此事发生于 31 年。

反对比萨君主皮埃罗·甘巴科里大人的阴谋倒是得逞了。雅各布得到君主的提拔、供养和敬重，却被他篡夺了国家。① 在我们这个时代，科波拉对阿拉贡的斐迪南国王搞的阴谋也属此类。科波拉的地位如此显赫，除了王国之外，他应有尽有，只因想要篡夺国家，才丢了自己的性命。② 如果说，大人物对君主搞阴谋可以有一个好结局，那就应当是他了，因为搞阴谋的甚至可以说是另一位君主，他有很多得逞的机会。但是，使他丧失理智的对统治权的贪婪，使他在搞阴谋时头脑错乱。假如他们在作恶时谨慎行事，则他们不成功都难。所以说，打算防范阴谋的君主，更需当心的，是那些他给予太多恩宠的人，而不是受他伤害甚多的人，因为后者机会无多，前者却有大量的机会。③ 搞阴谋的念头也是如此，因为统治的欲望不亚于甚至强于复仇的欲望。故而他们不应给予亲信太多的权力，以便让他们和君位保持一定距离，不使他们有非分之想。不过，还是让我言归正传吧。

4　　既然搞阴谋者都是显贵，很容易接近君主，所以必须讨论一下他们的阴谋历来得到的后果，搞清楚其幸运或不幸的原因。我说过，阴谋的危险存在于三个时刻：预谋、实施和实施之后。能够善始善终者寥寥无几，因为几乎不可能幸运地通过全部这三个阶段。先来看看预谋的危险吧，这一点十分重要。在策划阴谋时，为了不走漏风声，既要万分谨慎，又要有极好的运气。

① 雅各布于 1392 年谋杀了皮埃罗·甘巴科里。
② 科波拉于 1487 年被菲迪南处决。参见 FH，VIII 32。
③ 参见 P 17。

阴谋的败露，不是因为告密，就是因为被人看破。告密之发生，源于你的知情人缺少信心或不够谨慎。缺少信心之易于发生，则是因为除了可靠的人、爱戴你或痛恨君主而甘愿铤而走险的人，你不能把它告诉任何人。可靠的人也许能找到三两个，但你若想找到更多的帮手，就难以如愿了。其次，即使在他们看来惩罚的危险以及对它的畏惧不那么大，也需要他们对你十分爱戴。再次，对于别人是否爱戴自己，人们往往做出错误的判断，除非加以验证，你无法让自己放心，而验证这种事情是极其危险的。就算你用其他危险的事情验证了他们的忠诚，你也不能用这种忠诚来衡量这件事，因为它大大超过了另一些危险。假如你用一个人对君主的不满去衡量他的忠诚，你很容易使自己上当受骗。一旦你把能让他满意的事情交给他，那么为了维持他的忠诚，需要他对君主恨之入骨，或者你必须对他拥有巨大的权势。

许多［阴谋］一开始就败露并被粉碎，都是因此而发生。一个人能在众人中间长期保密，不啻是一项奇迹，例如皮索反对尼禄的阴谋①，以及我们这个时代帕齐家族反对美第奇家族的洛伦佐和朱利亚诺的阴谋。② 知道这些阴谋的不下五十人，居然在实施之前一直没有走漏风声。至于因失之谨慎而败露的情况，这或是由于搞阴谋的人不小心说漏了嘴，被奴隶或外人听到，例如布鲁图斯的儿子遇到的情况，他们在同塔尔昆的使臣策划阴谋时，被一个奴隶听到并告发了他们；或是因为轻率

5

---

① Tacitus, *Annals*, XV 48 - 54，皮索对尼禄皇帝的阴谋见第 65 章。
② *FH*, VIII 2 - 7.

地告诉了你所钟爱的女人、娈童或诸如此类的冒失鬼，例如迪姆努斯。他同菲洛塔斯合谋反对亚历山大大帝时，把这个秘密告诉了他所宠爱的娈童尼可马舒斯。这男孩立刻把它告诉了自己的兄弟塞巴里努斯，后者又转告了国王。① 至于被识破的事例，有皮索反对尼禄的阴谋。密谋者之一斯凯维努斯在行刺尼禄的前一天立下遗嘱，又让获得自由的奴隶米利库斯为他磨快一把生锈的旧匕首；他还解放了他的全部奴隶，发给他们钱财，备好了包扎伤口的绷带。斯凯维努斯和另一个密谋者纳塔利斯被抓了起来，因为在此之前，总能看到他们长时间私下里交谈。他们在交代此事时，两个人说法不一，于是只好供出实情。阴谋既已败露，所有阴谋家也一一落网。②

6　　完全避开这些阴谋败露的原因是不可能的。只要被捕的不止一人，就不可能不露馅，因为两个人不可能在所有的事情上口径一致。倘若只有一人被捕，他又十分坚毅顽强，则他可以利用自己的勇气为阴谋家保守秘密。不过，那些阴谋家也必须如他一般坚强，稳住阵脚，不因逃跑而暴露自己。只要有人乱了方寸，无论他是否被捕，都会使阴谋败露。提图斯·李维讲述过反对叙拉古国王希耶罗尼姆斯的阴谋，而这个例子是十分罕见的。密谋者之一泰奥多勒斯德行超群，他被捕后，对于谁是密谋者守口如瓶，反而控告国王的亲信。另外，其他密谋者也对泰奥多勒斯的德行给予极大的信任，没有人逃离叙拉古，

---

① Quintus Curtus, VI 7 – 11.

② Tacitus, *Annals*, XV 48, 54 – 56.

或表现出丝毫的畏缩。① 这才使策划阴谋者在实施阴谋前躲过了所有这些风险；假如有人想躲过它们，也只能利用这些办法。首要的正确做法——其实，不如说是唯一正确的做法——是，切莫让密谋者有时间去告发你，不要在付诸行动之前，而要在动手时再告诉他们。这样做的人即可避免实施时的危险，而且大多数时候也避免了另一些危险，肯定能获得幸运的结局。任何谨慎的人都有机会以这种方式来管束自己。我想，用两个事例来说明这一点，也就足够了。

内勒马图斯无法忍受伊庇鲁斯的暴君阿里斯托提姆斯的残暴统治，便把许多亲友叫到自己家里，鼓动他们解放自己的祖国，其中一部分人说，需要一些思考和准备的时间。内勒马图斯把自己的奴隶锁进屋里，对他召来的人说："你们要么发誓现在就采取行动，不然我就把你们全部作为因犯交给阿里斯托提姆斯。"在这些话的感召下，他们发下誓言，迅即采取行动，幸运地执行了内勒马图斯的命令。② 麻葛僧利用欺骗手段，夺取了波斯人的王国。该王国的大人物奥尔塔内斯意识到其骗局并予以揭露，他和王国的另外六名君主商议此事，想使王国摆脱那个麻葛僧的专制统治。其中有人要求他再多给点儿时间。大流士，奥尔塔内斯叫来的六人之一，起身说道："要么我们现在就动手，不然我就把你们全都告发了。"他们就这样达成了一致，没有给任何人留下反悔的时间，顺利完成了他们的计

---

① Livy, XXIV 5，这里的阴谋家是泰奥多图斯。此事发生于公元前 215 年。

② Justin, XXVI 1，这里密谋者的名字是赫拉尼库斯，时间是公元前 272 年。

划。① 埃托利亚人杀死斯巴达的专制者纳比斯时采用的阴谋，也与这两个例子相似。他们让公民亚列克萨门努斯带着三十名骑兵和两百名步兵，打着援助的幌子去见纳比斯。他们只把秘密告诉了亚列克萨门努斯一人，要求其他人无条件听从于他，违命者一律流放。他到了斯巴达后，在打算动手之前也没有告诉任何人，所以他们成功地杀死了他。② 这些人由此避免了策划阴谋时的危险；只要效法他们，人们也总是能够避免这些危险。

8　　[为了证明] 人人都能做到，我打算讲讲前面提到的皮索的例子。皮索是个很有名望的大人物，也是尼禄十分信任的人。尼禄时常去他的花园同他一起进餐。皮索能够结识一些适合于行刺的有勇有谋的人（对于大人物来说，这是很容易办到的事情）。他可以在尼禄来他的花园时，把计划告诉他们，以适当的言辞让他们动手，使他们没有时间拒绝，只要这样做，即可稳操胜券。③ 只要把其他事情考虑周全，几乎谁都能以这种方式取胜。然而，一般而言，通晓天下事理者几稀，故而他们经常铸成大错，在这种不同寻常的事情上更是如此。因此，除非迫不得已，除非行动在即，不应把这种事告诉任何人。即使你要告诉别人，也只能告诉与你交往时间甚长、与你同舟共济的一个人。找到这样一个人，要比找很多人容易得多，所以危险也就小得多。即使他骗了你，也还有某种保全自己的办法，如

① Herodotus, III 61 - 79.

② Livy, XXXV 35.

③ Tacitus, *Annals*, XV 48, 52.

果密谋者众多，这种办法便不存在了。我从精明的人士那儿听说，你对一个人可以无所不谈，只要不形诸文字，是真是假谁也无法分辨清楚。人人都应防范个人的笔迹带来的危险，因为再没有别的东西像你的笔迹那样，能让人很容易把你识别出来。当普劳蒂亚努斯打算刺杀皇帝塞弗儒斯及其儿子安东尼努斯时，他把这项任务交给了护民官萨图尼努斯。后者并不想听命于他，而是想告发他。然而他又担心，提出指控时，普劳蒂亚努斯比他更能取得人们的信任，于是请他写下一道手令，以便作为证据。普劳蒂亚努斯被野心冲昏了头脑，便给他写了这样一道手令。结果护民官将他告发并定了他的罪。假如没有那一纸手令和另一些迹象，普劳亚努斯仍会占有优势，他大可矢口否认。① 如果无法用手迹或另一些东西给你定罪，你便能够找到自保的办法了。

在皮索的阴谋中，有个叫埃皮凯丽丝的女人，一度是尼禄的情妇。她认为把一个被尼禄任命为卫兵的三列桨船的船长拉到阴谋中来，对他们十分有利，于是她向他透露了阴谋，但没有告诉他密谋者的姓名。这个将官不讲信用，向尼禄告发了她。但埃皮凯丽丝矢口否认，尼禄搞不清真相，也就没有治她的罪。② 由此可见，把事情透露给一个人有两方面的危险。其一，他有确凿的证据指控你；其二，由于猜疑，或是由于他的某种迹象，把他抓起来以后，他的罪名坐实，受到惩罚的逼迫，因而告发你。不过，在这两种情况下，都有补救的办法。譬如你

① Herodian, III 10 – 12. 此事发生于 205 年。

② Tacitus, *Annals*, XV 51, 57.

可以矢口否认，声称他对你怀恨在心，或者说那是他被逼无奈之下的谎言。所以，明智的做法是不要把事情告诉任何人，即使必须告诉别人，也不要超过一个人。尽管这样做比较危险，也要比告诉很多人的危险小得多。

10　　另一种情况与此类似，即你看到君主有可能对你下手，所以你只好对他下手。这时你除了思考如何自保，没有时间顾及其他。这种迫不得已的局面，几乎总是以可取的结局收场。我想举两个例子，便足以证明这一点。孔莫杜斯皇帝任命勒图斯和埃勒图斯担任他的御林军首领，使他们成了自己最好的朋友和亲信；他让玛尔茜娅成为最受自己宠爱的妃子或情人。他们经常因为他玷污自己的人格和国家的做法而谴责他，于是他决定把他们统统干掉。他把玛尔茜娅、勒图斯、埃勒图斯以及他打算明天晚上处死的另一些人写进一张名单，把它放在了自己的枕头下面。他去洗澡时，他的一个娈童来到他的房间和床上嬉戏，看到了那张名单。他拿着它走到外边，恰好遇上玛尔茜娅。她从他手里拿过那张名单，看到上面的内容后，匆忙去找勒图斯和埃勒图斯。这三人认识到他们的处境危险，便决定先发制人。他们没有拖延时间，第二天夜里便把孔莫杜斯干掉了。①

11　　安东尼努斯·卡剌卡拉皇帝率军驻扎在美索不达米亚，他的地方长官是马克里努斯，一个更喜欢文明生活而非好战的人。凡是恶劣的君主，总是担心有人对他们施以他们应得的惩罚，安东尼努斯便给他在罗马的亲信马特尼亚努斯写信说，他想通

---

① Herodian, I 16–17. 此事发生于192年。

过占星术士了解一下，是否有人觊觎帝国，他要把这事搞清楚。马特尼亚努斯给他回函说，马克里努斯就是觊觎国家的人之一。在皇帝拿到这封信之前，它先落到了马克里努斯手里，他意识到只有两条出路：要么在罗马再次来信之前杀死皇帝，要么自己丧命。他把行刺的任务交给了自己的心腹、百人团团长马蒂亚尔——他的兄弟几天前刚被安东尼努斯所杀。他漂亮地完成了任务。[①] 由此可见，不容喘息的紧迫事件，和我前述伊庇鲁斯的内勒马图斯所采用的办法，可以收到异曲同工的效果。此外，也可以由此明白我在这一章开头讲过的话：人所受到的威胁，对君主构成更大的危险，是比伤害更为有效的阴谋之成因。君主一定要提防这些人，他要么安抚他们，要么防范他们[②]，不可让他们陷入这样的窘境：他只能思考要么自己死，要么让别人死。

　　至于实施阴谋时发生的危险，它或是来自改变计划，或是因为实施者缺乏勇气，或是因为实施者不够精明而犯下的错误，或没把事情做得完美无缺，给原本打算除掉的人留下活路。故而我要说，给人的行动造成的干扰或障碍，莫过于朝令夕改，使原来的计划变形走样。如果说这种改变打乱了什么的话，它所打乱的就是战局和我们以上所说的事情。因为在这种行动中，最为必要的就是让人坚定意志，落实交给他们的任务。假如人们多日挖空心思想出一种手段和计划，却又突然变卦，岂有不把一切都搞乱毁掉之理？所以，最好还是按既定的计划行事，

12

---

① Herodian, IV 12-13. 此事发生于217年。

② 参见 P 3。

即使发现它有不妥之处，也比试图纠正而使其弊端丛生强得多。
这多发生在人们没有时间进行调整的事情上；如果有时间的话，
他可以用自己的方式进行筹划。

13　　帕齐家族谋害美第奇家族的洛伦佐和朱利亚诺的事，是人
尽皆知的。既定的计划是，他们为红衣大主教圣乔治安排一次
早餐，在早餐上杀死他们。其中规定了由谁杀死他们，由谁占
领宫殿，由谁到城里去宣布人民获得了自由。当帕齐家的人、
两位美第奇和红衣主教在佛罗伦萨的天主教堂里主持圣事时，
他们了解到朱利亚诺那天早上不在那儿用餐。于是阴谋家又聚
在一起开会，他们决定，原本打算在美第奇家里做的事情，要
移到教堂里去做。这打乱了整个计划，因为乔万巴蒂斯塔·达·
蒙特塞科不想参与这种杀人的勾当，他说，他不想在教堂里干
这种事。于是他们只好为每一个行动变更首领，这些人来不及
坚定意志，犯下了种种错误，使他们在实施时被粉碎。①

14　　君主的威严，或实施者本人的懦弱，都会使实施者丧失勇
气。君主的仪表威严庄重，很容易让实施者打怵。明图尼人抓
住马略后，派一个奴隶把他处死。这人慑于他的仪表和名声，
变得懦弱不堪，完全丧失了杀死他的能力。② 一个被厄运击败、
五花大绑的囚徒，尚且有这样的力量，一个侍从如云、仪仗宏
大、气派非凡并且自由自在的君主，他的威力之大，也就可想
而知了。这样的气派足以吓倒你，或者说，一句亲切的问候，
就能使你意志消沉。有人想谋杀色雷斯国王西塔尔塞斯，他们

①　*FH* VIII 5. 帕齐家族的阴谋发生于 1478 年。

②　Plutarch, *Caius Marius*, 37–39. 此事发生于公元前 88 年。

定下动手的日期，聚集在事先选好的地点，但是君主来了以后，他们谁也没有动手。他们无所作为地离去，自己也不清楚是什么东西在阻止着他们，只好相互指责。他们多次犯下这种错误，在阴谋败露后，他们为自己能够做却不愿做的罪行而受到了惩罚。① 费拉拉大公阿芳索的两个兄弟要谋害他，他们利用大公的牧师和诵经师当他们的线人。他在他们的请求下，多次把大公带到他们面前，使他们有机会杀死他，可是他们谁也不敢下手。事情败露后，他们为自己的拙劣和不智而受到了惩罚。② 这种粗率的表现，只能是因为君主的仪表吓住了他们，或君主的仁慈让他们自惭形秽。在这种行动中，疏忽或错误来自缺少理智或勇气。因为是这两样东西主宰着你的行动，若是因为头脑混乱而失去它们，你的言谈举止，就会同应有的表现截然相反。

我们在上文提到③，提图斯·李维描述过打算刺杀斯巴达人纳比斯的埃托利亚人亚列克萨门努斯，他再好不过地证明了人的心神迷乱。行动在即，他把他要做的事情告诉了自己人，提图斯·李维就此说道："他本人强打精神，因为思考此事而心烦意乱。"④ 人们也不可能不心神迷乱，即使那些意志坚强、把死亡和舞刀弄枪视如家常便饭的人。所以，应当选择这方面 15

---

① 西塔尔塞斯是色雷斯的国王，在位时间为公元前440年—前424年。不过，这个针对他的阴谋似乎是马基雅维利杜撰的。

② 两兄弟是费迪南多和吉利奥，他们在1506年密谋杀害阿芳索大公，牧师是让·达蒂加诺瓦。见 Guicciardini, *History of Italy*, VII 4。

③ 见本章，另见卷1, 10.2, 40.6。

④ 拉丁文引文，与原文稍有出入。见 Livy, XXXV 35。

的行家里手，但不可相信任何人，无论他有多大的勇气。因为说到大事中的勇气，在毫无经验的事上，没有人敢于夸下必胜的海口。心神迷乱能让武器从手中滑落，或让人说出后果相同的话。孔莫杜斯的妹妹露西拉命令昆提亚努斯杀死前者。他在圆形剧场的入口处等着孔莫杜斯，当他手执利刃走向孔莫杜斯时，大吼道："看元老院给你送来了什么!"——这句话使他未及落刀，便成了阶下囚。① 如前所述，莫塞尔·安东尼奥·达·沃尔泰拉受命行刺洛伦佐·德·美第奇。他在走向洛伦佐时说："喂，你这个国贼!"——这句话救了洛伦佐，使那场阴谋破产。② 由于前面说过的原因，在谋害首领时难以做到善始善终；若要谋害两个首领，就更不容易善始善终了。其实，它的难度之大，使它几乎不可能成功。在不同的地方同时采取相同的行动几乎是不可能的；如果不想让一件事坏了另一个件事，那么也不可能在不同的时间做同样的事。如果说，谋害一个君主是危险重重、极不慎重的事情，那么谋害两个君主则完全是草率的徒劳之举。若不是对史家怀有敬重，我绝不会相信希罗狄安所说的普劳蒂亚努斯，他让百人团团长萨图尼努斯单枪匹马去杀死居住在不同地方的塞弗儒斯和安东尼努斯。③ 因为这事太不合情理了，要不是这位权威的史家，我是绝不会相信它的。

---

① Herodian, I 8.

② 1478 年帕齐家族的阴谋。

③ Herodian, III 11 – 12. 这里说，塞弗儒斯和安东尼努斯是在同一个地方的不同房间里。

一些年轻的雅典人试图谋杀雅典的专制者狄奥克莱斯和希 16
庇亚斯。他们杀死了狄奥克莱斯，幸免于难的希庇亚斯则为他
报了仇。① 赫拉克利亚人希翁和莱奥尼达斯，柏拉图的门生，
试图谋杀科里尔库斯和萨提鲁斯。他们杀死了科里尔库斯，而
未被杀死的萨提鲁斯为他报了仇。② 我们多次提到的帕齐家族，
只是成功地杀死了朱利亚诺。③ 所以说，世人应避免同时试图
谋杀许多头领，因为这对你本人、你的祖国和任何人都没有好
处。事实上，幸免于谋杀的人，会更加气急败坏、更加残酷，
我前面提到的佛罗伦萨、雅典和赫拉克利亚，都明白这个道理。
不错，派洛皮德为拯救自己的祖国底比斯而实施的阴谋困难重
重，其结局却十分幸运，因为派洛皮德所要谋杀的，不是两个
而是十个专制者。他既非专制者的亲信，也不容易接近他们，
他只是一名反叛者。但是他能够进入底比斯杀死专制者，解放
自己的祖国。在专制者的谋士卡隆的帮助下，他很容易下手，
从而完成了一切。④ 但是谁也无法拿他做表率，因为这是不可
能的事情，其成功简直如同奇迹一般。作家们就是这样来看待
它的，他们赞美说，这种事举世罕见，几乎没有第二例。这种
事可能因错觉而受挫，也可能被行动中难以预见的变故所中止。
布鲁图斯和另一些密谋者打算刺杀恺撒的那天早上，恺撒恰好
同密谋者之一格涅欧斯·博皮利乌斯·勒纳图斯进行长谈。另

---

① Thucydides, VI 54–59, 这里说，在公元前514年针对皮西斯特拉图斯两
个儿子的阴谋中，成为牺牲品的是喜帕恰斯，而不是迪奥克勒斯。

② Justin, XVI 5；时间是352年。

③ *FH*, VIII 6.

④ Plutarch, *Pelopidas*, 7–13.

一些人看到谈话没完没了，便怀疑博皮利乌斯向恺撒告发了他们的阴谋。他们打算就在那儿而不是去元老院干掉恺撒。假如不是交谈结束，他们也未看到恺撒有任何异样的举动，从而收起了戒备心，他们当时就会下手。需要重视和审慎地看待这种错觉；既然它很容易发生，就更应如此。心怀鬼胎的人，很容易相信别人在议论自己；有人听到什么议论，也会别有用心地把它讲出来，搞得你心烦意乱，以为是在议论你的事情。这有可能让你轻率地暴露自己的阴谋，或是因为不择时机地动手而打乱了行动。假如有很多人知道阴谋，那就更易于发生这种事情。

17　　至于偶然的变故，因为它们无法预见，故只能用一些事例加以说明，以备世人警策之用。我们在前面提到，潘多尔佛先是把女儿许配给锡耶纳人朱利奥·贝兰蒂为妻，后又把她叫走，这让贝兰蒂勃然大怒。他决心除掉他，并选定了时间。潘多尔佛几乎天天都去看望他的一个生病的亲戚，去那儿时他要途经朱利奥的家门。朱利奥看准了这个机会，他命令自己的同谋潜伏在他家中，在潘多尔佛路过时把他干掉。他们携带武器藏在大门里边，又让一人守在窗口张望，以便在潘多尔佛走近门口时发出信号。当潘多尔佛走来时，那人发出了信号，此时潘多尔佛恰好遇上一位熟人把他拦住，他的一些随从继续前行，听到了武器的声响，于是发现了那些伏兵。潘多尔佛由此幸免于难，朱利奥及其同伙则不得不从锡耶纳落荒而逃。这次偶然的相遇阻止了刺杀行动，朱利奥的计谋也化为泡影。[①] 这种变故

---

　　① Plutarch, *Brutus*, 16.

很罕见，所以根本无法预先防范。但是，对于可能发生的一切，均要有所估计，并且要有对策。

到此为止，我们还没有讨论采取行动后发生的危险。这种 18
危险只有一种，如果有人幸免于难，他会为死去的君主报仇。他的兄弟可能还活着，或者他的儿子和亲信都在等着登上王位。这些能够复仇的人得以幸存，或是因为你的掉以轻心，或是由于上面所说的原因，例如乔万尼·安德烈亚·达·兰帕格纳诺及其同谋在刺杀米兰大公后的遭遇。他有一个儿子和两个兄弟活了下来，他们及时为死者报了仇。① 在这些事件中，密谋者尚可原谅，因为他们没有防范的办法。但是，假如有人逃过一死，是因为他们的疏忽大意，那就不值得原谅他们了。一些弗利人杀死了他们的领主吉洛拉莫伯爵，并把他的妻子和年幼的儿子抓了起来。他们觉得，只要他们没有控制要塞，就不可能过上太平日子。然而要塞中的人却不想投降，麦当娜·卡特琳娜（这是公爵夫人的名字）向谋杀者许诺说，假如他们让她进入要塞，她能让里边的人投降；他们可以把她的孩子作为人质。在这种保证之下，他们让她进了要塞。她一走进要塞，便到城墙上痛骂他们杀害了自己的丈夫，并威胁他们说，她要不择手段地进行报复。为了向他们证明她不在乎自己的孩子，她把自己的阴户露给他们看，并且说，她还能生下好多孩子。由于缺少谋略，也由于迟迟没有认识到自己的错误，他们为自己的疏忽而遭到永久流放的惩罚。② 但是，在谋杀实施以后出现的危

① 参见 *FH*，VII 34。这一阴谋发生于 1476 年。
② 参见 *FH*，VIII 34；*P* 20。

险中，最严重、最可怕的危险，乃是人民对被害君主的爱戴。谋害者对此毫无办法，因为在这种情况下，他们根本无法保证自己的安全。这方面的一个例子是恺撒，他以罗马人民为友，所以人民为他报了仇。他们把谋杀者赶出罗马城，这就是他们在不同的时间和地点全被杀死的原因。①

19　　反对祖国的阴谋，较之于针对君主的阴谋，对于搞阴谋的人来说不是太危险。因为在策划这种阴谋时，危险较之后者要少一些。实施时也是如此，实施之后则没有任何危险。在策划阴谋时没有太多危险，是因为一个公民可以做好掌权的精神准备，但不必把他的计划泄露给任何人。只要他这些准备没有受到阻碍，他就可以顺利实施自己的事业。即使它被法律所打断，他也能等待时机，换一种方式重新开始。不难理解，这种事是出现在一部分人已经腐败的共和国里，假如没有人腐败，也就不可能有邪恶的事端，它的公民也不会动这种念头。假如公民没有被粉碎的危险，他们能以很多手段和方式图谋君位，因为与君主相比，共和国的行动更为迟缓、更少猜忌，所以也更缺乏警惕；它们对伟大的公民有着更多的崇敬，这使后者有更大的勇气、更坚定的意志去反对它们。人人都读过萨卢斯特所记述的喀提林的阴谋，在阴谋败露后，喀提林不但依然住在罗马，还到元老院里对元老和执政官们大放厥词；这座城市对它的公民竟是如此尊重。② 当他动身离开罗马，已经同他的军队出了

---

① 参见 Plutarch, *Caesar*, 68 – 69。

② Sallust, *Bellum Catilinae*, 31；Cicero, *In Catilinam*, I 1. 时间是公元前 63 年。

城以后，如果不是有伦图卢斯等人的亲笔信能够明确地对他们控罪，他们也不会被抓起来。① 汉诺，迦太基的一个极为杰出的公民，图谋实行专制，他曾下令在女儿的婚礼上把元老院全体成员毒死，然后立自己为君主。元老院获悉此事后，并未制定任何条款，仅仅通过了一条限制宴会和婚礼开支的法律，他们对他的人品竟然如此敬重。② 其实，在实施针对祖国的阴谋时，有着更多的困难和危险，因为你几乎无法以自己的势力对那么多人搞阴谋；恺撒③、阿加索克勒斯④或克莱奥梅尼⑤等人能够利用他们的军队，一举夺取自己的祖国，但并非人人都是他们那样的军队统帅。这种办法既容易又安全，但是没有这种势力的人，则必须利用欺诈、技巧或外国势力。就欺诈和技巧而言，雅典人皮西斯特拉图斯在征服了迈加拉人以后，赢得了人民的支持。一天早上他带伤走到外边，声称这是贵族出于嫉妒而伤害他。他要求有武器的人充当自己的卫兵。他的权威使他轻而易举召集起众多大人物，于是他变成了雅典的专制者。⑥ 潘多尔佛·佩特鲁奇和另一些流放者回到锡耶纳后，他被指派担任市政厅的守卫，一个枯燥乏味无人愿干的差事。然而，那些士兵很快便对他极为敬重，没过多久，他就成了锡

① Sallust, *Bellum Catilinae*, 46 - 47; Plutarch, *Cicero*, 16 - 19.

② Justin, XXI 4, 这里记述了公元前 350 年汉诺的阴谋。

③ Plutarch, *Caesar*, 32.

④ Justin, XXII 1; Plutarch, *Pyrrhus*, 14; P 8.

⑤ Plutarch, *Cleomenes*, 4.

⑥ Plutarch, *Solon*, 30; Herodotus, I 59.

耶纳的君主。① 还有不少人采取另一些计谋和手段，在一段时间之后，也安然无恙地登上了君主的宝座。密谋以自己的势力或外国势力夺取祖国的人，按其运气的好坏，也有不同的结局。前面提到的喀提林为此而覆灭了。② 前面提到的汉诺用毒药没有得逞，他便把数千名同乡武装起来，但他和他们一起被处死了。③ 底比斯最早的一批公民想成为专制者，他们便请来一支斯巴达军队帮忙，在这座城市实行了专制统治。④ 通盘评估反对祖国的所有阴谋，没有一次——或很少——是在策划时失败的，它们要么获得成功，要么是在实施时被粉碎。在实施这种阴谋时，除了统治权的性质本身所包含的危险外，它们没有任何其他危险。当一个人成为专制者时，他便会遇到专制给他带来的固有而常见的危险，对于这种危险，除了前面提到的办法以外，他没有任何解决之道。

20　　这就是我在讨论阴谋时所想到的一切。我只讲以刀剑实施的阴谋，而没有提到毒药，是因为它们的效果相同。其实，下毒的办法更危险、更不确定，因为并非人人都有下毒的机会，只能把它委派给有此机会的人，而这种委派的必要性就会给你带来危险。此外，由于许多原因，喝下的毒药也许不足以致命，比如刺杀孔莫杜斯的人就有这种遭遇，当他呕吐出他们给他喝

---

① 潘多尔佛于 1487 年从流放中回到锡耶纳。见 Guicciardini, *History of Italy*, IV 3。

② Plutarch, *Cicero*, 22; Sallust, *Bellum Catilinae*, 60.

③ Justin, XXI 4.

④ Justin, III 6; Plutarch, *Pelopidas*, 5. 这一阴谋发生于公元前 382 年。

下的毒药后，他们为了让他咽气，不得不去勒他的脖子。① 君主之大敌，莫过于阴谋。反对他们的阴谋一旦出现，他们不是死于非命，就是蒙受耻辱。假如阴谋得逞，他们丧命；假如阴谋败露，他们干掉阴谋家。然而人们总是认为，那不过是君主在罗织罪名，他是以被他处死者的鲜血和财产为代价，来满足自己的贪婪和残暴。不过，我还是想借此机会，提醒那些可能面对阴谋的君主或共和国，使他们保持警惕。一俟阴谋露出端倪，他们应当努力搞清楚它的性质，在进行报复之前，仔细权衡他们和阴谋家各自具备的条件。如果他们发现阴谋家人数众多、势力强大，那就万万不可揭露阴谋，直到他们聚集起足够的力量去粉碎它。假如他们不这样做，必将大难临头。他们应当尽量装聋作哑，因为阴谋家在看到自己败露时，肯定会毫不迟延地采取行动。例如我们在前面谈到过②，俾罗马人在卡普阿留下两个军团，以防萨谟奈人进犯此地，军团的首领合谋反对卡普阿人。罗马获悉此事后，派遣新上任的执政官鲁提利乌斯前去处理此事。为使阴谋家丧失警惕，元老院重新确认了卡普阿军团的地位。士兵们对此信以为真，而且他们认为有足够的时间去实施他们的计划，也就没有加快实施的步伐。他们按兵不动，直到开始察觉执政官正在离间他们——这让他们产生了疑心，也使他们露了马脚，于是他们把愿望变成了行动。这个事例从两个方面再好不过地说明了问题。③ 从中可以看到，

---

① Herodian, I 17.

② 卷2，20，26。

③ Livy, VII 38–41.

当人们相信自己时间充裕时，他们的行动是多么拖沓；在受到必然性的驱使时，他们的行动又是何等迅捷。君主或共和国为了取得优势，推迟阴谋的实施，最好的办法就是赶快给阴谋家提供一个机会，让他们因为觉得来日方长而继续等待。如此一来，也就给君主或共和国提供了惩罚他们的时间。凡是不采取这种办法的人，都会加快自己的灭亡，这就是雅典大公和古列尔莫·德·帕齐的遭遇。当大公成为佛罗伦萨的专制者时，他获悉有人密谋反对他。他抓住了一个密谋者，却没有对事态进行评估。这使另一些人立刻拿起武器，从他手里夺走了国家。① 古列尔莫 1501 年在瓦尔迪基亚纳任行政长官时，获悉阿雷佐密谋支持维特利从佛罗伦萨人手里夺取该城。他立刻赶往那座城市，完全没有考虑密谋者和他本人的势力。他没有给自己配备任何武装，只带着他儿子的谋士，即主教大人，逮捕了一个密谋者。这人被捕后，另一些人马上拿起武器，从佛罗伦萨人和这位行政长官手里夺走了城市，古列尔莫也成了阶下囚。② 不过，假如阴谋者势力弱小，那就能够也应当毫不迟疑地粉碎他们。万万不可模仿有人采用过的两种几乎截然相反的方式：一是上述雅典大公的方式，他只把一个暴露了阴谋的人处死，以此显示他相信佛罗伦萨人对他的爱戴。③ 另一种方式由叙拉古人狄翁［采用］：他想探明他所怀疑的任何人的意图，便让自

---

① 雅典大公瓦尔特·德·布林纳，1342 年作为将领进驻佛罗伦萨，1343 年被阴谋推翻。见 *FH* 30，33 – 37。

② 当时的记载见 Guicciardini, *History of Italy*, V 8。这位主教是科西莫·德·帕齐。

③ 参见 *FH* II 36。

己信任的卡里普斯装出对他搞阴谋的样子。这两人的下场甚为
可悲。一个让告密者心灰意冷，反而使搞阴谋者勇气倍增；另
一个让自己轻易踏上了死路。其实，正如他的遭遇所示，他是
亲自充当了阴谋的首领。因为卡利普斯能够毫不迟疑地同狄翁
作对，他干得如此彻底，把后者的国家和性命一并夺走。①

---

① Plutarch, *Dion*, 54 – 57.

第七章　从自由变为奴役，或从奴役变为自由，何以有时不流血，有时腥风血雨

1　　人们也许会奇怪，发生过许多从自由生活到专制，或从专制到自由生活的变化，何以有些变化不流血，有些变化却是腥风血雨呢？因为从史书中可知，相似的变化，有时死人无数，有时无人受伤。罗马从君王制改行任命执政官时，除了塔尔昆被放逐，无人受到迫害。① 此事取决于这样的因素：发生变革的国家，是否以暴力起家。如果它是以暴力起家，必然伴随着大量的迫害；当它后来覆灭时，受迫害者便要进行报复。众多的流血与死亡，便是因这种报复欲而发生。如果国家起源于使其强盛的民众一致同意，那么当它覆灭时，除了首领以外，这个集体没有理由迫害任何人。驱逐了塔尔昆的罗马，以及美第奇家族治下的佛罗伦萨，都属于这一类国家；后者在 1494 年覆灭时，除了他们以外，没有

---

① Livy, I 59–60.

人受到迫害。① 这种变化没有多少危险，而那些复仇者做出的改变则极为危险，不要说参与这种事，只去读读这类事的记载，也会让人心惊肉跳。史书中这类例子比比皆是，就不劳我再多说了吧。

---

① 法国国王查理八世 1494 年进入佛罗伦萨后，美第奇家族的皮埃罗、乔万尼和朱利亚诺被放逐。

第八章 凡是想改变共和国的人，要尊重它的目标

1　　前面说过①，邪恶的公民在未腐败的共和国里无法作恶。这个结论，除了已经列明的原因外，还可以用斯普利乌斯·卡修斯和曼利乌斯·卡皮托利努斯的例子加以证实。这个斯普利乌斯是个野心家，他想在罗马攫取超常的权力，通过给平民种种恩惠，例如把罗马人从赫尔尼基人那儿夺来的田地分给他们，把他们争取到自己一边。他这一野心被元老们识破，从而引起了普遍的猜忌，所以当他对人民说，他提议把政府从西西里得到的谷物换成金钱发给他们时，他们断然拒绝了他。因为在他们看来，斯普利乌斯是要拿他们的自由做交易。② 假如人民已经腐化，他们就不会拒绝他的开价，他们将向专制敞开被他们封死的道路。曼利乌斯·卡皮托利努斯是个更突出的事例，透过他可以看到，一个灵与肉都如此杰出的人，做了那么多有利

───────────

① 卷1, 18, 55; 卷3, 6.19。

② Livy, II 41.

于国家的事情，后来如何毁于丑恶的统治欲。[①] 他之所以如此，是因为他妒忌卡米卢斯获得的荣誉。他逐渐变得丧心病狂，不考虑这座城市的生活方式，也不顾及它的目标历来不适合于接纳邪恶的体制，他决定在罗马煽起反对元老院和祖国法律的骚乱。人们这时便看到了这个城市的完美及其优秀的生活方式，对于他的案子，没有一个贵族给予支持，尽管他们严格地相互扶持；他的亲属中也没有人给他出力。有人受到指控时，通常会出现一些蓬头垢面的人，他们身穿黑衣，摆出一副伤心欲绝的模样，以期为受控者争得人们的同情。但是在曼利乌斯的案子上，没有见到一个这样的人。平民的护民官历来赞成他认为对人民有利的事情——对贵族越是不利，他们就越是大力推动。但是在这件事上，他们却同贵族团结一致，克服了一场共同的灾祸。罗马平民虽然很想自己得好处，偏爱不利于贵族的事情，为曼利乌斯提供过不少支持。可是，当护民官把他解来交给人民审判时，他们便从袒护者变成了法官，毫不留情地判了他死刑。所以我相信，从这部史书中，再也找不到比它更好的例子，用来证明那个共和国的全部制度是多么出色，因为看不到任何人出来袒护一个一度德行完美、公开或私下做过很多值得表彰的事情的公民。就影响着他们的力量而言，对祖国的热爱超过了所有其他考虑。他们更为重视的，是他引起的当前的危险，而不是他过去的功绩；他们通过把他处死而获得了自由。提图斯·李维说："一个人就这样消失了，倘若他不是生在一个自

---

① Livy, VI 14–20.

由的城市，他本是个值得纪念的人。"① 这里有两点应予重视：其一，在腐化堕落的城市里追求荣耀，不能采用文明城市的办法；其二（其实和第一条差不多），做事要考虑时代因素，要因时制宜，在大事上更应当如此。

2 　　由于拙劣的选择，或由于天生的好恶，不能和时代保持步调一致的人，经常活得很不幸；他们的行动会导致恶果，和时代步调一致的人则与此相反。根据上述史家的话，无疑可以断定，假如曼利乌斯生在马略和苏拉的时代，已有腐化堕落的风气，使他得以落实自己的野心，那么他也能取得像马略、苏拉以及后来图谋建立专制统治的人一样的成果。同理，假如马略和苏拉生在曼利乌斯的时代，那么他们一开始就会被粉碎。人确实能以自己的模式和邪恶手段去腐化一个城市的人民，然而，一个人的寿限却不足以使他从腐蚀人民中获益。就算他的寿命之长使他能够这样做，他也不可能办到，这是因为人的处世方式，他缺乏耐心，不能长久保持热情。其次，在关系到自己的事情，尤其是有强烈欲望的事情上，他们自欺欺人。所以，他们或是因为没有耐心，或是因为自欺，便和时代作对，落得一个可悲的下场。职是之故，凡是想夺取共和国的权力、为其建立邪恶制度的人，需要找出那些受岁月磨损的因素，那些从一代人到另一代人，一点一滴逐渐陷入混乱——正如上述②，这是必然要发生的——的因素；利用优秀的表率加以更新，或通过新的法律重返起点，这种事毕竟少见。所以说，假如曼利乌

---

① 准确的拉丁文引文，见 Livy, VI 20。

② 卷 3，1。

斯生在一个腐败的城市，他就会成为名垂青史的人。由此可见，共和国的公民若想成就一番事业，不管是支持自由还是专制，都必须考虑它的目标，据此判断其事业的难易。想过奴役生活的人民，你却要给他们自由；喜欢自由生活的人民，你却要奴役他们，这都是既困难又危险的事情。如前所述，人在做事时，要考虑时代的性质，要因时制宜，我们将在下一章做更周详的讨论。

第九章　若想总是福星高照，
务必因时制宜

1　　我时常想，人的运气有好有坏的原因，与他因时制宜的方式密切相关。因为可以看到，有人做事胆大妄为，有人做事谨小慎微。这种两种方式，都有可能越过适当的界线，既然人们无法遵循正确的方式，所以他们都会出错。然而，如我所言，凡是能让自己的方式与时代协调一致、因势利导的人，出错便较少，运气也更佳。世人皆知，法比乌斯·马克西姆斯在指挥军队上谨小慎微，同一切鲁莽做法和罗马人的胆大妄为相去甚远。好运气使他这种作风与时代颇为相合。当年轻的汉尼拔初露锋芒、开进意大利两次打败罗马人时，当共和国的精兵良将几乎丧失殆尽、为此而惶恐不安时，它最好的运气便是拥有一位将领，以其缓慢的步调和谨慎，把敌人拖得一筹莫展。法比乌斯不可能找到更适合于他这种处事方式的时刻了，他就是因此名满天下的。可以看到，法比乌斯这样做并非出于他的选择，而是来自他的天性。当西庇阿打算率军进入阿非利加结束战争时，法比乌斯对此极力反对，因为他是个无法舍弃自己那套办法和习惯的人。如果按他的办法，汉尼拔要想掌控战局，会继

续待在意大利，因为法比乌斯不明白时局已变，需要他改变自己的作战方式。假如法比乌斯是罗马的君王，他是很容易输掉这场战争的，因为他不知如何因时而变。然而，他是出生在一个有着形形色色的公民和性情的共和国里。比如，它有一个最适合于适时拖延战争的法比乌斯①，后来又有一个能够适时赢得战争的西庇阿。

可见，与君主国相比，共和国有着更强盛的活力、更长久 2
的好运，因为它有形形色色的公民，能够比君主更好地顺应时局。如上所言，只用一种方式做事的人，绝不会改弦易辙；如果时局已变，他的方式不再适用，他也就覆灭了。

上文多次提到的皮埃罗·索德里尼，做事一贯仁慈而从容。 3
时局与他这种处事方式相合时，他和自己的祖国繁荣昌盛。当后来世道有变，需要他放弃自己的仁慈和从容时，他却不知所措，他和自己的国家便一起覆灭了。② 教皇尤里乌斯二世在其任内做事一贯鲁莽暴躁，然而时局很配合他，所以他事事顺遂。如果时局有变，需要另有计谋，则他肯定失败，因为他从不改弦易辙。③ 我们之所以无法改变，原因有二：其一，我们无法对抗自然赋予我们的禀性；其二，当一种处事方式使人颇为成功时，则很难让他相信，换一种做法，他也许能干得更出色。人的命运多变，盖源于此也，时局已变，他却因循守旧。城市

---

① Livy, XXII 12, 18; XXVIII 40 – 42.

② 对佛罗伦萨 1512 年事变的类似观点，见 Guicciardinin, *History of Italy*, XI 4。

③ 对教皇尤利乌斯这一特点的更为详细的说明，见 *P 25*。

的覆灭，也是因为不顺应时势，对共和国的制度加以变革，对此我们前面已做过很多讨论。① 不过，它们的行动更为迟缓，因为它们的变化更为麻烦，需要有推动整个共和国的时机来临，只有一人改弦易辙是不够的。

4　　我们已经提到过法比乌斯·马克西姆斯，他把汉尼拔拖得一筹莫展，所以我认为，有必要在下一章讨论一下，假如将领在同敌人作战时需要不择手段，他能否因此而退避。

---

① 卷1，18。

第十章 如果敌人迫使军队将领不择手段，他不能临阵脱逃

"独裁官格涅欧斯·苏尔皮提乌斯在同高卢人作战时，采取了拖延战术，他不想贸然碰运气，因为时间和异国他乡的处境，每天都在削弱敌人的实力。"① 假如有一个能让人人或大部分人上当的错误，那么我认为，经常对它予以谴责不是坏事。职是之故，虽然我在前面一再指出，处理大事的行为与古人的做法不合②，在这里再做重复，我以为算不上画蛇添足。如果说，人们在所有的事情上都背离了古人的体制，那么在军事上就更是如此，古人极为看重的事情，今天已经无人遵从。这种弊病的出现，乃是因为共和国和君主把心思用在了别处，他们为了避免危险而不参与战事。确实，今天若是有人看到一位君主亲自［出征］，他并不会相信，再也没有比这更值得赞美的事情了。就算他们参与演习，他们也确实参与演习，他们这样做也是为了摆排场，而不是出于另一些值得赞扬的原因。如果

① 不确切的拉丁文引文，见 Livy，VII 12。

② 卷 1，前言 2；卷 2，前言 3；4.2，16，18.1–3，19。

他们经常会见军队，为自己保留军队司令的头衔，他们犯错误会比共和国——尤其是意大利的共和国——更少；后者把自己托付给别人，自己对战争一窍不通。① 它们希望自己像君主那样左右战事，所以在决策中犯下的错误层出不穷。关于这些错误，我在别处已经谈得不少②，不过这里我却不想放过一宗极严重的错误。当这些懒散的君主或懦弱的共和国派出他们的将领时，他们认为给他布置的最明智的任务，就是要求他在作战时不要采用某种模式——首先在战斗中保全自己。他们自以为是在仿效法比乌斯·马克西姆斯的谨慎——他通过拖延战争，拯救了罗马人的国家，所以他们不明白这种命令往往不仅徒劳，而且有害。人们应当接受这样的结论：不想撤离战场的将领，假如敌人打算不择手段地作战，那么他也不能临阵脱逃。这种命令等于说："作战时不要有自己的打算，而要遵照敌人的意图。"假如既不想撤离战场，又不想战斗，那么最安全的办法，就是同敌人至少保持五十哩的距离，还要有出色的谍报工作，以便在敌人到来时你能及时撤离。另一种办法是躲进一座城市死守。这两办法都是极有害的。就前者而言，那等于是离开自己的家乡，任凭敌人宰割。称职的统帅，宁肯在战斗中碰运气，也不会拖延战事去伤害自己的部下。第二种办法显然是一种失败，和军队一起撤到城里，你就会被包围，用不了多久，你就会因食不果腹而投降。可见，这两种避免战斗的方式极其有害。如果你有十分优秀的军队，敌人面对你的优势不敢进攻，那么

---

① 参见 P 3。
② 可能是指 AW，另见卷 2，16–18。

法比乌斯·马克西姆斯躲进要塞的办法倒是不错。① 再说了，与其说法比乌斯是撤出了战斗，不如说他要利用自己的优势进行战斗。如果汉尼拔前来进犯，法比乌斯就会等着他，同他开战，但是汉尼拔不敢以他的方式和他作战。所以说，避免作战的不但是法比乌斯，也有汉尼拔。如果他们中间有一人不顾一切地作战，那么另一人只有三种对策，其中两种前面已经交代过，另一种便是溜之大吉。

看看无数的事例，尤其是罗马人同佩尔修斯之父、马其顿的菲利普的战争，便可知道我说的都是实话。当菲利普遭到罗马人的攻击时，他决定不去迎战，率领军队到了一座山顶上。他构筑起坚固的工事，以为罗马人不敢前来应战。罗马人到那儿向他开战，并把他从山顶上轰了下来，他无力抵抗，只好和大部分军队落荒而逃。他之得以逃脱，没有全军覆没，是因为崎岖的地势使罗马人无法追击他。菲利普既不想战斗，又屯兵于罗马人附近，他也只能逃跑了；这一经验使他认识到，如果他不想战斗，光待在山顶上是不够的；可是他又不想困守于城市，于是又决定和罗马军营保持距离。罗马人待这儿，他便跑到那儿；罗马人一离开某地，他便开进那里。最后他才明白，这样拖延战事使他的处境越来越糟，他的部下一会儿被他蹂躏，一会儿又被罗马人蹂躏，他决定在战斗中碰碰运气，才真正和罗马人打了一仗。② 假如有法比乌斯和格涅欧斯·苏尔皮提乌

---

① 见 *AW* IV。

② 菲利普五世。Livy，XXXIII 7－10.

斯那样的精兵①，也就是说，假如军队极为优秀，敌人不敢进犯你的要塞，并且敌人是在你的国家，既缺粮草，也没有多少根据地，那么不作战倒也不错。在这种情况下，这种对策就是有益的，其缘由正如提图斯·李维所说："他在同高卢人作战时采取了拖延战术，他不想去碰运气，因为时间和异国他乡的处境，每天都在削弱敌人的实力。"② 但是在其他任何情况下，你不能回避作战，除非你不拿耻辱和危险当回事儿。像菲利普那样回避作战，和战败也没什么两样。你只会更丢脸，更难以证明你的优秀。菲利普确实逃过了一劫，然而，假如不是像他那样有地形相助，谁也无法成功。没有人说过汉尼拔不是大军事家，当他在阿非利加同西庇阿作战时，假如他看到拖延战事对自己有利，他是会这样做的；他是位出色的将领，又有优秀的军队，所以有能力这样做，就像法比乌斯在意大利一样。既然他没有这样做，人们就应当相信那一定有某种重要的原因。假如君主征召起一支大军，知道因为缺少资金或盟友，他无法长期维持这支军队，面对这种情况，他若是在必须解散军队之前不去试试自己的运气，那他一定是疯了。如果等待，他必败无疑；试试运气，他还有获胜的可能。

3   还有一桩事，也应给予极大的重视：即使失败了，也要尽量做到虽败犹荣；被武力所征服，要比因另一些弊端而失败体面得多。甚至汉尼拔也不能免于这种迫不得已的局面。此外，假如汉尼拔拖延作战，而西庇阿又不敢到他的要塞和他作战，

---

① Livy, VII 12 – 15.

② 拉丁文引文，见 Livy, VII, 11。

那么汉尼拔也不应当允许他安稳地待在那儿，就像在意大利一样享有优势，因为他已经打败了西法克斯，在阿非利加占领了那么多城市。汉尼拔在攻击法比乌斯时，没有发生过这种事情，法兰克人在攻击苏尔皮提乌斯时，也没有发生这种事情。

　　率军攻打另一个国家的人，也不能回避作战。假如他打算 4
进入敌人的国家，敌人如果抵抗，他就必须与其作战。如果他
在城外安营扎寨，就更是必须作战，例如我们这个时代的勃艮
第大公查理，当他驻扎在瑞士人的城市莫拉城外时，受到瑞士
人的攻击并被打败，驻扎在诺瓦拉的法国军队也被瑞士人打败。

第十一章　以寡敌众的人，即使处于劣势，只要能够挺过最初的一击，也可以获胜

1　　罗马城的护民官权力很大，并且像我们多次说过的①，这种权力必不可少，因为没有它，就无法遏制贵族的野心，共和国也早就被他们腐化了。可是正像我多次说过的，凡事都隐藏着某种导致新变故的弊病，为此必须提供新的体制。当护民官的权力变得专横跋扈，贵族和整个罗马为之害怕时，假如他们不利用阿皮乌斯·克劳狄乌斯提议的办法对抗护民官的野心②，就会出现一些危及罗马自由的弊端。他们总是能在他们中间找到某个人，他或是很胆小，或是能被收买，或是热爱公益，使他们能指派他去对抗那些打算忤逆元老院的意志、强行贯彻某种决定的人。这种办法是过大的权力的强力中和剂，常常使罗马得救。这使我想到，当许多强人联合起来反对另一个强人，即使他们的合力极为强大，也应对孤立无援时仍十分有力的强

---

① 卷1，3 – 6，50；卷3，1.3，8.1。

② 阿皮乌斯·克劳狄乌斯·克拉苏。Livy, VI 37 – 42.

人寄予更大的希望，尽管他不像在众人中间那样更为强大。姑不论那些一人胜过多人的事例（这种事例盈千累万），总会出现这样的局面：他不必费多大力气，就能瓦解众人，使强大的团体失去力量。这类古代的例子很多，但我不打算引用它们，只想满足于列举一些发生在我们今天的现代事例。

1483 年，整个意大利都同威尼斯人作对。当威尼斯人彻底失败，无法在战场上维持一支军队时，他们便去贿赂统治着米兰的执政官卢多维科①；通过这次贿赂，他们得以订立一份和约，不但能够回到自己的城市，还篡夺了费拉拉的一部分权力。可见，输掉战争的人，却能在讲和时取得优势。② 数年前，当天下人都同法国对抗，尚无法预见战争何时结束时，西班牙背弃同盟和法国讲和，结果另一些结盟者也很快同法国讲和。③由此可见，遇到以众犯寡的情况，无疑应当做出这样的判断：孤立的一方如果十分优秀，能够挺过最初的打击，运用拖延战术等待时机，则优势仍然在他这一方。假如不是这样，他就会面临重重危险，例如 1508 年威尼斯人的遭遇。假如他们能够拖

---

① 卢多维科·斯福尔扎。

② 这里所说的"整个意大利"，包括教皇西克斯图斯四世、那不勒斯国王、米兰大公（"执政官卢多维科"是他的摄政）、佛罗伦萨人和费拉拉大公——他们结成了反对威尼斯人的同盟。1484 年，威尼斯人在巴格诺罗同卢多维科单独订立和约，其他盟友也被迫接受。

③ 1495 年，法王查理八世占领那不勒斯王国后，"天下人"——包括米兰大公、马克西米连皇帝、西班牙的斐迪南和伊莎贝拉、教皇亚历山大六世和威尼斯——结成"威尼斯同盟"同他对抗。但是西班牙国王于 1497 年单独与法国媾和，使那不勒斯陷入分裂。这里也可能是指 1511 年的神圣同盟，它也是因为西班牙和法国单独媾和而终结。

住法国军队，有时间把同他们对抗的同盟之一争取过来，他们本可避免灭顶之灾。他们缺少能够拖住敌人的精兵，也就没有时间去离间敌人，所以他们失败了。人们可以看到，当教皇恢复了自己的所有时，他便成了他们的朋友，西班牙也是如此。如果这两个统治者能够做到的话，都十分乐意跟法国作对，为他们索回伦巴第的权力，以便不让法国在意大利的势力过于强大。威尼斯本可以丢卒保帅。假如他们及时这样做了，也就是说，在战争爆发之前做，因而不必面对后来的窘境，那将是一个十分聪明的策略；而在开战之后，这样做便只配受到谴责，大概也没什么益处了。然而，在开战之前，威尼斯市民几乎都无法看到这种危险，拿出对策的更是少之又少，至于有此高见的人，一个也没有。① 不过，我还是言归正传吧。我的结论是，罗马元老院人多势众，所以他们有办法对付护民官的野心，维护自己的祖国。同样，当统治者受到众多对手攻击时，只要他知道如何精明地运用适合的办法离间他们，那么他还是有出路的。

---

① 为对付威尼斯人而于 1508 年结成的"康布雷同盟"，在 1509 年的阿格纳德罗战役中打败了威尼斯人。

第十二章　精明的将领作战时应当让士兵背水一战，消除那些让敌人背水一战的因素

我们在前面谈到必然性对人类行动的益处，以及它所带来的荣耀。[1] 一些道德哲学家说，假如不受必然性的驱使，人的双手和语言——能够使他高贵的两件著名工具——便不会完美地工作，他的劳作也达不到人们所见到的那种高度。[2] 古代军队的将领明白必然性的好处，它能让士兵顽强作战，所以他们尽力让士兵受必然之势的驱策。此外，他们也尽量让敌人失去这种因素。所以他们经常把能够封住的出路向敌人开放，而对于他们的士兵，则切断本可开通的出路。打算顽强守城或让军队顽强作战的人，首先要做的事情，就是让战士抱定别无选择的信念。精明的将领在攻城时，应当了解和思考守城的居民受哪些必然性的左右，以便估量攻取的难易。他若发现迫使他们

---

① 卷1，1.4－5，3.2；卷2，12.3。

② 此说出处不详。相反的观点见 Plato, *Laws*, 628c－d；Aristotle, *Politics*, 1253a10－19；Thomas Aquinas, *On Kingship*, I 1。

守城的必然因素太多，就应断定此城不易攻陷；反之，则应断定它易于攻陷。由此可知，反叛的城市比初次遭受攻打的城市更难以攻陷，因为后者没有过失，不担心受罚，所以很容易投降。如果他们后来反叛，觉得自己犯有罪过，因此害怕受到处罚，他们就会变得难以征服。这种顽强精神，也来自毗邻的君主或共和国之间天然的仇恨，这种仇恨是来自统治的野心和对邻国——假如它是共和国，就更复如此——的嫉妒，例如托斯卡纳。这种相互敌视和纷争，使征服变得十分困难。因此，只要仔细端详一下佛罗伦萨城和威尼斯城的邻邦，便不必如许多人那样感到纳闷，与威尼斯相比，佛罗伦萨在战事上花钱甚多，然而所获甚少。这完全是因为威尼斯人的邻邦不像佛罗伦萨的邻邦那样顽强自卫，威尼斯附近的城市，历来习惯于君主统治下的生活，而不是自由的生活，而习惯于当奴才的人，往往不在乎换一个主子——其实他们经常乐于换主子。所以，威尼斯的邻邦固然比佛罗伦萨的邻邦更强大，然而那些城市并不顽强，它能够比佛罗伦萨更快地征服它们，后者的周围全是自由的城市。

2　　回到前一个话题上来。将领攻打城市时，应当竭尽全力不使守城者背水一战，从而打消他们的顽强精神——假如他们害怕受罚，就许诺给予赦免；假如他们害怕失去自由，就向他们表明，他不想损害公众的利益，只想对付城里的少数野心家，这经常使攻城变得更容易。虽然这种计谋不难识破，尤其对于那些精明的人，可是人们往往受骗上当，他们贪图眼前的和平，对美好诺言中的陷阱一概视而不见。无数的城市就是这样陷入

奴役的境地，例如最近的佛罗伦萨①，以及克拉苏和他的军队。读读克拉苏的传记，即可清楚地看到，安息人使他的士兵失去了自卫的必要，他虽然看透了安息人的虚假诺言，却无法让他们保持顽强的斗志，因为他们被敌人许诺的和平蒙住了眼睛。② 所以我要指出，萨谟奈人先是违背协定，在少数野心家的唆使下，蹂躏和掠夺罗马人盟友的土地，后来又派使者去罗马求和，答应归还他们掠夺的东西，把参与骚乱和掠夺的人作为囚犯交出来，这时罗马人断然拒绝了他们。他们在签订和约的希望破灭后回到萨谟奈，萨谟奈军队的将领克劳迪乌斯·庞提乌斯用夸张的语气说，罗马人要不顾一切地开战，就算我们向往和平，也不得不继续作战。他说："对于被迫开战的人，战争就是正义的；对于不想靠武力获救的人，武力就是神圣的。"③ 正是由于这种被迫无奈，让他和士兵看到了胜利的希望。为了不再重复这些事情，我要讲述一下最值得引为殷鉴的罗马的事例。当盖乌斯·曼尼利乌斯率军攻打维爱人时，维爱人的一部分军队攻进曼尼利乌斯的军营，曼尼利乌斯率兵前来营救，他们夺占了军营的全部出口，使维爱人陷入走投无路的境地。被围困在里边的维爱人开始疯狂反扑，杀死了曼尼利乌斯，若不是一个精明的护民官放他们一条生路，他们也许把罗马人全干掉了。④ 由此可见，维爱人背水一战时，他们拼死搏杀；一旦看到生路，

---

① 显然是指美第奇家族的复辟。

② 见 Plutarch, *Marcus Crassus*, 26 – 31。

③ 拉丁文引文，同原文稍有出入，见 Livy, IX 1。

④ Livy, II 47. 按这里的记载，是格涅乌斯·曼利乌斯，不是盖乌斯·曼尼利乌斯。

他们便只想逃跑，不愿再战了。

3　　　沃尔西人和埃魁人率军进入罗马境内，执政官决定与他们对抗。酣战之际，由维提乌斯·美西乌斯统率的沃尔西军队，陷入了一边是被罗马人占领的军营，另一边受到罗马另一支军队攻击的境地。美西乌斯看到，他们要么等死，要么杀出一条生路，便对自己的士兵说："跟我来！你们不是与高墙和沟壑作战，这是武士跟武士的对决。势均力敌时，身陷绝境者胜，这绝境便是最后的、最有力的武器。"提图斯·李维把这种绝境称为"最后的、最有力的武器"。① 罗马最精明的将领卡米卢斯，率军攻入维爱人的城市后，他想更容易地占领此地，便下达了——也让维爱人听到——不得伤害缴械者的命令，结果维爱人纷纷把武器扔到地上，他几乎兵不血刃，便占领了全城。② 这个办法被后来的许多将领所采用。

---

① 拉丁文引文，与原文稍有出入，见 Livy，IV 28。

② Livy，V 21.

第十三章　弱兵强将和弱将精兵，哪一个更可靠

　　科里奥拉努斯被赶出罗马后，他去了沃尔西人那里。他为了向自己的公民复仇，征召了一支军队，率领他们回到罗马。后来他又离开那儿，不是因为罗马人的强大，而是因为他对母亲的孝敬。提图斯·李维在提到这事时说，沃尔西人过去被征服过，只有在科里奥拉努斯成为他们的将领时，他们才能征服罗马人。[①] 由此可见，罗马共和国的发展壮大，更多地依靠将领的优秀而非士兵的优秀。尽管李维持有这一看法，但是从其史书的许多地方都能看到，即使没有将领，优秀的士兵也能神奇地证明自身的优秀，在执政官死后，他们甚至比他死前更加纪律严明、更加骁勇善战。罗马人派往西班牙的由西庇阿兄弟统率的军队就是如此。在两位将领死后，这支优秀的军队不但能够保全自己，还能够打败敌人，为共和国守住那片疆土。[②] 如果全面地评价，既有许多仅靠优秀士兵打胜仗的例子，也有

---

　　①　Livy, II 35, 39 –40.

　　②　Livy, XXV 36 –39.

不少仅靠优秀的将领打胜仗的例子，由此可以断定他们相互
需要。

2　　这里不妨考虑一下，第一，是精兵弱将可怕，还是良将弱
兵可怕。按恺撒的看法，两者都不足论。当他进入西班牙攻打
阿夫拉尼乌斯和佩特雷乌斯时，他们有极优秀的军队。他却说，
他根本不把他们放在眼里，"因为他是在同没有领袖的军队作
战"，这表示将领的软弱；相反，他去色萨利攻打庞培时却说，
"我是在同一个光杆儿司令作战"。①

3　　还可以考虑一下另一个问题：是出色的将领带出一支优秀
的军队容易，还是优秀的军队造就一名出色的将领容易。对此
我要说，这个问题不言自明，众人优秀，找到或培养一个出色
的人容易；一人优秀，却不易提升众人。当卢库卢斯被派去攻
打米特里达梯时，他对军事一窍不通，然而他有一支出色的军
队，其中又有许多优秀的军官，使他很快变成了一名优秀的将
领。② 罗马人因为缺少人手，把许多奴隶武装起来，让他们在
桑普托尼乌斯·格拉古的率领下作战，他没用多少时间，便培
养出一支优秀的军队。③ 正如我们前面所说④，派洛皮德和伊巴
米浓达把自己的祖国底比斯从斯巴达人的奴役下解放出来以后，
他们很快便把底比斯的农民塑造成了极为出色的士兵，不但能
够抵抗斯巴达的军队，还能战胜它。可见，它们并无高下之分，

---

①　拉丁文引文，有删节和改动，见 Suetonius, *Julius Caesar*, 34。

②　Plutarch, *Lucullus*, 7.

③　Livy, XXII 57；XXIV 14 – 16.

④　卷 1, 2. 1；3。

一方优秀，也可以使另一方优秀。不过，优秀军队若没有出色的首领，会变得粗野而危险，例如亚历山大死后的马其顿军队①，以及内战中的老兵。② 所以我认为，让一个出色的将领去训练人，把他们武装起来，要比一支把将领搞得手足无措的傲慢军队，更值得信任。假如将领不但能够克敌制胜，还能培养他们的军队，使其在携手作战之前能够成为一支优秀军队，那就应当对他倍加赞扬，因为这表现出一种罕见的双重德行，如果把这项任务交给很多人去完成，他们是不会让人放心和尊重的。

---

① 见 Diodorus Siculus, XVIII 9；Plutarch, *Alexander*, 68；Justin, XIII 2。

② Livy, *Summaries*, CXXXI.

第十四章 战斗中出现的新花样和 新声音，能够产生何种效果

1　　因为看到或听到了什么，从而在战斗和冲突中引起新的变故，这方面的事例很多，尤其是罗马人同沃尔西人作战的例子。昆提乌斯看到自己军队的一翼就要溃败，便大声疾呼，他们一定要挺住，因为另一翼已胜利在望。这能鼓舞军队的士气，吓住敌人，所以他获得了胜利。[①] 如果这种声音在纪律严明的军队中发挥了很大作用，那么它在纪律涣散的军队中的作用就更大，因为这种军队整体上很容易随风倒。我想举几个发生于现代的著名事例。几年前，佩鲁贾市分裂为两派，即"奥狄派"和"巴格利奥尼派"，后者当政，前者被流放。他们在朋友的帮助下纠集了一支军队，进驻于佩鲁贾附近的城市。一天夜里，他们在同党的协助下进入该城，神不知鬼不觉地占领了广场。这座城市的所有街道都设有能够封住路口的铁锁链，奥狄派军队中的一个人便用铁锤砸开锁链，使马匹得以通过。当只剩下阻隔广场的铁链还没有砸开、喊杀声已经响起时，砸铁链的人

---

①　Livy, II 64.

被后面涌上来的人群挤压，没办法抡起胳膊去砸铁链。他为了砸开铁链，便大喝一声："往后退!"，于是一层一层的人依次大喊"后退!"，这使得最后面的人开始逃跑，他们愤怒地一个接着一个后退，结束让自己输掉了。就是这么一件不起眼的事，使奥狄派的计划落空。[1]

这里需要重视的是，军队的纪律不仅为作战时的排兵布阵所必需，而且，为了不使其因为小小的变故乱了阵脚，它也是必不可少的。涣散的群体没法作战，是因为哪怕一点儿噪声、一点儿声响、一点儿骚动，就足以导致军心大乱，望风而逃。因此，优秀的将官不管下达什么命令，必须让人接受他的命令，并把它传达给另一些人；要养成这样的习惯：士兵只服从他，军官只传达他委派给他们的任务。如果这一点得不到严格的遵守，经常能够看到最严重的混乱发生。 **2**

说到新花样，将领应在军队携手作战时竭力表现之，这可鼓舞自己人的士气，煞住敌人的威风。因为在使你获胜的变故中，这是最有效的一种。为了证明这一点，可以拿罗马独裁官盖乌斯·苏尔皮提乌斯为例。在同法兰克人作战时，他把军营里的勤杂人员全都武装起来，他们拿起武器和旌旗，骑上骡子和另一些驮载用的牲畜，看起来就像一支骑兵。他让他们藏在山丘的后面，命令他们在战斗最激烈时出现在敌人面前。在如此安排并实施后，这一招让法兰克人大惊失色，结果输掉了战役。[2] 由此可见，优秀的将领应当做两件事：第一，要明白如 **3**

---

① 见 Guicciardini, *History of Italy*, III 2。此事发生于 1495 年。

② Livy, VII 14；另见 *AW* IV。

何用这类新花样去恐吓敌人；其次，要做到有备无患，当敌人用这种伎俩来对付自己时，能够识破它，使其失效。印度国王对塞米拉米丝就是这样做的，后者看到印度王有无数的大象，为了吓住他，让他看到自己也有同样多的大象，她便用牛皮扎了许多大象，由骆驼运载走在最前面。可是印度王识破了这一骗局，他不但让她的计谋落空，而且变得对她有害。① 独裁官马默尔库斯攻打菲德纳人时，后者为了吓阻罗马军队，下令当战事正酣时，一部分士兵手执燃着火焰的长矛冲出菲德纳，罗马人被这种新奇的东西所震慑，就会乱了阵脚。这种做法需要注意的是，如果它的实质多于虚张声势，那就可以向敌人展示，因为它的力量使它不至于很快暴露出弱点。如果虚张声势多于实质，那还是不做为妙，或者即使这样做，也要保持一定距离，以便不要像盖乌斯·苏尔皮提乌斯的骡马队那样很快露馅。如果其中有破绽，那么距离一近就会露出马脚，这对你有害无益，就像大象对于塞米拉米丝和火焰长矛对于菲德纳人那样。虽然它最初让军队感到不安，但是当那位独裁官来到他们中间，向他们大声疾呼，他们不应自取其辱，就像蜜蜂见了烟熏那样四散奔逃，而是应当回过头来攻击敌人；他向他们高呼："既然你们无法扑灭菲德纳人的火焰，那就利用它去毁灭他们吧！"——这时，它对菲德纳人便毫无用处，让他们输掉了战役。②

---

① 见 Diodorus Siculus，II 16 – 19。

② 拉丁文引文，见 Livy，IV 33。

第十五章 应由一人而不是数人统领军队；将多有害

　　当菲德纳人发动叛乱，杀死了罗马人派来菲德纳的移民时，
为了对付这一罪行，罗马任命了四个拥有执政官权力的护民官。
他们留下其中一人守卫罗马，派其余三人去攻打菲德纳人和维
爱人。由于他们各执己见，并不团结，他们灰溜溜地回到了罗
马，不过军队完好无损。灰溜溜地回来，是他们自己的原因；
军队完好无损，则是因为士兵的优秀。罗马人看到这种恶果后，
便任命了一个独裁官①，由他单独整饬由三人造成的混乱。由
此可知，在军队中，或在守卫城市时，将领多了没有任何用处。
提图斯·李维再清楚不过地表明了这一点，他说："拥有执政
官权力的三名护民官造成令出多门的局面，这对于作战毫无益
处。因为每个人都狃于成见，各有想法，只能为敌人提供可乘
之机。"② 这个例子适足证明数名统帅给征战带来的麻烦，不
过，为了更清楚地说明问题，我想再举一些例子，它们既有现

---

　　①　埃米处乌斯·马默尔库斯。参见卷3，14.3。
　　②　拉丁文引文，有改动。见 Livy，IV 31。

代的，也有古代的。

2   1500 年，法国国王路易十二再次攻下米兰后，他派军前往
比萨，让其重新归属佛罗伦萨人。他任命乔万巴蒂斯塔·里多
尔菲和卢卡·迪·安东尼奥·德格利·阿尔比齐担任行政长官。
乔万巴蒂斯塔是个德高望重的长者，卢卡便一切事情由他说了
算。如果说，他没有用和前者作对来表明自己的野心，他却用
保持沉默、对任何事情不管不问来表明了自己的野心。他在军
营里既不做事，也不出主意，仿佛是个可有可无的人，所以对
行动没起任何作用。然而可以看到，当乔万巴蒂斯塔因为有事
而必须返回佛罗伦萨，只留下卢卡一人时，情况便截然相反了，
他表现出出色的勇气、勤奋和智谋——而当有人和他在一起时，
这些东西全无踪影。[1] 为了证明这一点，我要再次引用提图
斯·李维的原话，他曾经谈到，当罗马人派昆提乌斯及其同事
阿格利帕去攻打埃魁人时，阿格利帕想让昆提乌斯主持全部战
事。他说，"在主持大事上，最高权力归于一人最相宜。"[2] 这
同我们今天的共和国和君主的做法正好相反，他们为了更好地
管理某地，总是派出不止一个行政长官、不止一个首领，这导
致了无以言表的混乱。有人若想探究意大利和法国军队失败的
原因，他会看到，这就是首要原因。确实可以说，派一个智力
平平的人远征，要优于派两个权力相同的俊杰。

---

① Guicciardini, *History of Italy*, VI. 马基雅维利曾作为共和国国务秘书亲自出
使比萨。

② 不确切的拉丁文引文，见 Livy, III 70。

第十六章　真正的德行只在危难之时显现；太平时代的得势者不是贤达，而是富贵门第

　　在太平岁月，共和国对伟人奇才视而不见，过去如此，今后仍将如此。在这样的时代，许多公民嫉妒他们因自己的德行而获得的威望，不想和他们平起平坐，而是要充当他们的上司。希腊史家修昔底德有很多这方面的言述。他指出，当雅典共和国在波罗奔尼萨战争中达到鼎盛时，它打掉了斯巴达人的傲气，几乎让整个希腊拜倒在自己脚下。这时它的声望如日中天，便想趁机攻占西西里。这项事业在雅典人中间引起争议，亚西比德和另一些公民想成为这项事业的首领，他们主张采取行动，就像那些不考虑公益的人一样，他们只想为自己博取功名。尼西亚斯，雅典人中最有名望的人物之一，反对这一计划。在向人民发表演说时，他为了使人民信任自己而提出的最重大理由是：他主张不开战，也就是在主张他可以无所作为。因为他知道，生活在太平岁月的雅典人，想抢他风头的公民不计其数；一旦开战，没有哪个公民能超过他或

和他平起平坐。①

2 可见，太平时期的共和国，有着不尊重俊杰的弊病。使他
们愤怒的原因有二：其一，他们看到自己得不到官职；其二，
他们看到一些品质还不如他们的平庸之辈成为他们的同侪和上
司。共和国的这种弊病造成了很多祸害，那些认为自己受到了
不应有的反对的公民，会把太平岁月视为他们这种遭遇的原因，
于是就会竭力打破这种局面，用发动新的战争来伤害共和国。
在思考补救之道时，我想到了两条：一是维持公民的贫困，这
样他们在没有德行的情况下，无法用财富去腐化自己和别人。
二是备战，以便总是可以发动战争，让杰出的公民总有用武之
地，就像早期的罗马人那样。军队总是待在城外，人的德行便
有了容身之地，名分也能各得其所，不会把它们从有资格的人
那儿拿走，送给不配享有的人。其实，即使［罗马共和国］有
时是因为过失或尝试而这样做，从而很快引起混乱和危险，这
也能使它立刻重返正轨。但是，没有这种处事能力、不到万不
得已不征战的共和国，就无法防范这种弊病了。其实，它们总
会陷入这种弊病，如果被忽视的优秀公民既愤愤不平，又在城
里具有一定的威望和关系网，那就总会引起混乱。罗马城有一
段时间能够阻止这种弊病，可是当它征服了迦太基和安条克
（我们前面提到过这事②），不再担心战争以后，它似乎能够随
心所欲地把军队交给任何人，他更为看重的不是德行，而是能
让他获得人民支持的其他品质。人们看到，想担任执政官的保

---

① Thucydides, VI 8 – 12.

② 卷1，18.3；卷2，1.1。

卢斯·埃米利乌斯经常遭到拒绝，在马其顿战争爆发之后，他才被任命为执政官，罗马市民认为这次战争十分险恶，一致同意交给他去完成。①

1494 年以后，我们的佛罗伦萨城战事不断，佛罗伦萨的全体市民表现极差，城市正好碰上了一个能教给它如何指挥军队的人，他就是安东尼奥·贾柯米尼。当必须发动危险的战争时，其他市民的野心踪迹全无，所以在选择军队的行政官和首领时，无人与他争锋。然而一旦开战，并且结局十分明朗，就会有很多人出来跟他争名夺利。当需要选出三个行政官率军包围比萨城时，人们对他置之不理。不派安东尼奥去那儿会给共和国带来什么麻烦，并非显而易见，但是不难推测：比萨人已经无钱自卫或保命，如果安东尼奥在那儿，他们在强大的压力下，只能对佛罗伦萨人唯命是从。围城的首领既不知如何施压，也不知如何对他们动武，结果他们受到的待遇是，当佛罗伦萨城能够用武力占领时，却用金钱去收买他们。这肯定会让安东尼奥极为愤慨，若是没有耐心和善意，他一定会为此而报复。倘若有能力的话，他会把这个城市毁掉，不然也会迫害某些公民。②共和国应防范这些事情，这便是下一章要讨论的话题。

---

① Plutarch, *Aemilius Paulius*, 6, 9 - 11. 这里指公元前172—167 年的第三次马其顿战争。

② 关于马基雅维利对贾柯米尼的看法，见他的 *Decennale Secundo*, V 32 - 36, 和他的 *Nature di uomini Fiorentini*。1506 年进攻比萨失败后，贾柯米尼被任命为行政官，从 1508 到 1509 年期间有三名行政官；比萨在 1509 年投降。马基雅维利是这些事件的亲历者。

第十七章　不可先迫害一个人，
然后又让他主持大事

1　　共和国应当极为当心，不要让那些曾受到别人严重伤害的人主持要事。过去曾在西班牙同哈斯德鲁巴交过手的克劳狄乌斯·尼禄，离开了他同汉尼拔交战时率领的军队，率领其中一部分前往马尔凯地区同另一名执政官汇合，以便在哈斯德鲁巴能够与汉尼拔汇合之前，对他发动攻击。他率领自己的军队，把哈斯德鲁巴困在一个地方，使得后者要么在劣势下作战，要么饿死。哈斯德鲁巴狡猾地利用和谈手段与他周旋，从而得以逃脱，他也失去了打垮哈斯德鲁巴的机会。这件事传到罗马后，元老院和人民对他大为不满，满城都在说他的坏话，其中不乏诋毁和愤怒之辞。① 可是，既然他已被任命为执政官，并决定向汉尼拔开战，所以他采取了上述策略。它是如此危险，整个罗马为之忐忑不安，直到后来哈斯德鲁巴战败的消息传来。有人问克劳狄乌斯，他为何采取如此危险的策略，在不是极端必要的情况下，他几乎是在拿罗马的自由作赌注。他回答说，他

---

① Livy，XXVI 17. 另一个执政官是马库斯·利维努斯。

之所以这样做，是因为他知道一旦自己获胜，可以恢复他在西班牙失去的荣誉；假如他失败了，他的策略得到了相反的后果，他知道也可以由此报复对他忘恩负义、举止轻薄的城市和市民。在罗马尚未腐败之时，这种作孽的欲望尚且能对一个罗马公民产生如此大的影响，它对一个不同于罗马的城市的公民有何影响，也就不难想见了。对于共和国出现的这种弊病，不存在明白无误的解决之道，所以共和国也不可能永世长存，因为使它覆灭的因素不计其数。

第十八章　能预见到敌人的计谋，
是将领的最大优点

1　　底比斯人伊巴米浓达经常说，对于将领而言，最必要、最有益的事情，就是知道敌人的决策和计谋。[①] 这种见识不易得到，故对于从事预测者应给予极大的赞扬。理解敌人的计划，不像有时理解其行动那样困难；理解隔开距离的行动，不像理解近在眼前的行动那样困难。经常可以看到，由于战事一直拖到深夜，获胜者以为自己已经失败，失败者反而觉得自己已经获胜。这种错误使决策者做出的决定危及自身安全，例如布鲁图斯和卡西乌斯便是因这种错误而吃了败仗：当布鲁图斯在自己的一翼获胜时，卡西乌斯却认为他已失败，结果整个军队被打败，卡修斯也因为这一错误，在绝望中自杀身亡。[②] 在我们这个时代，当法国国王弗兰西斯在伦巴第的圣塞西利亚同瑞士

---

① 见 Plutarch，*Sayings of Kings and Commanders*，187D。（译者按：此书收入 Plutarch，*Moralia*，Vol. 3，见本书书末所附 "英译本注释征引文献一览"。）说这话的人是卡布里亚斯，不是伊巴米浓达。

② Plutarch，*Brutus*，42 –43.

人作战时，一部分脱离了大部队的瑞士人，在夜幕降临时以为自己已经获胜，他们不知道另一些人已被歼灭。他们不想逃命，反而静待天亮时在这种不利的情况下继续作战；他们也让教皇和西班牙的军队犯下了错误，几乎因此而全军覆没，因为他们根据这一错误的捷报跨过博河，倘若他们突进得再远一些，也会成为获胜的法国人的阶下囚。①

这类错误也见于罗马和埃魁的军队。当执政官桑普罗尼乌斯率兵攻打敌人时，战斗打响后一直拖到黄昏，呈拉锯战之势。夜幕降临后，双方军队仍分不出胜负，也都无法回到自己的军营；它们都撤到了附近的山上，以为在那儿安全。罗马军队分成两部分，一部分由那个执政官率领，另一部分由百人团团长坦帕尼乌斯率领，正是由于他的杰出才干，才使罗马军队当天没有彻底失败。到了早晨，罗马执政官没有了解敌人的情况便撤回罗马；埃魁人的军队也是如此，因为双方都以为对手已经获胜，不再在乎他们夺取军营。正同另一些罗马军队一起撤退的坦帕尼乌斯，从埃魁人的伤兵那儿获悉，他们的将领已经弃营而去。他根据这一消息，回到罗马的军营收拾好东西，然后又洗劫了埃魁人的军营，胜利返回罗马。② 可见，这次胜利完全取决于哪一方先知道敌人败退。此外也应注意，两军对阵，经常会发生同样的混乱、同样的无奈；率先获悉对方无奈的人，便是胜者。

---

① 马基雅维利这里讲述的是发生于 1515 年 9 月 13 日—14 日的马里尼亚诺战役。见 Guicciardini, *History of Italy*, XII 15。教皇是利奥十世。

② Livy, IV 37 – 41. 按这里的记载，是沃尔西人而不是埃魁人。

3　　　我还想举一个当代的国内事例。佛罗伦萨人以大军包围比萨，给这座受到威尼斯保护的城市施加了极大的压力。威尼斯人找不出解救它的其他办法，便决定采取调虎离山计，从另一侧攻击佛罗伦萨人的领地。他们组成一支大军，取道瓦尔迪拉莫纳，占领马拉迪村，包围了坐落于山顶的卡斯蒂格利奥纳。佛罗伦萨听到这个消息后，决定前去援救马拉迪，但不削减他们包围比萨的军队。他们组建了一个新的步兵团和一支新的骑兵，把它们派往那儿。军队首领是皮翁比诺的领主里努齐奥·达·马西亚诺公爵、阿皮亚诺的雅各布四世。当军队来到马拉迪附近的山上时，敌人解除了对卡斯蒂格利奥纳的包围，开进那个村庄。两军对峙数日，都有军需和粮草不济之虞。他们谁也不敢和对方交火，也不清楚对方的麻烦，他们在同一个晚上决定，翌日早晨拔营回撤。威尼斯人回到伯尔西格拉和法恩扎，佛罗伦萨人回到卡萨格里亚和穆格罗。于是第二天一早，两个军营都开始收拾行装。这时有个女人离开马拉迪村来到佛罗伦萨人的军营。她是个穷老太婆，想去军营看望自己的亲戚。①佛罗伦萨军队的将领从她那儿得知，威尼斯人正在离开军营，这让他们军心大振，于是改变了念头。他们开始追击敌人，仿佛是他们把敌人赶出了军营。他们给佛罗伦萨送信说，是他们赶跑了敌人并获得胜利。这一胜利的原因无他，仅仅是他们提前一步获悉敌人正在撤退——如果对方先知道，也会产生对我们不利的同样后果。

---

① 这一细节不见于 Guicciardini, *History of Italy*, IV 3 - 4。

第十九章　统治民众，安抚是否比惩罚更重要

罗马共和国因贵族和平民的相互敌视而不得安宁；但是当他们遇到来犯之敌时，他们派昆提乌斯和阿皮乌斯·克劳狄乌斯统率军队。阿皮乌斯的领军风格残暴而粗野，他的手下都不愿听他的调遣，所以他差一点被打败，从自己那个地区落荒而逃；昆提乌斯既和善又通人情，他的手下对他言听计从，所以他能凯旋。① 由此可见，在统治众人时，与其傲慢，不如仁慈；与其残暴，不如礼让。科涅利乌斯·塔西陀的高见被许多人所认同，然而他在自己做出的判断中，对此却持相反的看法。他说："在统治众人时，惩罚比安抚更为可取。"② 在思考如何折中这两种意见时，我的看法是，你要么统治通常是你的同党的人，要么统治臣服于你的人。他们若是你的同党，则完全不能惩罚，也不能像塔西陀设想的那样铁面无情；罗马的平民和贵族在罗马有着平等的统治权，所以，在一定期限内担任统治者

① Livy, II 55 – 60.

② 这一段拉丁文引文不见于塔西陀。参见 Tacitus, III 55.5。

的人，不能以残暴粗野的方式对待他们。时常可以看到，罗马将领受到自己军队的爱戴，较之于那些让人过于畏惧的将领——除非他有不同寻常的德行，例如曼利乌斯·托克图斯——他以安抚的方式取得了更好的结果。如果统治科涅利乌斯所说的臣民，则宜用惩罚而不是安抚，这样才不至于让他们变得桀骜不驯，因为你的过于随和而对你蛮横无理。不过，为了避免仇恨，这样做也要有一定的分寸，因为被人仇恨对任何统治者都没有好处。避免仇恨的办法是，不要侵犯臣民的财产。如果流血的背后没有隐藏着掠夺的目的，那么没有哪个统治者喜欢流血，除非他是迫于无奈，而这种情况毕竟罕见。如果流血是为了掠夺，则肯定会出现流血，这一类理由和欲望是从不缺少的，我在另一本书里对此做过广泛的讨论。① 因此，昆提乌斯应当比阿皮乌斯得到更多的赞扬；至于科涅利乌斯的判断，如果做出一定的限制，不把阿皮乌斯的例子也算在内，也应给予肯定。

2　　既然我们谈到了惩罚和安抚，那么在这里讲一个仁慈比武力更能影响法利希人的例子，在我看来不算多余。

---

① 参见 *P* 17；Aristotle，*Politics*，1315a26 – 31。

第二十章　较之于罗马的任何军队，善意对法利希人产生了更大的影响

当卡米卢斯率军包围法利希人的城市时，该城最显赫家族 的子女的教师为讨卡米卢斯和罗马人的欢心，打着出去游玩的幌子，带那些孩子出了城。他把他们全都领到卡米卢斯的营前，对他说，只要这些孩子在他手里，他就可以取得该城。卡米卢斯不但没有接受这份礼物，还剥去这个教师的衣服，把他反绑起来。卡米卢斯给了那些孩子每人一条鞭子，让他们一路鞭打着他回到城里。城里人知道这事后，卡米卢斯的仁慈与胸怀坦荡让他们高兴异常。他们再也不想自卫，决定把城市拱手交出。① 这个真实的例子表明，充满仁爱的友善举动，有时比残暴的行为更能震撼人的心灵；军队、武器和任何人类暴力都无法攻克的城市和地区，经常能够因仁慈友善的榜样而不攻自破。除此之外，这类例子在史书中还多得很。人们看到，罗马军队没有办法把皮尔胡斯赶出意大利，胸怀大度的法布里希乌斯却

———————————

① Livy, V 27.

能让他离开：他告诉皮尔胡斯说，他的家仆建议罗马人把他毒死。① 还可以看到，西庇阿·阿非利加努斯在西班牙攻占新迦太基城而得到的名望，还不如他的操守给他带来的多：他把别人的妻子——年轻、美丽、未受玷污——交还给了她的丈夫，这一闻名遐迩的举动，让整个西班牙成了他的朋友。② 由此可见，人民对大人物的这种品德有着怎样的渴求，作家们、讲述君王生平的人以及要求君主应当如何生活的人，对此又给予了怎样的称颂。色诺芬不辞劳苦地阐明，仁爱慈祥的居鲁士，从未表现得傲慢残暴，从未犯下任何玷污人生的罪孽，由此赢得了多少荣耀、多少胜利、多少美名。③ 然而我也看到，汉尼拔名震天下，战功赫赫，他所采用的方式却与此相反，故而我以为有必要在下一章谈谈，这到底是怎么回事。

---

① Plutarch, *Pyrrhus*, 21; Cicero, *De Officiis*, I 13; Lviy, *Summaries*, XIII.

② Livy, XXVI 46, 50.

③ Xenophon, *The Education of Cyrus*, I 1.3; III 1.41 - 2.0, 3.2; IV 2.34; V 1.19, 3.46, 4.24; VI 1.46; VIII 2.23, 6.24; 另参见 *P* 14。

第二十一章 汉尼拔采取不同的处事方式，为何能在意大利取得和西庇阿在西班牙一样的成果

我估计，有人看到某个将领采取和上述人士截然相反的生活方式，却能取得和他们一样的成就，也许会百思不得其解。看起来，获胜并不取决于上述原因；看起来，那种方式既不能给你带来更多的实力，也不能带来更多的好运，因为人们也可以用相反的方式获得功名。我不想背弃前面提到的那些人士，为了更好地澄清我的意思，我要说，西庇阿在进入西班牙后，立刻以他的宽厚仁慈赢得了当地人的友情，受到他们的崇敬与爱戴。① 相反，汉尼拔在进入意大利时，采取的手段完全相反——残暴、掠夺、背信弃义，他所取得的成果，却与西庇阿在西班牙取得的成果相同，因为意大利的所有城市都向汉尼拔倒戈，所有的人民都追随他。②

在思考这是怎么一回事时，可以看到诸多原因。首先，人

① Livy, XXVII 20. 对汉尼拔和西庇阿的比较，参见 *P* 17。
② Livy, XXII 54, 61.

皆喜新厌旧，无论丰衣足食，还是穷困潦倒，他们都喜欢新鲜东西。因为一如前述[1]，并且千真万确的是，世人会对好事产生厌倦，为坏事所苦恼。所以，这种欲望为各地从事创新的首领开了方便之门；他若是外邦人，他们便去追寻他，他若是当地人，他们便簇拥在他身边，给他以鼓励和支持，所以无论他怎样处事，都能给那些地方带来巨大进步。此外，人受到两样东西的驱策，即爱与恐惧。因此，凡是能赢得爱戴或令人畏惧者，都能发号施令。其实，与赢得爱戴者相比，令人畏惧的人，更能得到人的追随和服从。[2]

3　　故而可以说，假如将领十分出色，他的德行使他在众人中间享有威望，那么他无论采取何种方式，都无关大局。如果像汉尼拔和西庇阿那样享有极高的威望，则那些让人过于爱戴或过于畏惧的错误，皆可一笔勾销。有可能使君主垮台的严重弊端，能够因两种做法而发生：一是过于渴望受人爱戴而变得低三下四，哪怕他只是稍微偏离了正道；二是过于贪图令人畏惧而变得可憎，哪怕他只是做得稍微有些过分。人做不到中规中矩，因为我们天生无此禀赋。不过，德行非凡的人，例如汉尼拔和西庇阿，却能够缓解过分的行为。然而也可以看到，他们的生活方式使他们扬名天下，也给他们带来危害。

4　　两人的崇高境界前面已有交代。说到害处，就西庇阿而言，他在西班牙的士兵和他的一部分朋友背叛了他，完全是因为他们不惧怕他。人都不愿安分守己，看到实现野心的一线机会，

---

[1]　卷1，37.1。

[2]　参见 P 17，19。

他马上就会忘掉自己因君主的仁慈而给予他的爱戴，例如上述西庇阿的朋友和士兵。为克服这一弊端，西庇阿也不得不采用一些他所回避的残暴行为。① 至于汉尼拔，不存在他的残暴和不义给他造成伤害的具体事例，不过不难猜想，那不勒斯和其他许多城市对罗马人民忠贞不渝，就是因为他们害怕汉尼拔的残暴和不义。可以看到，他的邪恶的人生模式，使罗马人对他恨之入骨，超过了共和国遇到过的任何敌人。② 当皮尔胡斯率军驻扎在意大利时，他们可以透露给他有人要给他下毒，可是即使汉尼拔被打得丢盔卸甲、狼狈逃窜时，他们也要把他杀掉。③ 汉尼拔遇到这些麻烦，正是因为人们认为他邪恶、残暴和不讲信义。但是反过来说，这也给他带来极大的好处，得到了所有作家的赞赏，他的军队由各色人等组成，但从未出现过在他们之间或针对汉尼拔的纷争。这只能是因为他这个人所造成的巨大恐惧，这种恐惧和他的德行给他带来的威望，一起维持着他的士兵的安宁和团结。故而我的结论是，将领的处事之道无关紧要，只要具备能够老练圆滑地运用两种方式的德行就成。因为正如前面所言，如果没有超常的德行加以矫正，它们都包含着缺陷和危险。既然汉尼拔和西庇阿取得了同样的成果——一个以值得推崇的行为，另一个以可憎的手段，因此，对另外两个罗马公民避而不谈，在我看来有失公允，他们也是以不同的方式，赢得了同样的荣耀。

---

① Livy，XXVIII 24 – 29，32 – 34.

② Livy，XXI 1.

③ Livy，XXXIX 51.

第二十二章　曼利乌斯·托克图斯的严厉和瓦勒里乌斯·科维努斯的友善，给他们带来了同样的荣耀

1　　罗马在同一个时期涌现出两员杰出的大将，即曼利乌斯·托克图斯和瓦勒里乌斯·科维努斯。他们都生活在罗马，有着同样的德行，赢得了同样的胜利和荣耀。在同敌人打交道方面，他们都以同样的德行赢得了荣耀。可是在同军队打交道方面，他们对待士兵的方式大不相同。曼利乌斯在统领士兵时毫不留情，从未停止过劳役和惩罚。瓦勒里乌斯相反，他对士兵仁至义尽，待之亲如骨肉。可以看到，一个人为了让士兵服从而杀死自己的儿子，另一个人从未伤害过任何人。然而，他们以这种大相径庭的方式，却取得了同样的成果，他们都打败了敌人，使共和国和自己从中获益。没有士兵临阵逃脱或谋反，也没有士兵忤逆他们的愿望，尽管曼利乌斯的命令是如此严酷，以至于凡是偏离常规的命令，都被人称为"曼利乌斯式的命令"。① 这里值得深思者有四：曼利乌斯为何必须如此严厉，此其一；

① 拉丁文引文，见 Livy，VIII 7。

瓦勒里乌斯为何能够这样仁慈，此其二；以不同的方式取得同样的结局，原因何在，此其三；最后，哪一种做法更好、更有益，值得效法。只要看看提图斯·李维关于曼利乌斯的全部记述，即可明白，他是个意志坚定的人，对自己的父亲和祖国忠心耿耿，敬重自己的上司。他杀死法兰克人；他对抗护民官以保护自己的父亲；他在同法兰克人作战之前对执政官说："没有你的命令，我绝不会攻击敌人，即使我知道必胜无疑。"① ——这些事情皆可证实以上所言。具有这种品质的人在统领军队时，他便希望所有的人都和他一样；他的坚定的意志，使他的命令不容动摇；一旦下达，他便希望它们得到服从。一条千真万确的原则是，处理严峻的局面，必须做到雷厉风行，不然你就是在自欺欺人。这里需要指出，要想让人服从，必须知道如何发号施令；知道如何发号施令者，要对自己和服从者的素质做一比较，如果两者之间存在着适当的力量对比，可以发号施令，不然则应避免之。

所以，精明的人常说，若想以暴力维持共和国，在强迫者 2
和被强迫者之间必须存在适当的力量对比。② 只要存在这种力量对比，则可以相信暴力能够存续；如果暴力的对象比实施暴力者更强大，则不难推断这种暴力朝不保夕。

让我们言归正传。我刚才说，支配着强大势力的人，自己 3
也必须强大；具备强大的品质并支配强大力量的人，在使其服

① Livy, VII 4, 9–10. 这句拉丁文引文有出入。另按李维，这里不是执政官，而是独裁官。

② 这个精明的人是谁，无可考。

从时不能手软。但是，不具备这种强大品质的人，则应管束自己，不可发布不同寻常的命令，而宜显示其仁慈，采用正常的命令，盖由于正常的惩罚而受到责怪的，不是统治者，只会是法律和制度。应当相信，曼利乌斯必须以其反常的命令严厉处事，这是他的天性使然。这些命令有益于共和国，因为它们可以使其制度回到起点，恢复古老的德行。正如前面说过的，假如共和国十分幸运，经常有人以自己的表率作用更新其法律，不仅阻止它的覆亡，还能让它回到最初的起点，它便能永世长存。① 曼利乌斯就是这样一个人，他以严厉的命令维持着罗马的军纪——这首先是因为他的天性如此，其次是因为他天生的嗜好使他希望别人服从他的命令。另一方面，瓦勒里乌斯能够仁慈地处事，因为只要罗马军队服从他们习惯于服从的事情，即可让他心满意足。这种良好的习惯，即足以给他带来荣誉；遵守这样的习惯并不费力，瓦勒里乌斯也不必去惩罚违法乱纪者，这或是因为不存在这种人，或是因为如前所述，即使有些这样的人，他们也只会为自己受到的处罚而去怪罪制度，不会指责统治者残酷无情。所以瓦勒里乌斯能够把他的仁慈表现得淋漓尽致，由此获得士兵的支持和认同。两人得到同样的服从，以不同的方式取得了相同的成就。打算效仿他们的人，有可能像上述汉尼拔和西庇阿那样，招致轻视或仇恨。你若想避免这种情况，需要具备出类拔萃的德行，舍此无他。

4 　　有待讨论的另一个问题是，这两种处事方式哪一种更值得称赞，我以为这是有争议的，因为作家们对两者都给予赞扬。

---

① 　卷3，1.3；另参见卷3，17。

不过，那些主张君主的统治应效法瓦勒里乌斯而不是曼利乌斯的作家，以及我前面提到的色诺芬，引用了居鲁士宽厚仁慈的许多事例①，它们同提图斯·李维在谈到瓦勒里乌斯时的观点十分一致。他被任命为执政官去攻打萨谟奈人，在作战的那一天，他本着自己一贯的仁爱精神向士兵讲话。提图斯·李维在讲述了这些话后说："天下见不到对士兵如此亲切的领袖，他慷慨大度地为最下层士兵承担起一切责任。在调动军队时，当和他年纪相仿的人对行军速度和兵员发生争执时，他总是表现得宽宏大量；无论胜败，他总是不动声色。同僚向他进言，他也从不断然拒绝。他的举止处处得体，他的言辞既不失个人尊严，也很照顾别人的自由。（最著称于世的是，）他之行使统治权，与他追求官位时的谦和如出一辙。"② 提图斯·李维也以同样的语气称赞曼利乌斯，认为他为了让军队服从执政官而处死自己的儿子，正是由于他这种铁面无情，罗马人民才打败了拉丁人。他对曼利乌斯大加推崇；他描述了战役的全过程，展示了罗马人遇到的种种危险和取得胜利的所有困难；在这场胜利之后，他断言：罗马人得以凯旋，全赖曼利乌斯的德行。他对双方的军力做了比较以后断定，有曼利乌斯担任长官的一方必胜。③ 可见，对作家们的讲述有了周全的了解以后，对此不能轻易下结论。然而我不想让这个问题悬而不决，故做出以下说明：对于生活在共和国法律下的公民，曼利乌斯的做法更值得

① 卷3，20。

② 拉丁文引文，稍有改动，见 Livy, VII 33。

③ Livy, VIII 7 – 10.

赞扬，危险也较少，因为这种模式完全有利于公众，对个人野心毫不留情。遵循这种模式的人，对所有的人都铁面无私，只热爱公益，也不可能结党营私，因为如此行事的人，不为自己寻找特殊的朋友，即我们前面所说的那种称为朋党的人。① 这种处事方式，对共和国最为有益、最为可取，因为它不缺少对公众的益处，也不会出现对私人权力的猜疑。瓦勒里乌斯处事方式则与此相反，它虽然给公众带来同样的成果，可是由于获得了士兵的私谊，会引起许多猜疑，这种统治长此以往，就会危害自由。

5　　共和国没有产生这些恶果，是因为罗马人的心灵尚未腐化，还因为他没有长期执政。② 不过，假如我们像色诺芬那样，思考的是一个君主，则我们肯定会放弃曼利乌斯，完全站在瓦勒里乌斯一边，因为君主要争取士兵和臣民的服从。他遵纪守法，保持德行，这使他得到服从；瓦勒里乌斯——以及色诺芬笔下的居鲁士——所具有的谦逊、仁慈和宽厚，将为他赢得爱戴。③ 君主特别希望军队成为自己朋党，这也符合国家的另一些利益。倘若一个公民把军队变成自己的朋党，这种做法就不符合他的另一些利益了，后者要求他遵守法律，服从长官。

6　　从威尼斯共和国的旧史中可以看到这样一件事，当威尼斯的战舰回到威尼斯时，船员和威尼斯人之间产生了某种分歧，他们先是争吵，继而大打出手。执政官的权力、对公民的尊重

---

① 见卷1，16.3，34.2，43。

② Livy，II 2，6－8。

③ 参见卷3，20。

或对长官的畏惧，都无法平息此事，这时立刻有一位去年担任过船员将领的绅士出现在他们面前，他们出于对他的爱戴，停止了打斗并纷纷散去。这种顺从的表现引起元老院的猜忌，没过多久，威尼斯人为了自身的安全，便把他投入监狱或处死了。[①] 所以我的结论是，瓦勒里乌斯的处事之道，君主用之有益，公民用之则有害，不但对他的祖国，而且对他本人也是如此；对国家而言，这种处事之道为专制铺平了道路；对他本人而言，由于这种方式引起猜忌，城市为了自保，不得不加害于他。相反，我敢说，曼利乌斯的处事之道，君主用之有害，公民用之则有益，并且对其祖国尤其有益，对他本人也很少有害，除非他的铁面无情所引起的仇恨，又被他的另一些德行带来的巨大威望引起的猜忌所加强，这可证之于下面对卡米卢斯的讨论。

---

① 此事出处不详。

第二十三章　卡米卢斯被赶出
罗马的原因

1　　前面讲到，瓦勒里乌斯的处事之道对祖国和个人有害，曼利乌斯的处事之道有益于祖国，但有时对个人有害。这可由卡米卢斯的例子来证明，他的处事方式与曼利乌斯而不是瓦勒里乌斯更为相像。提图斯·李维在谈到他时说，"士兵对他的德行，既痛恨又钦佩。"① 他令人钦佩，是因为他有善思、精明、出类拔萃的头脑，无论处理个人的事情还是统领军队，他都遵循着良好的规则；他令人痛恨，是因为他严于惩罚，疏于奖赏。提图斯·李维列出了他令人痛恨的原因：其一，他把出售维爱人财物得到的金钱充公，没有作为战利品分掉；其二，获胜之后，他以四匹白马拉着他的凯旋战车，士兵们说他过于高傲，竟想自比为太阳神；其三，他许下诺言，要把维爱人战利品的一成献给阿波罗，为践履这一诺言，他把士兵已经到手的东西拿走。② 从中很容易看出，人民痛恨统治者的首要原因，就是

① 拉丁文引文，与原文有出入，见 Livy, V 26。
② Livy, V 22－23, 32；另见 Plutarch, *Camillus*, 7。

剥夺人们的财物。此事极为紧要，因为人被剥夺了有用的物品时，他会对此耿耿于怀，一点小事就能让他想起此事；而这种小事无日无之，所以他会念念不忘。此外是趾高气扬的表现，这是最让人民尤其是自由的人民痛恨的事情。这种趾高气扬、大讲排场的做法，不会给他们带来什么不便，但是这样做的人却会受到痛恨，故统治者应当视同暗礁险滩，尽量躲避。自己一无所获，反遭别人憎恨，此乃极草率而欠精明的策略。

第二十四章　延长任期使罗马遭受奴役

1 　　观察罗马共和国的处事之道可知，导致这个共和国瓦解的原因有二：一是土地法引起的纷争，二是拖延任命。如果从一开始就明白这些事情，能够未雨绸缪，则自由的生活也许能够更长久、更太平。至于拖延任命，虽然未见它在罗马引起任何麻烦，然而从事实中可以看到，公民因这种任命而得到的权力，对该城造成了怎样的伤害。假如另一些被拖延任命为官员的公民像路西乌斯·昆提乌斯那样明智而优秀①，那么人们也许不会面对这种弊端。他的杰出表现是个引人瞩目的例子，当平民和元老院达成了一项协议时，平民认为他们能够抵抗贵族的野心，便把任命护民官的事拖了一年；元老院出于对平民的敌意，并且为了不向平民示弱，也想拖延任命路西乌斯·昆提乌斯担任执政官。他断然拒绝了这一决定，他说，应当尽量消除恶劣的事例，而不是用另一个更恶劣的事例去助长它；他希望任命

---

① 路西乌斯·昆提乌斯·辛辛那图斯。与下一章不同，这一章没有提到他的姓氏。

新的执政官。① 假如全体罗马公民都像他这样优秀和精明，拖延任命官员的习俗也许就不会发生，从而也就不会发生拖延任命这种最终葬送共和国的事情了。第一个被拖延任命的人是帕波利乌斯·费罗。② 当他率军驻扎在帕拉波利斯城外时，他的执政官任期将至，元老院认为他已胜券在握，他们不想派去一名他的继任者，便任命他为"代理执政官"，于是他成了第一位代理执政官。元老院开此先例，是为公益着想，但是它后来却使罗马陷入奴役，因为罗马军队外出征战的距离越远，这种拖延就越是显得必不可少，他们也就越是利用这种方式。由此造成两宗弊端·一是有统领军队经验的人越来越少，结果他们把威望局限于少数人享有；其二，一个公民长期担任军队统帅，他会把军队争取到自己一边，使其成为他的朋党，这样一来，军队最终会忘记元老院，唯其马首是瞻。苏拉和马略能找到追随他们践踏公益的士兵，此其故也；恺撒能篡夺他的祖国，亦复此其故也。倘若罗马人没有延长行政长官和统帅的任期，倘若他们没有很快变得如此强大，倘若他们的征服进展得更缓慢一些，那么他们所遭受的奴役，也会来得更迟一些。

① Livy，III 21.
② Livy，VIII 26. 按李维的记载是帕珀里里乌斯。

第二十五章　论辛辛那图斯和 众多罗马公民的贫困

1　　我们在前面说过，最有益于建立自由生活的做法，就是让
公民保持贫困。① 虽然不清楚罗马的哪一种制度有此效果，因
为土地法尤其起着相反的作用，然而从经验可知，在罗马建城
后的四百年里，那里是极为贫困的。难以相信还会有别的制度
能够取得这种成效：贫穷从来不会阻断你的进路，使你无法获
得官职和荣誉；人们唯德行是论，从来不问出身。这种生活模
式使人们不太看重财富。这一点显而易见，当执政官米努西乌
斯的军队被埃魁人围困时，罗马人为如何使其免于失败而忧心
忡忡，于是任命了一个独裁官，这是他们面对困境时的最后一
招。他们任命了路西乌斯·昆提乌斯·辛辛那图斯，当时他正
待在自己的小农庄里干农活。提图斯·李维以熠熠生辉的言辞，
对此大加赞美，他说："那些只认钱财，视天下事如草芥的人，
那些除了财货滚滚之地，看不到哪儿还有荣耀和德行的人，都

---

①　见卷1，34.1；卷2，19.1；卷3，16.2。

该听听这个故事。"① 辛辛那图斯耕作的小农庄，方圆不过四个
"居格拉"。当元老院的使者从罗马来到这里，通知他被推举为
独裁官时，也向他说明了罗马共和国危在旦夕的处境。他穿上
大袍去了罗马，召集起一支军队，前去解救米努西乌斯。他打
败并劫掠了敌人，救出米努西乌斯。他不想让被围困的军队参
与抢劫，便对他们说："我不想让你们去抢劫那些差一点洗劫
了你们的人。"② 他撤了米努西乌斯的执政官一职，让他担任副
官，对他说："你就以这种身份待着吧，直到你学会如何做个
执政官。"③ 他把因贫穷而在步兵中服役鲁西乌斯·塔尔昆尼乌
斯任命为骑兵首领。正如前面所言，从这件事可以看到罗马给
予贫穷的荣誉，像辛辛那图斯这样优秀而称职的人，只需四个
居格拉的土地，就足以养活他。可以看到，马库斯·雷古路斯
的时代仍很贫穷，因为当他在阿非利加率军征战时，他请求元
老院给予特许，让他回去照料一下由他的仆人替他耕作的小农
场。④ 这里有两点值得注意：一是贫穷，以及人们满足于贫穷
的事实。公民满足于从征战中赢得荣誉，把有用的物品充公。
假如〔马库斯·雷古路斯〕想发战争财，他根本不必在乎自己
的田地是否荒芜。其次，应当重视公民慷慨大度的精神，当他
们受命统领军队时，他们的心胸超过了任何君主。他们不把君
权或国家看在眼里，也没有任何东西能让他们胆怯。当他们恢

---

① 拉丁文引文，有改动，见 Livy，III 26。

② 拉丁文引文，见 Livy，III 29。

③ 拉丁文引文，见 Livy，III 29。据这里的记载，辛辛那图斯说的是："在你
有了执政官的勇气之前，就作为副官统领这些军团吧。"

④ Livy, *Summaries*, XVIII. 另见 *AW* 1。

复了私人生活后，又变得俭朴谦卑，一心料理自己的小产业，服从长官，尊重上司，一个人的灵魂似乎不可能发生如此大的变化。这种贫穷一直持续到保卢斯·埃米利乌斯时代，那几乎是这个共和国最后的幸福时光了——公民以自己的胜利为罗马带来财富，同时又保持着自己的贫穷。贫穷依然受到尊重，保卢斯在奖赏征战中表现杰出的人时，赏给他女婿一只银杯，那是他家里的第一件银器。① 贫穷比财富带来更好的成就；前者为城市、地区和教派增辉，后者则导致它们的覆灭——对于这件事，若不是经常有人给予赞美，本是可以大书而特书的。②

---

① Plutarch, *Aemilius Paulus*, 28.

② Valerius Maximus, IV 4. 另见 Marsilius of Padua, *Defensor pacis*, II 11 – 14; Plato, *Laws*, 737d; Aristotle, *Politics*, 1265a28 – 33, 1267a21 – 28。

第二十六章　女人祸国

　　在阿尔代亚城，一宗婚事在贵族和平民之间引起了纠葛，因为有个富裕女人打算出嫁时，一个贵族和一个平民都想把她弄到手。她没有父亲，监护人想让她加入平民的行列，母亲则想让她跻身于贵族。由此引起严重的骚乱，双方大动干戈，全体贵族都支持那个贵族，平民则悉数支持那个平民。平民被打败后，他们离开了阿尔代亚，去找沃尔西人求援。贵族则向罗马派出使者。沃尔西人抢先一步到达，在阿尔代亚周围安营扎寨。罗马人到达后，把沃尔西人和城市一起包围起来。他们迫于饥馁，只好投降。罗马人开进阿尔代亚后，把骚乱的首领统统处死，恢复了该城的秩序。①

　　这里有若干要点值得留意。一是女人乃祸根，给城市的统治者带来极大的危害，在他们之间引起许多分裂。从我们这部史书中可以看到，对卢克雷蒂娅的强暴②，使塔尔昆兄弟失去

---

① Livy, IV 9 – 10.
② 见卷3，2.5；Livy, 158 – 59。

了国家；对弗吉尼娅的不轨，使十人团失去了权力。① 亚里士多德列举的专制者垮台的首要原因之一，就是因女人而去伤害别人，如强奸、污辱或背弃婚约，我们在论阴谋的一章里，对此有详细的讨论。② 所以我要说，拥有绝对权力的君主，或共和国的统治者，切不可染指于这种事情，应当重视这种事情导致的混乱，及时予以纠正，以便不至于像阿尔代亚人那样因这种纠正而受到伤害，给他们的国家或共和国带来耻辱。如果任凭敌意在公民中间蔓延，他们就会陷入内部分裂，为了言归于好，他们只好请求外援，如此一来，奴役也就近在咫尺了。

3   不过，还是让我讲讲另一个大问题吧，即让城市恢复团结的办法。欲知究竟，且看下章。

---

①   见卷 1，40.4，44，57；Livy，III 44 – 58。

②   卷 3，6。Aristotle，*Politics*，1314b27，1303b17 – 4a18.

第二十七章　如何让分裂的城市团结；若想控制城市必须维持其分裂的看法为何错误

罗马执政官使阿尔代亚人言归于好，从这个事例中，可以看到应以何种方式把分裂的城市团结起来。① 最上策是杀死骚乱的头领，并且不可使其死灰复燃。必须采取以下三种方式之一：一是像罗马人那样杀死他们；二是把他们赶出城市；三是让他们彻底和好，不再相互迫害。在这三种方式中，后一种最有害、最不确定、最没有用处。因为在发生了血流成河或类似的迫害之后，强迫的和平不可能持久，他们每天都能见面，很难管束住自己不去相互伤害。他们的交往，使得每天都有引起争执的新理由。

最好的例子就是皮斯托亚城。这个城市在十五年前陷入分裂，至今依然如此，它分裂为潘西亚提齐派和坎瑟利埃里派，

① Livy, IV 10.

不过当时他们大动干戈，如今已经偃旗息鼓。① 在无数的争吵之后，他们开始相互杀戮，毁坏家宅，劫掠财产，对敌人无所不用其极。佛罗伦萨人在平息他们的骚乱时，总是采用第三种办法，也总是引起更大的骚乱和麻烦。他们不胜其烦，便又采用第二办法，清除帮派头领，其中一些人被投入牢房，另一些人被限制在不同的地方，使和约得以维持，这种局面一直保持到今天。但是，第一种办法无疑是最可靠的。这种办法包含着一些需要大气派的因素，软弱的共和国既不知道如何实施，同他们的作风也格格不入，所以他们只好采取第二种办法。这是我一开始就讲过的②、我们今天的君主在决断大事时犯下的错误。他们应当听听古人做出这种决断时如何把握自身。然而今天的人教养不够，不谙世事，才使他们赢弱不堪，认为古人的决断要么不人道，要么不可能。他们持有某些个人成见，与现实相去甚远。比如，我们城里的一个聪明人，在不久以前还说过：要用党争保住皮斯托亚，用要塞保住比萨。③ 他们都不明白两者毫无用处。

3　　　对于要塞，我就不多说了，因为上文对此多有所论。④ 我要讨论一下，让你所统治的城市保持分裂，没有任何益处。首

---

① 这里指的是 1500 年 8 月—1502 年 4 月发生在皮斯托亚的事件，该城臣服于佛罗伦萨。潘西亚提齐派与流放的美第奇家族结盟，坎瑟利埃里派是佛罗伦萨共和国的支持者。马基雅弗利在 1501 年数次去皮斯托亚，并在 1502 年写下短文 *De rebus pistoriensibus*。

② 见卷 1，前言 2。

③ 参见 *P* 20。

④ 卷 2，24。

先，无论你作为君主还是共和国维护这些党派，都无法让他们对你始终如一地保持友好。因为对于无论什么分歧，人都会站在某一边，他们总会有所偏好，此乃人性使然。城里只要有一派与你不和，一旦发生战事，你就会丢掉这个城市，因为在内外受敌的情况下，你不可能守住它。假如统治城市的是一个共和国，那么让你的公民变得邪恶、你的城市发生分裂，最好的办法就是统治一个分裂的城市。因为各派都要寻求支持，都要以种种腐败手段结党营私。由此导致了两个严重的弊端：其一，你没有能力对他们进行良好的治理，所以你也无法让他们成为你的朋友；你一会儿迁就这一方，一会儿又迁就另一方，让政府变来变去；其二，偏袒一方的必要性，使你的共和国也陷入分裂。比昂多在谈到佛罗伦萨和皮斯托亚时，用下面的话证实了这一点："佛罗伦萨人想使皮斯托亚恢复团结，他们自己反而陷入了分裂。"① 可见，这种分裂所导致的弊病并不难理解。

1502 年阿雷佐失守后，瓦尔迪特维勒和瓦尔迪基亚纳也被维特利和瓦伦蒂诺大公从我们手中夺走，法国国王派来一位朗大人，为佛罗伦萨人收复这些城镇。朗发现，邀请他前来的每个城镇里，都有人说，自己属于马尔佐克党，他严词谴责了这种分裂行为。他告诉他们，在法国，假如国王的一个臣民自称为国王党，他是要受到惩罚的，因为这无异于表明城里还有对国王不友好的人；国王希望所有的城镇都是他的朋友，团结一

① Flavio Biondo, *Historiae decades tres*, II 9.

致，无党无派。① 但是，懦弱的君主总会采纳这种偏离真理的办法和见解，当他们认为自己无法用武力和德行保住国家时，便转而采用这种伎俩。在太平时期，它还多少有点儿用处，一旦出现不和，或是面对危难时刻，其荒谬性就会暴露无遗。

---

① 这些话可能是马基雅维利陪同这位"朗大人"（即安东尼·德·朗格勒）时亲耳听到的，但没有记录可查。

第二十八章　应当提防公民的功业，因为在善举背后，往往潜伏着专制的萌芽

罗马城因为饥荒而苦不堪言，公共储备难以为继时，斯普利乌斯·麦利乌斯，当时的一位富豪，为他赢得平民的支持，打算拿自己的私人储备粮赈济平民。他由此争取到一大群支持者，元老院担心他的慷慨解囊可能造成麻烦，为了在他们壮大之前清除他们，便任命一个独裁官把他处死了。① 此事值得借鉴之处是，貌似善举、无法合理地予以谴责的行为，若不及时纠正，往往会变得十分可怕，对共和国极其危险。为了更细致地讨论这个问题，我要说明，没有德高望重的公民，共和国无以立足，也无法以任何方式进行良好的统治。然而，公民的威望，也是共和国专制统治的根由。若想防范这种事情，共和国需要建立某种制度，使公民的威望有益于城市及其自由，而不是损害它。这就要考察获取名望的方式，其实它们不外乎两种：公共的方式和私人的方式。公共的方式是，个人为共同利益提

---

① Livy, IV 13 – 14. 这个独裁官是路西乌斯·昆提乌斯·辛辛那图斯。

供高见和出色的服务，以此赢得名望。应当向公民开放这种获得荣誉的道路，对他们的建言和辛劳给予奖赏，使他们由此感到自豪和满足。这样赢得的威望光明磊落，不会有任何危险。如果他们赢得名望是通过私人的方式，也就是上述另一种方式，这种名望便是危险而完全有害的。私人的方式只对这人或那人有利——借钱给他，把女儿嫁给他，帮他对抗行政长官，以及类似的好处，以这些手法网罗党羽，使获得支持的人敢于腐蚀公共权力，践踏法律。因此正如上述，制度良好的共和国，应当效法罗马的做法，为公民打开以公共方式寻求支持的道路，封死以私人方式寻求支持的道路。如果这还不够，因为人民会被某种虚假的利益所蒙蔽，那就要任命一个独裁官，以其至高无上的权力，让不守规矩者改邪归正，就像罗马人对待斯普利乌斯·麦利乌斯那样。让这种事逍遥法外，能够导致共和国的覆灭，因为此先例一开，以后便难以回到正道上来了。

第二十九章　人民犯罪的根源在于君主

　　君主不应抱怨他所统治的人民犯下的罪行，因为这种罪行
不是来自他的疏忽大意，就是因为他的诸如此类的过失。看看
我们这个时代那些四处抢掠和犯下类似罪行的人民，就可以明
白，这完全是和他们有着相同品质的统治者造成的。在统治罗
马格纳的领主们被教皇亚历山大六世除掉之前，他们堪称恶贯
满盈的楷模。因为在那儿可以看到，一桩小事就能导致严重的
烧杀抢掠。它们来自君主的邪恶，而不是像人们常说的那样，
来自人的恶劣本性。那些君主财富无多，又想活得像富豪一样，
他们只好以各种方式巧取豪夺。他们采用的不讲信义的方式之
一，便是先制定法律，禁止某些行为，然后又率先给人们提供
践踏法律的理由。他们从不惩罚违法者，除非他们后来看到类
似的偏见大量涌现。这时他们才着手进行处罚，但不是出于对
既定法律的尊重，而是因为他们贪心不改，想从罪犯手里聚敛
钱财。由此导致了无数的弊端，而首当其冲的弊端就是：人民
变得贫困潦倒，却没有改邪归正；变穷的人竭力去压制那些比

他们势力更小的人。① 因此，所有上述弊端的产生，根源都在于君主。提图斯·李维讲述的一件事便说明了这个道理：当罗马使者把得自维爱人的战利品献给阿波罗时，遭到西西里的利帕里海盗的劫持。他们被带到城里，君主提马西托斯了解到这些礼品的性质、去向和送礼的人。他虽然生在利帕里，却把自己视为罗马人。他向众人说明了抢劫这种礼品是大逆不道的行为，在获得众人同意后，他允许他们带着全部货物离去。史家的原话如下："民众总是和统治者一样，提马西托斯让民众充满了虔诚心。"② 洛伦佐·德·美第奇在肯定这一判断时说，

> 上有所为，下必效焉，
> 因为人人都盯着君主。③

---

① 参见 P 7，17。

② 拉丁文引文，见 Livy，V 28。词序有变动，删除了"总是"前面的"几乎"、"虔诚"前面的"公正的"。

③ Lorenzo de' Medici, *La rappresentazione di San Giovanni e Paulo*, in *Opere*, ed. A. Simioni（Bari：G. Laterza & Figli，1914），II 100.

第三十章　希望运用自己的权力造福于共和国的公民，先要消除嫉妒心；在看到敌人时，务必整饬城市的防务

　　罗马元老院获悉整个托斯卡纳在开征新税，以备进犯罗马¹之用；过去一直同罗马人保持友好的拉丁人和赫尔尼基人，也倒向罗马不共戴天的仇敌沃尔西人一边。元老院由此断定，这场战争必定十分险恶。卡米卢斯在担任了拥有执政官权力的护民官以后，元老院认为，假如另一些护民官、他的同事，愿意把最高指挥权让给他，那么他们不任命独裁官也行。那些护民官果然自愿这样做了。"他们不认为（提图斯·李维说）授予他权力，有损自己的威严。"^① 卡米卢斯在得到他们的服从后，下令征召三支大军，他打算亲自担任第一支军队的首领，前去攻打托斯卡纳人。他任命昆图斯·塞尔维利乌斯担任第二支军队的首领，打算让他驻扎在罗马附近，以便对抗拉丁人和赫尔

---

　　① 拉丁文引文，稍有改动，见 Livy, VI 10－15。李维还提到，卡米卢斯同帕波利乌斯·瓦勒里乌斯分享他的军队指挥权，以及卡米卢斯对信仰的维护。

尼基人的进犯。他任命路西乌斯·昆提乌斯统领第三支军队，由他们守卫城市、城门和元老院，防备任何不测。此外，他命令自己的同事贺拉提乌斯，供应战时必要的粮草军械。他让自己的另一个同事科涅利乌斯出席元老院和另一些议事会，以便为他们的日常事务进言献策。由此可见，当时的护民官无论发号施令还是服从，一概是为了祖国的安全。从这段文献中可以看到，贤达之士能够做些什么；他能够带来多少好处；当他以自己的出类拔萃和品德消除了嫉妒后，他对祖国是多么有益。嫉妒经常让人劳而无功，因为它使人无法掌握处理大事时必需的权力。消除这种嫉妒的办法有二。出现了某种险恶而严重的事件，人人感到危在旦夕，便把个人野心统统丢到一边，心甘情愿地服从一个他认为能以自己的杰出能力解救他们的人，这就是卡米卢斯的情况。他多次证明了自己是个出类拔萃的人，他被三次任命为独裁官，在履行这一职责时，他处处为公益着想，从不谋取私利，所以没有人担心他的丰功伟业。他如此不同凡响，如此有威望，所以成为他的下属，没有人觉得不光彩（所以提图斯·李维才说："他们不认为……"云云）。消除嫉妒的另一种办法是利用暴力或自然规律，即享有一定威望和名声的对手的死亡。他们看到你的威望胜过他们，他们认为无法认可或默然忍受。他们若是生活在一个腐败的城市，没有受到良好的教养，那么不管什么事件也无法让他们舍弃自我，他们为了实现自己的愿望，满足自己乖戾的性情，不惜看到祖国覆灭。克服这种嫉妒，除了嫉妒者的死亡之外，别无他法。如果命运垂青于出类拔萃者，让这些嫉妒者正常死亡，使他能够一展其德行，既无任何障碍，也不必迫害别人，他便可以在不惹

麻烦的情况下赢得荣耀。假如他没有这样的好运，那就必须想方设法提前消灭他们。他在着手于任何事情之前，必须坚决贯彻消除这种麻烦的策略。细心读过《圣经》的人都知道，摩西希望自己的律法和命令畅行无阻，不得不除掉无数仅仅出于嫉妒而反对他的人。① 教士吉罗拉莫·萨伏那罗拉很清楚这样做的必要；佛罗伦萨的旌旗手皮埃罗·索德里尼也深明此理。其中一人无法消除它，是因为他不拥有使他能够这样做的权力（这是指教士）；由于他的追随者不理解他，所以他也得不到那样的权力。因此，并不是因为他，才使得事态依然如故，所以在他的布道中，充满了对世人的小聪明——他就是这样称呼那些嫉妒者和反对他的命令的人——的控诉和咒骂。另一个人相信，假之以时间、自己的善意、运气以及施惠于某些人，他就能消除嫉妒。他认为自己年纪尚轻，又以自己的处事方式赢得了不少新的支持者，所以他有自信，不必引起麻烦、暴力和骚乱，就能消除众多出于嫉妒而跟他作对的人。他不清楚时间不等人，善意不足以成事，命运变幻莫测，世间找不到平息为非作歹的礼物。所以这两人都下场可悲，他们有这种下场，都是因为不知道如何消除或没有能力消除嫉妒。

　　另外值得指出的一点，是卡米卢斯为保护罗马而发布的内外政令。杰出的史家，比如我们的李维，特别醒目地提到一些事件，是事出有因的，它可以使后人学会在类似的事件中如何保护自己。这段文献中值得引以为鉴的是，最危险、最无效的防御，就是手忙脚乱，毫无章法。卡米卢斯为守卫罗马而征召

2

---

① 《旧约·出埃及纪》，12.25－29。

的第三支军队可以证实这一点。无论过去还是将来，都会有许多人认为，他这是多此一举，因为人民通常都有武器，并且能征善战，故没有必要把他们征召到一起，在必要时把他们武装起来也就可以了。然而，卡米卢斯，以及任何和他一样精明的人，都不作如是观。除非遵循一定的秩序和规章，他绝不允许民众拿起武器。根据这一事例，负责守卫城市的人，应像躲避暗礁险滩一样，避免毫无章法地武装城市。他应先把自己打算武装的人召集起来，优中选优；要让他们做到，不管在哪儿集合，开赴何地，他们都要服从。他应当命令那样未被选中的人，分别待在家里保护自己的家人。这样组织起来的城市，在受到攻击时很容易自卫；凡是不效仿卡米卢斯、别出心裁者，都无以自保。

第三十一章　强大的共和国和 杰出的人，无论面对何种命运， 都能保持同样的勇气、 同样的尊严

我们的史家李维为说明杰出的人应当有何表现，着重讲述了卡米卢斯一些言行，他借卡米卢斯之口说："无论独裁官的大权还是流放，于我的精神皆无所损益。"[①] 由此可知，伟人有着处变不惊的胸怀。命运纵有千变——让他们飞黄腾达，或让他们一败涂地——他们也不会改变，他们心如磐石，生活一如既往，使每个人很容易看到，命运的力量奈何他们不得。弱者的自处之道则不然，一遇到好运，他们便有虚骄之气，变得飘飘然，把他们得到的好处，归因于不为他们所知的德行。他们身边的人，就会认为他们令人不堪忍受，面目可憎。这取决于运气的变化莫测，一看到厄运临头，他们立刻就会暴露出另一种缺点，变得卑躬屈节。禀性如此的君主，在身处逆境时宁肯逃跑也不想自卫，是因为他们在利用好运上一塌糊涂，不懂得

---

① 拉丁文引文，与原文稍有出入，见 Livy, VI 7。

未雨绸缪。

2　　　上述优劣表现，即可见之于一人，也可见之于一个共和国。这可以拿罗马人和威尼斯人为例。就前者而言，厄运从未让他们变得低三下四，好运也从未使他们虚骄轻狂。从他们输掉坎尼一役和战胜安条克以后的表现，可以清楚地看出这种品质。尽管遭受如此严重的挫败——这是他们第三次战败了①——他们也绝对没有因为失败而气馁，而是仍然派出军队；他们不想违反自己的制度赎回俘虏，他们也不想派人到汉尼拔或迦太基那儿求和。他们不干这种卑躬屈膝的事情，他们只想如何作战，人手不足，他们就把老人和奴隶武装起来。② 就像前面讲过的③，当迦太基人汉诺听到这事后，他向元老院表示，从［罗马人］在坎尼的失败中，他们几乎一无所获。④ 由此可见，危难时刻并不能吓倒他们或让他们自暴自弃。另一方面，好运当头也不会让他们变得轻狂，当安条克派使者来见西庇阿，想在自己战败之前达成一项条约时，西庇阿给他提出了讲和的条件，即他撤回叙利亚，把其他所有地方留给罗马人。安条克拒绝了这一和约，同罗马开战并被打败。他又派使者去见西庇阿，表示他们接受胜利者提出的全部条件，西庇阿并不想另立和约，他仅仅在自己获胜之前提出的和约中，加上了这样一句话："罗马人若被征服，他们不会气馁；假如获胜，他们也不会蛮

---

① 前两次失败是公元前218年在提契诺河的失败和公元前217年在特拉苏门湖失败，见 Livy, XXI 45 – 46；XXII 4 – 7, 43 – 50。

② Livy, XXII 57 – 61.

③ 卷2，30。

④ Livy, XXIII 12 – 13.

不讲理。"①

威尼斯人的表现与此截然相反。一遇到好运，他们认为这 3
是由于他们并不具备的德行所致，于是他们变得十分轻狂，把
法国国王称为圣马可的徒子徒孙；他们也不把教会放在眼里；
他们在意大利不想接受任何管束；他们胆大妄为，竟然要创建
一个像罗马那样的王国。后来，当好运抛弃了他们，法国国王
在维拉只是部分地打败他们时，他们不但因内乱而失去了整个
国家，还卑躬屈节地把一大块领土割让给教皇和西班牙国王。
他们变得胆小如鼠，派遣特使去见皇帝，表明愿意向他称臣；
他们奴颜婢膝地给教皇写信，以便博得他的同情。他们在四天
之内，在只是部分地战败以后，就变成了这么一副可怜相。他
们的军队在作战后撤退，大约有一半兵力又投入战斗并被打垮。
一个逃出来的军官率领两万五千名步兵和骑兵到了维罗纳。②
假如威尼斯多少具备一些优秀的品质，制度亦称健全，那么他
们不难重整旗鼓，再次直面自己的命运。他们既可以获胜，也
可以体面地失败，或是争取到不失尊严的和约。然而他们的制
度品质太差，在战时一无是处，从而导致了他们性情懦弱，使
他们经受一次打击，便丢掉了国家和勇气。凡是像他们那样自
我治理的人，只会有这种下场。交上好运便轻狂，遇到厄运就
发怵，这种表现来自你的处事方式、你所受到的教育，它既软
弱又虚妄，那么你也只能如此。假如它不是这样，你也会有不

---

① 带有随意性的拉丁文引文，见 Livy，XXXVII 34－45。西庇阿还向命运之神
祈祷，并对受自己头脑支配的勇气和众神的威力做了区分。

② 当时的记载见 Guicciardini，*History of Italy*，VIII 4－7。

同的命运。它若能让你更加通明世事，你就不会因为得意而如此忘乎所以，因为失意而痛不欲生。就一人而言正确的事，也适用于生活在同一个共和国里的众人：假如共和国有完美的生活方式，则他们也会有完美的表现。

4　　我在别处说过，精兵强将乃一切国家的基础；缺了它，良好的法律或任何好事都无从谈起。在我看来，重申这个观点并非多余。① 因为在阅读这部史书时，我每时每刻都认识到这种必要性；不练兵，军队难以精良；不以臣民组建军队，则军队也难以训练。人们并非总是征战，也不能总让他征战，所以必须在和平时期训练他们，但是由于开支的原因，对臣民之外的人是无法进行训练的。我们前面说过②，卡米卢斯曾经率军攻打托斯卡纳人，他的士兵看到敌人阵容强大，全都吓得要命，他们觉得自己和敌人相差太远，无法抵御他们的进攻。卡米卢斯听到军营中这种低落的情绪后，便来到外面，在军营内一边走，一边同士兵谈话，知道了他们脑子里在想些什么。最后，他没有对军营进行整顿，而是说："不管你们知道什么或习惯于做什么，只管做就是了。"③ 只要细想一下这种办法，以及他为了鼓舞士兵而对他们说的话，就会认识到，对于这样一支没有事先在平时或战争中经受锻炼的军队，是无法解释或做那些事情的。将领不能信任一无所知的士兵，也无法相信他们会有良好的表现。即使再有一个汉尼拔来指挥他们，他也会毁在他

―――――――――――

① 卷1，4.1，21；另参见 P 12。

② 卷3，30.1。

③ 拉丁文引文，与原文稍有出入，见 Livy，VI 7。

们手里。由于将领在战斗时不可能无处不在，除非他从各个方面都做好部署，使士兵也具备他的勇气、掌握他的处事方式，不然他必败无疑。如果一个城市有罗马那样的制度和武装，让公民每天在个人和公共事务中，体验自己的德行和命运的力量，他们便随时都能精神振奋，始终如一地保持自己的威严。假如他们不事武备，坐等命运的光顾而不靠自己的德行，他们就会随命运的变化而变化，总是表现得和威尼斯人一样。

第三十二章　人们用什么方式阻碍和平

1 　　罗马的两个殖民地，即喀尔塞人①和维利特拉人②，背叛了
罗马人民，希望得到拉丁人的保护；拉丁人后来被打败，他们
的希望也随之落空。他们的许多公民建议，应当派使者去罗马，
向元老院表明归顺之意。反叛者则杯葛这一策略，因为他们担
心全部惩罚会落到自己头上。他们否定一切主和的意见，唆使
民众拿起武器进犯罗马边境。确实，要想让人民或君主彻底打
消讲和的念头，最正确最可靠的办法，就是对和谈对象犯下严
重的罪行。害怕这种错误所招致的应有惩罚，将使他们避免讲
和。在迦太基人和罗马人的第一次战争中，迦太基人派往西西
里和萨丁作战的士兵，在取得和平之后去了阿非利加。他们不
满于自己的军饷，便把武器转向迦太基人。他们拥立了两个首
领，马佐和斯潘迪乌斯，从迦太基人手里夺取了许多城镇，将
其洗劫一空。迦太基人先是采取作战之外的一切办法，派公民

---

① Livy, VI 21.

② Livy, VI 13.

哈斯德鲁巴作为使者去他们那儿①，迦太基人认为他在他们中间享有一定的权威，因为他曾担任过他们的将领。他到达以后，斯潘迪乌斯和马佐想迫使那些士兵断了跟迦太基人讲和的念头，便劝说他们把他以及被俘的迦太基公民统统杀死。他们不但杀死了这些人，并且在处死之前用酷刑折磨他们。除了这一罪行，他们还颁布命令，对今后俘获的迦太基人，一概以这种方式处死。这一决定的执行，使军队更加残暴而顽强地对抗迦太基人。

---

① 其实是盖斯科。

第三十三章　要想打胜仗，务必让军队保持自信并信任将领

1　　要想让军队打胜仗，就必须让它保持信心，相信应当不择手段地取胜。使它保持信心的办法是：装备精良，纪律严明，士兵相互了解。此外，除非士兵生于一地并共同生活，否则这种信心和纪律也无从谈起。将领的人品必须得到尊重，对他的足智多谋给予信任；假如看到他法纪严明、警觉而充满勇气，时时保持将官的威严，则他们总会给予信任。假如他有错必罚，不让他们劳而无获，遵守对他们的承诺，向他们展示轻松取胜的办法，隐瞒或淡化那些并非近在眼前的危险，他即可维持这种信任。按此行事，是赢得军队信任以及由这种信任而获胜的重要原因。罗马人利用信仰使其军队保持信心，所以他们在任命执政官、征募士兵、派军征伐和作战时，都采取占卜求符的办法。不做这些事情，杰出明智的将领绝不会贸然开战，因为他认为，假如不事先让士兵相信他们有众神的护佑，他很容易战败。如果哪个将领或执政官忤逆卜兆去作战，他们就会像惩罚克劳迪乌斯·普尔查那样惩罚他。[①] 这种事见之于所有的罗

---

　　① 帕波利乌斯·克劳狄乌斯·普尔查。参见 Cicero, *De natura deorum*, II 3。

马史，不过最能确证这一点的，是提图斯·李维借阿毕·克劳狄乌斯之口所说的话。他向人民抱怨护民官的侮慢无礼，认为他们败坏了鸟卜以及另一些关系到信仰的风俗，他说："现在允许他们不拿信仰当回事了。是否给鸟喂过食，它们是否慢慢走出笼子，是否有鸟在啼鸣，这些又有何不同？这都是些小事，然而我们的祖先正因为没有看轻这些小事，才创建了这个最伟大的共和国。"① 正是在这些小事中，蕴藏着使士兵团结一致、信心十足的力量，这是一切胜利的首要原因。但是，这些事情必须有德行的配合，不然的话它们毫无价值。普勒尼斯特人的军队同罗马作战时，他们屯兵于阿列河畔，罗马人曾在这里败给法兰克人。他们这样做，是想利用这一地点的运气增强自己士兵的信心，让罗马人胆怯。基于前面说过的原因，他们这种策略值得嘉许，然而事情的结局却表明，真正的德行并不惧怕任何细小的变故。史家李维借那个独裁官之口，对此做了很好的说明。他对骑兵队长说："你看到了吧，他们相信运气，他们占据了阿列河的阵地；然而你相信的是军队和勇气，向敌军的中路发起进攻吧！"② 真正的德行，良好的纪律，从捷报频传中得到的信心，不可能被无关紧要的小事所消除，虚妄的伎俩也吓不住他们。同沃尔西人作战的两位曼利乌斯执政官也可以证实这一点：他们轻率地派一部分军队出去掠夺，结果派出的

---

① 拉丁文引文，略有改动，见 Livy, VI 41，这里记述的说话者是阿毕·克劳狄乌斯·普尔查，十人团成员之一的儿子。

② 拉丁文引文，见 Livy, VI 29，独裁官是提图·昆提乌斯·辛辛那图斯，骑兵队长是奥卢斯·塞姆波龙尼乌斯。马基雅维利略去了独裁官的一句话："不朽的众神也不会给他们更多的信心或帮助。"

军队和兵营都被包围，使两个执政官得以脱险的，不是他们的精明，而是士兵本身的德行。提图斯·李维赞之曰："士兵若有德行，即使没有领袖也能自卫。"①

2   我不想对法比乌斯为使军队保持信心而采用的办法略而不提。当他第一次率军进入托斯卡纳时，他认为来到一个新地方，同新的敌人作战，必须让士兵保持信心。他在战斗之前对士兵讲话，向他们陈述了有望获胜的各种理由，他还说，倘若不是害怕泄露秘密，他本可以再告诉他们一些能让他们确信获胜的有利因素。② 这种策略十分精明，值得后人效仿。

---

①   准确的拉丁文引文，见 Livy, VI 30。

②   Livy, IX 37. 这个法比乌斯的全名是昆图斯·法比乌斯·马克西姆斯·茹利亚努斯。

第三十四章　什么样的名望、言辞和看法使人民支持一个公民；他们在任命行政长官时，是否比君主更高明

　　我们上面提到过后来改姓托克图斯的提图斯·曼利乌斯， 1
他使自己的父亲路西乌斯·曼利乌斯摆脱了护民官马库斯·庞
波尼乌斯对他的指控。① 他拯救父亲的方式残忍而不合常规，
然而他对父亲的孝敬却感动了民众，他不但没有受到谴责，当
他们必须任命军队的护民官时，还把提图斯·曼利乌斯排在第
二位。鉴于这一成功，我认为应讨论一下人民在分配官职时判
断一个人的方式，因为我们由此能够理解前面得出的结论②是
否正确，即，与君主相比，人民是更好的官职分配者。

　　我认为，人民在分配官职时所依据的，是公众对一个人的 2
议论和他在他们中间的名声，因为人民没有别的办法了解他，
除非依据他众所周知的事迹，或依据他们关于他的某种先入之

---

① 卷 1，11.1；卷 3，22.1；Livy, Ⅶ 4 – 5。

② 见卷 1，47.3，58。

见。造成这两种情况的，要么是这样一个事实，假如父亲是俊杰，对城市多有贡献，人们便相信儿子也跟他差不多，直到他们依据他的表现认识到情况相反；要么就是因为人们对他的议论。最好的办法是结交作风正派、行事严谨、人人视为精明的人。因为一个人结交的朋友最能说明问题，与诚实的人交友，理应得到好名声，因为不相类者，也不可能有交情。或者，在公众中的名声，是因某种不同寻常、令人瞩目的行为而获得，它也许是一桩私事，但为你带来了荣誉。这三种能在最初给个人带来声望的事情，以最后一种最为有效。因为第一种父子关系，需要人们去慢慢认识。假如他身上并不存在人们认为他具备的德行，则他会很快被人忘却。第二种办法，即以自己的实践博取名声，虽然优于第一种，但远不及最后一种。因为在你没有让人看到你的某种特长之前，你的名望只是建立在意见上，那是很容易消失的。第三种办法，即以事实和你的行动作为基础，一开始就能使你声名鹊起，哪怕你想毁掉它，也要做好多相反的事情才成。因此，出生于共和国的人，应当采用这一办法，从一开始就以不同寻常的行动为自己扬名。很多罗马人在年轻时就这样做，或是颁布增进公益的法律，或是指控某个有权势的公民违法，或是做一些肯定能引起议论的大事或新鲜事。不仅最初博取名望时必须这样做，而且要持之以恒，增加其数量。若想做到这一点，就要像提图斯·曼利乌斯那样，终其一生不懈于此。他以卓越的表现、不同寻常的手段保护了自己的父亲，通过这种行动为自己赢得了最初的名望，在几年后，他向那个法兰克人开战并杀死了他，夺取了他的金项链，从而为

自己赢得了"托克图斯"这个名字。① 这还不够，他进入壮年之后将自己的儿子处死，因为他未经允许便参战，尽管他打败了敌人。这三次行动为他带来的名声，比任何凯旋或胜仗都多，使他在数百年里受到的称颂，不亚于任何一个罗马人。② 其原因在于，就打胜仗而言，许多人和曼利乌斯不相伯仲，可是在这些特殊的行动方面，他却没有对手或对手屈指可数。老西庇阿，当他还是个孩子时，就在提契诺河保护了自己的父亲③；在坎尼战败之后，他拔剑出鞘，让许多罗马青年发誓，不会像他们在自己中间决定的那样，抛弃意大利。④ 这两次行动是他获得名望的开端，为他在西班牙和阿非利加的胜利铺平了道路。当他在西班牙把女儿归还父亲、把妻子归还丈夫时，进一步提升了他的名望。⑤ 希望在共和国成名以便获得荣誉的公民，必须采用这种行事方式，而且想在国内维持威望的君主，也必须这样做。使他们受到崇敬的最佳方式，就是以罕见的举动，做出少有的模范表现，或是说出符合公益的言辞，用它来展示君主的宽宏大量、崇尚自由或公正，足以成为臣民的座右铭。

还是让我回到开头的话题上来吧。我认为，最初人民授予某个公民官职时，是以上述三条理由作为依据，这些依据都差强人意。后来，当一个人的众多良好行为使他更加有名，人民

---

① "托克图斯"［Torquatus］原意为"佩戴金属饰环者"。古罗马常以金属环作为男性饰物，也多用来奖励勇士。——译者注

② Livy, VI 42；VII 9 – 11；VIII 7 – 8.

③ Livy, XXI 46.

④ Livy, XXII 53.

⑤ Livy, XXVI 49 – 50.

的依据便更加充分，因为在这种情况下，他们几乎不可能上当
受骗。我只想谈谈最初授予人们的官职的情况，这发生在通过
可靠的经验了解了他们、他们从一种行动转向另一种不同类型
的行动之前。人民所犯的错误，就像谬见和腐败一样，总是少
于君主。人民可能被一个人的名声、看法和行动所骗，对他的
评估高出他的实际。君主不会出现这种情况，因为他的谋士会
给他做出说明和告诫。所以人民才召开大会，共和国的杰出缔
造者建立了这种制度，因为当他们为城市指定最高官员时，任
命不称职的人是危险的。他们看到民意所向有可能使不称职的
人当政，便把官职向所有公民开放，让他在公民大会上暴露其
缺点，人民既然不会不了解他，也就能做出较佳的判断了。罗
马采用的这种方式，可以由法比乌斯·马克西姆斯的演说加以
证实。他这一演说发表于第二次布匿战争期间，在任命执政官
时，人们赞成任命提图斯·奥塔希利乌斯。法比乌斯认为在那
一时刻他不适合担任执政官，便声明反对他，并阐明了他不称
职的理由。他由此使他失去了这一官职，使人民转而支持比他
更称职的人。① 可见，人民在选举行政长官时，是根据他们所
掌握的某个人的最真实表现做出判断；如果他们能像君主那样
消息灵通，则他们比君主更少出错；希望得到人民支持的公民，
应像提图斯·曼利乌斯那样，用某种引人瞩目的行动为自己赢
得这种支持。

---

① Livy，XXIV 7-9.

第三十五章　充当某种意见的首领有何危险；这种意见越是不同寻常，其危险就越大

在涉及众人的新事物上，充当首领是危险的；操作和落实它，以及在落实过程中维护它，也是困难的。这是个需要长篇大论的重要话题，还是留待适当的时候再讨论吧。① 这里我只谈谈一些公民或君主的谋士面对的危险，他们充当重大决策的领袖，使人们认为一切主意都是来自他们。人们是根据结果去判断事物，所以它所带来的一切弊端，都会被归咎于出主意的人；假如结果不错，他会得到嘉奖，但奖赏远不足以抵消伤害。人称"大特克"的当世苏丹萨里姆，打算攻打叙利亚和埃及（据来自那个地方的人说），他安插在波斯的一个帕夏②则鼓动他攻打波斯的沙。他被这一建议说动，率大军发动战争。他来到一片广袤的旷野，那儿荒漠连绵，河流甚少，使他面对当年导致罗马军队失败的许多困难。虽然他长于征战，还是被这些

---

① 马基雅维利显然没有找到适当的时候，除非这是指《君主论》第 6 章。

② 帕夏［bashaw］是奥斯曼帝国高级官员的称号。——译者注

困难压垮，军队因饥饿和瘟疫而损失惨重。他迁怒于建议者，将其杀死。① 可以看到，许多公民建议从事某项事业，因结局不好而被流放。一些罗马公民在任命平民执政官这件事上充当首领。② 率军征战的第一个平民执政官被打败，倘若赞成做出这一决定的派别不是那么草率，建议者难免受到迫害。③

2　　故而可以断定，共和国和君主的谋士是处在两难之间：假如他们看到对城市或君主有益的事情，却没有果断地进言，他们便是玩忽职守。假如他们提出建议，他们有可能拿自己的性命和国家冒险，因为人们习惯于根据结果判断优劣，不清楚这种建议究竟如何。在思考他们有何办法避免这种危险时，只能采取中庸之道，不把它作为自己的事业去从事，无论进言还是维护意见，都不要过于热情，要保持一定的分寸，除此之外，我看不出还有别的什么办法。假如这样做，就算共和国或君主接受了它，他们也是自愿接受的，不是因为你强求而被拖下水的。只要你这样做了，君主或人民也就没有理由让你为自己的进言而受苦，因为那不是违背众人的愿望而从事的事业——因为和众人作对要承担风险，一旦结局很糟糕，你也会大祸临头。就此而言，假如有人打算违背众人的意愿，建议有良好结局的事情，借此为自己争得荣耀，则以上做法有两点好处：其一，它没有危险；其二，假如你不冷不热地建议某事，由于有人反对，你的建议未被采纳，而别人的建议造成了某种灾祸，这会

---

① Guicciardini, *History of Italy*, XIII 8.

② Livy, VI 35－42；VII 1.

③ Livy, VII 6, 战败的平民执政官是路西乌斯·格努西乌斯。

给你带来极大的荣耀。从损失中获得的荣耀，对你的城市或君主来说，固然不是值得高兴的事，但人们仍然会颇为看重它。

在这件事上，我认为只能给人们提供这样的告诫。若是劝他们守口如瓶，不要说出自己的看法，这对共和国或他们的君主都没有好处，也不能为他们消灾祛难，因为他们很快就会引起猜疑。他们的遭遇，甚至很可能和马其顿国王佩尔修斯的朋友一样。这位国王被保卢斯·埃米利乌斯打败后，和几个朋友逃了出来。其中一人在回顾往事时，对佩尔修斯说，他过去犯下的许多错误，铸成了今天的灾难。佩尔修斯正颜厉色道："你这个逆子！为何直到今天，在我穷途末路的时候，才给我说这些？"说完后便亲手杀了他。① 他受到这种惩罚，正是因为他在本应说话时三缄其口，在本应沉默时却开口说话；他没有因为不进言而摆脱危险。职是之故，窃以为对于以上规则，当务必恪守之。

① Plutarch, *Aemilius Paulus*, 23.

第三十六章　法兰克人为何在战斗开始时无比勇猛，后来却连女人都不如

1　　法兰克人对于在阿尼奥河畔同他们作战的罗马人，全不放在眼里，在同提图斯·曼利乌斯作战时也是如此。[①] 他们这种凶悍的精神，让我想起提图斯·李维屡次说过的一句话：法兰克人在战斗开始时刚健无比，在随后的战斗中变得连女人都不如。[②] 许多人在探究此事的缘由时，都认为他们天性如此，我以为此说甚是。然而，正因为如此，对于这种最初能让他们刚健勇猛的天性，却无法进行精心的调理，使他们的刚健勇猛能维持到最后。

2　　为了证实这一点，我要说，军队有三种类型：一是凶悍而军纪严整的军队——因为凶猛和德行来自军纪严整，例如罗马人的军队。遍览史册可知，他们的军队有着良好的体制，使其长期军纪严明。在军纪井然的军队里，除非受到调遣，谁也不

---

① Livy, VII 9 – 10.

② Livy, X 28. 他只说过一次。

会采取任何行动。因此，罗马军队堪称一切军队的楷模，没有执政官的命令，他们不吃不睡不嫖，不在战场或国内采取任何行动，所以他们能独霸天下。做不到这些的军队，算不上真正的军队，即使他们有相反的表现，那也是因为凶猛残暴，而不是来自德行。在德行成为制度的地方，它能以适当的方式、适时运用凶悍的气概，任何困难都无法败坏它，使它缺少勇气。因为良好的制度能够恢复勇气和凶悍的精神，能用征服的欲望加以培养；只要制度依然稳固，这种欲望就绝不会消失。凶悍有余而制度不足的军队与此相反，例如那些战败的法兰克人。假如他们初战未捷，使他们抱着获胜希望的凶悍精神并没有制度化的德行加以维持，除了凶悍的精神，没有任何让他们保持信心的东西，一旦信心消退，他们也就失败了。[①] 相反，罗马人有良好的制度，所以不那么惧怕危险，也不那么担心失败。自始至终，他们都以同样的勇气和同样的德行，坚定顽强地投入战斗。其实，战火一起，他们便始终激情澎湃。至于第三种军队，它既不具备天性的凶悍，也缺少后天的制度，例如今天我们的意大利军队。这种军队毫无价值，只要它遇到的不是因为某种变故而逃跑的军队，它便绝无获胜的可能。不必列举别的事例，人们每天都能看到它在证明自己没有任何德行。人人都能从提图斯·李维的证言看到，应当如何缔造优秀的军队，以及恶劣的军队何以产生，所以我打算引用一下帕皮里乌斯·柯尔索的话，当他打算处罚骑兵队长法比乌斯时说："无人敬重上司，也无人敬重神明；将官的命令或卜象都得不到服从；

---

① 参见 Polybius，II 35. 2 – 4。

不但在太平之地，而且在敌人的领土上，士兵也四处游荡；忘记誓言，随心所欲地放纵自己；他们罔顾原则，不按命令集结，不分白天黑夜，不管地形有利与否；作战时不听上司的命令，也不遵守任何规矩。军队若是有这种土匪作风，它的威严与虔敬将荡然无存，变得盲目而不讲章法。"① 由这段话不难理解，当今之世的军队是威严而虔敬，还是盲目而不讲章法；它是多么缺少配得上军队这一称号的因素；与罗马人的凶悍和纪律严明相比，或与法兰克人单纯的凶悍相比，它差得有多远。

---

① 拉丁文引文，稍有改动，见 Livy，VIII 34。这个法比乌斯的全名是昆图斯·法比乌斯·马克西姆斯·茹利亚努斯。

第三十七章　在大战之前是否有必要进行小规模战斗；若想避免这种战斗，应当如何摸清新的敌人

我们在前面说过①，想让事情尽善尽美，会遇到许多困难，除此之外，从人们的行为中还可以发现，善恶似乎相距不远，每有善至，恶亦易于随之发生，故无法只取其一，避开其二。从人的一切作为中，都能观察到这种现象。因此，除非有命运相助，以它的力量克服那些寻常而自然的弊端，不然便难以获得完美的成果。曼利乌斯同法兰克人的战斗让我想到了这一点，提图斯·李维说："这场战役对整个战局事关重大，高卢军队惊慌失措地弃营而去，穿过提布尔的乡村，开进了坎帕尼亚。"② 我认为，一方面，优秀的将帅，应完全避免从事无关紧要、对军队又有恶劣影响的事情，因为既无法动员全部兵力、又拿自己的全部运气去冒险的战斗，是彻头彻尾的鲁莽之举，

---

① 见卷1，6.3。

② 拉丁文引文，有删节，见 Livy，VII 32。

我在谴责守卫关隘的做法时，对此已有交代。①

2　　另一方面，我也认为，聪明的将领在征讨他所敬重的新敌人，在大战之前，有必要以小规模的战斗来检验自己的士兵。这样可以使他们事先对敌人心中有数，不会被他们的名声所吓倒。这对于将领来说极为重要，这是因为，假如你不用小规模的试探性作战，消除敌人的名望给士兵心中造成的恐惧，那么显然你会失败，这时它几乎包含着一种内在的必然性，使你必须这样做。

3　　罗马人派瓦勒里乌斯·科维努斯率军攻打萨谟奈人，他们彼此都是以前未曾交过手的敌人。提图斯·李维说，瓦勒里乌斯先让罗马人同萨谟奈人打了一场小规模的战斗，"以便不让新的战争和敌人吓住他们"。② 然而，假如你的士兵输掉了这些小规模的战斗，这便是十分危险的事情，因为他们会变得更加惶恐和懦弱，其效果同你的设想刚好相反：你本想增强他们的信心，反而让他们气馁。这便是善恶相随的事例之一，它们之间难分难解，故而往往欲得其一，实则取其二。对此我要指出，优秀的将领一定要慎重地审时度势，切不可让打击军队士气的事情发生。夫夺士气者，兵败之始也。所以，若无巨大的优势、必胜的把握，就要避免小规模的战斗。无法部署全部兵力，就不应坚守关隘；除非一旦失守必然彻底失败，否则就不应守城。需要守卫的城市，当以卫戍和军队严加治理，一旦发生攻城，

---

　　① 卷 1，23.2 - 4。

　　② 拉丁文引文，稍有改动，见 Livy，VII 32，瓦勒里乌斯在一些小规模战斗后，对士兵发出了马基雅维利在下一章引用的告诫。

能够倾全力一搏；另一些城市则应舍弃。因主动放弃而失败，
军队尚能完好无损，既无名声的损失，亦有转败为胜的希望。
反之，假如你丢掉了自己打算守卫、且人人都相信你要守卫的
东西，那就是货真价实的损失了，就像法兰克人那样，你会因
无关紧要的战斗而输掉战争。

马其顿的菲利普、佩尔修斯之父，是当时一位出类拔萃的
军人。他在受到罗马人的攻击时，放弃并洗劫了他认为自己无
法防守的许多地方。他是个精明的人，按他的判断，为了不使
威望遭受严重的损失，与其让决心守卫却无法守卫的地方失守，
还不如弃下它不管，任凭敌人占领。① 罗马人在坎尼战败后，
处境十分困窘，他们拒绝了许多藩属的求援，要求它们好自为
之。② 这种策略要比承担起保护之责，然后却不去保护他们好
得多，这既会失去朋友，也会损失兵力，而前一种策略只会失
去朋友。还是回到小规模战斗的话题上来吧，我认为，假如将
领因为面对新的敌人，必须同它一试身手，那就应当拥有显著
的优势，以确保无失败之虞。或者，应当像马略那样。凶残的
辛布里人来意大利烧杀抢劫，他们的暴行和兵力之多令人极为
惶恐。马略在攻打他们时，他们已经打败了一支罗马军队，因
此马略认为，必须先做点儿什么，以消除其军队因为害怕敌人
而产生的恐惧心理。作为一个精明的将领，他数次把军队带到
辛布里人的军队将要经过的地方，他要让士兵在军营里看看敌
人的模样，使他们的眼睛不再对其感到陌生。他们看到了散漫

---

① Livy, XXXI 14, 26；XXXII 13.

② Livy, XXIII 5.

的人群，行囊满身，拿着不中用的武器，一部分人甚至没有武装，他们便恢复了自信和战斗的欲望。[①] 对于马略采用的这一妙计，凡是打算避免上述危险的人，都应悉心模仿，如此才不至于像法兰克人那样，"被无足轻重的事情所吓倒，撤入提布尔的原野和坎帕尼亚。"既然我在本章的讨论中提到了瓦勒里乌斯·科维努斯，不妨在下一章借他的话说明一下，应当如何造就一名将领。

---

① Plutarch, *Marius*, 13 – 16.

第三十八章　如何造就一个能够获得军队信任的将领

如上所述①，瓦勒里乌斯·科维努斯率军攻打萨谟奈人，1他们是罗马人未曾交讨手的敌人。为了使士兵保持自信，让他们对敌人有所了解，他让自己人和敌人打了一场小规模的战斗。他认为这还不够，打算在战前给他们训话，尽量向他们表明，不必把敌人放在眼里，他大力吹捧士兵和他本人的优秀品质。从李维转述的话中能够看到，应当如何造就一个受到军队信赖的将领，他的原话如下："然后他们应当想一想，自己是在谁的统领和什么样的占卜师下作战。他是一个只会要嘴皮子、说起话来慷慨激昂但对军事一窍不通的空谈家，还是一个自己知道如何使用武器、能够身先士卒亲自参战的人。士兵们！我要求你们追随我的行动，而不是我的言辞。不但要听从我的纪律，还要以我为表率，正是本人这种表现，使我赤手空拳三次被任命为执政官，为我赢得了至高无上的赞誉。"② 好好想想这些话

---

① 前一章，另见卷 1，60；卷 2，26；卷 3，22，23。

② 拉丁文引文，见 Livy，VII 32，删除了"赤手空拳"之前的"既不靠拉帮结派，也不靠贵族的阴谋诡计"一句。这段话从间接引语变为直接引语。

吧，每个想担任将领的人，无论他要做些什么，都能从中汲取教益。凡是不这样做的人，即使他通过野心或运气获得了官职，终归会失去它，也不可能获得任何威望。头衔不会给人增辉，而是人给头衔增辉。从一开始就应考虑到，即使久经沙场的军队，在面对陌生的敌人时，伟大的将领尚且要以极端手段坚定军队的士气，若是指挥一支从未同敌人交过手的新军，他必须付出多少心血，也就可想而知了。陌生的敌人能让久经沙场的军队产生畏惧，那么敌人给新军带来的畏惧肯定更为严重。但是，优秀的将领经常能够以其无比的智慧克服这些困难，例如我们前面提到的①罗马人格拉古和底比斯人伊巴米浓达，都曾率领新军，战胜过久经沙场的军队。

2　　　他们一贯采取的办法，就是以数月的时间，通过模拟战训练士兵，让他们习惯于服从和命令；然后让他们抱着坚定的信心投入实战。所以我们应当相信，只要不缺人手，真正的军人就能缔造优秀的军队。人手充足但缺少士兵的君主，不该抱怨人们懦弱，只能抱怨他自己的懒散和愚蠢。②

---

① 卷1，21；卷2，26；卷3，13。

② 参见 *P* 14。

第三十九章　将领应当熟悉地形

军队将领必须掌握的事情之一，就是了解地形地势。不具备这方面的一般知识和具体知识，将领不可能打胜仗。要想完美地掌握任何一门学问，必须进行实践，而这门学问更是要求大量的实践。这种实践，或更确切地说，这种具体的知识，最佳的获取方式便是狩猎。所以古代作家说，统治世界的英雄，都是在森林中、在追逐猎物中陶冶出来的。除了这种知识外，狩猎还可以使人学到很多征战所必需的东西。据色诺芬在《居鲁士传》中说，当居鲁士攻打亚美尼亚国王时，他为了筹划作战，提醒自己的手下说，这跟他们和他一起经常进行的狩猎没什么两样。他提醒那些被他派去山头进行伏击的人说，他们就是在山梁设置罗网的人；又对那些部署在平原地带的骑兵说，他们就是狩猎时把野兽赶出洞穴、使其落入罗网的人。①

由色诺芬的话可以证明，他之所以这么说，是要把狩猎描述成一幅战争画面。可见这种训练对伟人是既荣耀又必不可少

① Xenophon, *The Education of Cyrus*, II 4, 22–29. 色诺芬的书不是《居鲁士传》。

的。了解地形的最佳途径就是狩猎，因为对于需要利用地形的人来说，狩猎可使他了解训练场所的细节。人们一旦对某个区域了如指掌，他也很容易掌握任何新的地形，因为每个地区、它的每个部分，都有一致性，所以这种知识很容易举一反三。没有这种充分实践的人，也难以了解其他地形——其实，不经过很长一段时间，他根本就不可能了解。凡是有这种实践的人，只要一搭眼，就能搞清楚平原的地貌、山峦的走势、峡谷通向何方，以及他过去已经掌握着可靠知识的一切情况。提图斯·李维用帕伯利乌斯·德希乌斯的例子证明了这个道理。当执政官科涅利乌斯率兵攻打萨谟奈人时，他是军团指挥官。执政官撤入一道峡谷，罗马军队有可能被萨谟奈人包围；他看到这一危险后，对执政官说："奥卢斯·科涅利乌斯，你看到敌人旁边那个山头了吗？如果我们迅速占领它（无知的萨谟奈人放弃了它），它就能成为我们获救的希望。"在德希乌斯说这些话之前，提图斯·李维写道："士兵的护民官帕伯利乌斯·德希乌斯，已经看到关隘旁一座能够俯瞰敌营的山冈，辎重太多的军队难以接近，轻型装备的军队则无多大困难。"执政官派他率领三千士兵占领了此地，从而拯救了罗马军队。他打算在夜幕降临时离开那儿，使自己和士兵脱离危险，他又说了这样一段话："跟我来吧，借着落日余晖，我们可以分辨敌人在哪儿布置了卫兵，哪儿是逃出此地的通道。他套上一件军人的斗篷，使敌人认不出他是领袖，摸清了全部情况。"[1] 凡是读过这段文

---

① 拉丁文引文，见 Livy, VII 34，删除了"斗篷"后的"与装扮成平民的百人团团长一起"。

献的人都可由此明白，将领熟悉地形是多么有用和必要。假如德希乌斯对地形茫然无知，他便无法判断占领那个山头对罗马军队多么有益，也无法从远处认识到能否占领它；当他到了山上，在敌人包围中打算和执政官汇合时，他也无法从远处看到哪儿是脱身的通道，哪儿有敌军把守。可见，德希乌斯必须具备这种完美的知识，他才能占领那座山头，拯救罗马军队；当他被围困时，才能知道如何找到能使他和手下人脱身的通道。

第四十章　在战争中运用欺诈
是荣耀之事

1　　在任何事情上采用欺诈手段，都是令人厌恶的，不过在战争中却值得称颂，以欺诈制胜的人，和以武力取胜者一样，都值得赞扬。看看那些给大人物作传的人做出的判断，即可清楚这一点，他们都对精于此道的汉尼拔等人大加赞扬。我读到过许多这样的例子，这里姑举一例，余者不论。对于背信弃义、违反条约的欺诈，我不认为有何荣耀，即使像前面说过的那样①，你以此篡夺了国家或王位，它也不会给你带来任何荣耀。不过我这里所说的，是针对不讲信用的敌人和在战争中正确采用的欺诈，例如汉尼拔在佩鲁贾湖②为包围执政官和罗马军队而佯装逃跑，以及他为逃离法比乌斯·马克西姆斯的魔爪，点燃牛角上的火把。③

---

①　卷2，13；*P* 18。

②　指特拉苏门湖。

③　Livy, XXII 4, 16 – 17. 另参见 Plutarch, *Fabius Maximus*, 6；Polybius, III 83 – 84, 93。据李维或波里比乌斯说，汉尼拔并没有佯装逃跑。

　　萨谟奈人的将领庞提乌斯在考迪纳岔口包围罗马军队时，就采用了类似的诈术。① 他把军队布置于山下，又派一些扮作牧羊人的士兵，混在羊群中去了平原。罗马人把他们俘获后，问萨谟奈的军队在什么地方。他们遵照庞提乌斯的命令，众口一词地说，他们正在围困诺切拉。② 两个执政官信以为真，主动钻入圈套，当他们开进考迪纳隘口后，立刻被萨谟奈人包围。假如他听从父亲的劝告，那么即使这一胜利是通过欺诈得来的，对于庞提乌斯也是很荣耀的事。他父亲希望他要么释放罗马人，要么把他们统统杀死，不可走中间路线，"这既不会赢得朋友，也不会消除敌人"。③ 我在前面已经说过，这种做法一向对国家有害无益。④

---

①　Livy, IX 2 - 3.

②　应为卢切拉。

③　拉丁文引文，见 Livy, IX 3。执政官是提图斯·维图利乌斯·卡尔维努斯和斯布利乌斯·波斯图米乌斯。

④　见卷 2, 23.4。

第四十一章　保卫祖国应当不计荣辱，不择手段

1　　上面说到，执政官和罗马军队被萨谟奈人包围，他们对罗马人提出了十分羞辱的条件（他们要让罗马人缴械，让他们在轭下通过后放回罗马），这让执政官大为震惊，整个军队也陷入绝望。但是罗马特使路西乌斯·伦图卢斯却说，在他看来，只要能够拯救祖国，不管什么策略都不应回避，罗马的生死维系于它的军队，所以他认为，无论采用什么方式，都要拯救祖国，要不计荣辱、不择手段地保卫祖国。只要保住军队，罗马终有一日能为自己雪耻；如果保不住军队，就算他们慷慨就义，却葬送了罗马及其自由。他的意见得到了采纳。① 打算给祖国建言的公民，应当切记并遵守这一做法。凡是一心思虑祖国安危的人，不应考虑行为是否正当，是残暴还是仁慈，是荣耀还是耻辱；其实，他应把所有的顾虑抛在一边，一心思考能够拯救其生命、维护其自由的策略。法国人在维护国王的尊严和王国的权力时，其言行都是在仿效这种做法，因为他们最听不进

---

　　① Livy, IX 4.

去的就是这样的说法：这种政策让国王丢脸。他们认为，他们的国王不管做出什么决定，无论命运的好坏，都不会让国王蒙羞，因为不管胜败如何，那都是——照他们的说法——国王的事业。

第四十二章 被迫做出的承诺不必遵守

1 　　执政官率领被解除了武装、蒙受羞辱的军队回到罗马后，执政官斯普利乌斯·波斯图米乌斯首先在元老院发言，认为不应遵守考迪纳和约。他说，罗马人民固然不受此约束，但他和另一些同意讲和的人却受到约束。如果人民希望解除自己的一切义务，他们必须把他和另一些同意讲和的人作为俘虏送还萨谟奈人。他顽固坚持这一结论，居然得到了元老院的同意，把他和另一些人作为俘虏送回了萨谟奈，他们便向萨谟奈人抗议和约无效。波斯图米乌斯在这件事上运气奇佳，萨谟奈人没有把他关起来。波斯图米乌斯回到罗马后，他因这次失败而在罗马人中间赢得的荣誉，比庞提乌斯因获胜而在萨谟奈人中间得到的荣誉还多。① 这里值得记取的教益有二：一是任何行动都能带来荣誉，若是取胜，则理所当然地获得荣誉；若是失败，那么表明失败并非因为你的过错，或立刻做些足以抵消失败的壮举，亦可获得荣誉。其二是，不遵守被迫做出的承诺，并不是可耻的事情。被迫做出的有关公共事务的承诺，一俟强迫的

---

① Livy, IX 8－12.

因素消失，总会被人违背，对于违约者来说，也不是什么丢脸的事情。从史书中可以看到各种这样的事例，当今之世也每天都在发生。君主不仅在强迫因素消失时不遵守被迫做出的承诺，而且使他们做出承诺的原因消失时，他们也会自食其言。这是否值得称赞，或这种做法是否值得君主效仿，我在《君主论》①中讨论的很多，这里就不说了罢。

---

① P 18. 这里的书名是拉丁语。

第四十三章 出生在同一个地区的人，无论何时几乎都保持相同的天性

1 聪明人常说：观既往可以知未来。这不是随意说的，也不是全无道理。无论何时，任何事情都可以在古代看到对应的现象，盖其皆出自人为，而他们有着相同的感情，肯定也会有着相同的结果。诚然，他们的表现，此地优于彼地，这事优于那事，这取决于塑造人们生活方式的教养。看到一个民族长期保持着相同的习俗，始终贪婪或欺诈成性，有着这样那样的恶习或德行，所以根据它的既往，不难预知将来。看看我们佛罗伦萨城的历史，再想想最近发生的事情，就会清楚日耳曼人和法国人是多么贪婪、骄横、残暴和不讲信用，因为我们的城市每当身陷逆境时，都会受到这四种性情的严重伤害。就拿不讲信用来说，人人都知道，经常给国王查理八世送钱，他也承诺交还比萨要塞，可他何曾归还过。① 国王通过这事，暴露了他的

---

① 1494年，皮埃罗·德·美第奇遵照条约，把比萨要塞割让给法国国王，条件是查理在征服那不勒斯王国后，再把它交还给佛罗伦萨。法王却把它交给了比萨人，此事导致了皮埃罗在佛罗伦萨倒台。

不讲信用和贪得无厌。不过，这些新近的事情就随它去吧。世
人皆知，当佛罗伦萨人向米兰大公维斯孔蒂家族开战时发生了
什么。佛罗伦萨在无计可施的情况下，想让皇帝（指法国国
王）到意大利来攻打伦巴第。他答应率一支大军前来攻打维斯
孔蒂，保护佛罗伦萨不受其武力侵犯，条件是佛罗伦萨在他发
兵之前先给他十万达克特①，到达意大利后再给他十万达克特。
佛罗伦萨人答应了这些条件，在他们支付了第一笔钱、又支付
了第二笔以后，他来到维罗纳，在那儿兜了一圈，什么事都没
干就回去了。他声称，他之所以回国，是因为有人违反了他们
之间达成的协议。② 假如佛罗伦萨不是出于无奈，或被欲望所
征服，而是研究和了解一下那些蛮子的古老风俗，它也就不会
一再上他们的当了，因为他们历来如此，对任何事和任何人都
施展同样的伎俩。他们在古代就对托斯卡纳人如此，后者多次
被罗马人打得狼狈逃窜，不堪忍受其压迫，他们也知道，凭借
自己的兵力，无法抵抗罗马人的进攻，他们便同居住在阿尔卑
斯山南侧的法兰克人达成协议，给他们支付一笔金钱，他们则
必须加入托斯卡纳的军队，一起抗击罗马人。法兰克人拿到钱
后，并不想为托斯卡纳人拿起武器，便说，他们接受这笔钱，
不是为了同托斯卡纳人的敌人作战，而是为了不去托斯卡纳的
领土上掠夺。由于法兰克人的贪婪和不讲信用，托斯卡纳人既
破了钱财，又没有得到他们指望得到的援助。③ 从古代托斯卡

---

① 达克特（ducat）是当时欧洲通用的一种金币。——译者注

② 参见 *FH* III 25。

③ Livy，X 10。

纳人的这个事例以及佛罗伦萨人的遭遇可以看出，那是法兰克人的一贯伎俩；所以也很容易推测，君主应当对他们抱有多少信任。

第四十四章　运用残暴无耻的手段，
往往可以获得用正常手段
无法获得的东西

当萨谟奈人受到罗马军队的攻击时，他们在战场上无法以自己的兵力抵挡罗马人，于是决定离开他们在萨谟奈守卫的城市，把全部军队开进和罗马人处于休战状态的托斯卡纳。他们的如意算盘是，由于他们的军队的出现，也许能让过去曾拒绝过萨谟奈特使的托斯卡纳人重新拿起武器。萨谟奈人在同托斯卡纳人交谈时，尤其是在说明他们为何拿起武器的原因时，有一句令人过目不忘的话："他们之所以反叛，是因为和平对于奴隶，要比战争对于自由人更严酷。"① 既是利用说服，也是因为他们军队的存在，他们诱导托斯卡纳人重新拿起了武器。这里值得借鉴的是，假如君主想从别人那儿有所得，如果时机允许，他不应给那人留出斟酌的时间，他应当采取行动，使那人明白必须当机立断，使其一听到请求便认识到，不管拒绝还是拖延，都会立刻招致危险的愤怒。

① 拉丁文引文，见 Livy, X 16。

2   在我们这个时代，可以看到，教皇尤利乌斯对法国人、法国国王的将领富瓦伯爵对曼图亚侯爵运用这种伎俩时，都表现得颇为娴熟。教皇尤利乌斯想把本蒂沃廖赶出博洛尼亚，他认为，要想办成此事，需要法国军队的援助和威尼斯保持中立。①他试探性地询问双方，得到的答复模棱两可。于是他决定让他们无暇多想，按他的决定行事。于是他召集了尽可能多的士兵，率领他们离开罗马开赴博洛尼亚。他派人告诉威尼斯人，要他们保持中立，又派人去见法国国王，让他发兵。他们来不及考虑这事，而且知道假如他们拖延或拒绝，肯定会惹恼教皇，只好满足他的愿望：国王给他派来了援兵，威尼斯人保持了中立。

3   富瓦伯爵率兵驻扎在博洛尼亚时，传来布雷西亚反叛的消息。他打算前去收复此地。他有两条路可走，一是取道国王的领地，这条路漫长而坎坷；另一条路是穿过曼图亚领地的捷径。他不但必须取道侯爵的领地，还要穿过遍布于此地的沼泽湖泊之间的堤坝，它们有锁住的大门和卫兵把守。他决定走捷径，为避免一切麻烦，使侯爵无暇多想，富瓦立刻率军上路，并通知他把关口的钥匙送来。侯爵被这一突如其来的决定搞得不知所措，只好给富瓦送来了钥匙。如果富瓦的行动较为怯懦，他绝不会如此，因为他跟教皇和威尼斯人有盟约，他的一个儿子还在教皇手里，这使他有许多令人信服的理由拒绝富瓦。但是

---

①   这些事件发生于 1506 年，参见 Guicciardini, *History of Italy*, VII 3。这里的法国国王是路易十二。

突如其来的策略使他猝不及防，他向富瓦做出了让步。^① 托斯卡纳人对萨谟奈人也是如此，他们曾经拒绝拿起武器，但萨谟奈军队的到来，使他们不得不拿起武器。

---

① 1512 年的这一事件，参见 Guicciardini, *History of Italy*，X 10。这里法国国王是路易十二，侯爵是弗朗西斯科·冈查加，教皇是尤利乌斯二世。

第四十五章　何为较好的战术：先抵挡住敌人，形成相持之势后再去攻击他们，还是一开始就倾全力猛攻

1　　德希乌斯和法比乌斯是率军与萨谟奈人和托斯卡纳人作战的罗马执政官。他们必须同时作战，因此对于这两个执政官采取的两种不同战术，可以比较一下哪一种更优。[①] 德希乌斯在攻击敌人时倾其全力；法比乌斯只抵挡住敌人，他认为徐缓的攻击更为有益，所以把全力出击保留到最后，直到——如前所述——敌人最初的斗志衰竭。从两种策略的胜败可以看出，法比乌斯要比德希乌斯高明得多。后者在第一次进攻时便倾尽全力，当他看到自己的军队调头逃窜时，只好效法自己的父亲，为罗马军团献出了生命，他虽然死得光荣，却无法获得胜利。法比乌斯获悉此事后，既不想太没有面子地苟活，也不想如同自己的同僚那样光荣赴死，于是把保留到最后的兵力投入战斗，结果大获全胜。由此可见，法比乌斯的办法更可靠、更值得效仿。

---

① Livy, X 27–29.

第四十六章　城市的家族为何长期保持某种习俗

　　一个城市有着不同于另一个城市的典章制度，把人们塑造得较为刚强或较为柔弱，并且在同一个城市的不同家族之间，也存在着这种差别。每个城市都可证明这一点，在罗马城能够看到许多这样的事例。可以看到，曼利乌斯家族刚愎自用；帕波利科里乌斯家族性情和善，热爱人民；阿皮乌斯家族野心勃勃，总与平民为敌；另外许多家族，也各有不同于其他家族的品性。这种现象并非完全来自血统，因为通婚的多变会使其发生改变；但它肯定来自家族的不同教养。人在年少时听到的臧否之论极为重要，这肯定给他留下印象，支配着他一生的处事方式。倘若不是这样，阿皮乌斯家族的人也不可能像提图斯·李维指出的那样，有着同样的愿望，受着相同情绪的驱策。①他们中间的一人曾被任命为监察官，在一年半任期结束后，他的同侪都依法卸去官职，阿皮乌斯却赖着不走，他说，按设置监察官一职的最初法律，他可以任职五年。为了这事开过多次

_____

① Livy, IX 33 – 34.

公民大会，也发生过多次争吵，可是没有任何办法让他放弃官职，尽管他是在同人民和元老院大多数人的意志作对。任何人读一下阿皮乌斯攻讦护民官帕珀利乌斯·桑普罗尼乌斯的演说，都能看到他是多么骄横无礼，以及无数公民在遵守国家的法律和卜象时表现出的善意与仁慈。

第四十七章　优秀的公民应当
爱国而不计私仇

　　执政官马西乌斯率兵攻打萨谟奈人。他在战斗中受伤，使1他的军队面临危险。元老院认为必须派独裁官帕皮里乌斯·柯尔索去那儿，以补执政官之不足。独裁官必须得到执政官法比乌斯的任命，而他正率军驻扎在托斯卡纳。由于他是独裁官的私敌，元老院担心他不会任命柯尔索。他们派出两名特使，请求他把私仇放在一边，为共和国的利益计，任命柯尔索。法比乌斯出于对祖国的热爱，便任命了他。凡是想做个优秀公民的人，都应当以此为楷模。

第四十八章　看到敌人犯下大错时，要谨防上当受骗

1　　当福尔弗斯作为军团将官前往罗马人在托斯卡纳的军队时，执政官因某种仪式去了罗马。托斯卡纳人想尝试一下，看看能否设下圈套把他俘获。他们在罗马军营的附近设下伏兵，又让一些士兵扮作牧羊人混在一大群羊中，来到罗马军队目力所及的地方。当他们在伪装下接近军营时，总督对这种放肆的举动颇为诧异。在他看来这有悖常理，于是采取了戳穿其骗局的办法，托斯卡纳人的计谋也随之落空。① 从这件事不难领悟，军队将领不可轻信敌人显而易见的错误，这种疏忽大意不合常理，所以它背后总是隐藏着骗局。然而，获胜欲经常使人头脑发昏，只看到表面上对他有利的事情。

2　　法兰克人在阿列河打败罗马人后，他们来到了罗马，只见城门洞开，无人把守。他们没敢进城，在外边待了一天一夜，因为他们无法相信罗马人这么懦弱、这么没有主见，居然会放

---

① Livy, X 4.

弃自己的家园。① 1508 年佛罗伦萨人屯兵于比萨城外时，比萨公民阿方索·德·穆托罗被佛罗伦萨人俘获，他许下诺言说，如果放了他，他可以为佛罗伦萨军队打开比萨的城门。他被释放了。后来，他为了完成自己的使命，经常前来和行政官的代表商谈，非但不加任何掩饰，反而大摇大摆地领着一些比萨人，在同佛罗伦萨人谈话时，就把他们撇在一旁。由此很容易看出他的口是心非，因为假如他守信的话，这么做是不合常理的。但是，佛罗伦萨人想得到比萨的欲望蒙住了他们的眼睛，当他们遵照那人的安排来到位于卢卡的城门时，落了个损兵折将的可耻下场，这全是因为那个双料间谍阿方索。②

---

① Livy, V 39.

② 关于这些事，参见 Guicciardini, *History of Italy*, VIII 8。

第四十九章 共和国要想维护自身的自由，每天都要采取新的防范措施；昆图斯·法比乌斯因为什么功绩得到了"马克西姆斯"的称号

1   如前所述①，伟大的城市每天都有变故，所以必须有一个医师；如果十分严重，则必须找一个更高明的医师。既然任何城市都有这类变故发生，那么罗马也不例外。有些事件很蹊跷，让人无法想象，例如罗马的女人都想谋害自己的丈夫，有很多女人毒死了他们，还有很多女人备有下毒的毒药。② 在马其顿战争期间揭露出来的酒神崇拜者的阴谋也是如此，涉案者有数千名男女。③ 倘若这一阴谋未被揭露，倘若罗马没有惩罚众多罪犯的传统，它会给城市带来极大的危险。这个共和国的伟大及其刑罚的力度，即使从其他方面看不出来，也可以从它惩罚罪犯的类型看出来。它能够以司法裁决的方式，毫不迟疑地

---

① 卷 1, 33 – 34, 49。

② Livy, VIII 18.

③ Livy, XXXIX 8 – 18.

把一个完整的军团、一个城市斩尽杀绝，将八千到一万人流放并附以极苛刻的条件，这些条件一个人都难以服从，更不用说很多人了。例如在坎尼作战失利的士兵，就有过这种遭遇。它把他们放逐到西西里，不允许他们住在城里，让他们站着吃饭。①

在所有的处决方式中，十杀一的军纪最为可怕，即在全体 2 士兵中，以抽签方式，每十人处死一人。在惩罚众人的方式中，再也没有比这更可怕的惩罚了。假如众人犯错，无法确定谁是罪魁，他们的人数又太多，无法一概予以惩罚；惩罚一些人而放过另一些人，既对受到惩罚者不公，未受罚者也敢于重蹈覆辙。以抽签方式处死十分之一，受处罚者只能哀叹自己命不好，未受罚者则害怕下一回轮到自己，就会力戒犯错。②

对投毒者和酒神崇拜者，则根据其罪行给予应有的惩罚。 3 这些疾病对共和国有着恶劣的影响，但它们并不致命，总有时间加以救治。然而，假如危及国家的疾病，若是没有高明的人来救治，城市就会因此而毁灭。

罗马人慷慨大度地授予外邦人公民权，结果出生在罗马的 4 新公民越来越多，他们在投票时占了极大的份额，遂使统治发生变化，它摆脱了旧制和人们惯于服从的人。监察官昆图斯·法比乌斯意识到这一点后，便把造成这种失序状态的新公民划分为四个部族，让他们住在狭小的地盘里，无法败坏罗马的制

---

① Livy，XXIII 25；XXV 5－7. 李维没有提到不让他们住在城里以及让他们站着吃饭。

② Livy，II 59. 另参见 Polybius，VI 38。

度。他对此看得很清楚，采用了适当手段，未做任何改变就消除了弊端。公民们也很理解这一点，认为应当把他称为"马克西姆斯"。①

<hr />

① Livy，IX 46．中译者按：拉丁文"Maximus"有"至高无上""出类拔萃"之义。

英译本注释征引文献一览

(有中译本者，注明原文献书名；无中译本者，选最常见西文版本)

阿奎那：《阿奎那政治著作选》(Acquinas, *Selected Political Writings*)，马清槐译，北京：商务印书馆 1997 年版。

柏拉图：《法律篇》(Plato, *Laws*)，张智仁、何勤华译，上海：上海人民出版社 2003 年版。

查士丁尼：《法学总论·法学阶梯》(Justin, *The Corpus Iurus*)，张企泰译，北京：商务印书馆 1989 年版。

但丁：《神曲：地狱篇·炼狱篇·天国篇》(Dante, *The Divine Comedy：The Inferno，The Purgatrio，The Paradiso*)，田德望译，人民文学出版社 2001 年版。

卢克莱修：《物性论》(Lucretius, *De rerum Natura*)，方书春译，北京：商务印书馆 1982 年版。

马基雅维利：《佛罗伦萨史》(Machiavelli, *The History of Florence*)，李活译，北京：商务印书馆 1982 年版。

马基雅维利：《君主论》(Machiavelli, *The Prince*)，潘汉典译，北京：商务印书馆 1986 年版。

普鲁塔克：《希腊罗马名人传》(Plutarch, *Parallel Lives*)，

台北："国立"编译馆 1991 年版。

撒路斯提乌斯：《喀提林阴谋 朱古达战争》（Sallust, *Bellum Jugurhinum, Bellum Catilinae*），王以铸、崔妙因译，北京：商务印书馆 1995 年版。

塔西陀：《历史》（Tacitus, *Histories*），王以铸、崔妙因译，北京：商务印书馆 1981 年版。

塔西陀：《编年史》（Tacitus, *Annals*），王以铸、崔妙因译，北京：商务印书馆 1981 年版。

维特鲁威：《建筑十书》（Vitruvius, *The Ten Books of Architecture*），高履泰译，北京：知识产权出版社 2002 年版。

西塞罗：《国家篇，法律篇》（Cicero, *Republic, Laws*），沈叔平、苏力译，北京：商务印书馆 2001 年版。

西塞罗：《论义务》（Cicero, *De Officiis*），王焕生译，北京：中国政法大学出版社 1998 年版。

希罗多德：《历史、希腊波斯战争史》，（Herodotus, *Histories, The Persian Wars*）王以铸译，北京：商务印书馆 1985 年版。

修昔底德：《伯罗奔尼撒战争史》（Thucydides, *History of Peloponnesian War*），谢德风译，北京：商务印书馆 1985 年版。

亚里士多德：《政治学》（Aristotle, *Politics*），吴寿彭译，北京：商务印书馆 1981 年版。

亚里士多德：《形而上学》（Aristotle, *Metaphysics*），吴寿彭译，北京：商务印书馆 1981 年版。

亚里士多德：《天象论、宇宙论》（Aristotle, *Heveans*），吴寿彭译，北京：商务印书馆 1996 年版。

Cicero, Marcus Tullius, *In Catilinam* (*Cicero*, Vol. 10), trans. C. Macdonald, Harvard University Press, 1976.

Cicero, Marcus Tullius, *Letters to His Friends* (*Cicero*, Vols. 25 – 27), trans. W. Glynn Williams, Harvard University Press, 1992.

Cicero, Marcus Tullius, *On The Nature of The Gods* (*Cicero*, Vol. 19), trans. H. Rackham, Harvard University Press, 1969.

Cicero, Marcus Tullius, *On Old Age* (*De senectute*), *On Friendship* (*De amicitia*), *On Divination* (*De divinatione*), (*Cicero*, Vol. 20), trans. W. Glynn Williams, Harvard University Press, 1992.

Cicero, Marcus Tullius, *Philippics* (*Cicero*, Vol. 15), trans. Walter C. A. Ker, Harvard University Press, 1969.

Cicero, Marcus Tullius, *Tusculan Dispotation* (*Cicero*, Vol. 18), trans. J. E. King, Harvard University Press, 1969.

Curtius, Quintus, *History of Alexander* (Loeb Classical Library), trans. J. C. Rolfe, Harvard University Press, 1946.

Dante, Alighieri, *Il Convivio/Banquet* (Garland Library of Medieval Literature), trans. Richard H. Lansing, New York: Garland, 1990.

Dante, Alighieri, *Monarchia*, ed. Prue Shaw, Cambridge University Press, 1995.

Diodorus Siculus, *Library of History*, 12 Vols. (Loeb Classical Library), trans. C. H. Oldfather, Harvard University Press, 1969.

Guicciardini, Francesco, *The History of Italy*, trans. Sidney

Alexander, Princeton University Press, 1984.

Herodian, *History of The Empire*, 2 Vols. (Loeb Classical Library), trans. C. R. Whattaker, Harvard University Press, 1969.

Josephus, Flavius, *Josephus*, Vols. 3 – 4: *The Jewish War* (Loeb Classical Library), trans. H. St. J. Thackeray, Harvard University Press, 1969.

Josephus, Flavius, *Josephus*, Vols. 5 – 13: *Jewish Antiquities* (Loeb Classical Library), trans. H. St. J. Thackeray, Harvard University Press, 1969.

Juvenal, Decimus, *The Satires*, Cambridge University Press, 1996.

Livy, Titus, *History of Rome*, trans. Foster et al. , Harvard University Press, 1988.

Livy, Titus, *The Summaries, Fragments, and Obsequens*, ed. Schlesinger, Harvard University Press, 1980.

Lucian, *Lucian*, Vols. 2 (*The Downward Journey or The Tyrant. Zeus Catechized. Zeus Rants. The Dream or The Cock. Prometheus. Icaromenippus or The Sky-man. Timon or The Misanthrope. Charon or The Inspectors. Philosophies for Sale*) (Loeb classical Library), trans. A. M. Harmon, Harvard University Press, 1915.

Machiavelli, Niccolo, *The Art of War*, Da Capo Press, 2001.

Marsilius of Padua, *Denfensor pacis*, Columbia University Press, 2001.

Ovid, *Metamorphoses* (*Ovid*, Vol. 4, *Loeb Classical Library*), trans. A. Miller et al. , Harvard University Press, 1985.

Pindar, *Nemean Odes*, *Isthmian Odes*, *Fragments* (Loeb classical Library), trans. William Rase, Harvard University Press, 1997.

Pomponazzi, Pietro, *Tractus de immortalitate animae*, Florence: L. S. Olschki, 1999.

Plato, *Statemen*, *Philebus*, *Ion* (*Plato*, Vol. 8), trans. H. N. Fowler and W. Lamb, Harvard University Press, 1969.

Plato, *Statemen*, *Timaeus. Critias. Cleitophon. Menexenus. Epistles* (*Plato*, Vol. 9), trans. R. J. Bury, Harvard University Press, 1977.

Plutarch, *Moralia*, 15 Vols. (Loeb classical Library), trans. Frank C. Babbitt, Harvard University Press, 1969.

Polybius, Obye, *The Histories*, 6 Vols (Loeb classical Library), trans. W. R. Paton, Harvard University Press, 1992.

Procopius, *History of the Wars*, books 1 – 2 (*De bello persico*) (Loeb classical Library), trans. H. B. Dewing, Harvard University Press, 1914.

Procopius, *History of the Wars*, books 3 – 4: *De bello vandalico* (Loeb classical Library), trans. H. B. Dewing, Harvard University Press, 1916.

Sallust, *The Histories* (Clarendon Ancient History Series), ed. Patrick McGushin, Oxford University Press, 1992.

Saint Augustine, *The City of God*, 7 Vols. (Loeb classical Library), Harvard University Press, 1992.

Seneca, Beneficiis (*Seneca*, Vol. 3, *Moral Essays*, Loeb

classical Library), trans. John W. Basore, Harvard University Press, 1969.

Suetonius, The Lives of Caesars, Vol. 1: *Julius. Augustus. Tiberius. Gaius. Caligula* (Loeb Classical Library), trans. J. C. Rolfe. Harvard University Press, 1998.

Valerius Maximus, *Memorable Doings and Sayings*, 2 Vols. (Loeb Classical Library) Harvard University Press, 2000.

Virgil, *Aeneid*, trans. Robert Fitzgerald, New York: Vintage, 1990.

Xenophon, *The Education of Cyrus*, *trans.* Wayne Ambler, New York: Cornell University Press, 2001.

Xenophon, *Hiero. Agesilaus. Constitution of the Lacedaemonians. Ways and Means. Cavalry Commander. Art of Horsemanship. On Hunting. Constitution of the Athenians* (*Xenophon*, Volume 7. Loeb Classical Library), trans. E. C. Marchant and G. W. Bowersock, Harvard University Press, 1969.

索　引

（在英译本索引基础上编制，按译名的汉语拼音重新排序。条目后的数字分别指卷、章和节，如"阿格西劳斯［Agesilaus］：1 10.2；2 24.4"指卷1第10章第2节；卷2第24章第4节。数字前的"n"表示此一条目见于注释。本书页边码为节的序号。）

ny，Tuscans]：1 7.5；1 15；1 21.1；1 23.3；1 24.2；1 31.2；2 1.1 - 3；2 2.1；2 4.1 - 2；2 5.2；2 6.1；2 8.1；2 12.4；2 25.2；2 28.1；2 33；3 30.1；3 31.4；3 33.2；3 43；3 44.1；3 44.3；3 45；3 47；3 48.1

托斯卡纳（人）（现代）［Tuscany，Tuscans]：1 38.2；1 55.4；1 56；2 2.1；2 4.2；2 19.2；2 21.2；3 12.1

瓦尔迪基亚纳［Val di Chiana］，托斯卡纳地区的村庄：2 23.2；3 6.20；3 27.4

瓦尔迪拉莫纳［Valdi Lamona］，托斯卡纳地区的村庄：3 18.3

瓦尔迪特维勒［Val di Tevere］，托斯卡纳地区的村庄：3 27.4

瓦勒里乌斯（1）［Publius Valerius］，罗马执政官（公元前507年）：1 28

瓦勒里乌斯（2）［Publius Valerius]：1 13.2

瓦勒里乌斯［Lucius Valerius Potitus］，罗马执政官（公元前449年）：1 40.4；1 44.1 - 2

瓦勒里乌斯［Marcus Valerius Cor-

vinus Publicola］，从公元前348年到公元前299年六次担任罗马执政官：1 60；2 26；3 22.1；3 22.3 - 6；3 23；3 37.3 - 4；3 38.1

瓦伦蒂诺大公［Duke Valentino］：见"博尔吉亚"

瓦罗［Varro］，罗马执政官（公元前216年）：1 31.2；1 53.2

瓦洛里［Francesco Valori］，1439—1498年，萨伏那罗拉的支持者：1 7.3

旺达尔人［Vandals］，占领西罗马帝国的部族：2 8.1 - 2

威尼斯（人）［Venice，Venetians]：1 1.2；1 5.1 - 3；1 6.1；1 6.3 - 4；1 12.2；134.3；1 35；1 36；1 49.3；1 50；1 53.1；1 55.6；2 10.1；2 17.1；2 17.4；2 19.2；2 22.1；2 27.2；2 30.2；2 30.4；2 33；3 11.2；3 12.1；3 18.3；3 22.6；3 31.2 - 3；3 44.2 - 3

威尼斯同盟［League of Venice]：3 11.2；3 11n.5

维爱（人）［Veii，Veientes]：1 12.1；1 13.1；1 22；1 31.2；1

8.1

朱利亚诺 [Giuliano de' Medici]，1453—1478 年，洛伦佐的弟弟：

3 6.5；3 6.13；3 6.16

朱诺 [Juno]，罗马女神，丘比特的妻子：1 12.1